Casimir Lemmerich

Geschichte der evangelisch-lutherischen Kirche St. Petri

in ST. PETERSBURG

Casimir Lemmerich

Geschichte der evangelisch-lutherischen Kirche St. Petri
in ST. PETERSBURG

ISBN/EAN: 9783741158896

Hergestellt in Europa, USA, Kanada, Australien, Japan

Cover: Foto ©Lupo / pixelio.de

Manufactured and distributed by brebook publishing software (www.brebook.com)

Casimir Lemmerich

Geschichte der evangelisch-lutherischen Kirche St. Petri

Geschichte

der

evangelisch-lutherischen Kirche St. Petri

in

St. Petersburg.

Von

Dr. Casimir Lemmerich,
ältestem Lehrer der historischen Wissenschaften an der deutschen Hauptschule
St. Petri.

Erster Band.

St. Petersburg.
In Commission bei Gustav Haessel.
Leipzig, bei Aug. Hartmann.
1862.

Die evangelisch-lutherische Kirche auf dem Hofe des Vice-Admirals Cruys.

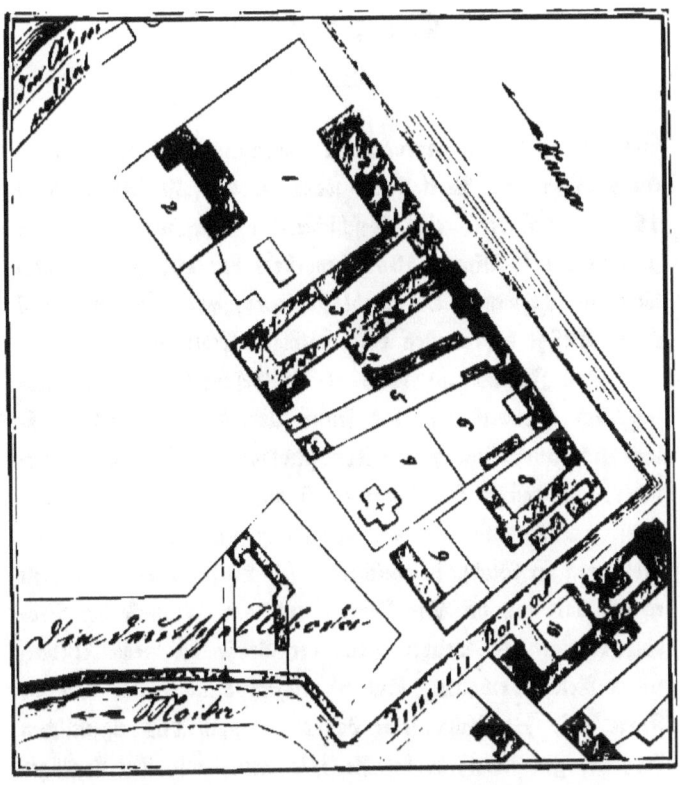

Häuser zur Zeit Peters d. Gr. auf dem Platz des jetzigen Winterpalastes.

1. Haus des General-Admirals, Grafen Apraxin, erbaut 1706.
2. Haus Kikin's, f. 1717 Seeakademie.
3. Haus des Grafen Ragusinsky.
4. Haus des General-Adjutanten Jaguschinsky.
5. Haus des Grafen Tschernischew.
6. Haus des Vice-Admirals Cruys.
7. Die lutherische Kirche.
8. Haus des Marschalls Olsufiew.
9. Haus des Schleusenmeisters Braun.
10. Der alte Winterpalast, erbaut 1711.
11. Theil des Winterpalastes, welcher 1721 erbaut wurde.

Vorrede.

Von dem Allerhöchst verordneten Directorium der Schulen der evangelischen St. Petri-Kirche ward der Verfasser 31. Oktober 1860 aufgefordert, eine Geschichte der deutschen Hauptschule zu dem am 1. Oktober 1862 bevorstehenden 100jährigen Jubiläum zu schreiben. Die Wahl fiel vorzugsweise auf ihn, weil er im Besitze des meisten dazu nöthigen Materials sei.

Von Jugend auf hatte er die Geschichte als sein Lieblingsfach getrieben und seit seiner Uebersiedelung nach Rußland sich ausschließlich derselben gewidmet. Was war natürlicher, als daß er sein Auge zuerst auf die nächste Umgebung warf. Ausgehend von der Erbauung und allmäligen Vergrößerung der Stadt, in welcher er seit 20 Jahren lebt, machte er sich bald mit der Bevölkerung und dem Geschicke der Provinz bekannt, in welcher Peter der Große die neue Residenz seines Reiches erbaute. Als Deutschem drängte sich ihm die Frage auf, seit wann seine Landsleute nach dem eigentlichen Rußland gewandert, woher sie gekommen, wie ihre Lage gewesen und welchen Einfluß sie auf die Bewohner ihrer neuen Heimath gehabt hätten. Die wunderbaren Schicksale der Gra-

fen Münnich und Oftermann hatten auf ihn schon als
Knaben einen tiefen Eindruck gemacht. Wie viel mehr mußte
er nicht denselben nachforschen, da er als Lehrer an der Schule
der Gemeinde angestellt wurde, welche ihnen, wenn auch nicht
ihre Entstehung, doch ihre Größe verdankt. Der Verfasser
kann nicht umhin, bei dieser Gelegenheit der Freundschaft des
Herrn Staatsraths Kunik, Mitglieds der hiesigen Akademie
für russische Geschichte, dankbar zu gedenken, der ihm durch
seine Hinweisungen manche Quelle entdeckt und manche lang-
wierige Untersuchung abgekürzt hat.

Es giebt wohl wenig Orte in der Welt, wo das Studium der Landesgeschichte so erleichtert wird, als hier in St.
Petersburg, seitdem in der Kaiserlichen öffentlichen Bibliothek
durch die Umsicht des seit Kurzem abgegangenen Directors,
Wirkl. Geh. Raths und Staatssecretärs Baron von Korff,
die Abtheilung der Rossica ins Leben gerufen ist, welche alle
in fremden Sprachen über Rußland erschienenen Werke seit
dem Anfange dieses Zweiges der Literatur umfaßt, und mit
reichen Mitteln ausgestattet, durch Fleiß und Aufmerksamkeit
nahezu Vollständigkeit erlangt hat. In diesem reichen Schatze
hat der Verfasser fast ohne Ausnahme sämmtliche, zu seinem
Zweck nothwendige Werke bis auf kleine, sich speciell auf die
Kirche und Schule beziehende, Brochuren hinab, gefunden.
Ohne die literärischen Schätze der Kais. öffentlichen Bibliothek
wäre eine Geschichte der Wirksamkeit Büschings, des Mannes, dem unsere Schule ihren ersten Aufschwung verdankt,
und zu dessen Verherrlichung eigentlich der 1. Oktober gefeiert werden soll, fast nicht möglich gewesen. Dank meinem
Freunde, dem kürzlich abgegangenen Bibliothekar, Herrn Berk-

holz, und deſſen Nachfolger, Herrn Vetterlein, für die Güte, mit der ſie mir den Zutritt zu den, unter ihrer Aufſicht ſtehenden, Sälen geöffnet haben.

Die handſchriftlichen Quellen, welche zu der vorliegenden Arbeit benutzt ſind, beſtehen großentheils in den Archiven der Kirche und Schule. Beide ſind wohl erhalten, und allen ſie bedrohenden Gefahren, beſonders bei der großen Ueberſchwemmung 1824, glücklich entgangen. Das Kirchenarchiv beginnt bald nach der Entſtehung der Gemeinde; die Papiere der erſten 50 Jahre ſind von Büſching geſammelt und geordnet. Das Schularchiv nimmt ſeinen Anfang mit dem Jahre 1783, obgleich ſich auch Protocolle aus den letzten Jahren vorher finden. Die Papiere über die frühere Geſchichte der Schule ſind dem Kirchenarchiv einverleibt. Auch hier muß ich den Archivaren beider Archive, ſowohl dem Herrn Hofrath Hörſchelmann und deſſen Nachfolger, Herrn Titulärrath Dobbert und dem Küſter, Herrn Frödman, als auch dem Herrn Hofrath Veichtner meinen Dank für die Freundlichkeit und Gefälligkeit ausſprechen, mit der ſie allen Wünſchen entgegen gekommen ſind.

Seit ſich das Gerücht verbreitete, daß eine Geſchichte der Schule geſchrieben würde, in welcher Tauſende von Bewohnern der Reſidenz aus allen Nationen ihre Erziehung genoſſen haben, wurden dem Verfaſſer manche, ſonſt nicht bkeannte, Hülfsmittel und Quellen angeboten. Beſonders iſt hier das in lateiniſcher Sprache geführte Tagebuch des Candidaten Jakob Lange hervorzuheben, welcher ſich 1732—1736 als Hauslehrer im Hauſe des Paſtors Nazzius befand, und alſo im engſten Zuſammenhange nicht nur mit unſerer Gemeinde, ſondern auch noch ſpäter mit dem Paſtor Razzius ſtand, deſſen Schwiegerſohn er wurde.

Für Fehler, die ſich etwa eingeſchlichen, oder Auslaſſungen, die bei einer ſolchen Menge kleiner Begebenheiten zu vermelden faſt unmöglich iſt, wird um gütige Nachſicht gebeten.

St. Petersburg, den 31. Mai 1862.

Dr. C. Trummerich.

Inhalt.

	Seite
Der erste Handel der Deutschen nach Nowgorod	1
Die Bolfskaja Wilna	2
Die ersten Deutschen in Moskau	4
Die deutsche Sloboda bei Moskau	7
Die Religionsfreiheit der Protestanten in Moskau	18
Die Eroberung Ingermannlands durch die Schweden	26
Das Terrain, auf welchem jetzt St. Petersburg steht, unter der schwedischen Herrschaft	27
Die Eroberung Ingermannlands durch Peter den Großen und die Gründung St. Petersburgs	33
Der Admiral Cornelius Cruys	43
Die evangel.-luth. Gemeinde auf der Admiralitätsinsel und deren erste Kirche	44
Graf Christ. Burch. von Münnich	53
Der neue Kirchenplatz für die evangel.-luth. Gemeinde auf der Admiralitätsinsel	54
Predigt des Pastors Nazzius bei der Legung des Grundsteins der neuen steinernen Kirche	61
Die Kirchenconferenz der St. Petri-Kirche sichert die Unabhängigkeit der evangelisch-lutherischen Gemeinden in St. Petersburg und Ingermannland	68
Das Justizcollegium wird als Consistorium in Ehesachen für die evangel.-luther. Gemeinden in St. Petersburg und Ingermannland eingeführt	77
Die Vollendung der neuen steinernen Kirche auf der Admiralitätsinsel	87
Die ersten hölzernen Wohnhäuser auf dem Kirchenplatz	95
Anstellung eines zweiten Predigers	96
Höchste Macht und Einsluß des Grafen Münnich	104
Die Religionsfreiheit der Protestanten in Rußland	108
Jakob Stelling. Gefahr für unsern Kirchenplatz	112
Erbauung steinerner Häuser auf dem Kirchenplatz und deren Vorrechte	114
Patrone und Prediger unserer Kirche zur Zeit der Kaiserin Elisabeth	120
Heinr. Christ. Siegelmann	125
Der Graf von Münnich zum zweiten Mal Patron der Kirche	126
Der Friedhof	129

	Seite
Uebergriffe des Justizcollegiums in Consistorialsachen	133
Der Streit des Pastors Büsching mit dem Justizcollegium	149
Büsching als Prediger	173
Streitigkeiten in der Gemeinde nach dem Abgange des Pastors Büsching	177
Erster Vorschlag zur Errichtung einer dritten Predigerstelle	191
Graf Münnich legt das Patronat nieder	194
Die Patrone und Prediger der Gemeinde	198
Das Gesangbuch	203
Das dritte Jubelfest der Reformation und die Stiftung des Waisenhauses	215
Das Kassa- und Oeconomie-Comité	221
Die Einnahmen und Ausgaben der Kirche	223
Die Wahl der beiden jetzigen älteren Prediger	235
Die Errichtung einer dritten Predigerstelle	240
Die älteste Verfassung der Kirche	247
Das Kirchenreglement von 1749	250
Vorschläge zur Umarbeitung des Kirchenreglements	271
Das Kirchenreglement von 1827	291
Das Gesetz für die evangel.-luther. Kirche in Rußland	303
Vereinbarung zwischen dem Kirchenrath und den ordentlichen Gemeindedeputirten	335
Die Geschäftsordnung für die Sitzungen des Kirchenraths	348
Gesetz über die Ergänzungen des Kirchenraths und der Deputirten bei eintretenden Vacanzen	349
Ordnung bei Besetzung einer Predigerstelle	353
Ordnung bei der Haltung der gewöhnlichen Gemeindeversammlungen	356

Geschichtliche Einleitung.

Lange bevor der Name Rußland aufkam, war die nördliche Hälfte dieses jetzigen großen Reiches den Nachbarvölkern bekannt und wurde von ihnen wegen seiner geschätzten Produkte besucht. Das Land, welches der Normann in seinen Sagen Biarmeland oder Garbarike, der Deutsche in seinen Chroniken Nowgorod nennt, galt für die Heimath des feinsten Pelzwerkes, des reinsten Wachses und des stärksten Hanfes, abgesehen von den Erzeugnissen der Viehzucht und dem Reichthum an Leder, dessen eigenthümliche Bereitung damals den einzigen Industriezweig des Landes bildete. Der isländische Dichter Thiodolf läßt den schwedischen König Ingvar schon im 6. Jahrhundert auf einem Raubzuge im Ostwege fallen; er liegt auf Abelsysle (Ey-Syssel, Oesel) unter dem Hügel am Meeresufer, wo die Woge dem nordischen Seekönig das Grablied singt. In der Hälfte des Mittelalters ward Wisby auf Gotland der Stapelplatz des nordischen Handels. Russische Schiffe von Nowgorod fanden dahin ihren Weg, ja sie gingen sogar weiter nach Westen und das kaum entstandene Lübeck sah den bärtigen Seemann des Nordens in seinen Hafen einlaufen. So viele Russen kamen nach Wisby, daß in der Mitte des 12. Jahrhunderts daselbst eine russische Kirche erbaut wurde. Von Westen her kamen deutsche Schiffe aus den deutschen Häfen an der wendischen Küste nach Wisby, und setzten von da ihren Weg nach Nowgorod fort. Im Jahre 1128 kommen zuerst solche fremde Kaufleute unter dem Namen Waräger und Niemzen in Nowgorod vor. Alle Handelsgeschäfte nach dieser Stadt leitete eine große Handelsgesellschaft, welche in Wisby ihren Sitz hatte, und welche die Gesellschaft des gemeinen deutschen Kaufmanns hieß. Durch das Aufblühen der Hanse und Lübecks, als des Hauptes derselben, ward Wisby in eine rein deutsche Stadt umgewandelt. Die Reise nach Nowgorod war höchst gefährlich.

Nicht bloß vom rauhen Klima, von Stürmen und Nebeln wurden die Schiffe in dem klippenreichen Meere bedroht, sondern auch von den seeräuberischen Bewohnern der benachbarten Küsten. Als solche waren besonders die Karelen und die Kuren verrufen. Die ersteren kamen von der finnischen Küste. Die letzteren, von den Deutschen gewöhnlich Esthen genannt, hatten ihren Hauptsitz auf Kuresaari (Oesel), von wo sie sich auch nach der gegenüberliegenden Spitze des Festlandes verbreiteten und derselben den Namen Kurland verschafften. Daher fuhren die Schiffe nicht einzeln, sondern versammelten sich in Wisby zu gegenseitiger Unterstützung in Flotten, welche regelmäßig im Frühjahr und Herbst unter einem erwählten Oldermann die Fahrt machten. Sobald sie bei der Insel Kettlingen¹) an der Mündung der Ny die nowgorodsche Grenze erreichten, hielten sie an, um ihre Waaren in kleinere russische Lodjen umzupacken und den nowgorodischen Schutzboten abzuwarten, der sie die Newa hinauf in den Ladoga und von da den Wolchow hinauf in seine Vaterstadt geleitete. So bildete die Newa schon im frühen Mittelalter eine Lebensader, welche tief in das Innere Rußlands hineinführte. Wenn die Lodjen in Nowgorod ankamen, wurden die Waaren in die beiden dazu bestimmten, mit bretternen Zäunen fest umschlossenen Kaufhöfe gebracht, in denen die Fremden allein wohnen und handeln durften. Die Waräger lehrten in den Gotenhof zu St. Olaus, die Riemzen in den deutschen Hof zu St. Peter ein. Der Handel war reiner Tauschhandel, die russischen Rohprodukte wurden gegen Erzeugnisse der deutschen Industrie umgesetzt. Der Aufenthalt der Fremden in Nowgorod dauerte in der Regel ein halbes Jahr, selten ein Jahr, länger aber durften sie auf keinen Fall bleiben. Eben so wenig war es ihnen erlaubt, ihre Familien mitzubringen, so daß also von Anlegung einer deutschen Colonie in Nowgorod eben so wenig die Rede sein kann, als in Pskow, wo die Bürger von Dorpat, Narwa und Reval, oder in Smolensk, wo die Bürger von Riga unter ähnlichen Bedingungen Handel trieben.

Die Republik Nowgorod besaß ein ausgedehntes Gebiet, das man in 5 Provinzen theilte, welche den Namen Pätina's, d. h. Fünftheile, führten. Die Grenzprovinz gegen Schweden, welche damals Finnland zu erobern begann und deshalb als Feind gegen Nowgorod

---
¹) Kettingen, richtig Kettlin, finnisch Retusaari, die Insel, auf welcher Kronstadt liegt. Die An oder Ny oder Nye ist die Newa.

auftrat, ward fast ausschließlich von finnischen Stämmen bewohnt, da
Russen sich nur am Südufer des Ladoga finden[1]). Am Südufer der
Newa und des finnischen Meerbusens bis nach Narwa hin wohnten
die Woten, die Ureinwohner des Landes, nach denen wegen ihrer
ursprünglich großen Anzahl die ganze Grenzprovinz den Namen
Wotskaja Pätina führte. Als die Woten durch Kriege geschwächt
wurden, schob sich ein anderer finnischer Stamm in ihr Land hinein,
der Stamm der Ingerl oder Ingrikot, welcher von den Russen
Ishoren genannt wird. Diese überragten die Woten bald so sehr an
Zahl, daß dieser Theil der Wotskaja Pätina den Namen Ingerinmaa,
d. h. das Land der Ingern, führte, woraus die Schweden später den
Namen Ingermannland machten. Sowohl die Woten als die Ishoren
waren noch Heiden, als sie von den Nowgorodern unterworfen wurden, welche sie zur griechischen Kirche bekehrten, der sie auch später
unter der schwedischen Herrschaft treu blieben. Die nördliche Grenze
des Landes Ingerinmaa bildet die Newa. Nördlich von derselben bis
an das jetzige Wiburg und am westlichen und nördlichen Ufer des
Ladoga bis zum Pielisisee hinauf wohnten die Karelen, ein wildes, räu-
berisches Volk, welches ohne Städte in Wäldern hauste, zwar den
Nowgorodern unterworfen war und zur Wotskaja Pätina gerechnet
wurde, aber lange noch heidnisch blieb und erst spät das Christenthum annahm.

Dieser Wotskaja Pätina nun suchten sich die Schweden am Ende
des 13. Jahrhunderts zu bemächtigen, um die Handelsstraße der
Hanseaten nach Nowgorod, welche ihren Feinden immer neue Kräfte
zuführte, zu verlegen. Deshalb gründeten sie 1293 die Stadt Wiburg. Den Wuorem hinab drangen sie in Karelien bis zum Ladoga
vor und erbauten die Festung Kerholm. Dann nahmen sie alles
Land nördlich von der Newa in Besitz und, um die Schifffahrt auf
diesem Strom zu beherrschen, legte Torkel Knutson 1300 die Festung
Landskrona an der Mündung der Ochta an. Nowgorod wandte sich
mit aller Kraft gegen diese Festungen. Wiburg zu erobern gelang
ihm nicht, dieses blieb von da an lange eine unbezwingliche schwedische
Grenzfestung. Landskrona und Kerholm dagegen wurden den Schweden entrissen, das erstere zerstört, das letztere bedeutend verstärkt, da
man nicht bloß die Straße auf der Newa, sondern auch die Zugänge

---

[1]) N. G. Riesenkampff. Der deutsche Hof zu Nowgorod. Dorpat 1854. 8.
— A. J. Sjögren. Ueber die finnische Bevölkerung des St. Petersburgischen Gouvernements. St. Petersburg 1833. 4.

zu derselben beherrschen mußte. Der Strom der Newa ist so breit, daß die Schifffahrt auf demselben mit Bogen und Pfeil selbst dann nicht gehindert werden konnte, wenn eins der Ufer in feindlichen Händen war. Dagegen ist der Ausfluß aus dem Ladoga schmal und eng. Um diesen zu beherrschen, bauten die Nowgoroder 1323 auf Pätinäsaari, d. h. der Rußinsel, die Festung Oriechowetz, welche von den Russen gewöhnlich Oreschek, von den Schweden Nöteborg genannt wurde und seit der Eroberung durch Peter den Großen Schlüsselburg heißt, weil er ihren Besitz als den Schlüssel zum Küstenland an der Ostsee ansah. Später, man weiß aber nicht, zu welcher Zeit, erbauten die Russen, unstreitig um den Strom mehr in ihrer Gewalt zu haben, die Festung Nyen auf derselben Stelle, wo einst Landskrona gestanden hatte. Der Akademiker Kunik besitzt ein Document über Nyen aus dem Jahre 1521, wohl das älteste, welches man bis jetzt über diesen Ort kennt.

Joann Wassiljewitsch vernichtete den deutschen Kaufhof in Nowgorod am Ende des 15. Jahrhunderts. Obgleich der Handel der Hanseaten wegen ihrer strengen Absonderung von den Eingebornen scheinbar ohne alle Einwirkung auf die Bildung des Volkes geblieben war, bedauern doch russische Geschichtsschreiber, unter andern Karamsin, daß der deutsche Handel in Nowgorod aufgehört habe, der für diese Stadt die Quelle des Reichthums und der Aufklärung zu einer Zeit geworden sei, da Rußland, von dem dicken Nebel der mongolischen Barbarei umhüllt, nur auf diesem einzigen Wege mit Europa in Verbindung stand.

Der Handel der Hanseaten ging nie über Nowgorod hinaus, von einer Verbindung derselben mit Moskau findet sich keine Spur. Später wird eine solche durch Gesandtschaften zwischen den Herrschern, den deutschen Kaisern und den Zaaren, angeknüpft. Den Anfang dazu machte Nikolaus Poppel, als Gesandter des Kaisers 1486. Den ersten ordentlichen Bericht ließ der Freiherr von Herberstein drucken, welcher zweimal in Rußland war, zuerst als Gesandter Maximilians I. 1517, dann als Gesandter Carls V. 1526 [1]). Obgleich er der russischen Sprache nicht mächtig war und ihm also manches entging, tragen doch seine Erzählungen fast allenthalben das Gepräge der

---

[1]) Rerum Moscovit. Commentarii Sigismundi Lib. Baronis in Herberstein: Russiae, et quae nunc ejus metropolis est, Moscoviae brevissima descriptio. Basileae. s. a. Fol. - Adelung, Siegmund Freiherr von Herberstein. St. Petersburg 1818. N.

Wahrheit an sich, und er schildert die russischen Verhältnisse so genau und treu, daß der Akademiker Adelung, der sich viele Jahre mit den Berichten der fremden Gesandten beschäftigt hat, ihn nicht mit Unrecht als den Entdecker Rußlands bezeichnet. Jede fremde Gesandtschaft ließ der Zaar durch einen russischen Gesandten zurückgeleiten, welcher entweder die gestellten Fragen beantwortete oder neue Vorschläge machen sollte. So kam .denn auch mit dem päpstlichen Gesandten Paolo Centurione 1525 der russische Gesandte Dimitri Gerassimow nach Rom und erzählte vieles aus seiner Heimath, was sich besonders auf die Lebensart und auf die Sitten seiner Bewohner und auf die Produkte des Landes bezog. Paulus Jovius hat uns diese Erzählungen in classischem Latein wiedergegeben, „etwa so wie Tacitus die Germania schrieb, ohne Germanien gesehen zu haben¹)." Die besten Schilderungen über die Zustände des russischen Volkes im 16. Jahrhundert finden wir in Daniel Prinz a Buechau, welcher 1576 und 1578 als Kaiserlicher Gesandter in Moskau war²). Seine Beschreibung der untern Volksklassen paßt noch auf unsere Zeit.

Rußland hatte freilich 1480 der goldenen Horde der Mongolen den bisher bezahlten Tribut verweigert und dadurch seine Unabhängigkeit wieder hergestellt, doch blieben diese räuberischen Reiterschaaren noch so gefährliche Feinde, daß die Zaaren mit dem höchsten Interesse die Erzählungen ihrer Gesandten über abendländische Kriegsführung und besonders über die große Wirksamkeit des damals allgemeiner werdenden Geschützes anhörten. Es war ihr eifrigstes Streben, einige dieser furchtbaren Kriegswerkzeuge und ein Paar Menschen, welche sie zu gießen, sie zu bedienen und Pulver zu bereiten verständen, in ihren Besitz zu bringen. Dem russischen Gesandten, welcher Herberstein auf seiner ersten Reise zurückbegleitete, gelang es, in Wien einige solcher Geschützmeister (bombardarios) anzuwerben, welche er über Lübeck nach Moskau schickte. Sie bewährten sich bei dem Einfalle der Tataren 1521, als Moskau nur durch die Unerschrockenheit des Nikolaus aus Speier vor einer Plünderung bewahrt wurde, und Johann Jordan aus Hall im Innthal die Burg von Rjäsan rettete. Seit der Zeit hielten die Zaaren beständig einige fremde Söldner in ihrem Dienst, welche die Vorstadt Naleika oder Naliwka (die Saufstadt) bei Moskau

---

[1] Pauli Jovii Novocomensis de legatione Basilii, Magni Principis Moscoviae, ad Clementem VII. Pont. Max. liber in Script. Rer. Mosc.
[2] Printz a Buchau Moscoviae ortus et progressus. Niss. Sil. 1668. 12.

bewohnten¹). In ihrer Zahl wechselnd, aus Abenteurern aller Völker zusammengesetzt, ihr Schwert dem Meistbietenden verkaufend, führten sie in ihren Standquartieren ein wildes Leben und haben nie eine feste Niederlassung gebildet. Besonders zahlreich waren sie in der Zeit der Bürgerkriege 1605—1613, als nach dem Tode des Boris Godunow ein falscher Demetrius nach dem andern auftrat. In dieser Zeit finden wir unter ihnen zwei Männer von Geist und Bildung, denen wir werthvolle Beiträge über die damalige Geschichte Russlands verdanken. Der eine von ihnen ist Conrad Bussow aus Lüneburg, der Schwiegervater des Pastors Martin Beer in Moskau, welcher in seinem Werk besondere Rücksicht auf die in Russland lebenden Deutschen und deren kirchliche Verhältnisse nimmt²), der andere ist der Franzose Margeret, einst der Kriegsgefährte Heinrichs IV., welcher seine Erlebnisse im russischen Dienst auf den Wunsch desselben niederschrieb³).

Der Zaar Wassily 1505—1534 hatte zuerst das Bedürfnis gefühlt, durch eine genauere Verbindung mit den westlichen Ländern grössere Bildung und grössere Kenntnisse unter seinem Volke zu verbreiten. Noch mehr that dies sein Sohn Joann Grosnyi 1534—1584. Schon im Jahre 1547 hatte er den Hans Schlitte nach Deutschland an den Kaiser Karl V. mit der Bitte geschickt, dass ihm erlaubt werden möge, durch seinen Gesandten Baumeister und Werkleute aller Art, besonders aber Büchsenmeister, Pulvermacher, Waffenschmiede, anwerben zu lassen⁴). Schlitte hatte diese Erlaubnis auf dem Reichstage zu Augsburg 1548 erhalten und einen ziemlichen Haufen Handwerker zusammengebracht, mit denen er unter einem Geleitsbrief des Kaisers nach Lübeck kam, um sie von da über Narwa nach Moskau zu bringen. Allein auf den Antrag des Herrmeisters Brüggenoye

---

¹) Sarmatiae Europaeae descriptio, quae regnum Poloniae — — Russiam — — complectitur. Alexandri Guagnini, Veronensis, equitis aurati, peditumque Praefecti. Spirae MDLXXXI. F. Die Vorstadt Naleffa ist nicht zu verwechseln mit der später entstandenen Njemetskaja Slobeda, welche auf einem andern Platze lag.

²) Conrad Bussow Relatio d. i. summarische Erzählung dieses itzigen blutigen Kriegswesens im Reusserischen Land. In R. R. Script. ext. T. I.

³) Estat de l'Empire et Grand Duché de Moscovie. Par le Capitaine Margeret. A Paris 1607. 8.

⁴) Die Instruction für den Gesandten findet sich als Anhang in (Georg von Hoff) erschreckliche, greuliche und unerhörte Tyranney des Iwan Basilowiz, izo regierenden Grossfürsten in Mussow. MDLXXXII.

warfen die Lübecker ihn ins Gefängniß, in welchem er über 1½ Jahr saß¹). In dieser Zeit verliefen sich die Handwerker, so daß die Absichten des Zaaren völlig vereitelt wurden. Daher suchte er dieselben auf andere Weise in Ausführung zu bringen. In dem Kriege, welchen er seit 1558 mit dem Orden der Schwertbrüder führte, hatte er nach und nach eine Reihe von Städten in Liv- und Esthland erobert, unter andern Dorpat, Narwa, Fellin, Wenden und Wolmar. Ganze Schaaren von Einwohnern wurden aus diesen Städten fortgeschleppt und nach Rußland versetzt²). Als die siegreichen Waffen des Königs Stephan Bathory die Russen aus Livland vertrieben und dies Land zu einer polnischen Provinz machten, hofften die deutschen Gefangenen in Rußland, daß der Augenblick ihrer Befreiung gekommen sei. Allein im Frieden von Sapolsti Jam 15. Jan. 1582 ward auf sie keine Rücksicht genommen. Denn als die Rede auf die Auswechselung der Gefangenen und Fortgeschleppten kam, meinte der Jesuit Possevini, welcher den Frieden vermittelt hatte, man brauche sich nicht um die lutherischen Ketzer zu kümmern. Im Anfang des 17. Jahrhunderts lebten noch manche der Fortgeschleppten, besonders ehemalige Bewohner von Dorpat und Narwa³). Im Jahre 1602 schätzte man die Anzahl der Deutschen in Moskau auf 4000⁴), zur Zeit des Olearius machten sie 1000 Familien aus⁵). Sie und ihre Nachkommen bezeichnete man im Allgemeinen als moskowitische Deutsche, oder im Gegensatz zu späteren Einwanderern als alte Deutsche. Es waren Menschen aus jedem Stande, jedem Alter und jedem Geschlecht. Der Zaar, welcher bisher vergeblich versucht hatte, durch Gesandtschaften in Deutschland Handwerker und Künstler anzuwerben, sah durch die

---

¹) Büsching, Magazin VII, 299.

²) Aus der Gegend von Smilten, Wenden, Wolmar und Ronneburg führte Butarlin 1561 über 3000 Deutsche weg. Im Jahre 1565 wurden alle deutsche Einwohner Dorpats nach Rußland geführt und in die Städte Wladimir, Kostroma, Uglitsch und Nishnij Nowgorod vertheilt. Ihr Prediger, Joachim Wellermann, folgte ihnen. Später berief Jeann diesen letzteren nach Moskau, um seine Bibliothek zu ordnen. Richter, Gesch. der deutschen Ostseeprovinzen II, 60. Karamsin VIII, 47, 73.

³) Bussow, p. 9. Margeret p. 10.

⁴) Wahrhaftige Relation der reussischen und muskovitischen Reise Herzogs Johansen des Jüngern. Magdeburg 1601. Wieder abgedruckt in Büsching Magazin VII. — p. 273.

⁵) Adam Olearii Ausführliche Beschreibung. 3. Aufl. Schleswig MDCLXIII. f. pag. 68.

Erlangung dieser deutschen Gefangenen seinen Wunsch erfüllt. Daher erhielten die meisten derselben den Befehl, in Moskau zu bleiben und sich in einer Vorstadt niederzulassen, die von ihnen den Namen deutsche Sloboda, d. h. Vorstadt, erhielt [1]). Diese deutsche Sloboda ist die erste feste deutsche Niederlassung, welche es in Rußland gab, und blieb bis Peter dem Großen die einzige. Im Ganzen wurden die Teutschen bei Moskau gut behandelt, man tastete ihre Nationalität und ihre Religion nicht an. Oderborn [2]), welcher 1580 protestantischer Prediger in Kowno war, beschreibt die Lage der zu seiner Zeit in Moskau befindlichen Teutschen als eine sehr gute. „Jetziger Zeit aber haben die Teutschen, die noch in der Moschkaw wohnen, gar gute Zeit und gehaben sich sehr wohl, und überdas, daß sie reich und vermögend und alles genug haben, so haben sie auch die Freiheit erlanget, daß sie die evangelische oder lutherische Lehre und einen deutschen Prediger, aus Düringen bürtig, halten mögen. Derselbe predigt ihnen in einem großen hölzernen Hause öffentlich und lehret die Teutschen Gottes Wort. Denn man hat sonst nicht vernommen, daß dieser grausame Tyrann, der vorige Großfürst Basilides einigen Menschen der Religion oder seines Glaubens halber verfolget habe." Sie begannen an ihrem neuen Wohnorte bald die alten Beschäftigungen zu treiben, und erfüllten so den Zweck, dessentwegen der Zaar sie neben Moskau angesiedelt hatte, indem sie, wie aus folgenden Zeilen erhellt, die Gewerbe und die Industrie des protestantischen Teutschlands in das Innere Rußlands verpflanzten. Die Mehrzahl bestand unstreitig aus Handwerkern, und so wird denn auch in den Reisebeschreibungen der folgenden Zeit gelegentlich von deutschen Goldschmieden, Maurern, Schneidern, Schmieden, Gießern, Schieferdeckern, Malern, Brauern u. s. w. in Moskau gesprochen. Die Russen zogen einen sehr bedeutenden Nutzen von ihnen, indem sie allmälig die verschiedenen Handwerke von den Deutschen erlernten. Nach Printz

---

[1]) Olearius, p. 318. Wahrhaftige Relation, p. 275. „Ungefähr ein Viertelmeil Wegs von der Stadt Muschkow ins S. O. liegt ein Städtlein, Schlaboda genannt. In diesem wohnen eitel deutsche Völker." Adelung, Augustin Freiherr von Meyerberg und seine Reise nach Rußland. Mit einer Sammlung von Ansichten. St. Petersburg 1827. 8. p. 258.

[2]) Joannis Basilidis, Magni Moscoviae Ducis, vita a Paulo Oderbornio tribus libris conscripta. Anno MDLXXXV. 8. — Die Citate führe ich, der größeren Deutlichkeit wegen, aus der ältesten, auch seltenen, Uebersetzung an, welche von Heinrich Räteln zu Sagan besorgt und 1589 in 8. zu Görlitz gedruckt wurde.

a Bucchau gab es zu seiner Zeit unter den Russen nur Schneider und Schuster. Schon damals, wie jetzt, zeigten die Russen eine ungemeine Geschicklichkeit, alles nachzuahmen, was sie sahen. Deshalb sagt auch Olearius, daß sie sehr vieles von den Deutschen gesehen und gelernt hätten. „Darumb wer in Handarbeiten sonderliche Griffe und Wissenschaft für sich behalten will, läßt keinen Russen zusehen." Vor Joann Grosnyi war in Rußland, mit Ausnahme der Juchten und der groben Leinewand von Jaroslaw, kein Industriezweig getrieben. Die Anfänge des Gewerbfleißes gingen aus den Handwerksstätten der deutschen Sloboda hervor¹). Prinz a Bucchau hatte in Rußland noch kein Glas gesehen, Marienglas, in Oel getränkte Leinewand und Ochsenblase ersetzten nothdürftig dessen Stelle. Deutsche legten die erste Glashütte an. Buchdruckereien gab es zu Kilburger's Zeit 2 in Rußland, eine zu Moskau, die andere in Kiew. Das Papier, welches sie verbrauchten, war lange Zeit einer der bedeutendsten Einfuhrartikel des Archangelschen Handels, bis der deutsche Kaufmann Johann von Schweden, den der Schwede Kilburger selbst einen Teutschen nennt²), die erste Papiermühle anlegte. Es ist derselbe Johann von Schweden, dem Rußland die erste Einrichtung des Postwesens 1663 verdankt³). Mit Recht hatten die Zaare von jeher ein besonderes Gewicht auf die Gewinnung und Bearbeitung der Metalle gelegt. Joann Wassiljewitsch (1462—1505) hatte im Vertrage mit Johann Casimir von Polen Bergleute verlangt. Seine Gesandten brachten 1491 zwei deutsche Bergleute mit, welche an der Petschora auch wirklich eine Silbermine entdeckten. Im Jahre 1492 ließ er den Kurfürsten von Sachsen bitten, derselbe möge seinen Unterthanen erlauben, sich in Rußland niederzulassen, um dort Metalle zu gewinnen. In die Bedingungen, unter denen Joann Grosnyi 1571 mit Schweden Frieden schließen wollte, nahm er auch die auf, daß er aus Schweden einige Metallurgen erhielte⁴). Dessenungeachtet gewann Rußland, welches jetzt zu den metallreichsten Ländern der Erde gehört, bis ins 17. Jahrhundert kein einziges Metall, sondern mußte dasselbe vom Auslande beziehen. Zu den Zeiten des hanseatischen Handels lieferte Deutschland, später

---

¹) Kilburger, kurzer Unterricht vom russischen Handel aus dem Jahre 1674 in Büsching Magazin III, 247 ff. Kilburger war selbst in Moskau und spricht als Augenzeuge.
²) Kilburger p. 274.
³) Kilburger p. 319.
⁴) Karamsin VI. 178. 176. Richter, Gesch. der Ostseepr. II, 22.

Schweden das Eisen, welches immer einen wichtigen Handelsartikel bildete. Die ersten Eisenwerke in Rußland wurden durch Deutsche aus der Sloboda angelegt. Peter Marsilius oder Marcellus, welcher 1631 nach Rußland kam, hatte sich durch Eisenhandel ein bedeutendes Vermögen erworben. Dabei stand er im In- und Auslande wegen seines Charakters in solchem Ansehen, daß er nicht selten zu den wichtigsten Gesandtschaften gebraucht wurde. Der König Christian IV. von Dänemark, mit dem er durch seinen in Kopenhagen ansässigen Bruder bekannt geworden war, ernannte ihn zu seinem Commissionarius in Moslau, was ungefähr der Würde eines jetzigen General-Consuls gleichkommt. Der Zaar schickte ihn wiederholt als Gesandten nach Teutschland. Marsilius hatte ein großes Eisenwerk im Gouvernement Tula angelegt, welches durch sächsische Bergleute betrieben wurde. Aus dem gewonnenen Eisen wurden nicht bloß Stangen, Platten, Salzpfannen und Säbel verfertigt, sondern auch Kanonen gegossen. Da seine Eisenwerke im Ganzen nur kaltbrüchiges Metall lieferten, so hatte er von diesem Unternehmen wenig Vortheil, obgleich der Zaar, um dasselbe, als das erste größere dieser Art, zu unterstützen, ihn nicht bloß von allen Abgaben befreit, sondern ihm auch noch 400 Bauern als Eigenthum zu Arbeitern geschenkt hatte. Unter ähnlichen Verhältnissen bearbeitete Marsilius die ersten Kupfergruben in Rußland, welche unweit des Onega lagen. Weit besseres Eisen lieferte Tileman Ackema, gleichfalls ein Deutscher aus der Sloboda. Deutsche waren es auch, welche im 17. Jahrhundert die ersten Salpetersiedereien und die ersten Pulvermühlen in Rußland anlegten.

Neben den Handwerkern finden sich unter den Fortgeschleppten von Anfang an auch schon Kaufleute. Sehr gewinnreich war für diese der Handel mit Spirituosen, von denen damals, wie jetzt, starker Gebrauch gemacht wurde. Durch Mißbrauch zogen sich diese Kaufleute nicht nur die Ungnade des Zaaren Joann Grosnyi, sondern auch einen förmlichen Volkssturm zu, welchen Margaret[1]) mit folgenden Worten beschreibt. „Die Livländer, welche Iwan Wassiljewitsch vor etwa 38—40 Jahren aus Dorpat und Narwa nach Moslau versetzt hatte, erhielten 2 Kirchen, in welchen sie öffentlich ihren lutherischen Gottesdienst ausüben durften, aber ihr Stolz und ihre Eitelkeit nahmen bald dermaßen überhand, daß diese Tempel auf

---
1) Margeret p. 10.

Befehl des nämlichen Großfürsten wieder niedergerissen wurden. Man plünderte ihre Häuser und vertrieb sie daraus, ob es gleich im Winter war, nackt wie im Augenblick ihrer Geburt, und ohne Rücksicht auf Alter und Geschlecht. Und doch konnten sie die Schuld dieser Verfolgung niemandem beimessen, als sich selbst. Denn anstatt sich ihres früheren Unglücks zu erinnern, wo sie aus ihrem Vaterlande fortgeführt, ihrer Habe beraubt, als Sclaven unter die Botmäßigkeit eines grausamen Herrschers geriethen, anstatt durch solches Unglück gedemüthigt zu werden, waren sie vielmehr in ihrem ganzen Benehmen zu stolz, in ihren Handlungen so übermüthig, daß man sie alle für Fürsten und Fürstinnen hätte halten mögen. Wenn ihre Frauen in die Kirche gingen, trugen sie nichts als Sammet, Atlas und Damast, und die geringste wenigstens Taffet, wenn sie auch sonst gar nichts anderes hatte. Ihr Hauptgewinn bestand darin, daß sie die Erlaubniß hatten, Branntwein, Meth und andere Getränke zu verkaufen, worauf sie nicht 10, sondern 100 vom 100 gewannen, was unglaublich scheinen wird, aber doch die reine Wahrheit ist." Der Handel Moskau's änderte sich in dem Jahrhundert von Joann Grosnyi bis Peter den Großen sehr wenig. Wir besitzen über denselben die schon oben angeführten höchst werthvollen Bemerkungen des Schweden Kilburger aus dem Jahre 1674. Nach denselben kostete das Tschetwert Roggen 1 R. 20 K., Hafer 32 K., Buchweizengrütze 1 R. 20 K., das Pud Salz 20 K., Fleisch oder Speck 40 K., Honig 1 R. 10 K. Vor der Entdeckung des weißen Meeres gingen die Waaren von Moskau über Nowgorod theils nach Narwa, theils nach Rpen. Die Fracht für das Pud kostete von Moskau bis Nowgorod im Winter 6—9 K., im Sommer 24—30 K., von Nowgorod nach Narwa im Winter 2—3 K., im Sommer 4—5 K., von Nowgorod nach Rpen im Winter 3—3½ K., im Sommer 4—5 K. Ein ganz neuer Handelsweg öffnete sich für Moskau, als ein englisches Schiff unter Richard Chancellor, welches zu einem von Eduard VI. abgeschickten Geschwader gehörte, um die nordöstliche Durchfahrt an der Küste Asiens zu suchen, 1553 in die Bucht St. Nikolai des Erzengels (Archangel's) einlief und bei dem kleinen Kloster an der Mündung der Dwina Anker warf. Chancellor besuchte auf die Einladung des Zaaren auch Moskau, wo er auf das Freundlichste aufgenommen wurde. Es bildete sich unter Sebast. Cabot dem Jüngern eine nordische Handelsgesellschaft in London, um mit Rußland in Verkehr zu treten und möglichst ihre Unternehmungen über Moskau bis nach Persien auszudehnen. Um ihre Intereffen in Moskau wahrzunehmen, gründete sie die englische Factorei. Archangel ward eine wohlhabende Stadt. Im Jahre 1565 erhielten neben den Engländern auch die Holländer Handelsfreiheit in Rußland und es entstand nun in Moskau gleichfalls eine holländische Factorei. Im 17. Jahrhundert wurden auch Hamburger und Bremer Schiffe in Archangel zugelassen. Sie kamen in solcher Anzahl, daß sie die englischen und holländischen weit überflügelten. Zu Kilburger's Zeit waren die Hamburger Kaufleute die angesehensten in Moskau. Der wachsende Wohlstand der Deutschen machte sich bald an dem zunehmenden Luxus bemerkbar. Während die meisten Wohnhäuser in Moskau noch von Holz waren, bemerkt Olearius, daß die reichen deutschen Kaufleute sich steinerne Häuser erbauten. Prinz a Buchau hatte von Gemüsen nur Zwiebeln und Gurken gefunden, Olearius aß bei den deutschen Kaufleuten in Moskau dicke Spargel und Latuk, der auch schon bei den Ruffen Eingang fand. Schon zu Kilburger's Zeit, wie noch jetzt, ließen die Deutschen sich manche Delicateffen über See kommen, wie Lüneburger Salz, holländischen Käse, holsteinische Butter, westphälische Schinken, wismarische Mumme. Auch die ersten Zierpflanzen und Blumen erhielt man in Rußland durch die deutschen Kaufleute. Besonders Marsilius hatte eine große Liebhaberei für dieselben. Bei ihm sah Olearius die ersten gefüllten Rosen, welche es in Moskau gab, und die er mit vieler Mühe aus dem Schloßgarten von Gottorp dahin verpflanzt hatte. Ein Deutscher, der als Gefangener nach Rußland gebracht, zur griechischen Kirche übergetreten und in ein Kloster in Astrachan gegangen war, legte neben demselben den ersten Weingarten an, zu welchem er die Pflanzen durch persische Kaufleute erhielt. Olearius sah diesen Mönch noch, der damals über 100 Jahre alt sein sollte. Der glückliche Erfolg veranlaßte 1613 den Zaaren, auch für sich einen Weingarten anlegen zu lassen, über welchen ein deutscher Gärtner die Aufsicht führte. Zu Olearius Zeit kamen aus demselben 50—60 Pipen Wein jährlich für den Hof nach Moskau. Später vermehrte sich der Weinbau noch ansehnlich, wie man aus der Reisebeschreibung des Johann Struys sieht [1]).

Besonders strebten die Zaaren, geschickte Aerzte in ihren Dienst

---

[1] Joh. Struys Reizen door Italen. — — Rotterdam 1676. 4. Er sagt von Astrachan: „Vor etlichen Jahren sind hier keine Weinberge gewesen, und haben die persianischen Kaufleute im Jahre 1613 den ersten Weinstock einem deutschen, russisch getauften Mönch verehrt, welcher denselben in sein Kloster

zu ziehen. Die ersten Aerzte, deren in Rußland Erwähnung geschieht, sind italienische und deutsche Juden. Durch die Verbindung mit England kamen dann englische Aerzte und Apotheker über Archangel nach Moskau, welche dort in großem Ansehen standen. Die englischen Aerzte wurden allmälig durch deutsche verdrängt, welche seit der Zeit des Boris Godunow (1598—1605) einen entschiedenen und mit der Zeit immer wachsenden Einfluß erhielten. Boris Godunow schickte sogar im Jahre 1600 den Reinhold Beckmann, einen moskowischen Deutschen, welcher schon mehrere Male als Gesandter gebraucht war, nach Deutschland, um ihm geschickte Aerzte zu besorgen. Durch die Vermittelung desselben kam der allgemein geschätzte Dr. Caspar Fiedler nach Moskau, dessen in Deutschland zurückgebliebener Bruder Constantin gewiß nicht ohne Erlaubniß des Zaaren eine lat. Lobrede auf Boris Godunow schrieb¹). Von da an waren die Leibärzte meistens Deutsche. Die Stellung derselben war so einträglich und angesehen, daß die moskowischen Deutschen gern ihre Söhne im Auslande erziehen und daselbst Medicin studiren ließen, wenn sie nur auf irgend eine Weise die Erlaubniß dazu erlangen konnten. Dies gelang z. B. dem alten deutschen Dolmetscher Hans Helmes. Auch die Brüder Lorenz und Johann Deodatus Blumentrost, die in der ersten Hälfte des vorigen Jahrhunderts sehr angesehene Mitglieder unserer Gemeinde waren, stammten aus einer deutschen Familie in Moskau. Dasselbe Ansehen, dessen sich die deutschen Aerzte bei der Person des Zaaren und in der Apothekercanzlei erfreuten, genossen die Dolmetscher in der Gesandtschaftscanzlei, in welcher alle Verhältnisse zum Auslande entschieden wurden. Die Stellung der Dolmetscher mußte in einer Zeit, in welcher der Zaar und seine Großen nur ihre Muttersprache kannten, eine sehr bedeutende sein. Meistens waren es Deutsche, da Rußland damals eigentlich nur zu Deutschland in freundschaftlicher Beziehung stand. Bewährte Dolmetscher wurden nicht selten als Gesandte ins Ausland geschickt, wie wir dies schon oben bei Hans Schlitte und Reinhold Beckmann gesehen haben.

Viele der aus Livland fortgeführten Deutschen traten in den

---

außerhalb Astrachan gepflanzet, welcher so wohl gewachsen und durch das öftere Verpflanzen und Anbauen dermaßen vermehret, daß dem Großfürsten jährlich 200 Pfeifen Wein und wohl 30 Fässer Branntwein, daselbst gepresset und gemachet, zugesandt werden."

¹) Constantini Fiedleri oratio lucolenta in Borissum Godunovium. Regiomontii. 1602. 4. Richter, Gesch. der Medicin in Rußland 1, 361.

persönlichen Dienst des Zaaren oder in Kriegsdienste. In letzterer Hinsicht machten einige unter Joann Grosnyi ihr Glück, wie uns Oberborn erzählt, weil sie nicht allein an Kriegserfahrung, sondern auch an allgemeiner Bildung die Russen weit übertrafen. Der Ceseler Georg Fahrensbach, der rigaische Mannrichter Joh. Taube und der dorptsche Stiftsvogt Elert Kruse waren als Gefangene in die Hände des Zaaren gefallen. Nachdem sie jahrelang die Leiden der Gefangenschaft erduldet hatten, traten sie in den Dienst desselben, erhielten ansehnliche Stellen und wurden bald mit ansehnlichen Landgütern beschenkt. Fahrensbach erwarb sich in Bekämpfung der Tataren große Verdienste.

Zu nicht geringer Hülfe gereichten den Deutschen in Moskau die protestantischen Fürsten, welche mit den Zaaren durch Heirathen in verwandschaftliche Verhältnisse traten oder treten wollten. Diese Verbindungen wurden von russischer Seite freilich nur aus politischen Zwecken gesucht, um einen Anhaltspunkt in den Ostseeprovinzen zu gewinnen und endeten meistens auch unglücklich, allein für den Augenblick trugen sie nicht wenig dazu bei, die Lage der deutschen Protestanten in Moskau zu verbessern. Die erste solcher Verbindungen ward durch Taube und Kruse veranlaßt, indem sie die Aufmerksamkeit des Zaaren auf den Prinzen Magnus von Dänemark, den Bruder des Königs Friedrich II., richteten, der als protestantischer Bischof von Oesel und Kurland sich des zerfallenden Herrmeisterstaates zu bemächtigen suchte. Durch seinen Hofprediger bewogen, ging Magnus auf ihre Pläne ein, reiste 1570 nach Moskau, verlobte sich mit Euphemia Wladimirowna, der Tochter von Joanns Vetter Wladimir Andrejewitsch, und ward von Joann zum König von Livland unter russischer Oberhoheit erklärt. Der Zweck der Verbindung ward nicht erreicht, weder der Zaar noch Magnus konnten sich Livlands bemächtigen. Obgleich Magnus nun nach dem Tod seiner Braut Euphemia, deren jüngere, erst 13 Jahr alte, Schwester Maria auf den Wunsch des Zaaren in Nowgorod heirathete, wurde er doch bald darauf von demselben in der Zusammenkunft bei Wenden 1577 so gemißhandelt, daß er aus Furcht für sein Leben mit seiner Gemahlin zu den Polen übertrat, unter deren Schutz er bis an seinen Tod 1583 verblieb.

Aehnliche Gründe bewogen den Zaaren Boris Godunow zu dem Wunsch, seine durch ihre Schönheit eben so sehr als durch ihr späteres Unglück bekannte Tochter Xenia mit einem ausländischen Fürsten zu verheirathen. Er warf zuerst seine Augen auf den Prinzen Gustav von Schweden, den unehelichen Sohn des von seinen Brüdern entthronten Königs Erich XIV. und der Katharina Månstochter, der in sehr gedrückter Lage in Deutschland lebte. Gustav kam auf die Einladung des Zaaren 1599 nach Moskau, wo er sehr gut aufgenommen wurde. Allein bald entstanden Mißhelligkeiten zwischen ihm und dem Zaaren, der ihm seine unordentliche Lebensweise vorwarf, da er seine Geliebte mit nach Moskau gebracht hatte. Der Hauptgrund der Trennung war wohl der, daß der Zaar sich in Bezug auf seine politischen Pläne bei dieser Heirath gänzlich getäuscht hatte, da Gustav seinen Namen unter keiner Bedingung zur Unterstützung eines Angriffes auf sein Vaterland und die zu demselben gehörenden Provinzen Finnland und Esthland hergeben wollte. Daher wurden alle Unterhandlungen wegen der Heirath abgebrochen. Als der Prinz nun Rußland verlassen wollte, hielt man ihn zurück; als er sich deßhalb in heftigen Ausdrücken über den Zaaren aussprach, ward er von Moskau ins Innere gebracht, wo er 1607 zu Kaschin im Twerschen starb und von Martin Beer beerdigt wurde. Nachdem der Plan mit dem Prinzen Gustav gescheitert war, wandte sich der Zaar in ähnlicher Absicht an den König Christian IV. von Dänemark, den Todfeind Schwedens. Dieser schickte auch seinen jüngern Bruder Johann auf einer dänischen Flotte nach Narwa, von wo derselbe nach Moskau reiste. Die Unterhandlungen wegen der Heirath versprachen den besten Erfolg, als der Prinz nach einem sechswöchentlichen Aufenthalt in Folge seiner Ausschweifungen an einem hitzigen Fieber erkrankte und am 28. October 1602 starb.

Auch der Versuch, welchen der Zaar Michail Fedorowitsch (1613—1645) machte, seine Tochter Irina Michailowna 1644 mit Woldemar Christian, dem Sohn Christian's IV. von Dänemark und der Christine Munk zu verheirathen, hatte gleichen Erfolg. Denn als man in Moskau von dem glänzenden Einfall Torstenson's in Dänemark hörte, wurden die Unterhandlungen abgebrochen und von der Heirath war nicht mehr die Rede.

Die deutsche Sloboda lag eine Werst außerhalb Moskau vor der Pokrowskischen Pforte. In dem Bürgerkriege nach Boris Godunow litt diese Vorstadt sehr, von den Schaaren des zweiten Demetrius ward sie niedergebrannt. Als die Ruhe im Reiche durch die Thronbesteigung des Hauses Romanow wiederhergestellt war, bauten die Deutschen die Sloboda nicht wieder auf, sondern wohnten in Moskau selbst. Als sie aus ihrer Heimath nach Moskau versetzt wurden, hatten sie die russische Kleidung angenommen, um sich vor Neckereien zu schützen. Obgleich sie manche Neider wegen ihres Wohlstandes und ihres Ansehens hatten, blieben sie im Ganzen doch ungestört, da der Zaar Michail Federowitsch sie liebte. Erst als der Patriarch Joseph selbst sich entschieden gegen sie aussprach, vermochte er sie nicht länger zu schützen. Zuerst ward ihnen verboten, russische Kleidung zu tragen. „Es haben auch vor diesem, sagt Olearius[1]), die Deutschen, Holländer, Franzosen und andere Landsleute, die in des Großfürsten Diensten, auch Handlung halber sich bei ihnen aufhalten und leben wollen, ihre, der Russen Art, Kleidungen sich gebrauchet, auch gebrauchen müssen, damit sie nicht von frevelhaften Bösewichten geschimpfet und gefährdet wurden. Vorm Jahr ab hat der itzige Patriarch darin eine Aenderung gemacht. Und ist solches durch diese Gelegenheit veranlasset. Als einsten eine große Procession in der Stadt gehalten worden, welcher der Patriarch selbst beigewohnet, und er auf der Straße über das herumbstehende Volk nach Gewohnheit den Segen gesprochen, haben die Deutschen, welche unter den Russen gestanden, nicht so wohl wie die Russen gegen den Patriarchen sich neigen und segnen wollen. Als dies der Patriarch mit Unwillen gesehen und vernommen, daß es Deutsche waren, hat er gesagt, es wäre nicht recht, daß die unwürdigen Ausländer so unbekannter Weise den Segen mit empfangen sollten. Und damit er sie hinfürder kenne und von den Russen zu unterscheiden wußte, hat ein ernster Befehl an alle Ausländer ergehen müssen, daß jeglicher alsbald die russischen Kleider ablege und in seiner eigenen Landes Art Kleidung hinfort sich antreffen lasse. Solchem ernsten Gebot nun so geschwinde zu gehorsamen, wollte etlichen so gefährlich fallen, als gefährlich, dem zuwiderzustreben. Indem ihrer viel nicht sowohl aus Mangel des Zeuges und der zugehörigen Sachen, als der Schneider zu neuen Kleidern sobald nicht gelangen konnten, auch wegen ihrer täglichen Aufwartung bei Hofe ohne Nachtheil nicht abwesend sein durften. Hat derwegen jeglicher genommen, was ihm am ehesten zur Hand gewesen. Etliche haben ihre Väter, Groß- und Eltervater und anderer Freunde Kleider, so theils noch zu des Tyrannen Zeiten bei Wegführung der alten Livländer mit in Muskow genommen und in den Kisten gelegen, angezogen. Welches denn bei ihren Zusammenkünften wegen so vielen und mancherleien Trachten, sondern auch, daß

---

[1]) Olear. p. 153.

die Kleider manchem entweder zu groß oder zu klein gewesen, groß Gelächter verursachet. Müssen also jetzund alle Ausländer, wessen Landsleute sie auch seien, in ihrer eigenen Landesart Kleidern zum Unterschied der Russen gehen und sich finden laſſen." Zugleich mußten sie ihre Wohnungen in der Stadt aufgeben und sich wieder auf dem Platz anbauen, wo ehemals die Sloboda gestanden hatte, und welcher bisher wüst gelegen zu haben scheint. „Es hatten die Pfaffen (in Muskau, sagt Olearius [1]), schon vor 15 und mehr Jahren geklaget, daß die Deutschen unter den Russen in der Stadt wohnten, hätten die größten und besten Plätze von ihren Kirchspielgründen eigen gekauft und bebauet, wodurch ihnen, den Pfaffen, viel von ihren Einkünften abginge, haben aber — nichts erhalten mögen. Jetzund aber als der Patriarch selbst sich beschwerte, daß die Deutschen unter den Russen in gleichen Kleidungen ohne Unterschied wandelten und ihnen gleichsam den Segen abstölen, nahmen die Pfaffen die Gelegenheit in Acht, erneuerten ihre allen Klagen und brachten es so weit, daß ein ernstlich Mandat oder Befehl erging: daß, wer unter den Deutschen wollte sich auf russisch taufen lassen, möchte in der Stadt wohnen bleiben, wer sich aber das zu thun weigerte, sollte innerhalb kurzer Zeit mit der Wohnung zur Stadt hinaus vor die Pokroffi Pforte nach der Kukuy an den Ort, wo vor 40 und mehr Jahren die Deutschen auch ihre Wohnung alleine gehabt und des Königs von Dänemark Christian IV. Herr Bruder Herzog Johannes begraben lag. Dieser Ort lieget an dem Bache Jausa. — Der Zaar hat dem Ort einen andern Namen gegeben und ihn Nowaja Inosemskaja Sloboda, die neue ausländische Vorstadt, genannt. Man hat daselbst einem jeglichen nach Beschaffenheit der Personen, Amt und Gewerbe einen gewissen Platz, darauf zu bauen, angewiesen, und alles in ordentliche Gassen abgetheilet. Die, so hölzerne Häuser in der Stadt hatten, ließen solche abbrechen und in der Nowaja Inosemskaja wieder aufsetzen, da sie jetzo vor den oftmals entstehenden Feuersbrünsten der Russen viel sicherer als in der Stadt wohnten [2]). Daher die meisten Deutschen sagen, daß ihnen durch Ablegung der russischen Kleider und Absonderung von den russischen Häusern und

---

[1]) Olear. p. 318. 319.
[2]) In dieser Hoffnung hatte man sich getäuschet. Denn in der großen Feuersbrunst, welche am Pfingsttage 1737 bei der großen steinernen Brücke ausbrach und den größten Theil Moskau's verzehrte, verbrannte auch die ganze deutsche Sloboda mit beiden lutherischen Kirchen.

täglicher Conversation so wehe geschehen, als dem Krebs, den man hat zur Strafe im Wasser ersäufen wollen." Snegirew setzt diese Wiederaufbauung der deutschen Vorstadt in das Jahr 1635 [1]). Von dieser neu erbauten deutschen Sloboda, welche eine Hauptstraße und 16 Nebenstraßen zählte, giebt uns Meyerberg, welcher 1661 als Kais. Gesandter in Moskau war, eine Abbildung. In einem andern Bilde zeigt er einen deutschen Mann und eine deutsche Frau mit den Ueberschriften: „Der Aufzug eines Altdeutschen in der Moskau 1661" und „wie eine Altdeutschin gekleidet anietzo einhergehet"[2]).

Was Rußland von jeher ausgezeichnet hat, und ihm nicht genug zum Ruhme angerechnet werden kann, ist seine Duldsamkeit in religiöser Hinsicht. Bei gemischten Ehen kann jeder seinem Glauben getreu bleiben, nur daß die Kinder griechisch getauft werden müssen. Doch gestattet die Milde der Herrscher zuweilen auch hievon Ausnahmen. Sonst herrscht für die Ausländer eine völlige Religionsfreiheit, sie sind weder in der öffentlichen Ausübung ihrer Religion beschränkt, noch bringt ihnen die Abweichung vom Bekenntniß der herrschenden Landeskirche irgend einen Nachtheil im öffentlichen oder im Privatleben. Wer sich von der Freiheit der öffentlichen Gottesverehrung für alle Confessionen überzeugen will, braucht ja nur in der Hauptstraße St. Petersburgs, der Newski Perspective, die kleine Strecke von der Polizeibrücke bis zur Anitschkowbrücke, den belebtesten Theil der Stadt, zu durchgehen und er sieht an der Hauptstraße oder an den einmündenden Seitenstraßen in Zeit einer Viertelstunde die russische Cathedrale der heil. Mutter Gottes von Kasan, die holländisch-reformirte, die deutsch- und französisch reformirte Kirche, 3 lutherische Kirchen, die finnische, die schwedische und die deutsche Peterskirche, die katholische und die armenische Kirche. Diese Gotteshäuser der fremden Confessionen sind nicht etwa kleine, in den Hintergrund zurücktretende Kapellen, sondern es sind, wie wir alle es täglich sehen, große Kirchen, welche von den ihnen zugehörigen weitläufigen Gebäuden umgeben auf geräumigen Grundstücken liegen, die entweder von den Gemeinden gekauft oder denselben von der Regierung geschenkt sind. Weder beim Eintritt in den Staatsdienst, noch bei öffentlichen Anstallen wurde je auf die Confession Rücksicht genommen. Beim Beamten, mag das Amt hoch oder gering, mag es im Civil- oder im

---

[1]) Moskwitjanin 1843. VI.
[2]) Adelung Meyerberg. Pl. 52. 51.

Kriegsdienste sein, sieht man auf die Tüchtigkeit, nicht auf die Kirche, zu welcher man gehört. Keine Confession schließt der Staat von den öffentlichen Schulen aus, kein Krankenhaus nimmt bei Aufnahme der Leidenden Rücksicht auf das Glaubensbekenntniß. Diese Toleranz, welche die Herrscher seit Jahrhunderten geübt haben, liegt tief im russischen Volkscharakter begründet. Der Russe, welcher Achtung vor seiner eignen religiösen Anschauung fordert, gewährt dieselbe auch jedem fremden Glaubensbekenntniß.

Den Grundsatz der Toleranz sprach schon der Zaar Joann Wassiljewitsch aus, den sein eignes Volk den Grosnyi, den Schrecklichen nennt, und dessen Thaten im eignen, wie im Feindeslande haarsträubend sind. Im Dienst seines Reiches verwandte er jeden tüchtigen Mann, ohne zu fragen, weß Glaubens er sei. Zu derselben Zeit, in welcher der finstere Geist Philipps II. von Spanien jedem, auf den auch nur ein Verdacht von Ketzerei fiel, den Scheiterhaufen aufbaute, in welcher die Ränke der Catharina von Medici die Schrecken der Bartholomäusnacht bereiteten, in welcher selbst die kluge Elisabeth von England die ihr im Glauben nahe verwandten Puritaner fast zur Verzweiflung brachte, konnte sich Joann Grosnyi mit Joh. Rokyta, dem Prediger der böhmischen Brüder, der eine vom König von Polen an ihn abgeschickte Gesandtschaft begleitete, ruhig über den Unterschied in den Lehrsätzen ihrer beiden Kirchen unterhalten. Lasitzky hat uns den Inhalt dieses Gespräches aufbewahrt¹). Die Livländer hatte er aus ihrem Vaterland fortgerissen und neben seiner Hauptstadt angesiedelt, damit sie seinen Russen ein Vorbild in den Gewerben und Künsten eines gesitteten Lebens würden, er hatte ihnen Heimath, Familie und Vermögen geraubt, ihre Religion tastete er nicht an. Die Erlaubniß, aus ihrem alten Bethaus eine ordentliche Kirche zu erbauen, erlangten die Protestanten unter seiner Regierung durch den Einfluß des Herzogs Magnus, dessen Hofprediger bei ihm in großem Ansehen stand. „Desgleichen, sagt Oberborn, hörete er fleißig Christianum Bockhorn, Herzog Magnus zu Holstein Prediger, den er mit einem herrlichen Kleyde und etlichen güldenen Ketten verehret." Diese beiden Kirchen sind es unstreitig, deren Niederreißung Margerei bei dem Sturm gegen die Branntweinshändler berichtet. Seine Verwandte Maria Wladimirowna ließ er mit dem

---
¹) Lasicius de Russorum Moscovitarum et Tartarorum religione, sacrificiis nuptiarum et fanorum ritu. Spirae MDLXXXII. 4.

2*

Herzog Magnus sogar durch einen protestantischen Prediger in Nowgorod trauen¹). Sein Sohn Feodor Joannowitsch (1584—1598), ein Mann von schwachem Geist, hielt ängstlich an den äußern Formen seiner Kirche. Er beschäftigte sich hauptsächlich mit Glockenläuten, weshalb ihm sein Vater auch öfters vorwarf, er sei dem Sohn eines Glöckners ähnlicher als dem eines Großfürsten. Dennoch beschränkte er die von seinem Vater eingeführte Religionsfreiheit in seiner Weise, ja er ließ sogar außerhalb Moskau eine protestantische Kirche in Nishnij Nowgorod 1594 erbauen. Wo während seiner Regierung die Deutschen in der Sloboda ihren Gottesdienst hielten, wissen wir nicht, denn eine ordentliche Kirche gab es nach den Worten Bussow's nicht, wahrscheinlich hatten sie wieder ein Bethaus. „Den Teutschen, so bei des Zaaren Iwan Wassiljewitsch Zeiten aus Livland dahin ins Land gefänglich verführet, und an einem lustigen Ohrte bald ½ deutsche Meile von dem kaiserlichen Schlosse ab zusammen wohnten und gute Nahrung hatten, ihrer viel auch dem Kaiser zu Felde dienten und darum mit guten Landgütern begabet waren, gab er (Boris Godunow) frei, ihren Gottesdienst in ihren Häusern zu halten¹)." Erst 1601 unter der Regierung des Zaaren Boris Godunow (1598—1605) ward wieder eine Kirche in der Sloboda erbaut, wozu der Zaar auf Bitten seiner Leibärzte die Erlaubniß ertheilte³). Besonders Caspar Fiedler scheint sich sehr für die Kirchenangelegenheiten interessirt zu haben, weshalb er auch in seiner Leichenpredigt als Fundator und Patron der protestantischen Kirche gerühmt wird. „Summa, sagt Bussow⁴), es war bei den Herren Doctoren an keinen Dingen einiger Mangel, allein, daß sie keine Kirche hatten, supplicirten derowegen darum sämmtlich und erlangten auch Zulaß, nach ihrem Gefallen eine Kirche zu bauen in dem deutschen Flecken, außerhalb der Stadt Moskau ein Viertelmeil belegen."

„Zu diesem Kirchenbau gaben die Herren Doctoren ein Ehrliches, wie denn auch der geringste Deutsche hiezu sich nicht knauserig finden ließ. Und baueten Gott dem Herrn zu Ehren eine solche Kirche, daß

---

¹) Richter, Gesch. der Ostseeprov. II., 24.
²) Bussow, p. 8.
³) Petrejus de Erlesunda, Historien und Berichte vom Großfürstenthum Muschkow. Leipzig MDCXX. 4. Petrejus schreibt die Anlegung dieser Kirche besonders den Sitten des Prinzen Gustav von Schweden zu. Bussow verdient aber mehr Glauben.
⁴) Bussow, p. 11.

der Kaiser selber hernachen für vielen seiner Kirchen diese deutsche Kirche würdig achtete, des Königs von Dänemarken Bruder Herzog Johansen darin bestatten zu lassen."

"Wie er denn selbst einen Thurm dabei aufsetzen und 3 Glocken darin hängen ließ, damit der verstorbene Fürst und sein Volk, das allda stürbe, mit demselben beläutet würde."

"Von den zusammengeschossenen Geldern blieb nach vollzogenem Kirchengebäu so viel übrig, daß die deutsche Gemeinde zu ihren vorigen alten Pastoribus (die mit ihnen aus Livland gefänglich in Rußland geführet) noch einen Pastoren, Herrn Woldemarum Hüllemannum, Westphalum, und einen Studiosum, Martinum Beer, Neustadiensem, die im selben Jahr daher ins Land kommen waren, zum Kirchen- und Schuldienst annahmen. Die auch keine Mühe und Arbeit, Gott zu ehren, versparten, mit Instituiren und Lehren, also daß in kurzen Zeiten mit 6, 7 und 8 Stimmen in der Kirche musiciret worden."

"Die Herren Doctores schämeten sich selbst nicht, im Chor Adjuvanten zu sein, und viel gutherzige Leute haben oftmals hierüber für Freuden geweinet, daß der liebe Gott sie eine solche herrliche Zeit in der Moskau hatte erleben lassen."

Eine genaue Beschreibung dieser Kirche giebt die Reisebeschreibung des Herzogs Hans von Dänemark[1]). "Es hat ihnen (den Teutschen im Städtchen Schloboda) Kais. Maj. anno 1601 erlaubt, eine Kirche daselbst zu bauen und ihres deutschen Glaubens nachzuleben. Haben sie alsofort einen Platz eingenommen, und darauf eine Kirche von eitel Tannenholz gebauet, in der Kirchen deutscher Ordnung nach einem Altar, darauf die heiligen 10 Gebote Gottes, auch etliche Sprüche aus heiliger Schrift mit güldenen Buchstaben geschrieben, nebenst einem kleinen Crucifix, dann das Bild Christi aufgesetzet, und wird also Gott Lob das Wort Gottes, die heiligen Sacrament, nach Lutheri Lehr und Ordnung gereichet, geprediget und gesungen. Für dem Chor oder Altar ist ein gemauert Gewölb zur fürstlichen Begräbniß gemacht."

Diese Kirche ward in den innern Unruhen von den Schaaren des zweiten Pseudodemetrius zugleich mit der Sloboda abgebrannt[2]). Doch blieb das Grab des Prinzen Johann unversehrt, aus welchem

---

[1]) Büsching, Magaz. VII. 275.
[2]) Bussow, p. 12.

der Leichnam 1637 nach Dänemark abgeführt wurde¹). Ueberhaupt bewies sich dieser zweite falsche Demetrius feindselig gegen die Deutschen. „Er ließ ihnen, sagt Bussow²), ihre Landgüter, Höfe, Häuser mit allem Eigenthum nehmen und gab es den Russen, ja er verbot ihnen sogar, um sich bei den russischen Pfaffen mehr beliebt zu machen, ihren Gottesdienst, und besonders ihr Prediger und Seelsorger Martinus Beer hatte viel zu leiden." Einst im Jahr 1610 befanden sich alle Deutschen, welcher dieser falsche Demetrius in seinem Dienst hatte, in Koselez im jetzigen Gouvernement Tschernigow in der augenscheinlichsten Todesgefahr, aus welcher sie nur durch die Entschlossenheit des Pastors Beer errettet wurden. Damals dichtete Pastor Beer ein Kirchenlied, welches die Protestanten in Moskau bei den Anfeindungen des in dem Bürgerkriege immer mehr verwildernden Volkes und bei der Feindseligkeit des polnischen Prinzen Wladislaw und seiner Jesuiten noch oft Gelegenheit hatten zu singen. Ich setze als Probe einige Verse her³).

Mein Gott, mit deiner Hülf erschein
In solch elenden Zeiten,
Sonst müssen wir verloren sein
Bei diesen losen Leuten,
Die Herz und Sinn dahin gericht't,
Wie sie uns machen gar zu nicht
Allhie in ihren Landen.

Rund umb und und wir Feindschaft han,
Wo wir uns nur hinkehren,
Der Kaiser uns nit vertragen kann,
Sowohl auch seine Herren.
Der gemeine Mann uns duldet nicht,
Weh dem, der ihm entgegenspricht,
Der ist gar bald verloren.

Treu gilt nichts mehr in diesem Land,
Wahrheit wird nicht gelebet,
Die Redlichkeit ist unbekannt,
Das Recht wird nicht geübet.

¹) Richter, Gesch. d. Medicin I. 409.
²) Bussow, p. 98.
³) Bussow, p. 135.

All' Tugend hat gewonn' ein End',
Unrecht und Sünd' sich hieher wendt,
Was will endlich daraus werden!

Als die Deutschen nach der Verbrennung der Sloboda in die Stadt selbst zogen, hatten sie daselbst schon ein Bethaus. Der erste falsche Demetrius hatte für seine Aerzte, für seine deutsche Dienerschaft und für seine deutsche Leibwache, denen der Weg zur protestantischen Kirche im deutschen Flecken zu weit war, ein Bethaus im Kreml aufbauen lassen, in welchem der Pastor Martin Beer am 10. Mai 1606, grade eine Woche vor dem Sturze des Usurpators, die erste Predigt hielt¹). Dieses Bethaus mußte 1632 auf Befehl des Patriarchen Philaret Nikititsch, des Vaters des Zaaren Michail Fedorowitsch (1613—1645), abgebrochen werden. Olearius erzählt die Sache mit folgenden Worten²). „Die Lutheraner haben sie (die Kirche) durch ein Gezänk und Katzbalgung der Weiber, welche umb die Hoheit streiten, verloren. Denn als von der damaligen Belagerung Smolensko die deutschen Kriegsoffficierer der Kaufleute Mägde zu Weibern nahmen, wollten selbige hernach als der Hauptleute und Lieutenants Frauen nicht mehr unter ihren gewesenen Frauen sitzen. Die Kaufmanns Weiber aber vermeinten, es wäre ihnen schimpflich, daß sie die, so kurz zuvor ihre Mägde gewesen, sollten über sich sitzen lassen. Daher entstund in der Kirche groß Gezänke, welches endlich auch in Schlagen hinauslief. Der Patriarch ritt damal eben die Kirche vorbei, siehet den Tumult und fraget die Ursache dessen. Als er aber berichtet wird, daß es der Deutschen Kirche, in welcher die Leute der Oberstelle halber sich vereiniget hätten, hat er gesagt, ich vermeinte, sie sollten mit andächtigen Gedanken in die Kirche, um daselbst ihren Gottesdienst zu verrichten und nicht Hoffart treiben, kommen. Hat darauf befolen, daß man alsbald die Kirche abbrechen sollte, welche auch noch selbigen Tag bis auf den Grund ist niedergerissen worden." Unstreitig war die Capelle aus Holz, und eine solche innerhalb eines Tages zusammenzureißen, ist keine große Arbeit.

Bei der großen Macht der Patriarchen unter den beiden ersten Zaaren aus dem Hause Romanow, unter dem oben erwähnten Michail Fedorowitsch und dessen Sohn Alexei Michailowitsch (1645—1676),

---

¹) Bussow, p. 46.
²) Olear. p. 317.

wäre es ihnen ein Leichtes gewesen, die Religionsfreiheit der Protestanten völlig zu beseitigen. Sie würden darin nur dem übrigen Europa gefolgt sein. Es war dies die Zeit, in welcher der Religionshaß die blutigsten Kriege erzeugte, in welcher Ludwig XIV. die Glaubensgenossen seines Großvaters zu verfolgen begann, in welcher Deutschland durch den 30jährigen Krieg verwüstet wurde. Wie wenig aber Philaret und seine Nachfolger Joseph und Nikon an eine Beschränkung der Religionsfreiheit der Protestanten oder gar an eine Verfolgung derselben dachten, geht aus den Werken des Olearius und Allburgers hervor, welche beide sich damals in Moskau befanden. Allburger sagt: „die Lutheraner und Calvinisten treiben ihren Gottesdienst so frei und ungehindert daselbst (in der Sloboda) als an einigem Orte in der Welt. Auch ist in der Sloboda eine deutsche Schule." Die freie Religionsübung der Protestanten beschränkte sich auch nicht blos auf Moskau, sondern allenthalben, wo überhaupt Protestanten lebten, war dieselbe gestattet. So waren im 16. Jahrh. temporäre protestantische Kirchen in Tula, Kasan und überhaupt an allen Orten entstanden, wohin die gefangenen Livländer geschleppt waren. Im 17. Jahrh. finden wir eben solche Kirchen auf den Eisenwerken der deutschen Kaufleute aus der Sloboda, welche meistens von sächsischen Bergleuten bearbeitet wurden.

Wie Peter der Große, der jüngste Sohn Alexei's, über Religionsfreiheit dachte, geht aus seinem Manifest hervor, welches sein Generalcommissair Patkul 16. April 1702 in Deutschland bekannt machte und dessen § 2. so lautet¹): „Und wie auch bereits allhier (in Moskau) in unserer Residenz das freie Exercitium religionis aller andern, obwohl mit unserer Kirche nicht übereinstimmenden christlichen Secten eingeführt ist, so soll solches auch hiemit von neuem bestätigt sein, solchergestalt, daß wir, bei der uns von dem Allerhöchsten verliehenen Gewalt, uns keines Zwanges über die Gewissen der Menschen anmaßen, und gerne zulassen, daß ein jeder Christ auf seine eigene Verantwortung sich die Sorge seiner Seligkeit lasse angelegen sein. Also wollen wir auch kräftiglich darob halten, daß dem bisherigen Gebrauch nach niemand in obgemeldeter seiner so öffentlichen als Privat-Religionsübung soll beeinträchtiget, sondern bei solchem Exercitio vor aller männiglicher Turbation geschützet und gehandhabt werden. Und da sich's zutrüge, daß etwa an ein oder andern Ort

¹) Büsching, Gesch. der ev.-luth. Gem. I., 9.

unsers Reichs, oder bei unsern Armees und Guarnisons kein ordentliches Ministerium ecclesiasticum, Prediger oder Kirche vorhanden wäre, so soll doch ein jeder befugt sein, nicht allein in seinem Hause und vor sich und die Seinigen Gott dem Herrn zu dienen, sondern auch diejenigen, die sich daselbst versammeln wollen, um nach Anweisung der allgemeinen Ordnung christlicher Kirchen Gott aus einem Munde zu loben, entgegen zu nehmen und also den Gottesdienst zu verrichten. Und wenn sich auch bei unsern Armees einzelne Officiers oder ganze Corps von Regimentern und Compagnien befinden, welche mit Predigern versehen sind, so sollen sie allerdings der Immunitäten, Privilegien und Freiheiten genießen, wie wir allhier in unserer Residenz, auch in Archangel und andern Orten, sothaner Kirchen verstattet haben, und wie solches nicht allein bei Verwaltung des ordentlichen Predigtamtes, sondern auch bei Austheilung der heiligen Sacramente und andern Actibus parochialibus allhier gebräuchlich ist: allermaßen wir auch sonsten auf sothaner Religionsverwandten Gesuch ihnen vergönnen, auch anderswo auf's neue Kirchen zu erbauen."

Wer sich überzeugen will, wie wenig Unterschied Peter in seinem großen Geiste zwischen den Anhängern der griechischen und der protestantischen Kirche machte, braucht nur das Taufregister des Pastors Nazzius an unserer Kirche aufzuschlagen. Die erste Taufe, welche dort 12. Jan. 1716 verzeichnet ist, wird an dem Kinde des Postmeisters Joh. Gottl. Kraus, des Vorgängers des Postdirectors Asch, vollzogen. Der erste Taufzeuge ist „der Zaar Peter Alerjewitsch". Und wie oft erscheint sein Name noch später bei derselben Handlung, bald in Gesellschaft seiner Familie, der Kaiserin Katharina und seiner beiden Töchter, der Großfürstinnen Anna und Elisabeth, bald in Begleitung seiner Vertrauten, des Fürsten Menschikow, des Vice-Admirals Cruys, seines Leibarztes des Dr. Areskin, bald unter ganz schlichten Namen! Auch gehörten die Familien, denen er diese Ehre erzeigte, keineswegs immer zu den hervorragendsten; wen er als tüchtigen Mann in seinem Fache kannte, dessen Bitte nahm er an. Sowohl der Zaar als auch die Großfürstinnen kamen fast immer selbst; wenn sie sich in seltenen Fällen durch andere vertreten ließen, ist dies immer angemerkt. Dem Vorbilde Peters in der Duldung fremder Religionsbekenntnisse folgten seine Nachfolger und Nachfolgerinnen auf dem russischen Throne. Beispiele genug davon wird die folgende Geschichte unserer Kirche liefern.

Pontus de la Gardie, der Sohn eines französischen Edelmannes aus Languedoc, hatte sich eben so wie Margeret in den Bürger- und Religionskriegen seines Vaterlandes zum tüchtigen Soldaten gebildet [1]). Um sein Glück zu machen, wandte er sich dem Norden Europas zu, und nachdem er in den Kämpfen zwischen Dänemark und Schweden, wie es scheint, bald auf der einen, bald auf der andern Seite gedient hatte, entschied er sich endlich ausschließlich für Schweden. Er zeigte sich dabei auch als geschickten Unterhändler, so daß König Johann von Schweden ihm seine natürliche Tochter Sophie Gyldenhjelm zur Ehe gab, um einen so tüchtigen Mann auf das engste an seine Person zu binden. Mit dem Jahre 1580 begann Pontus de la Gardie seine kurze aber glorreiche Laufbahn als Feldherr in Finnland, Ingermannland und Esthland. Karelien und das westliche Ingermannland entriß er den Russen, aus Esthland, wo die Schweden nur noch Reval mit Mühe behaupteten, verjagte er die Polen. Schon 1585 ertrank er in den Fluthen der Narowa. Aber, was weit wichtiger als seine Eroberungen war, er hatte in diesen wenigen Jahren dem schwedischen Heer jenen Geist der Ordnung und des Gehorsams eingeflößt, welche dasselbe in den Kriegen Karls IX. und Gustav Adolfs seinen Feinden so furchtbar machte, er hatte jene Schule von tüchtigen Anführern und Feldherrn gebildet, welche lange Zeit die schwedischen Waffen unwiderstehlich machten. Mit einem solchen Heere und wesentlich unterstützt von Jakob de la Gardie, dem Sohne des Pontus, der in den bürgerlichen Unruhen des falschen Demetrius sogar Nowgorod besetzte, erkämpfte Gustav Adolf den Frieden von Stolbowa 1617, in welchem Rußland ganz Karelien und den größten Theil Ingermannlands den Schweden überlassen mußte. Je weiter die Herrschaft der Schweden sich in Karelien und Ingermannland ausdehnte, desto mehr verbreiteten sich zugleich mit ihr 2 finnische Volksstämme, welche seit 1323 Unterthanen der Schweden waren, und beständig derselben Kirche mit den Schweden angehörten. Es sind dies die beiden Stämme der Sawakot, deren ursprüngliche Heimath im Lande Sawolar lag, und der Äürämöiset, deren Vorväter im Gebiet von Wiborg wohnten. Beide Stämme hatten zugleich mit den Schweden den lutherischen Glauben angenommen. Seit dem Frieden von Stolbowa gingen sie auch auf das linke Ufer der

---

[1]) Vita illustrissimi herois Pontii de la Gardie, concinnata a Claudio Arrhenio Oernhielm. Lipsiae M.DC.XC. 1.

Newa über und ihnen beiden gehören die von Finnen bewohnten protestantischen Kirchspiele an, welche wir im jetzigen Gouvernement St. Petersburg haben.

Als Quellen, aus denen man den Zustand des Landes an der Newa zur Zeit der schwedischen Herrschaft beurtheilen kann, hat man ein schwedisches Erdbuch aus dem Jahre 1640 und eine weitläuftige Karte aus dem Jahre 1676, welche aus dem schwedischen Landmessercomtoir herstammt. Die Einsicht beider Quellen verdanke ich der Freundschaft des Akademikers Kunik. Ueber die Anlegung der Stadt Petersburg hat man 2 kurz auf einander folgende Berichte, die exacte Relation und die eigentliche Beschreibung[1]). In welchem Verhältniß diese beiden seltenen Werkchen zu einander stehen, hat der wirkl. Geh. Rath Baron von Korff in der mit Anmerkungen und Erläuterungen versehenen russischen Ausgabe der exacten Relation klar und deutlich gezeigt. Eine werthvolle, mit großer Treue gearbeitete Fortsetzung hat Bogdanow, Gehülfe des Bibliothekars bei der Akademie, bis zum Jahre 1751 geliefert.

Aus diesen Quellen erweist es sich als ein Irrthum, wenn man, wie dies gewöhnlich geschieht, annimmt, daß das Gebiet, auf welchem St. Petersburg jetzt steht, zur Zeit Peters des Großen ein völliger, von den Fluthen der Newa bei jedem höhern Wasserstande überschwemmter, keines Anbaus fähiger, sumpfiger Buschwald gewesen sei. Unter den Inseln, welche jetzt den größten Theil der Stadt tragen, muß man niedere und höhere unterscheiden. Die ersteren liegen nur wenig über dem Wasserspiegel des Flusses, waren und sind zum Theil noch mit Wald und Buschwerk bewachsen und ohne Erhöhung des Bodens zu keiner festen Niederlassung geeignet. Der einzige Gewinn, den man in der schwedischen Zeit von ihnen zog, war der, daß man im Sommer das Vieh dahin auf die Weide trieb oder von den Waldwiesen Heu gewann. Deshalb lebten auch einige finnische Bauern auf denselben. Solche niedrige Inseln sind Jennisaari,

---

[1]) Exacte Relation von der von St. Czaarischen Majestät Peter Alexiewitsch an dem großen Newa Strohm und der Ostsee neuerbauten Residenz und Stadt St. Petersburg. Leipzig 1713, 12.

Eigentliche Beschreibung der an der Spitze der Ostsee neuerbauten russ. Residenz-Stadt St. Petersburg. Frankfurth und Leipzig 1718. N. 8.

Bogdanow, hist., geogr. und topograph. Beschreibung von St. Petersburg, von seiner Gründung 1703 bis 1751. St. Petersburg 1779. A. Mit Kupfern. (In russ. Sprache.)

d. h. die Haseninsel, auf welcher die jetzige Festung steht. Ristisaari,
d. h. die Kreuzinsel, jetzt Krestowsky, zum Theil auch Wassily Ostrow.
Noch 1736, als Peter van Haven nach St. Petersburg kam, waren
Ueberschwemmungen im Frühling und im Herbst selbst auf der Apotheker-
insel etwas ganz Gewöhnliches [1]). Zur Sommerzeit schlugen Fischer
aus Duderhof ihren Sitz auf denselben auf, welche in Nyenschanz
Absatz ihrer Waare fanden. Wild gab es auf diesen Inseln und in
der ganzen Gegend so viel, daß ein Paar Birkhühner nur 5 Kop.
kostete. Die höheru Inseln enthielten feste Wohnungen. Koiwusaari,
schwedisch Björkenholm (Birkeninsel), russisch Phomin Ostrow (Tho-
mas-Insel), jetzt die Petersburger Seite, war hoch genug, daß Gustav
Adolf daran dachte, auf derselben eine Stadt anzulegen und dieselbe
mit Colonisten aus Mecklenburg zu besetzen. Koiwusaari war durch
einen kleinen morastigen Kanal von Karpisaari, der jetzigen Apothekerinsel getrennt. Am linken Ufer der Newa gehörte zu den höheren
Inseln die Insel Parwuschina, welche zwischen den schmalen Strom-
armen Fontanka und Moika lag. Auf ihr stand, der Karte nach zu
urtheilen, ungefähr wo jetzt der Garten des Ingenieurcorps ist, das
Eigenthum Ackerfelshof, zu welchem wahrscheinlich das finnische
Dorf Kalinkin an der Mündung der Fontanka gehörte. Die Insel
zwischen der Moika und der Newa selbst hieß Usadiza oder Usadißa,
die jetzige Admiralitätsinsel. Auf ihr lag das Eigenthum Konoshof,
von dessen Feldern man noch 1713 die Furchen auf dem jetzigen
Isaaksplatz sah. Den Mittelpunkt der ganzen Gegend bildeten die
Festung und die Stadt Nyenschanz. Beide waren durch die Ochta getrennt.
Die Stadt lag am rechten Ufer derselben, war ohne Befestigung
und wurde von Schweden und Deutschen bewohnt. Der Hauptpre-
diger an der schwedischen Kirche führte den Titel Propst; der letzte
soll Erik Albogius gewesen sein. Von der deutschen Kirche wurde
der Pastor Meinecke nach Moskau berufen, der den Schwärmer
Kuhlmann durch seine Anklagen zum Feuertod brachte [2]). Die Stadt
hat große Wohlhabenheit durch den russischen Handel erlangt, so daß,
der Sage nach, der Kaufmann Frisius aus Nyenschanz dem König
Karl XII. bedeutende Summen geliehen haben soll. Auch der See-
handel war nicht unbedeutend, da 1694 nicht weniger als 108 See-

---

[1]) Auf der Apothekerinsel stand das Wasser 1½ Ellen hoch.
[2]) Arnold, Kirchen- und Ketzerhistorie III. K. 19. § 9—13.

schiffe ankamen und 80 abgingen. Am südlichen Ufer der Newa, gegenüber der Stadt, ungefähr wo jetzt das Smolna-Kloster steht, lag die russische Spaskaja Zerkow, d. h. die Erlöserskirche, als Vereinigungspunkt für alle der griechischen Kirche angehörige Ischoren am linken Ufer der Newa.

Geschichte der Kirche.

Nachdem Peter der Große im Herbst 1702 Nöteborg erobert hatte, rückte er im April 1703 die Newa stromabwärts vor Nyenschanz, welches sich ihm am 1. Mai ergab. In einem Kriegsrathe wurde in Ueberlegung gezogen, ob man Nyenschanz vergrößern oder weiter stromabwärts eine ganz neue Stadt als künftige Hauptstadt des Reiches anlegen wolle. Peter, dem das von Kanälen durchschnittene Amsterdam als Ideal einer See- und Handelsstadt vorschwebte, entschied sich für das Letztere und wählte die Inseln als den Platz für die neue Stadt. Zur Festung wählte er die kleine Insel Jenniösaari, auf welcher am Pfingsttage 1703 der Grund zu der Peter-Pauls-Festung gelegt wurde. Die Lage der Insel eignete sich nach damaliger Kriegsweise wohl sehr gut für eine Festung, allein sie gehörte gerade zu denjenigen, wo der morastige, mit Busch bewachsene, von einigen Finnen als Viehweide benutzte Grund sich nur wenig über den gewöhnlichen Wasserspiegel des Flusses erhob und bei den häufigen Westwinden überschwemmt wurde. Daher war die Arbeit keine geringe. Zuerst mußte der Boden der Insel erhöht werden, ehe man überhaupt an die Anlegung von Befestigungswerken und Gebäuden denken konnte. Tausende von Arbeitern wurden aus der Umgegend und aus dem Innern Rußlands herbeigeholt, und obgleich es ihnen an den nöthigen Werkzeugen, als Hacken, Schaufeln und Karren fehlte, und sie die Erde in ihren zusammengenommenen Rockschößen oder in kleinen Mattensäcken herbeitrugen, ward doch durch die Menge der Träger in kurzer Zeit so viel Erde aufgeführt, daß der Bau beginnen und die ganze Festung mit allen Vorarbeiten in 4 Monaten vollendet werden konnte. Die Wälle bestanden allerdings nur aus Erde und sind erst weit später durch steinerne ersetzt. Aber der Mangel an Nahrung, Wohnung und allen, auch den geringsten Bequemlichkeiten hatte unter den Arbeitern so bösartige Krankheiten erzeugt, daß in diesen wenigen Wochen gegen 100,000 derselben gestorben sein sollen.

In der Festung standen 4 Reihen hölzerner niedriger Häuser, deren Dächer mit Rasen belegt waren. Mitten durch dieselbe ging ein Kanal, um die Besatzung immer ohne Gefahr mit Wasser versorgen zu können. In der Gasse an diesem Kanal ließ Peter eine kleine hölzerne protestantische Kirche in Kreuzform für die unter der Besatzung befindlichen Lutheraner erbauen¹). Diese Kirche hatte eine Glocke zum Läuten²). An derselben war seit 1706 der Pastor Joh. Müller angestellt, welcher 1714 Beichtvater der Großzaarischen Kronprinzessin, Gemahlin des Großfürsten Alexei Petrowitsch, wurde. Später, als der Kaiser alle Wohnhäuser aus der Festung entfernte, wurde auch die deutsche Kirche abgebrochen und am Muitnoi Dwor nicht weit vom Kronwerk auf der Petersburger Seite wieder aufgestellt. Wann dies war, weiß man nicht; die Sage aber, daß dies wegen einer Pulverexplosion 1706 geschehen sei, ist sicher falsch, denn die exacte Relation 1713 spricht von dieser Kirche als von einer noch stehenden³), während die eigentliche Beschreibung 1718 ihrer nicht mehr erwähnt. Als sie am Muitnoi Dwor stand, hielten die gefangenen schwedischen Feldprediger Werdenberg und Melartopäus mit ihren gefangenen Landsleuten in derselben ihren Gottesdienst.

Als der Pastor Schattner, welcher deutscher Feldprediger in der zum Armeecorps des Generals Weyde gehörenden Division Bohn gewesen war, 1719 sich eine Gemeinde unter den bei der Artillerie und beim Gießhause dienenden Protestanten zu bilden begann, die sogenannte Gemeinde an der Newa, an deren Spitze der General-Feldzeugmeister Graf Bruce als Patron stand, unterstützte der Kaiser sogleich dies Unternehmen, schenkte der neuen Gemeinde 1720 einen Kirchenplatz auf dem Stückhofe und erlaubte dem Commandanten der Festung, Grafen Bruce, einem Bruder des General-Feldzeugmeisters, die der Festung gehörige Kirche am Muitnoi Dwor, welche aber nun ohne Dach war und völlig zu verfallen drohte⁴), mit sammt der Glocke und andern Kirchengeräthen der neuen Gemeinde zu schenken, da diese aus Armuth sich keine neue Kirche auf-

---
¹) Für die Sage, daß diese Kirche die früher in Apenschanz befindliche, dort abgebrochene und in der Festung wieder aufgestellte deutsche Kirche gewesen sei, finde ich keinen Beweis.
²) Büsch., Gesch. der ev.-luth. Gem. I. p. 51.
³) Cf. Rel. p. 8. „Nicht weit hiervon ist in der Riege Häuser, so am Kanal stehet, die lutherische Kirche."
⁴) Büsch., Gesch. der ev.-luth. Gem. I. p. 283.

bauen könne. Das Abbrechen begann im September 1720. Das Wiederaufsetzen des hölzernen Gebäudes aber und die nothwendigen Reparaturen gingen so langsam, daß erst am Palmsonntag 1722 der erste Gottesdienst in derselben gehalten werden konnte. Die Kirche nahm damals den Namen Peterskirche an. Als die Gemeinde auf der Admiralitätsinsel 1730 den Bau ihrer neuen steinernen Kirche beendigte und dieselbe auch Peterskirche nannte, bezeichnete man die Kirche auf dem Stückhofe als die alte, die Kirche auf der Admiralitätsinsel als die neue Peterskirche. Streitet man darüber, welche von beiden Kirchen die ältere sei, in Wirklichkeit ein Streit um des Kaisers Bart, so kommt es auf den Gesichtspunkt an, von welchem man ausgeht. Sieht man auf den Anfang der Gemeinde, so ist unstreitig die neue Petri-Kirche auf der Admiralitäts-Insel die ältere, da sie mit dem Anfange der Stadt beginnt, während die der alten Petri-Kirche sich erst seit 1719 bildet; sieht man dagegen auf das Alter des Materials, aus welchem die erste Kirche selbst erbaut wurde, so kann niemand der alten Kirche auf dem Stückhofe den Vorzug streitig machen. In der That bewiesen sich auch die Balken derselben so morsch, besonders da sie auf keinem steinernen Fundament ruhten, daß man schon nach einem Decennium an den Bau einer neuen Kirche denken mußte, zu welcher der Grundstein 1735 gelegt wurde. Es war dies eine hölzerne Kirche auf steinernem Fundament, welche nach vielen Streitigkeiten in der Gemeinde 1740 vollendet ward. Da die Kaiserin Anna die Gemeinde bei diesem Bau wesentlich unterstützt hatte, so erhielt die Kirche den Namen St. Annenkirche, welchen sie seitdem führt.

Die Stadt wollte Peter auf der jetzigen Petersburgischen Seite anlegen. Er ließ sich daselbst 1704 das bekannte kleine Petershäuschen aufbauen, in welchem als seine nächste Umgebung zugleich der zu unserer Gemeinde gehörige, vom Kaiser sehr hochgeschätzte Oberlüchenmeister Joh. Burch. Bellen mit seiner Frau wohnte¹). In

---

¹) „Frau Oberlüchenmeisterin Elisabeth Maria Bellen, geb. von Brede, des sel. Herrn Joh. Burch. Bellen, Kais. Oberlüchenmeisters nachgelassene Wittwe, welche insgemein nur Matuschka Bellen genannt wurde, dieweil der große Kaiser Peter I. und die ganze höchste Kais. Familie sie allezeit mit dem Namen Matuschka (d. h. Mütterchen) beehret, ist den 11. August 1753 sanft und selig in dem Herrn entschlafen, nachdem sie ihr Alter auf 84 J. 3 M. 7 T. gebracht. Matuschka Bellen konnte wohl als das älteste Mitglied unserer Kirche angesehen werden, indem sie bei Erbauung der Stadt Petersburg hier gewesen und sie nebst ihrem sel.

der Nähe dieses Häuschens wurde die Dreifaltigkeitskirche (Troitzkaja) erbaut, welche Peter selbst mit seiner Familie an Sonn- und Festtagen besuchte, und in der er mit kräftiger Stimme die Kirchenlieder mitzusingen pflegte. Das älteste Baumaterial war natürlich Holz. Schon 1711 befahl aber der Kaiser, aus Fachwerk, d. h. halb aus Holz, halb aus Steinen zu bauen und zwar nach dem Muster der neuen Buchdruckerei, welche links von der nach der Festung führenden Brücke am Ufer der großen Newa aufgebaut war. Die Steine zu diesen Bauten erlaubte er aus dem verlassenen Nyenschanz zu nehmen, welches nun völlig abgebrochen wurde. Am Ufer der Newa führte man eine Reihe großer steinerner Gebäude auf, von denen ich nur einige, die zu öffentlichen Anstalten bestimmt wurden, anführen will. Im Hause des Fürsten Gagarin hielt der Synod seine Sitzungen, in das des Vicekanzlers Baron Schaffirow ward die Akademie der freien Künste und Wissenschaften verlegt und nebenan im Hause Strojew nahm das akademische Gymnasium seinen Anfang. An diesen Sitz der Wissenschaften grenzte das Haus Sotow's, des Fürst-Papstes, der Schauplatz vieler Gelage. Auch alle Regierungs- und Gerichtsbehörden hatten ihre Amtslocale auf dieser Seite. Zur Zeit, als die eigentliche Beschreibung 1718 geschrieben wurde, lag die Hauptcanzlei, „ein hölzernes Haus, worin der Senat zusammenkommt und geheimer Rath gehalten wird," noch in der Festung, ward aber bald in die neue Canzlei verlegt. Diese war ein langes Gebäude von Fachwerk, vor welchem sich der Richtplatz befand. Hierher ward der Vice-Canzler Baron von Schaffirow geführt, um wegen unglaublicher Unterschleife den Tod zu erleiden; doch ward ihm das Leben noch auf dem Schaffott geschenkt. Er ist ein merkwürdiges Beispiel vom Wechsel im menschlichen Leben; von dem Sohn eines gewöhnlichen Dolmetschers in Moskau hatte er sich durch seine Kenntniß der neuen Sprachen und die dadurch erlangte Gunst des Kaisers zum Vice-Canzler emporgearbeitet, um dann durch seine Unrechtlichkeit zurückzustürzen. Für den Handel hatte Peter gleichfalls auf dieser Insel gesorgt. Die ersten Embarren hat-

---

Wann die Uhre gehabt, zugleich mit dem glorwürdigsten Kaiser Peter dem Großen das kleine Häuslein auf der Petersburgischen Seite zu bewohnen, welches man die Mutter von Petersburg zu benamsen pfleget, und nur von Holz erbauet aus 4 Zimmern bestehet, anjetzo aber mit einem steinernen Futteral umzogen ist. Sie ist bei nicht denn tausend Kindern Gevatterin gewesen, und kannte sich rühmen, daß sie keines Kind in der Stadt nachließe. Todtenregister des Past. Trefurt."

ten die Kaufleute in den Casematten der Festung, bis sie in das Kaufhaus verlegt wurden. Dieses war ein großes viereckiges, aus starken Balken erbautes Gebäude, welches nicht weit von der Dreifaltigkeitskirche stand. Im Innern desselben wurde die Börse gehalten, bis Peter nebenan ein eigenes Gebäude dafür aus Stein errichten ließ. Während der Reichere seine Bedürfnisse im Kaufhofe fand, kaufte der Mittelstand die seinigen in den nebenstehenden Bretterbuden des Marktes, und der Arme die seinigen auf dem tatarischen Plundermarkt, welcher dem Tröbelmarkt unserer Zeit entsprach. Lebensmittel aller Art fand man auf dem Muitnoi Dwor, unweit dessen das neue Schlachthaus anf Pfählen über dem Wasser angelegt war.

So war die Stadt auf der Petersburger Insel eingerichtet. Allein die Oertlichkeit sagte dem Kaiser nicht zu. Wegen der Höhe des Bodens über dem Flußspiegel konnte man keine Kanäle durch die Straßen ziehen, damit die Kaufleute ihre Schiffe vor ihre Häuser kommen lassen und daselbst aus- und einladen könnten. Daher richtete Peter seine Aufmerksamkeit auf eine andere Insel, auf Wassily Ostrow, d. h. die Basiliusinsel.

Diese Insel kommt unter dem Namen Wassily Ostrow schon in dem oben angeführten schwedischen Erbbuch von 1640 vor. Bei den Finnen hieß sie Hirwisaari, d. h. Elendsinsel. Peter hatte dieselbe seinem Günstling, dem Fürsten Menschikow, geschenkt, woher sie auch den Namen Menschikows-Insel erhielt. Der Fürst baute auf derselben 1710 einen steinernen Palast, dessen Facade noch steht. In dem mittlern Stock liegt der große Saal, in welchem zu Peters Zeit manche Feste gegeben wurden. Unter andern feierte man dort 1710 die Hochzeit der späteren Kaiserin Anna Joannowna mit dem Herzog von Kurland, zu deren Festlichkeiten die bekannte Zwergenhochzeit gehörte[1]).

Menschikow trat die Insel, mit Ausnahme seines Palastes, wieder an den Kaiser ab, der nun alsbald mit der Ausführung seines Lieblingswunsches begann. Allein auch hier stieß der Plan, alle Straßen mit Kanälen zu durchziehen, auf so große Schwierigkeiten, daß er aufgegeben werden mußte[2]) und sich weiter nichts von demselben erhalten hat, als die Bezeichnung „Linien" für die Straßenreihen auf Wassily Ostrow. Uebrigens ward nur ein Theil der

---

[1]) Cxarte Atl. p. 102.
[2]) Martini, Nachricht aus Rußland. Frankfurt und Leipzig 1731. 8. p. 181.

Insel angebaut, sowie Peter auch die meisten Behörden dahin verlegte. Besonders die Kaufleute verließen die Petersburger Seite und siedelten sich auf Wassily Ostrow an, weshalb wir auch die Speicher, das Zollhaus und die Börse, deren Bau 1722 begonnen, seit 1736 daselbst finden.

Nach dem Tode Catharina's I. 1727 ging der Ehrgeiz Menschikow's so weit, daß er seine Tochter Maria Alexandrowna mit dem jungen Kaiser Peter II. verheirathen wollte. Er bewog denselben, zu ihm in seinen Palast auf der Insel zu ziehen. Da zugleich mit dem Kaiser auch das Preobraschenskische Garderegiment mit hinüberzog, so legte Peter II. durch einen Befehl 20. Juni 1727 der Insel den Namen Preobrajhenski=Insel bei, unter welcher Bezeichnung sie auch in den älteren Documenten unserer Kirche beständig vorkommt. Die Kaiserin Anna (1730—1740) stellte den Namen Wassily Ostrow wieder her.

Nach dem Sturze Menschilow's zog die Krone dessen Palast auf Wassily Ostrow ein. Die Kaiserin Anna bestimmte ihn 1731 auf den Vorschlag des Grafen Münnich zum Sitz eines Cadettencorps, des sogenannten Landcadettencorps, welches 1800 in das 1. Cadettencorps umgenannt wurde. Da unter den 360 Cadetten 120 Teutsche waren, so ward eine protestantische Gemeinde für diese mit einem besondern Prediger gegründet und ein Saal des Cadettenhauses zur protestantischen Kirche umgebaut [1]. Die Prediger dieser kleinen Gemeinde haben häufig in besonderen Beziehungen zu unserer Kirche und Schule gestanden. Der erste Prediger am Cadettencorps war Tobias Plaschnig, der in seiner Jugend Schneider gewesen war. Auf die Veranlassung des Pastors Schinkmeyer in Pommern, der ihn auf der Wanderung kennen lernte, gab er sein Handwerk auf, ging nach Halle, wo er im Waisenhaus eine nothdürftige Vorbereitung erhielt, und bezog dann auf kurze Zeit die dortige Universität. Er war Autodidact [2]. Pastor Nazzius berief ihn als Lehrer seines Sohnes nach St. Petersburg. In der Geschichte unserer Kirche wird seiner noch einmal erwähnt werden. Er ging 1746 als Prediger nach Dorpat. Unter seinen Nachfolgern nenne ich nur den

---
[1] Hilarius Hartmann Henning, Vollständiger Bericht der Gründung einer evangelisch-luth. Kirche und Gemeine am adeligen Landcadettencorps. St. Petersburg 1791. 8.
[2] Jof. Lauge sagt von ihm in seinem Tagebuch: Arrogantia, autodidactorum laes solita, hunc virum alias haud inhabilem polluebat aliquousque.

Pastor Henning, welcher später als unerschrockener Vertheidiger der Rechte der protestantischen Kirche bei der Geschichte der Schule wieder vorkommen wird, und den Pastor Hoffmann, der früher Religionslehrer an unserer Schule gewesen war. Diese protestantische Kirche im 1. Cadettencorps ist nicht zu verwechseln mit der St. Georgskirche am jetzigen 2. Cadettencorps, welche 1788 bei dem im Jahre 1762 von der Kaiserin Catharina II. gestifteten Ingenieur- und Artillerie-Cadettencorps, dem jetzigen 2. Cadettencorps, für die protestantischen Zöglinge eingerichtet wurde.

Während nach Peters Plan die eigentliche Stadt am rechten Ufer der Newa stehen sollte, hatte er das linke Ufer ausschließlich für seine Lieblingsarbeiten bestimmt. Oberhalb der Fontanka hatte er der Artillerie mit allen ihren Werkstätten ihren Sitz angewiesen, weshalb man diese Gegend auch im Allgemeinen den Stückhof oder die Stückhofsinsel nannte. Doch konnte er es nicht wehren, daß sich gerade auf dem Stückhofe die ihm feindselige altrussische Partei ansiedelte. Dort lagen die Wohnungen seines Sohnes, des Großfürsten Alexei Petrowitsch und dessen vorzüglichster Anhänger, unter denen besonders der Admiralitätsrath Kikin hervorgehoben wird. Deshalb nannte man auch diesen Stadttheil neben dem Stückhofe die russische Sloboda.

Die Insel Ussaritza hatte Peter für die Flotte bestimmt. Mit Wall und Graben befestigt erhob sich daselbst die Admiralität an derselben Stelle, wo noch jetzt die alte Admiralität steht. Daher nannte man auch diese Insel die Admiralitätsinsel und dehnte diese Benennung auch auf die durch die Moika davon getrennte Insel Parwuschina aus. Weil die Bewohner meistens Ausländer waren, nannte man sie auch zuweilen die deutsche Sloboda. Drei gerade Straßen, welche man Perspectiven nannte, führten von der Admiralität zur Fontanka und von da in das Innere des Landes. Die Moika war ein morastiger Flußarm, welcher 1738 ausgegraben und mit einer Einfassung aus Holz versehen wurde. An den 3 Perspectiven führten Zugbrücken über dieselbe, bei denen zugleich auch die Sastawa oder Zollstätte, d. h. der Schlagbaum, welcher die Grenze der Stadt bezeichnet, stand. In der Newski Perspective führte die grüne Brücke an der Polizeiseite über die Moika.

Die Admiralitätsinsel sollte eigentlich nur vom Kaiser und denjenigen Personen bewohnt werden, welche mit der Flotte zu thun hätten. Die Sommerwohnungen des Kaisers und der Kaiserin lagen an der Fontanka auf den Hofplätzen der beiden ehemaligen schwedischen Höfe. Peters Haus steht noch in dem von ihm angepflanzten Sommergarten. Das Sommerhaus der Kaiserin, vom Sommergarten durch einen Küchengarten getrennt, und zur Zeit der Kaiserin Elisabeth vergrößert und mit den Möbeln des nach Sibirien verbannten Grafen Münnich ausgeschmückt, ward 1797 vom Kaiser Paul abgebrochen, der an dessen Stelle das alte Michailowsche Palais, das jetzige Ingenieur-Corps, aufbauen ließ. Wenn man vom Sommergarten an der Newa stromabwärts ging, kam man zuerst an eine große Wiese, das jetzige Marsfeld bis an das Ufer des Flusses. Das erste Haus, auf welches man stieß, war ein großes zweistöckiges Gebäude aus Holz, das sogenannte Weinhaus, wo Peter seine Gesellschaften gab. Zur Zeit der eigentlichen Beschreibung war schon die Post in dieses Haus verlegt; jetzt wird dessen Stelle vom Marmorpalais eingenommen. Von da ging eine Reihe von Häusern, welche meistens von Deutschen bewohnt wurden, zwischen dem Ufer der Newa und der jetzigen großen Million hinab bis zum Simnli-Kanal. In dieser Straße stand auch das Haus des Grafen Münnich vor seiner Verbannung, bis er wegen seiner unaufhörlichen Streitigkeiten mit Biron von der Kaiserin Anna den Befehl erhielt, nach Wassily Ostrow in das Landcadettencorps zu ziehen, dessen Chef er war. Das letzte Haus in dieser Straße war der steinerne Winterpalast Peters des Großen, in welchem sowohl er als Catharina I. starben. Der Palast, welcher mehrfach umgebaut und vergrößert wurde, ging von der jetzigen großen Million bis zu dem Ufer des Flusses. Der Simnii-Kanal bildete stromabwärts die Grenze des Palastes. Die Schicksale dieses Palastes sind sehr mannigfach gewesen. Unter der Kaiserin Anna wohnten die Hofmusikanten in demselben; unter der Kaiserin Elisabeth war er die Kaserne der Leibcompagnie; unter der Kaiserin Catharina II. enthielt er das Hoftheater und die Wohnungen der Hofschauspieler; unter Kaiser Paul wurde der Theil, welcher an der großen Million liegt, zur Kaserne für ein Bataillon des preobraschenskischen Regiments eingerichtet, welche Bestimmung ihm bis auf den heutigen Tag geblieben ist. Zwischen dieser Häuserreihe am Ufer der Newa und der Moika lagen noch einige bedeutende Häuser, z. B. das des unter Peter dem Großen oft genannten, zu unsrer Gemeinde gehörigen Generals Weyde. Die übrigen Häuser in dieser Gegend an der Moika bis zur jetzigen Stallhofbrücke und beim runden Markte nannte man die finnische Scheere, „weil mehrentheils finnische und schwedische vertriebene Leute da herumb wohnen. Auch ist hier die finnische lutherische Kirche, welche in einem hölzernen Haus gehalten wird. Das übrige bestehet Alles in kleinen Häusern, die wie die Meisenkasten in einander gebauet ¹).″

Auf dem Platze zwischen dem Simnii-Kanal und der Admiralität, welcher jetzt von der Eremitage und dem Winterpalais eingenommen wird, stand zu Peters des Großen und Catharina's I. Zeit eine ganze Anzahl von Häusern. Von diesen will ich nur 3 hervorheben. Nicht weit vom Simnii-Kanal stand das Haus des Vice-Admirals Cruys. Das größte von allen auf diesem Platze stehenden Gebäuden war das zweistöckige Wohnhaus des General-Admirals oder Groß-Admirals, Grafen Fedor Matwejewitsch Aprarin, welches 60 prachtvoll meublirte Zimmer enthielt. Da der Graf Aprarin kinderlos starb, vermachte er dasselbe mit allem Hausgeräth dem Kaiser Peter II. Nahe an der Admiralität stand das Haus des Admiralitätsrathes Kikin, der dasselbe freilich nicht selbst bewohnte, sondern vermiethete. Als Kikin wegen seiner Theilnahme an der Flucht des Großfürsten Alexei Petrowitsch hingerichtet wurde, zog Peter sein Vermögen ein und bestimmte dies Haus vorläufig für die eben errichtete Seeacademie. Alle diese Häuser, deren Lage zu einander der beifolgende, aus dem Kartendepot des Generalstabs herstammende und von dem Gen.-Maj. Grafen Eugen von Sievers, einem Mitgliede unseres Kirchenrathes, mir gütigst mitgetheilte Plan klar macht, waren nach und nach Besitzthum der Krone geworden. Als die Kaiserin Anna aus Moskau nach Petersburg kam, stieg sie im aprarinschen Hause ab, welches nun mit allen andern Gebäuden auf diesem Platze vereinigt wurde und seitdem den Namen Winterpalaß führte. Er bildete die gewöhnliche Winterresidenz bis 1754. In diesem Jahre ließ ihn die Kaiserin Elisabeth wegen großer Baufälligkeit und wegen seines geschmacklosen Aussehens abreißen und auf dem Platze das steinerne Winterpalais durch den Grafen Rastrelli aufführen. Während des Baus wohnte sie in dem eigends für sie hergerichteten hölzernen Winterpalais an der grünen Brücke, dessen Haupttheil von dem jetzigen Hause des Kaufmanns Elisejew eingenommen wird. Hier starb sie auch. Das neue Winterpalais ward zuerst von Peter III. bewohnt.

Den Raum stromabwärts von der Admiralität bis zum Krukow-

¹) (Lig. Beschreib., p. 27.

Kanal nannte man den Galeerenhof, weil dort die Werfte für die Galeeren waren. Bis jetzt erinnert der Name Galeerenstraße noch an diese ehemalige Bestimmung. Ungefähr da, wo jetzt die Bildsäule Peters des Großen steht, stand die Jsaakskirche, welche die russische Pfarrkirche für die Admiralitätsinsel war. Der Hof besuchte sie häufig. Sie war nur klein, anfangs aus Holz, später aus Stein erbaut. In dem Thurm dieser Kirche befand sich ein ausgezeichnetes Glockenspiel, welches Peter der Große in Amsterdam für 35000 R. gekauft hatte. Im Jahre 1735 schlug der Blitz in die Kirche, wobei das Glockenspiel schmolz. Das erste Haus, welches im Galeerenhof an der Newa lag, war des Fürsten Menschikows Miethshaus, welches später umgebaut und von dem Vice-Canzler, Grafen von Ostermann, bis zu seinem Sturze, und dann von dessen Nachfolger, dem Grafen Bestushew-Riumin, bewohnt wurde. Es stand auf dem Platze, wo jetzt das Senatsgebäude steht. Sonst befanden sich im Galeerenhof noch eine Menge von Werkstätten für die Flotte, wie z. B. die große Sellerbahn an der Stelle, wo jetzt der Boulevard ist, die Ankerschmiede, die Kupferschmieden u. s. w. Auch unter den hier Wohnenden befanden sich sehr viele Protestanten. Zwischen dem Galeerenhofe und der grünen Brücke wohnten die Beamten und Officiere von der Flotte, worauf auch noch die jetzigen Namen der Straßen „Große und Kleine Seestraße, Morskaja", hindeuten. Peter hatte deutsche, holländische und englische Meisterleute angeworben, welche die Russen in allen, zum Schiffsbau nöthigen Handwerken unterrichten sollten. Diese wohnten mit ihren aus allen Theilen des Reiches herbeigezogenen Lehrlingen, welche man Perewedenzi d. h. Herübergeführte, Colonisten, nannte, nicht auf der Admiralitätsinsel, sondern am linken Ufer der Moika, in der Gegend, wo die Kaiserin Elisabeth später die Wosnessenskische Kirche erbaute. Die ganze Gegend hieß daher die Perewedenskaja und war nach den verschiedenen Beschäftigungen der Leute in 3 Abtheilungen oder Colonien getheilt. In dem großen Brande 1736 brannte die ganze Perewedenskaja ab, und die 3 Colonien wurden nun weiter zurück nach der Fontanka verlegt. In der Aussprache des Volkes ward das Wort Colonie in Kolomna corrumpirt [1]).

Seit der Zeit der Kaiserin Catharina II. hatte sich die Zahl der protestantischen Letten und Esthen in unserer Stadt sehr vergrößert.

---

[1]) Reimers, I, 63.

Sie waren aber so arm, daß sie weder eine Kirche erbauen, noch einen Prediger unterhalten konnten. Deßhalb konnten sie keine eigenen Gemeinden bilden, sondern mußten sich schon bestehenden anschließen. Dies hatte seine besondere Schwierigkeit, da nur die aus den Ostseeprovinzen stammenden Prediger der lettischen und esthnischen Sprache kundig waren. Diesem Uebelstande ist endlich in unserm Jahrhundert abgeholfen. Nachdem die lettische Gemeinde bereits 1815 eine eigene Kirche (die Jesus Kirche) und einen eignen Prediger erhalten hatte, sah sich die esthnische Gemeinde endlich auch im Stande, eine eigne Kirche (die St. Johanniskirche) in der Kolomna zu erbauen, welche 1860 eingeweiht wurde[1]).

Die Seele des ganzen Seewesens war nicht der dem Namen nach an der Spitze stehende Graf Apraxin, sondern der Vice-Admiral Cornelius Cruys. Er war in Stavanger in Norwegen geboren, hatte aber den größten Theil seines Lebens in Holland zugebracht, wo er bei der Flotte angestellt war und sich mit einer Holländerin verheirathet hatte. Im Jahre 1698 nahm ihn Peter der Große selbst bei seiner Anwesenheit in Holland in russischen Dienst. Ihm trug der Kaiser hauptsächlich die Ausführung seiner Ideen bei der Schöpfung der russischen Seemacht auf. An der Gründung St. Petersburgs nahm er nicht nur eifrigen Antheil, sondern trug auch wesentlich zur Erhaltung der Stadt bei. Schon 1705 hatte er Schiffe genug, um der heransegelnden schwedischen Flotte unter Ankarstierna den Durchgang zwischen der Insel Retusaari[2]) und Kronslott zu sperren und die beginnende Stadt gegen einen Angriff von der Seeseite zu schützen. Als 1708 der schwedische General Lübbecker von Wiburg aus in Ingermannland einbrang, um Petersburg zu verbrennen, und an der Mündung der Tosna über die Newa ging, wurde die fast unbefestigte, weitläuftig gebaute und nur schwach besetzte Stadt durch eine List des Vice-Admirals gerettet. Er mußte nämlich dem feindlichen General einen Brief in die Hände zu spielen, aus welchem derselbe die Ueberzeugung faßte, daß nicht blos eine starke Besatzung in Petersburg liege, sondern auch ein großes russisches Heer zum Entsatz heranrücke. Diese List und die Unfähigkeit des schwedischen Anführers erhielten damals die Stadt. Nur ein-

---

[1]) Sonntagsblatt 1860. Nr. 50. u. 51.
[2]) Nach den Angaben des Vice-Admirals hat Hr. Doncker die Stellung beider Flotten auf einer von ihm gestochenen Karte dargestellt.

mal, im Jahre 1713, gelang es seinen zahlreichen Feinden, die er
sich durch seine rücksichtslose Wahrheitsliebe zuzog, ihn durch ihre Ver-
läumdungen beim Kaiser in Ungnade zu bringen. Der Vice-Admiral
wurde nach Kasan verbannt, wo er sich bald durch seine Berichte an
den Kaiser in das größte Ansehen setzte. Im Verlaufe eines Jahres verfiel die Flotte in St. Petersburg dergestalt, daß der Kaiser ihn
nach 13 Monaten zurückrief, ihm bei seiner Ankunft durch Menschikow
den Degen zuschickte und ihm selbst mit den Worten entgegeneilte: ich
bin nicht mehr böse, worauf Cruys eben so kurz antwortete: und ich
bin auch nicht mehr böse.

Die exacte Relation[1]) macht folgende Beschreibung von seiner
Person: „Der Vice-Admiral, Se. Exc. Herr Cornelis Cruys, ist
ein langer ansehnlicher Herr. Unterm Gesicht hat er von Natur ein
angebornes, stark rothes Brandmahl. Er ist ein trefflich erfahrener
Seemann, und hat das Condirectorium von dem See-Etat, gestalt
auf ihn wohl das meiste ankommt. Er ist ein Ausbund von einem
aufrichtigen, ehrlichen Manne, generose, gerecht, und punctuell in
seinen Sachen. Dabei sehr höflich, gutthätig und gastfrei gegen
jedermann. Sein Handwerk versteht er perfect, weshalb er auch bei
Sr. Czaar. May. in besondern großen Gnaden und Ansehn ist.
Er ist sonsten auch Ober-Vorsteher von den Evangelisch- und Reformirten Kirchen und Schulen in ganz Rußland, ja billig ein Protector und Patronus von den deutschen und holländischen Nationen."

Den ersten Anfang unserer Gemeinde bildeten unstreitig die protestantischen Officiere und Beamten, welche auf der Flotte und in der
Admiralität dienten. Das erste Rechnungsbuch unserer Kirche wurde
von 4 Seeofficieren eingerichtet. An diese schlossen sich von Anfang
an einige ehemalige Bewohner von Rhenschanz, sowie die protestantische Umgebung Peters des Großen, z. B. der Oberküchenmeister
Velten. Es ist wohl der Mühe werth, die ursprünglichen Bestandtheile
und das Wachsen unserer Gemeinde zu beobachten. Es wird uns
dieses möglich durch die Art, wie unsere ersten Prediger ihre Kirchenbücher führten, indem sie den Namen mancherlei Personalien beifüg-
ten. Daraus geht hervor, daß die größere Anzahl der protestantischen
Einwanderer, wenigstens so weit sich dieselben zu unserer Kirche hielten, aus Norddeutschland kam. Aus den viel näher gelegenen Ostseeprovinzen kamen wenige. Unter den Städten derselben zeichnet sich

---
[1]) p. 64.

Narwa aus, welches, wie unsere Copulationsregister zeigen, eine unverhältnißmäßig große Anzahl von Bräuten lieferte.

Als der Vice-Admiral Cruys ein Jahr nach der Gründung Petersburgs vom Kaiser nach Holland geschickt wurde, um tüchtige Seeleute und Handwerker anzuwerben, stieß er dort auf 2 Männer, welche beide ihrer deutschen Heimath entflohen waren, um in der Fremde ihr Glück zu machen. Er warb beide zur Reise nach Rußland an. Der erste derselben war Heinrich Ostermann, der Sohn eines protestantischen Predigers in Westphalen, der als Student in Jena, vom Weine erhitzt, unabsichtlich einen Kameraden erstochen hatte und deshalb landflüchtig geworden war. Cruys nahm ihn mit sich und stellte ihn in seiner Canzlei an, von welcher er aber bald in die der auswärtigen Angelegenheiten unter dem Baron Schaffirow überging. Redlichkeit, Fleiß und Tüchtigkeit hoben ihn von Stufe zu Stufe, bis aus dem armen Studenten der Vice-Canzler Graf Ostermann geworden war, in dessen Händen vom Nystädter Frieden bis zum Regierungsantritt der Kaiserin Elisabeth die Geschicke Rußlands nicht nur in seinen auswärtigen Beziehungen, sondern auch in seiner innern Entwicklung ruhten. Vom Tage seiner Ankunft war er ein Mitglied unserer Gemeinde[1]) und hat bei dem unbegrenzten Zutrauen, welches Kaiser und Kaiserinnen zu ihm hegten, nicht wenig zum Emporblühen unserer Kirche beigetragen. Der zweite, von jenem freilich sehr verschiedene, Flüchtling war der Mag. Wilhelm Tolle, der Sohn eines Professors der Theologie in Göttingen, welcher sich in Jena den Magistergrad erworben hatte und dann Rector der Schule in Ilefeld geworden war. Uns unbekannte Umstände flößten ihm aber einen solchen Widerwillen vor dem Lehramte ein, daß er Ilefeld heimlich verließ und sich nach Holland wandte. Hier lernte ihn der Vice-Admiral kennen und überredete ihn, mit nach St. Petersburg zu gehen und die Stelle eines Predigers bei den dortigen Protestanten zu übernehmen. So ward Wilhelm Tolle, der sich in Holland hatte

---

[1]) Weil Ostermann mit Vornamen Heinrich hieß, sich später aber Andreas unterschrieb, hat man früher daraus fälschlich geschlossen, daß er zur griechischen Kirche übergegangen sei. Dies glaubte man um so leichter, da er mit einer vornehmen Russin verheirathet war. Dies ist aber nicht richtig. Die Russen haben den Namen Heinrich nicht und setzen bei Ausländern an dessen Stelle gewöhnlich den Namen Andreas. Daß Ostermann immer Protestant geblieben, geht aus dem Communicantenregister des Pastors Nazzius hervor, wo es heißt: „1741 den 22. Dec. die Mart: Comes de Ostermann in custodia."

ordiniren laſſen, ſeit 1704 der erſte und damals noch einzige proteſtantiſche Prediger in St. Petersburg. Der Gottesdienſt ward in einem Saale im Hauſe des Vice-Admirals gehalten, bis man beim Wachsthum der Gemeinde 1708 auf deſſen Hofe eine kleine hölzerne Kirche in Geſtalt eines Kreuzes erbaute¹). Im Sommer predigte Paſtor Tolle meiſtens auf der Flotte. Da man keine Glocke hatte, ward die Flagge des Vice-Admirals, weiß mit blauem Kreuz, als Zeichen, daß der Gottesdienſt angehen ſolle, an einem Maſt an der Newa aufgezogen²). Die übrigen Nachrichten, welche ich über den Paſtor Tolle gefunden habe, ſind in folgenden Stellen enthalten.

„Der erſte Paſtor bei derſelben (der deutſchen Gemeinde auf der Admiralitätsinſel), ſagt die eracte Relation, iſt geweſen ein Deutſcher, von Göttingen gebürtig, welcher 1710 im Herbſt zu der ganzen, ziemlich volkreichen Gemeinde, Leidweſen geſtorben. Er hieß Wilhelm Tolle und war ein frommer gelehrter Mann, hat 14 Sprachen verſtanden; gemeiniglich hat er deutſch, holländiſch oder finniſch geprediget, um der daſigen wohnenden Finnländer willen."

„Noch eins muß ich hiebei gedenken von dem vorhin erwähnten evangeliſchen Prediger Wilhelm Tolle ſel.; weiln derſelbe ein curieuſer Mann geweſen, ſo hat er ſich einsmals mit einigen ihm zugegebenen Hülfsleuten bis hinter Schlüſſelburg und Alt Ladoga die Mühe genommen, uhralte Antiquitäten zu ſuchen, und zu dem Ende einige alte heidniſche Gräber, tumuli oder Berghügel, ausgegraben, da er denn verſchiedene uhralte, rare Urnen, Münzen und allerhand heidniſche Sachen gefunden, wovon er, was er auf dieſer Reiſe von Antiquitäten und ſonſten Merkwürdiges angetroffen, zwar etwas aufgezeichnet, aber ſo, wie ich es geſehen, hatte er's nur mit Bleiſtift geſchrieben, welches nicht wohl zu leſen. Nachhero, wie dieſer Prediger geſtorben, erhandelte ſowohl obige gemeldete, als ſonſt noch andere vorhin ſchon gehabte rare Münzen der Herr Mag. Pauli aus Preußen, geweſener ruſſ. Generalſtabspredigter bei dem Herrn Gen. Feldm. Lieut. Freiherrn von der Goltzen, mein ſehr guter Freund, als welcher zu meiner Zeit auch in St. Petersburg war, dieſe Sachen alle an ſich, um ſolche in Ordnung zu bringen, und nebſt einer explication an einem hohen Ort unterthänigſt zu offeriren."

Paſtor Tolle ſtarb im Oktober 1710. Er hinterließ den Ruf

---

¹) Eine Abbildung dieſer Kirche findet man Bogdanow, p. 150.
²) Eſais Ref. p. 21. 54.

eines milden, menschenfreundlichen Mannes. Die finnische Sprache erlernte er nur, um den benachbarten, in den Kriegsunruhen ihrer Prediger beraubten Gemeinden das Evangelium verkündigen zu können. Wenn er in Kronstadt predigte, kaufte er für das Geld, welches zusammengelegt ward, Brod, um solches in St. Petersburg unter den armen Finnen zu vertheilen. Er ward auf Kosten der Gemeinde beerdigt. Büsching, der ihm einen Denkstein setzen wollte, suchte sein Grab vergebens. Wahrscheinlich liegt es auf der Apothekerinsel, beschattet von den Bäumen des botanischen Gartens.

Wohl im Gefühl des nahenden Todes hatte Pastor Tolle, noch bei Lebzeiten an den Prof. Aug. Herm. Francke, den berühmten Stifter des Hallischen Waisenhauses, geschrieben und denselben gebeten, ihm zwei Candidaten der Theologie hieher zu senden, welche für's erste Hauslehrer und später Prediger abgeben könnten. Auf Francke's Zureden entschlossen sich Heinr. Gottl. Nazzius, der Sohn eines Predigers in der Nähe von Erfurt, und Joh. Georg Sorger, beide Lehrer am Waisenhause, zu der Reise und schifften sich am 13. April 1710 in Hamburg nach Archangel ein, woselbst sie 29. Juni glücklich ankamen¹). Auf die Aufforderung des Pastors Tolle, die Reise nach St. Petersburg noch vor der Schlittenbahn zu unternehmen, treten sie dieselbe am 10. Septbr. an und trafen nach einer höchst beschwerlichen Fahrt von 16 Wochen am 28. December hieselbst ein.

Nach dem Tode des Pastors Tolle hatte der oben erwähnte Pastor Joh. Arnold Pauli ad interim die Predigergeschäfte bei den Protestanten auf der Admiralitätsinsel versehen. Am 6. Jan. 1711 hielt der 23 Jahr alte Candidat Nazzius seine Probepredigt und ward zum Prediger der protestantischen Gemeinde auf der Admiralitätsinsel erwählt. Vom Vice-Admiral erhielt er eine von demselben und von einigen andern Officieren unterzeichnete Berufungsschrift²). Die

---

¹) Etwas anders erzählt dies Jak. Lange in seinem Tagebuch: „Henr. Gottl. Nazzius jam anno 1709 Archangelum veniebat, successor Pastoris Michaelis, fratris Professoris Halensis hujus nominis. Anno 1711 Petropolin vocabatur Sacris Lutheranis praesiciendus in hac Capitali t. t. ex undis Nevaniis exsurgente." Ich folge der von Nazzius selbst aufgesetzten Erzählung, welche uns Büsching giebt.

²) Pastor Nazzius erhielt bei seiner Anstellung 150 R. Gehalt. Mit dem Wachsen der Gemeinde ward derselbe erhöht, so daß er zuletzt 500 R. und 50 R. Holzgeld betrug.

Pastoren Müller und Pauli weihten am 11. Januar sowohl Nazzius als Sorger zu Predigern ein. Da der Vice-Admiral sich öfter auf Reisen befand und unter andern sich im Frühjahr mit einem großen Theil seiner Officiere nach Asow zur Führung der Flotte auf dem asowschen Meere gegen die Türken begeben sollte, nahm er den Pastor Sorger als Haus- und Reiseprediger in seinen Dienst, ohne sich deshalb von der Gemeinde auf der Admiralitätsinsel zu trennen, der er im Gegentheil bis an seinen Tod getreu blieb. Wenn er in St. Petersburg war, so unterstützte sein Hausprediger den Prediger der Gemeinde in seinem mühseligen Amt. Und beschwerlich genug war das Amt dieses würdigen Mannes, der 40 Jahre lang der Gemeinde als Seelsorger vorstand und Freud' und Leid mit ihr theilte! „Ich trat, sagt er selbst in seiner Denkschrift über den Ursprung unserer Gemeinde[1]), im Namen Gottes mein Amt an, mit Predigen und Katechisiren, nach dem Vermögen, das Gott darreichte. Sonntags predigte ich Vor- und Nachmittags, und in der Woche am Donnerstage. Täglich hielt ich das Katechismus-Examen[2]). Weil auch die Reformirten, sowohl holländischer als englischer Nation, noch keinen eignen Prediger hatten, so haben sie beiderseits sich meines Amts bei Kindtaufen, Hochzeiten und Begräbnissen bis ins 1717. Jahr, da ein holländischer Prediger[3]), und bis 1719, da ein englischer Prediger kam[4]), bedienet. Da auch die hochselige Kronprincessin anno 1713 ankam, und ihr Hofprediger zurückgeblieben war, so fanden sich Ihro Hoheiten mit Dero Hofstaat auch

---

[1]) Sonntagsblatt 1860 Nr 40. Außerdem hat Pastor Nazzius eigenhändig die wichtigsten Begebenheiten aus seinem Leben aufgezeichnet, welcher Aufsatz der von Pastor Trefurt ihm gehaltenen und gedruckten Leichenpredigt angehängt ist. Büsching besaß diese Predigt, welche 1751 in Halle, fol. gedruckt ist. Ich habe sie nie gesehen.

[2]) Lange schreibt in seinem Tagebuch: Institutum catechet. Nazzianum vix sui simillimum habebit. Peculiare in aedibus Parochiae auditorium est, musaeo meo proximum, in quo quotidie juventus instituitur horis antemeridianis; nullius nec Principis nec Magnatis nec civis liberi unquam ad S. admittuntur Synaxin, si non saltem per anni spatium exercitationi huic catech. adfuerint. Dieses Katechismus-Examen war also der Confirmationsunterricht. Lange selbst vertrat dabei oft die Stelle des Pastors Nazzius.

[3]) Der etwas später ausgeführte Pastor Grube.

[4]) Im J. 1718 ward die englische Factorei von Moskau nach Petersburg verlegt, und diese berief 1719 einen Prediger aus England; 1723 kaufte die Factorei das Grundstück, auf welchem ihre Kirche bis jetzt steht.

einige Monat lang in unserer Kirche ein, ließen mich auch, wo an Dero Hof Amtsverrichtungen vorfielen, dazu rufen, wie Sie denn auch für Dero eigne hohe Person das heilige Abendmahl unter meiner Bedienung empfangen haben ¹).*

„Da fehlte mir's nun nicht an vieler Arbeit, welche dadurch vergrößert wurde, daß ich, in Ermangelung eines hochdeutschen Cantors²) in der Kirche und unter der heil. Communion einige Jahre lang selbst vorsingen mußte, welches mich bei. der oft zu wiederholenden. Consecration, wegen Ermangelung eines gewöhnlichen Kelchs, indem nur ein kleiner silberner Becher vorhanden war, und die kleine Gemeinde nicht viel zu Kirchengeschirren anwenden konnte, peinlich ermüdete, indem ich sowohl auf das Singen als Austheilen Acht haben mußte, daß in keinem einige Unordnung vorging. Außerdem war auch der Kirchenwärter nicht im Stande, die Lieder auf die Kirchentafeln zu schreiben, so mußte ich dieses auch mit verrichten. Welches alles die Leibes= und Gemüthskräfte ziemlich angriff, damit alles mit der gehörigen Pünktlichkeit und zu rechter Zeit geschehen möchte."

„Es ist daher auch geschehen, daß meine Kräfte dermaßen erschöpft wurden, daß ich wohl menschlicher Weise die Arbeit zu tragen nicht vermögend gewesen wäre, wenn nicht anno 1717 im Herbst der reformirte Prediger Herr Grube allhier angekommen wäre, der wechselsweise mit mir in unserer Kirche predigte, und ich also nur einmal am Sonntag zu predigen hatte."

In dieser übermäßigen Anstrengung, so wie in seiner feuchten, schlechten Wohnung suchte Pastor Nazzius den Grund seiner späteren Brustbeschwerden, welche ihn in höherem Alter sogar einmal zu

---

¹) Sein späterer Schwiegersohn Jak. Lange entwirft folgendes Bild von ihm: „Nazzius noster erat consilio plenus, laboriosus, ab arrogantia alienus, prolude ab imperatore perspicacissimo nec non Magnatibus permatus. — Theologus ex ungue biblicus, Practicus, in studio patristico, theologiae moralis et historiae eccles. peritia totus; in scientiis autem humanis mediocris. — In vita erat Catone gravior, inter amicos tamen affabilis. Sermonem publicum Laconismus sententiosus distinguebat, ubi superiorem vix habebit unum. Laboriosus ut nemo magis tamen consiliis, quibus undique petebatur, vix respondere potuit. Allotria fugiebat cen pestim. Fait 'morum quidam rigor, quo molles saeculares aulicoque aliquoties offendebat; nullus unquam intimioris erat admissionis, quod tamen prodeatiores in suspensa tenebat et respectu."

²) Der erste Vorsänger (Cantor) und Schulmeister war Cornelius Cornelissen, ein ehemaliger Brodtmann aus Ripen in Dänemark.

einer Reise nach Reval bewogen, um der Veränderung seiner Stimme. Denn während sie bei seiner Ankunft in Rußland stark und volltönend gewesen war, ward sie im Laufe der Zeit schwach und heiser. Die meiste Schuld trug unstreitig die Wohnung, welche so niedrig lag, daß schon bei einigem Anschwellen der Newa das Wasser bis in die Wohnstube drang, was besonders in der Herbstzeit höchst ungesund war. Das älteste Predigerhaus, welches aus 3 Zimmern, Keller und Hofraum bestand, und mit einem Zaun umgeben war, lag im Galeerenhofe in der Matroskaja Sloboda. Der Galeerenmeister Sacharow hatte dasselbe 18. Oct. 1710 an den Obersten Weber für 100 R. verkauft. Von diesem erstand es der Kirchenvorsteher Apotheker Durup für die Kirche 6. Juni 1712, welche dafür 130 R. bezahlte. Theils die Feuchtigkeit dieser Wohnung, theils ihre weite Entfernung von der Kirche machten die Veränderung der Predigerwohnung höchst wünschenswerth. Daher schloß der Pastor Nazzius im Namen der Kirche 3. Mai 1717 einen Miethcontract mit dem Perrückenmacher Jos. Fleschel, durch welchen dieser sein neues Haus in der finnischen Scheere nebst Eiskeller und anderem Zubehör auf ein Jahr für 96 R. den Kirchenvorstehern vermiethete[1]). Später ward die Miethe bis auf 114 R. jährlich erhöht. Dafür aber war das Haus so geräumig, daß nicht nur Pastor Nazzius, sondern auch der Cantor und der Küster in demselben wohnen konnten. Wenn Fleschel das Haus anderweitig vermiethen oder auch verkaufen wollte, so mußte er es dem „Pastori ein Viertel Jahr vorher melden, damit er wisse, ob er sich gegen den Sommer mit seinem Eiskeller und Bier versorgen kann." Den Umzug des Pastors Nazzius bezahlte die Kirche. Er kostete im Ganzen 6 R., nämlich

den Fuhrleuten das Eis und Bier wegzuführen 2 R. 30 K.
10 Faden Holz wegzuführen . . . . 1 „ 50 „
10 Fuhren Bagage . . . . — „ 70 „
u. s. w.

Da Jos. Fleschel Geld aus der Kirchencasse geliehen hatte und dasselbe nicht wieder bezahlen konnte, ließ er statt desselben sein Haus, dessen Werth auf 650 R. geschätzt ward, der Kirche. Dieser Kauf ward im Mai 1720 geschlossen. An Reparaturen verwandte

---

[1]) Das Haus in der Matroskaja Sloboda, welches in den derzeitigen Kirchenrechnungen das alte Priesterhaus heißt, ward nun vermiethet, anfangs für 6 R. monatlich, im letzten halben Jahr 1721 für 11 R. monatlich. Dann verkaufte man es.

die Kirche in Zeit von 10 Jahren c. 1000 R. auf das Haus.
Im J. 1736 ward daſſelbe, als von der Regierung ein Befehl kam,
das hölzerne Haus abzureißen und ſtatt deſſen ein ſteinernes zu
erbauen, an den Juchtenbraker J. Waſſermann für 700 R. verkauft.
Einige Erleichterung wurde dem Paſtor Razzius dadurch, daß
nach dem Tode Corneliſſen's ein hochdeutſcher Cantor und ſeit 1716
ein Küſter angeſtellt wurde. Da der Cantor auch zugleich Lehrer an
der Kirchenſchule war, ſo werde ich ſpäter bei der Schule auf dieſen
Poſten zurückkommen. Der erſte Küſter hieß Matthias. Er erhielt
24 R. Gehalt, freie Wohnung, Holz und jedes 3. Jahr einen An-
zug. Ihm folgte 1721 Gottfried Kreutz, ein getaufter Jude, deſſen
Gehalt bei ſeinem Tode 1747 ſchon 100 R. betrug. Dann folgten
Mitternacht — 1750, Wendorff — 1766, Joſt — 1772, Fryhe
— 1779, Boſſe — 1797, Fink — 1800, Engelbr. Erichſen — 1805,
Joh. Aug. Erichſen — 1831, Frohmann.

In den erſten Jahren nach der Gründung der Stadt war die
Zahl der Proteſtanten, ſowohl der Lutheraner als der Reformirten,
ſo gering geweſen, daß die kleine Kirche auf dem Hofe des Vice-
Admirals Cruys für dieſelben ausreichte. Als aber nach der Nieder-
lage Karls XII. bei Poltawa 1709 alle Furcht ſchwand, daß die
neue Anlage wiederum in die Hände der Schweden fallen könnte,
mehrte ſich die Zahl der Fremden. Beſonders die Jahre 1713, 1718
und 1721, in welchem letzteren der nordiſche Krieg durch den Frieden zu Nyſtädt beendigt wurde, werden als ſolche bezeichnet, in
denen die Zahl der Proteſtanten einen weſentlichen Zuwachs erhielt.
In Folge davon trennten ſich die Reformirten vom Paſtor Razzius,
beriefen eigene Prediger und bildeten ſelbſtändige Gemeinden. Zuerſt
thaten dies die Holländiſch-Reformirten, welche, wie oben erwähnt,
1717 den Paſtor Grube beriefen, ihren Gottesdienſt aber in unſerer
Kirche auch ferner noch hielten, bis ſie im Jahre 1730 das Grund-
ſtück kauften, auf welchem ihre Kirche bis auf den heutigen Tag
ſteht. So lange ſie die lutheriſche Kirche auf dem Cruys'ſchen Hofe
benutzten, zahlten ſie jährlich 120 R. zur Unterhaltung derſelben. Im
Jahre 1719 entſtand die engliſche Gemeinde. Die franzöſiſch-refor-
mirte Gemeinde bildete ſich 1723. Sie hielt ihren Gottesdienſt anfangs in einem Privathauſe, kaufte aber ſchon 1724 das Grund-
ſtück zwiſchen der großen Stallhofſtraße und der Moika für 1500 R.
Am längſten blieben die Deutſch-Reformirten mit den Lutheranern
vereinigt, welche ſich erſt 1747 von denſelben trennten.

Die Kirche auf dem Cruys'schen Hofe litt an zwei Uebelständen, sie war zu klein und wurde baufällig, dies letztere in einem solchen Grade, daß sie einzustürzen drohte. Deshalb bat die Gemeinde 1725 die Regierung, dieselbe möge ihr die Erlaubniß zu den nöthigen Reparaturen geben, bis die Geldmittel zum Bau einer neuen Kirche vorhanden seien. An einen solchen hatte man schon seit 1720 gedacht. Da die neue Kirche aber auf den Befehl des Kaisers aus Stein erbaut werden sollte, so reichten vorläufig die Mittel noch nicht hin, obgleich die Vermögensumstände im Allgemeinen gut waren, und auch ansehnliche Beiträge in der Gemeinde für den Kirchenbau gezeichnet wurden. Man fuhr daher fort, im In- und Auslande Geld zu sammeln. Der erste ins Ausland gehende Brief, welcher die Bitte enthielt, eine Collecte zur Unterstützung des neuen Kirchenbaues halten zu dürfen, war 1725 an den Magistrat von Dresden gerichtet. Der Vice-Canzler unterstützte diese Bittschriften durch den Einfluß der russ. Gesandten in den protestantischen Ländern. Durch die Collecten im Auslande kam eine Summe von 3871½ R. zusammen.

Die erste Frage, welche beim Bau der neuen Kirche zu entscheiden war, betraf den Ort, wo man dieselbe aufbauen wollte. Der Admiral Cruys zeigte sich geneigt, den zu einer größeren Kirche nöthigen Raum auf seinem Hofplatz der Gemeinde abzutreten und stellte 5. Februar 1726 folgende, von ihm eigenhändig unterzeichnete Schrift in holländischer Sprache aus, mit welcher die lutherische Gemeinde sich für den Fall seines Todes als Eigenthümerin der Kirche und des Grundes, auf welchem dieselbe erbaut worden, ausweisen könnte.

„Endesunterschriebener Admiral Cornelius Cruys erklärt durch dieses zum Besten aller derer, denen daran gelegen sein möchte, daß die Kirche, auf meinem Hofe stehend, auf meinen Befehl gebaut ist, alle Materialien, wie auch genannt, und jeder Arbeitslohn aus meiner Casse bezahlt sind, und daß nie jemand gebeten ist, etwas dazu beizutragen. Auch hat Niemand etwas dazu beigetragen, ausgenommen einige Officiere von der Flotte, welche den unterschriebenen Admiral gebeten hatten, ihre Wappen an den Fenstern in der Kirche abbilden zu lassen, wofür jeder einen Rubel dem Glasermeister bezahlt hat; aber das Glas, Blei und Eisenwerk ist alles auf des Admirals Kosten gewesen. Dem Meister Kovenhoven, der als Meister und Aufseher über das Gebäude gewesen, sind 150 Gulden holländisch zu Saardam an seine Ordre durch den Herrn Egbert Thensing bezahlt."

„Anno 1710 hat unterschriebener Admiral noch 2 Prediger von Holland entboten, alles für seine Rechnung, ohne in etwas die Gemeinde zu belasten; auch Schulmeister und Bücher hat er ohne Unkosten von der Gemeinde hieher kommen lassen, alles zum allgemeinen Besten. Als der unterschriebene Admiral gegen das Ende desselben Jahres zum Zuge gegen die Türken verreisen mußte, ist die Kirche in dem Stande, wie sie damals war und auch noch ist, der lutherischen Gemeinde als ihr Eigenthum übergeben, ohne daß unterschriebener Admiral oder seine Erben jemals darauf Anspruch machen dürfen, sondern daß es der Gemeinde frei stehen solle, so lange Ihro Kaiserl. Maj. erlauben, daß die Kirche hier auf dem Hofe stehen bleiben dürfe, über dieselbe als ihr volles Eigenthum nach ihrem Gutdünken zu verfügen, und daß, wenn ein Befehl käme, die Kirche nach einer andern Stelle zu versetzen, solches alles durchaus zur vollen Disposition der lutherischen Gemeinde stehen solle, und dieselbe mit der Kirche machen könne, was sie für gut findet ¹)."

Daher wandten sich die Kirchenvorsteher 15. Novbr. 1726 mit einer Bittschrift an die Kaiserin Catharina I., dieselbe möge die Erlaubniß zur Erbauung einer steinernen Kirche auf dem vom Admiral Cruys der Gemeinde abgetretenen Platz geben, „auch nach Dero Allergnädigsten Wohlgefallen zu sothanem Bau einige Materialien reichen lassen." Ehe noch hierüber eine entscheidende Antwort gegeben wurde, starb der Admiral Cruys an seinem 70. Geburtstage 14. Juni 1727. Kurz darauf wurden von der Polizei sämmtlichen fremden Confessionen Bauplätze zu steinernen Kirchen an der Moika hinter der Morskaja angewiesen, doch machte keine derselben davon Gebrauch, weil die Gegend gar zu niedrig und sumpfig war ²).

Nach dem Tode des Admirals Cruys trat der Gen.-Lieut. Burchard Christoph v. Münnich als Patron an die Spitze unserer Gemeinde. Dieser stammte aus einer alten Familie im jetzigen Großherzogthum Oldenburg, woselbst er $\tfrac{9}{19}$. Mai 1683 geboren war.

---

¹) Was eigentlich aus dieser hölzernen Kirche auf dem Cruys'schen Hofe geworden, ist sich aus unserem Archiv nicht ersehen. Nach Bogdanow p. 450. ward sie 1730 abgebrochen.

²) Es ist ungefähr dieselbe Stelle, wo jetzt die deutsch-reformirte Gemeinde einen Bauplatz erhalten hat.

Sein Vater führte als Deichgräfe die Aufsicht über die Wasserbauten und Dämme, welche das niedrige Marschland an der Mündung der Weser gegen die Fluthen der Nordsee schützen sollten. So ward er schon als Knabe mit Wasserbauten jeder Art vertraut, deren Kenntniß später in Rußland sein Glück begründete. Nachdem er als Officier in dem Hessen-Casselschen Contingent den spanischen Erbfolgekrieg unter dem Prinzen Eugen von Savoyen mitgemacht hatte, trat er in den Dienst des Königs August von Polen, und darauf 1721 in den russischen Dienst. Das Wohlwollen Peters des Großen erwarb er sich in hohem Grade, als er den völlig unbrauchbaren Plan des Generals Pisarew über die Anlegung des Ladoga-Kanals verbesserte und den Bau unter seiner Aufsicht bald so weit brachte, daß mit Zuversicht auf einen glücklichen Erfolg des Unternehmens zu rechnen war. Als der Kaiser sich davon durch eigne Anschauung überzeugt hatte, nahm er Münnich mit in den Senat und stellte ihn den Senatoren mit folgenden Worten vor: „Ich habe einen Mann gefunden, der den Ladoga-Kanal bald zu Stande bringen wird. Ich habe noch keinen Ausländer in meinen Diensten gehabt, der große Werke so gut zu entwerfen und auszuführen gewußt, als er, und ihr sollet alles thun, was er von euch verlangen wird."

Durch Ausführung dieses Baus, den er unter Catharina I. und Peter II. fortsetzte und unter der Kaiserin Anna Joannowna vollendete, erwarb sich Münnich ein unsterbliches Verdienst um sein neues Vaterland. Die Herrscher ließen es daher auch nicht an Zeichen ihrer Zufriedenheit und ihres Wohlwollens fehlen. Peter II. beförderte ihn zum General en chef und erhob ihn 1728 in den Grafenstand[1]). Die Gunst dieses Monarchen benutzte Münnich auch zum Besten unserer Gemeinde. Unterstützt von Ostermann, der sich trotz der Ränke Menschikow's und der Dolgoruki's durch die persönliche Zuneigung des jungen Kaisers, dessen Erziehung er geleitet, und durch die Freundschaft der Großfürstin Natalia Alexejewna, der Schwester desselben, in seiner Stellung erhalten hatte, wandte sich Münnich in einer von ihm und der Kirchenconferenz[2]) unterschrie-

---

[1]) Die Kaiserin Anna ernannte den Grafen Münnich 1732 zum Generalfeldmarschall.

[2]) In den Documenten dieser Zeit führen der Patron, die Kirchen-Aeltesten und Kirchen-Vorsteher den gemeinsamen Namen Kirchen-Conferenz. Nach 1730 heißen sie Kirchen-Convent. Als der Name Convent einen so schlechten Ruf in der französischen Revolution erhielt, nannten sie sich Kirchenrath.

benen Bittschrift 22. Dec. 1727 an Kaiser Peter II., um einen passenden Platz zum Bau der neuen Kirche zu erhalten.

„Es haben die vorigen Souveraine von Rußland bereits vor langen Zeiten und vielen Jahren denen evangelischen Religionsverwandten teutscher Nation in unterschiedenen Städten dieser Monarchie ihren öffentlichen Gottesdienst zu halten und zu solchem Ende Kirchen und Schulen zu bauen Allergnädigst erlaubet; und in solche höchst rühmliche Fußstapfen sind auch Ihro hochsel. Kayf. May. Petrus der Große Glorwürdigster Gedächtnuß getreten und haben bei Dero höchst beglückt gewesener Regierung an unterschiedene Religions-Verwandte auch unterschiedene Kirchenplätze Allergnädigst anweisen lassen, umb dadurch die Ehre Gottes, das See-Commercium und die Manufacturen zu befördern, auch denen Hof-, Militair- und Civilbedienten von ausländischen Nationen hieselbst ihren Gottesdienst zu gönnen.

„Unter solchen Plätzen ist uns Unterschriebenen einer zu unserer Kirche auf der Ammiralitäts Insul hinten auf dem Hofe des seel. Herrn. Ammiralen Cruys eingeräumet worden, worauf denn vors erste eine kleine hölzerne Kirche gebauet und zum Dienste Gottes bishero gebraucht worden ist.

„Als aber solche Kirche bei zunehmender Gemeinde zu klein geworden, auch in Verfall gerathen, und die Calvinschen überdem bis dato ihren Gottesdienst darinnen halten und uns hinderlich fallen, wir auch zuletzt gar nicht wissen können, ob wir den Platz behalten werden, so hat die evangelische Gemeinde zwar längst einen andern Platz, umb eine thauerhafte Kirche darauf bauen zu können, gewünschet; der gewesene General-Policei-Meister aber hat denen teutsch-Evangelischen nichts anders als einen abgelegenen, schlechten, morastigen Ort, auf welchem auch die Römisch-Catholischen und Calvinisten ihre Kirchen bauen sollen, dazu angewiesen, und folglich die Evangelischen mit der Päpstlichen Kirche an einander gesetzet, da doch unterschiedene, annoch neue Exempla zu Tage legen, daß die von der Päpstlichen und Evangelischen Religion, wann ihre Kirchen an einander stehen, durch des Pöbels Einfalt in Widerwärtigkeiten und Gezänke zuweilen gerathen [1]): welches man aber möglichst zu vermeiden schuldig ist.

---

[1]) Streitigkeiten zwischen Jesuitenschülern und Schülern des protestantischen Gymnasiums führten 1724 in Thorn zu einer Verfolgung der Protestanten, in

„Solchem nach gelanget an Ew. Kays. May. unser allerunterthänigstes Gesuch, daß Ew. May. Allergnädigst geruhen wollen, zum Dienst und Ruhm Gottes, auch zu Ew. Kays. May. ewigem Ruhm und Andenken, uns zu einer neuen Kirche, Schule, Pastorat und übrigem Nothdurfft auf dem großen freien Buschplatze über der grünen Brücke, zur linken Hand des perspectivischen Weges, hinter des Herrn General-Majors Lefort's Hofe, den benötigten Platz, nämlich 50 Faden in der Breite am perspectivischen Wege und 100 Faden in der Länge, Allergnädigst zu schenken und einzuräumen zu lassen; sofern wir aber mit diesem Platze nicht sollten begnadigt werden können, daß uns dann zu solcher christlichen Nothwendigkeit der dritte Theil von des seel. Herrn Ammiralen Cruys Hofes-Platze an dem Orte, wo nun unsere Kirche stehet, verbleiben möge; welches so viel leichter wird geschehen können, als alsdann zu denen nöthigen Hofes-Gebäuden noch zureichlicher Platz nachbleiben würde."

B. C. de Münnich.

J. D. Blumentrost. Hinr. v. Fick. Christian Glück.

Christian Durup. Friedr. Asch.

Pet. Böhtlingk.

Casp. Kehrwieder. sen.

Siegfr. Schnettler.

In Antwort auf diese Bittschrift, welche von dem Baron von Ostermann auf das kräftigste unterstützt wurde, weshalb der Kirchenrath auch 15. April 1728 ein Dankschreiben an denselben erließ, schenkte der Kaiser Peter II. durch einen 27. Decbr. 1727 ausgefertigten Befehl unserer Gemeinde das Grundstück, um welches die Kirchen-Conferenz gebeten, und auf welchem jetzt noch die Kirche steht. Auf die günstige Lage dieser Gegend bei Vergrößerung der Stadt hatte schon die eigentliche Beschreibung aufmerksam gemacht. Leider versäumte man damals im Gefühl zu großer Sicherheit, sich gleich die Dannaja d. h. die Besitzurkunde auf das Grundstück geben zu lassen, was bei dem großen Einflusse Münnichs und Ostermanns zu der Zeit keine Schwierigkeit gehabt hätte. Nach dem Sturze dieser beiden Männer brachte der Mangel einer solchen Urkunde unsere Gemeinde in eine große, nur mit vieler Mühe abge-

---

welcher die polnische Regierung auf Antrieb der Jesuiten den Bürgermeister und 11 Bürger hinrichten ließ.

wandte Gefahr, das werthvolle Grundstück wieder zu verlieren. Nach mehrfachem, vergeblichen Ansuchen ward die Dannaja erst 1756 gegeben. Nach der neuesten, vom Hofrath Hörschelmann, Secretair des Kirchenraths, verfaßten Uebersetzung des russischen Originals lautet sie: „Auf Befehl Ihrer Maj. der Frau und Kaiserin Elisabeth Petrowna, Selbstherrscherin aller Reussen, u. s. w., u. s. w., u. s. w. ist aus der Hauptcanzelei des Policeimeisters diese Besitzurkunde gegeben der evangelischen Kirche der heiligen Apostel Peter und Paul an deren Häupter (Patrone), den General-Lieutenant, Wirklichen Kammerherrn und Ritter Nikolai Andrejewitsch von Korff und den Wirklichen Kammerherrn und Ritter Baron Carl Ephimowitsch von Sievers, und an die Aeltesten der Gemeinde über den im Admiralitäts Stadttheil auf der linken Seite der Newskischen Perspective belegenen Kirchenhofsplatz. Dieserhalb haben die Häupter (Patrone) und Aeltesten jener Kirche am 14. März 1751 in einer an die Hauptpolizei gerichteten Bittschrift erklärt:

„Von alten Zeiten her ist von den vorigen Russischen Zaren glorwürdigen Andenkens den Ausländern evangelischer Religion Allergnädigst erlaubt, in den verschiedenen Städten des Russischen Reiches zur Ausübung ihres Gottesdienstes Kirchen und Schulen zu erbauen, welche Erlaubniß der Hochselige, ewigen Ruhmes und Andenkens würdige, Herr und Kaiser Peter der Große Allergnädigst zu bestätigen geruhet hat, weßhalb auch in St. Petersburg im Jahre 1708 eine Kirche auf dem Hofe des seligen (gewesenen) Admirals Cruys erbaut und errichtet worden, aber nachher, als im Jahre 1721, nach Ankunft aus der Stadt Archangel und den übrigen russischen Städten, desgleichen auch aus Deutschland im Dienst stehender Officiere und ausländischer Kaufleute in großer Anzahl, diese Kirche sehr enge und dazu auch baufällig wurde und im Jahre 1728 auf namentlichen Befehl des Hochseligen Herrn und Kaisers Peter II., gerichtet an die Hauptcanzelei des Polizeimeisters, zur Erbauung jener Kirche und der Kirchenhäuser ein Platz gegeben worden war, an der großen Perspective, hinter der grünen Brücke, linker Hand, woselbst eine steinerne Kirche auf den Namen der heiligen Apostel Peter und Paul erbaut ist und der Gottesdienst gehalten wird, bei welcher Kirche auch eine Schule befindlich ist, um welchen Platz her hölzerne Gebäude auf steinernem Fundamente und von der andern Seite ein steinerner Hof regelmäßig gebaut sind, — von der Hauptcanzelei des Polizeimeisters aber über diesen Platz kein Besitzdocument ertheilt ist; so bitten sie, daß über diesen Kirchenplatz und den ihn umgebenden Hofs- und Wohngebäudeplatz ihnen eine Dannaja (Besitzurkunde) gegeben werde. Bei Nachschlagung in der polizeimeisterlichen Hauptcanzellei hat sich ergeben: Am 7. December 1727 ist auf namentlichen Ukas des Hochseligen Herrn und Kaisers Peter II. befohlen worden, zufolge Bittschrift der ausländischen und der deutschen Eingepfarrten des im Admiralitäts Stadttheile befindlichen evangelischen Kirchspiels, zur Erbauung einer Kirche, um nach ihrem Glauben den Gottesdienst zu halten, desgleichen zur Erbauung einer Schule und eines Pastorats, ihnen im Admiralitäts Stadttheil am großen Perspectiv-Wege, hinter den Höfen des General Majors Lefort[1]) und des Admirals Sivers, mit Freilassung einer Straße zur Durchfahrt[2]), anzuweisen so viel Land, als nöthig ist in der Breite, und wie viel passend ist in der Länge, und von ihnen zu nehmen eine Zeichnung der auf diesem Platz zu bauen ihnen obliegenden Gebäude; darauf haben am 21. Februar 1728 die erwähnten Eingepfarrten in einer Bittschrift an die Canzellei des Polizeimeisters erklärt, daß von ihnen der Plan der gedachten Gebäude angefertigt sei, wobei sie solchen auch vorstellten, und haben verlangt, daß gemäß ihrer früheren Bittschrift ihnen das Land angewiesen werde. Gemäß dieser ihrer Bittschrift ist geschrieben worden an den Obersten und Architekten Tresin[3]), daß er laut des vorher genannten namentlichen Ukases Seiner Kaiserlichen Majestät abmesse so einen Platz, als nach den von ihnen angefertigten Plänen zur Erbauung der Kirche nebst Gebäuden nöthig sei, freilassend eine Straße von dem Lefort'schen Hofe, und daß er angebe das Maaß von der Perspective ab bis zum Bache[4]) (протокъ, Wasserlauf, fließendes Wasser) und in der Länge bis zum Haine; über alles, mit Angabe der Grenze, einen Plan aufnehme und denselben

---

[1]) Der Hof des Gen.-Maj. Lefort, welcher Kursächsischer Gesandter zur Zeit Peters des Großen war, gehört jetzt der holländischen Gemeinde und wird von deren Kirche und Kirchenhaus eingenommen. Der Hof des Admirals Sivers umfaßte den Platz, wo jetzt die reformirte Kirche steht.

[2]) Die jetzige große Stallhofstraße.

[3]) Der bekannte Architekt Tressini oder Treszini, von welchem die meisten größeren Gebäude Petersburgs aus der Zeit Peters des Großen herstammen.

[4]) Dieser am linken Ufer der Moika fließende morastige Bach, über welchen damals nach einem alten Plane an der Stelle, wo jetzt die kasansche Brücke steht, eine Knüppelbrücke führte, ward 1765 ausgegraben, mit Granitquadern eingefaßt und heißt seitdem der Catharinencanal.

in die Canzellei des Polizeimeisters einsende. Hierauf ist in einem
von ihm, Tresin, am 12. März 1728 eingegebenen Berichte gesagt,
daß laut des ihm von dem gewesenen General von Münnich übergebenen Planes der Platz zum Bau der obberegten Kirche, Schule
und Pastorats ausgemessen ist, betragend nach dem Plane hundert
Faden in der Länge und funfzig Faden in der Breite, wobei er
über diesen Platz den Plan beifügte. Und auf gedachtem Plan ist das
obgenannte Maaß, Länge und Breite, angegeben, und diese Länge
griff ein in den bei dem Platze befindlichen Hain (роша); zwischen
diesem Platz und den Gehöften des Admirals Elvers und General-
Majors Lefort ist eine Straße bestimmt, breit 15 Faden, und über
dieß Alles ist Mittheilung gemacht worden nach Moskau an den
Staatsrath und Oberpoliceimeister Posniakow mit Uebersendung der
Copien dieser Pläne, auf welche Mittheilung von gedachtem Staatsrath erwiedert worden, daß die Gemeindeglieder durch einen Revers
zu verpflichten seien, die Kirche und die übrigen Wohnungen zu erbauen, und zwar in wie viel Jahren sie es bauen können, und ist
nach seiner, des Staatsrath, Meinung der Platz zu der Kirche in
der Länge längs dem Haine anzuweisen. Wenn sie aber auch den
Hain zu haben wünschen, so ist ihnen derselbe abzugeben, mit der
Verpflichtung, daß diese Baumpflanzungen in der gesetzlichen Unversehrtheit bewahrt würden und sie dieselben nicht niederhauten; in
dem Reverse haben sie erklärt, daß sie den erwähnten Bau im
Jahre 1728 mit dem Sommer, wie es die Baugesetze vorschreiben,
beginnen, in fünf Jahren gänzlich beendigen werden, wenn nur
befohlen werden wird, ihnen zu dem Bau der Kirche, gemäß ihren
Verlangen, den Platz und zwar mit dem Haine abzugeben, welchen
sie in jeglicher Unversehrtheit bewahren werden, so daß diesem Haine
keine Beschädigung und kein Abhauen widerfahren wird; — und am
5. Juni desselben Jahres ist sodann auf Anordnung der Polizeimei-
ster-Canzellei an den Obersten und Architecten Tresin geschrieben
worden, daß er zu dem bemerkten Bau den Platz ausmesse, freilassend einen Eingang in die Straße, wie sie auf dem Plane angezeigt ist, und mit Grenzpfählen bemerke die Breite von 50 und die
Länge von 100 Faden, und auf diesem Platze sind dann zu bauen
die gehörigen Gebäude mit guter Architectur, anfangend mit dem
Sommer 1728 und endigend in 5 Jahren. Am 10. und 29. Juni
1732 haben die Vorsteher gedachter Kirche in ihren an die Polizeimeisters Canzellei eingereichten Bittschriften gebeten, daß ihnen

über den Besitz des Platzes eine Dannaja gegeben werde, jedoch ward ihnen eine solche Dannaja nicht gegeben. In dem Generalplane des Geodäsinten (Feldmessers) Fähnrichs Krassilnikow vom Jahre 1750 ist in dem beregten Kirchenplatze annotirt: in der Breite 48, in der Länge 95 Faden, — 3136 Faden, — also fehlt an dem im Bericht des Obersten und Architecten Trefin angegebenen Raume, gegen den Generalplan des Feldmessers Fähnrich Krassilnikow, in der Breite 2, in der Länge 5 Faden. Deßhalb ist, auf Resolution des Polizeimeisters-Canzellei und gemäß dem an den Architecten Knobel geschickten Befehl, ihm, Knobel, vorgeschrieben worden, daß er selbst gedachten Plan nach strenger Gerechtigkeit ausmesse und an die polizeimeisterliche Haupt-Canzellei berichte, wie viel Faden in der Breite und in der Länge, und wie viel Quadratfaden sich in dem erwähnten Platze vorfinden. Hierauf hat am 18. Juli 1756 der Architect Knobel durch Bericht angezeigt, daß der obbezeichnete Platz von ihm, Knobel, ausgemessen worden, und in demselben sich vorgefunden haben: in der Breite an der Newáschen Perspective 49 Faden 1½ Arschin, am hintern Ende längs der schwedischen und finnischen Kirche 49 Faden 2½ Arschin, in der Länge nach der gegenüber der Hauptpolizei laufenden Straße 99 Faden 1½ Arschin, nach der andern Straße zu 99 Faden 1½ Arschin, Quadratfaden 4941½.

„Diesem nach ist auf Befehl Ihrer Kaiserlichen Majestät von der polizeimeisterlichen Hauptcanzellei verfügt worden: den vorgenannten Häuptern (Patronen) und Aeltesten der evangelischen Kirche der heiligen Apostel Peter und Paul über den Besitz des erwähnten Kirchen- und Hofplatzes eine Dannaja zu geben, weßhalb auf Befehl ihnen, dem General-Lieutnant, Wirklichen Kammerherrn und Ritter Nicolai Andrejewitsch von Korff und dem Wirklichen Kammerherrn und Ritter Baron Carl Ephimowitsch von Sievers, so wie den ältesten Gemeindegliedern aus der polizeimeisterlichen Hauptcanzellei gegenwärtige Dannaja denn auch ertheilt ist."

Den 27. Aug. 1756.
(L. S.)
Der General-Polizeimeister und Ritter Alerei Tatischtschew.
Secretair Fedor Chruschtschow.
Actuarius Iwan Pankratow.

Die Gemeinde übergab 21. Februar 1728 eine Bittschrift in die General-Polizeimeister-Canzlei und bat um die Anweisung des vom

Kaiser geschenkten Platzes, legte auch einen Bericht über die Gebäude bei, welche man auf demselben zu erbauen beschlossen hatte. Diese trug dem Architecten, Obersten Treffini, auf, den Platz auszumessen und einen Plan von der Länge und Breite desselben einzugeben. Am 12. März zeigte Treffini an, daß der abgemessene Platz 50 Faden breit und 100 Faden lang sei, und nun wurde derselbe der Gemeinde von dem Generalpolizeimeister Posnialow unter der Bedingung übergeben, daß er innerhalb 5 Jahre mit guten Gebäuden besetzt sein solle. Der Plan zur Kirche und zur Facade derselben, welcher vom Grafen Münnich eigenhändig entworfen war, befindet sich noch wohl erhalten im Kirchenarchiv. Nach demselben sollte die Kirche, welche in der Mitte des Grundstücks ihren Platz angewiesen erhielt, außen eine Länge von 20 Faden, eine Breite von 12½ Faden und eine angemessene Höhe haben. Die Kirche selbst sollte aus Stein, der Thurm dagegen aus Holz erbaut werden.

Der Grundstein wurde am Peter-Paulstage, den 29. Jun. 1728, vom Grafen Münnich persönlich gelegt. Der Pastor Nazzius hielt dabei folgende Rede [1], von der 150 Expl. gedruckt wurden [2].

---

[1] Nachricht an die evang. St. Petri-Gemeine in St. Petersburg über die am 29. Jun. 1828 vollzogene Feier des hundertjährigen Jubelfestes der Gründung ihrer Kirche. St. Petersburg 1829. 4. Der Verfasser (Abelung) sagt p. 5: „bei welcher Gelegenheit Pastor Nazzius über 1. Kön. 6, 12. 13. eine kurze Rede hielt, welche damals zwar in Druck erschien, jetzt jedoch durchaus nicht mehr zu finden ist."

[2] Diese höchst seltene Predigt, welche, wie die vorige Anmerkung zeigt, der Stifts. Staatsr. von Abelung nicht einmal auftreiben konnte, ist in 4° ohne Jahreszahl gedruckt. Die Rede enthält 8 Seiten. Als Blatt ohne Seitenzahl ist die Inschrift des Grundsteins angehängt. Die Anzahl der Expl., welche gedruckt ist, findet sich in der Kirchenrechnung von 1728 unter den Ausgaben der Kirche.

Das
Schuldige
Lob Gottes
und
Herzlicher Segens-Wunsch
Bey
Grund-Legung des Ersten Steines
zur Erbauung der Neuen-Kirche vor die Evangelische Gemeine Augspurgischer
Confession auff der Admiralitäts-Insul, am Tage
PETRI und PAULI
den 29. Junii 1728.
In Hohen Beysehn
Des Herrn Generals Grafen
von Münnichs Excell.
Wie auch
Der Gemeine Vorsteher und verschiedener derselben
Mitt-Glieder Gegenwart
In einer
Stand-Rede
vorgestellet
von
Heinrich Gottlieb Nazzio,
Ersten Prediger der Evangelischen Gemeine.

St. PETERSBURG,
Gedruckt in der Buchdruckerey bey der Kayserl. Academie
der Wissenschafften.

Votum.

"Es segne uns Gott, unser Gott, und alle Welt fürchte Ihn,
Amen, Hallelujah, Amen, Amen!"

Textus.

"Im 1. Buch der Könige an 6. Cap. v. 12. 13. "Das sey
das Hauß, das du bauest. Wirst du in meinen Geboten wandeln,
und nach meinen Rechten thun, und alle meine Gebote halten, darinnen zu wandeln, so will ich mein Wort mit dir bestätigen, wie
ich deinem Vater David geredet habe. Und will wohnen unter den
Kindern Israel, und will mein Volk Israel nicht verlassen.

"Das sind Worte des Allerhöchsten, zu dem Könige Salomo

gesprochen, als er im Begriff war, dem Herrn ein Hauß zu bauen, wovon ihm sein Vater, der König David, genauen Befehl ertheilet hatte, als wir lesen 1 Chron. 23, v. 6. 7. 8. 9. 10. 11. 12. 13. Womit ihm die Göttliche Antwort eine Versicherung geben wollte, von dem Wohlgefallen an dessen Vorhaben.

„Wir sind gleichfals jetzo des Sinnes ein Hauß dem Herrn zu bauen, worinnen wir Seinen heiligen Nahmen anruffen, beten, loben, und dancken mögen, da man höre die Stimme des Danckens und da man predige alle Seine Wunder Psal. 26, v. 7. und haben den Grund-Stein dazu geleget; Wir wollen die Göttliche Antwort: Das sey das Hauß das du bauest, auf uns mit Glauben und Dancksagung deuten, daß wir uns des Göttlichen Wohlgefallens und Seegens bey unserm Vorhaben aus eben diesem Worte auch versichern, und dabey (1.) zufördest den Herrn loben und preisen über seiner grossen Güte, die Er uns Fremdlingen beweiset, daß wir auf fremden Grund und Boden unter dem Schutz und Bewilligung unsers allergnädigsten Kaysers die Freyheit geniessen, diß Hauß dem Herrn zu bauen und unsere Erbauung durchs Wort Gottes zu suchen und zu befördern, vor welche Gnade wir unserer Hohen Obrigkeit von Hertzen wünschen und erbitten, daß der Herr Ihn segnen und erhören, der Nahme des Gottes Jacob Ihn schützen, Ihm vom Heiligthum Hülffe senden und Ihn stärcken wolle. Wer unter uns sagen kan: Herr ich habe lieb die Stätte deines Hauses und den Ort da deine Ehre wohnet, Psal. 26, v. 8. der freue sich über solches Gute, und lobe im Geist und Sinn Davids anjetzo auf dieser Stelle den Nahmen des Herrn: Gelobet seyst Du Herr, Gott Israel unsers Vaters ewiglich. Dir gebühret die Majestät und Gewalt, Herrlichkeit, Sieg und Danck. Denn alles was im Himmel und auf Erden ist, das ist Dein. Dein ist das Reich, und Du bist erhöhet über alles zum Obersten; Dein ist Reichthum und Ehre vor Dir, Du herrschest über alles, in Deiner Hand stehet Krafft und Macht, in Deiner Hand stehet es jedermann groß und starck zu machen.

„Nun unser Gott wir dancken Dir, und rühmen den Nahmen Deiner Herrlichkeit 1. Chron. 30, v. 11. 12. 13. So sage ich, erheben wir jetzt billig Hertz und Mund unter dem freyen Himmel mit Loben und Dancken. Allein (2) lasset uns nicht vergessen was hinzugesetzet wird: Wirst du in meinen Geboten wandeln etc. so will ich unter euch wohnen. Denn diß zeiget auch uns, in welcher Ordnung und inneren Beschaffenheit wir bey diesem unserm Vornehmen dem Herrn angenehm seyn, und Seines Gnaden-reichen Segens uns erfreuen mögen. Stephanus, der Mann voll Glaubens, und Kräfften, voll Heiligen Geistes gibt uns den Sinn dieser Rede Gottes in unserm Text recht zu erkennen Ach. 7, v. 47. 48. 49. 50. was nemlich der Zweck des Kirchbauens sey: die Hertzen der Menschen sollen nemlich erbauet werden zu einer Behausung Gottes im Geist, Ephes. 2, v. 22. Gott der die Welt gemacht hat, der Herr Himmels und der Erden wohne nicht in Tempeln mit Händen gemacht (zwischen Stein und Mauren eingeschlossen und beschränkt wie die Menschen in einem Hauß) Ach. 17, v. 24. sondern wie es Stephanus aus dem Munde Gottes durch den Propheten Esaiam im 66. Capitel v. 1. 2. daselbst anführet: Der Himmel ist mein Stuhl, die Erde meine Fußbanck; ich sehe aber an den Elenden, und der zerbrochenes Geistes ist, und der sich fürchtet vor meinem Wort, oder wie es Jes. 57, v. 15. lautet: Also spricht der Hohe und Erhabene der ewiglich wohnet, des Nahme heilig ist, der ich in der Höhe und im Heiligthum wohne, und bey denen so zerschlagenes und demüthiges Geistes sind etc. Diß war es was Gott dem Salomo einschärffte, daß weder er noch das Volck gedencken möchten, daß Gott an dem äußern Gebäu allein Seinen Wohlgefallen habe; ach nein, es sey gantz was anders, was Er erfordere, Gehorsam sey besser denn Opffer. Sam. 15, v. 22. und eine Seele die Gottes Tempel, sey viel theurer als alle Bethhäuser die man ohne Glauben und Liebe nur zu Mördergruben mache; Siehe Jerem. 7, v. 1 biß 11. daher auch bey vollendetem Tempel-Bau, der Herr dem Salomoni erschien, und eben das wiederhohlte, was Er ihm hier beym Anfang sagte, 1 Reg. 9, v. 6. 7. Werdet ihr euch aber, von mir hinten abwenden, und nicht halten meine Gebote und Rechte, so werde Ich Israel ausrotten (wie Er ihnen hingegen in unserm Text verheisset: Er wolle unter ihnen wohnen) und das Hauß das Ich geheiliget habe meinem Nahmen, will ich verlassen von meinem Angesicht (wie Er ihnen hingegen in unserm Text verspricht: Er wolle Sein Volck Israel nicht verlassen, wenn sie in glaubigem Gehorsam würden erfunden werden.) Und ich meyne ja, alle Propheten haben mit einem Munde das immer dem Volcke vorgehalten. Siehe Jer. 7, v. 3. 4. Bessert, heißt es daselbst, euer Leben und Wesen, so will ich bey euch wohnen an diesem Ort. Verlasset euch nicht auf die Lügen, wenn sie sagen: Hie ist des Herrn Tempel, ſehe auch Jeſa. 1, v. 11 biß 17. Amos 5, v. 21. Die Erfahrung hats auch gelehret daß des Herrn Mund wahr geredet, ſowohl in der Zerſtörung des erſten Tempels durch die Babylonier, als des andern durch die Römer. Darum ſollen wir nun bey unſerm vorhabenden äuſſern Kirchbau immer hieran gedencken, was Gott im Text ſagt: Wirſt du in meinen Geboten wandeln, ſo will Ich in euch und unter euch wohnen und wandeln, will euer Gott ſeyn und ihr ſollt mein Volck ſeyn. Sehen wir wie der Bau wächſt und zunimmt, ſo laſſet uns immer unſere Seelen ermuntern, daß wir auch als erbauete auf den Grund der Apoſtel und Propheten da Jeſus Chriſtus der Eckſtein iſt, wachſen zu einem heiligen Tempel in dem Herrn (Eph. 2, v. 20. 21.) auf den lebendigen Stein, wie abermahls Petrus bezeuget in der 1. Epiſtel am 2. Capit. im 4 und 5 Vers als lebendige Steine, uns bauen zum geiſtlichen Hauſe, und zum heiligen Prieſterthum zu opffern geiſtliche Opffer, die Gott angenehm ſind durch Jeſum Chriſtum. So ſind wir kluge Bauleute und werden uns auch (3) gewißlich des Beyſtandes Gottes und Seines Segens zu getröſten haben, als wozu wir in kindlichem Vertrauen eben die Hoffnung ſchöpffen, die der König ſeinem Sohne Salomoni ins Hertze ſprach 1. Chron. 29, v. 20. Sei getroſt, heiſt es, und unverzagt, und machs, fürchte dich nicht und zage nicht, Gott der Herr mein Gott wird mit dir ſeyn, und wird die Hand nicht abziehen, noch dich verlaſſen, biß du alle Wercke zum Amt im Hauſe des Herrn vollendeſt. Das ſey das Hauß das du baueſt, heiſt es im Text; ey nun denn! So ermuntert euch auch durch das Wort zum Muth und Vertrauen, die ihr diß Hauß bauet, ſo wohl unſer hochwertheſter Herr Aeltiſter der den Grundſtein geleget hat, als die übrigen Herren Vorſteher und Glieder der Gemeine, Seyd getroſt, ruffe ich euch zu, Gott wird mit euch ſeyn, er wird die Hand nicht abziehen. Seyd ihr mit dem Herrn, ſo wird Er auch mit euch ſeyn. und wenn ihr Ihn ſuchet, wird Er ſich von euch finden laſſen, 2. Chron. 15, v. 2. Und wie bißher der Herr die Hertzen der Glieder unſerer Gemeine gelencket hat eine Beyſteuer reichlich und im Segen zu thun, ſo wird Er auch weitere Wege und Mittel uns zur Ausführung unſers Vorhabens treulich anweiſen. Gelobet ſey Gott vor alles Gutes! Herr Gott bewahre ſolchen Sinn und Gedancken im Hertzen Deines Volcks und ſchicke ihre Hertzen zu Dir. 1. Chron. 30, v. 18. Allen dieſen Segen nun im Geiſtlichen und Leiblichen zu genieſſen, So wollen wir (4) unsere Herzen an dieser Stelle zu Gott im Gebet erheben und Ihn hierum anruffen durch Einführung unserer Andacht in den Sinn und Geist Davids des Knechtes Gottes, und mit ihm beten (Psal. 84.) Wie lieblich sind deine Wohnungen Herr Zebaoth! Meine Seele verlanget und sehnet sich nach den Vorhöfen des Herrn, mein Leib und Seel freuen sich in dem lebendigen Gott. Denn der Vogel hat ein Hauß funden, und die Schwalbe ihr Nest, da sie Junge hecken, nemlich deine Altar, Herr Zebaoth, mein König und mein Gott. Wohl denen die in Deinem Hause wohnen, die loben dich immerdar Sela. Wohl den Menschen die Dich für Ihre Stärcke halten, und von Hertzen Dir nachwandeln. Die durch das Jammerthal gehen, und machen daselbst Brunnen und die Lehrer werden mit viel Segen geschmückt. Sie erhalten einen Sieg nach dem andern, daß man sehen muß der rechte Gott sey zu Zion. Herr Gott Zebaoth höre mein Gebet, vernimms Gott Jakob, Sela. Gott unser Schild schaue doch, siehe an das Reich deines Gesalbten. Denn ein Tag in deinen Vorhöfen ist besser, denn sonst tausend, ich will lieber der Thür hüten in meines Gottes Hause, denn lange wohnen in der Gottlosen Hütten. Denn Gott der Herr ist Sonne und Schild, der Herr gibt Gnade und Ehre, Er wird kein Gutes mangeln lassen den Frommen. Herr Zebaoth, wohl dem Menschen, der sich auf dich verläßt.

„Ach Ja, Herrscher Himmels und der Erden!
Sprich Ja zu unsern Thaten
Hilff selbst das Beste rathen.
Den Anfang Mittel und Ende
Ach Herr zum Besten wende.
Mit Segen uns beschütte
Das Hertz sey deine Hütte,
Dein Wort sey unsre Speise
Biß wir gen Himmel reisen.

Der Herr segne und behüte euch,
Der Herr erleuchte sein Angesicht über euch und sey euch gnädig,
Der Herr erhebe sein Angesicht auf euch und gebe euch Frieden."
Gott sey Lob und Ehre!
Amen."

„Inscription
Des Grund-Steines:
Anno 1728. den 29. Junii
Unter glorwürdigster Regierung
Des Allerdurchlauchtigsten
und
Großmächtigsten Kaysers
Peters
des Andern
ist dieser Grund-Stein
Allhier zu der Evangelischen Kirchen
Augspurgischer Confession,
geleget worden."

Während der Bau unserer neuen steinernen Kirche nun unter der Aufsicht des Baumeisters Schumacher und der Kirchenvorsteher Peter Böhtlingk und Heinr. Blissekow seinen ruhigen Gang ging, erlitt unsere Gemeinde eine wesentliche Verringerung. Die Protestanten auf Wassily Ostrow hatten sich bis jetzt durchgehends zu unserer Kirche auf der Admiralitätsinsel gehalten. Obgleich der Fürst Menschikow aus Sorge für die Gesundheit des jungen Kaisers Peter II., welcher seit seiner Verlobung mit Marie Alexandrowna, der jüngern Tochter des Fürsten, in dessen Palast auf Wassily Ostrow wohnte, 1727 eine Schiffbrücke von seiner Wohnung auf der Insel nach der Admiralität hatte schlagen lassen, war doch der Uebergang über den Fluß im Frühjahr und im Herbst, besonders beim Eisgang, ungemein beschwerlich und oft mit Gefahr verbunden. Deshalb vereinigten sich 1728 die meisten auf Wassily Ostrow wohnenden Protestanten, und beschlossen, sich von der Kirche auf der Admiralitätsinsel zu trennen und eine eigene Gemeinde zu bilden [1]). Sie wählten im Mai den Candidaten Rudolph Otto Trefurt zu ihrem Prediger und tauften, nachdem sie eine Zeitlang im Saal des Vice-

[1]) Wie groß der Abgang unserer Gemeinde durch die Stiftung der neuen Kirche gewesen, erhellt aus folgenden Zahlen:

	St. Peters Kirche.			Kirche auf der Preobr. Insel.		
	Getaufte.	Gestorb.	Copul. Paare.	Getaufte.	Gestorb.	Copul. Paare.
1727.	58	40	18	—	—	—
1728.	60	35	12	4	1	—
1729.	38	25	11	14	9	6
1730.	39	23	6	18	12	3

Präsidenten v. Wolf Gottesdienst gehalten hatten, für 600 R. das Grundstück in der ersten Linie, welches sie noch besitzen, und auf welchem sie eine hölzerne Kirche erbauten. Die neue Gemeinde hieß anfangs die Gemeinde auf der Preobraschenskischen Insel, später auf Wassily Ostrow, bis sie 1771 zur Zeit der Kaiserin Catharina II. den Namen Catharinen-Gemeinde annahm. Am 17. Juli 1728 hielten die angesehensten Mitglieder der neuen Gemeinde eine Zusammenkunft mit dem Convent der Kirche auf der Admiralitätsinsel, in welcher beschlossen wurde, daß die neue Gemeinde den 4. Theil der im Auslande zum Bau der steinernen Kirche gesammelten Collecten erhalten solle, da die Mitglieder derselben vor ihrer Trennung auch mit zum Bau beigesteuert und die Collecten im Auslande unterstützt hätten. Wegen der Auszahlung erhoben sich Schwierigkeiten. Deshalb wandte sich die Gemeinde auf Wassily Ostrow 17. September 1731 an den Grafen Münnich, welcher einige Tage später über diese Sache an die Kirchen-Vorsteher schrieb. Doch ward das Geld erst 13. Jun. 1734 ausgezahlt.

Die Verfassung der protestantischen Kirchen in Ingermannland und Karelien war zur Zeit der schwedischen Herrschaft eine sehr wohlgeordnete gewesen. Ueber den Predigern standen Pröpste, wie wir deren einen in dem schwedischen Prediger in Nyenschanz gefunden haben. Die geistliche Jurisdiction ward von Consistorien ausgeübt, welche in Wiburg und Narwa ihren Sitz hatten. Durch den langen Krieg, welcher schließlich das Land in die Hände der Russen brachte, waren die protestantischen Kirchen verwüstet und zum Theil ihrer Prediger beraubt, die Gemeinden verwildert und die Consistorien aufgelöst [1]). Diesen Zustand benutzte der am 25. Jan. 1721 von Peter dem Großen als die höchste geistliche Behörde der griechischen Kirche eingesetzte und unmittelbar unter dem Kaiser stehende hochheilige Synod, um ohne Weiteres auch die Leitung der protestantischen Kirchen im jetzigen Gouvernement St. Petersburg in seine Hand zu nehmen und die Rechte eines Consistoriums zu beanspruchen. Die Acten unserer Kirche zeigen uns, daß der heilige Synod einen Propst für die protestantischen Gemeinden in Ingermannland einsetzte, die Landprediger ernannte und ihnen Constitutorien gab, daß er das Recht in Anspruch nahm, jede gegen evangelische Geistliche angebrachte Klage

---

[1]) Einen genaueren Bericht über diese Zustände nach dem Tagebuch Jac. Lange's findet man bei den Streitigkeiten zwischen den evangel.-luther. Predigern hieselbst und dem Justizcollegium.

zu untersuchen, die betreffenden Prediger vor sein Gericht zu citiren, sie ins Gefängniß zu werfen und endlich abzusetzen. Diese ganz
unrichtigen und unbegründeten Forderungen des heiligen Synods,
welche weniger von Sr. Eminenz dem Archjerei von Nishnij Nowgorod und Alatyr, dem Präsidenten dieses Collegiums, als von
dem Secretair desselben betrieben wurden, und zu deren Durch-
setzung dieser sich der Hülfe des finnischen Predigers Maydelin bedienen wollte, erregten im Jahre 1728 die ernstlichsten Streitigkeiten, indem der Graf Münnich, der sich als Nachfolger des Admirals Cruys für den Beschirmer aller protestantischen Glaubensgenossen ansah, sich der bedrängten Gemeinden annahm und von
den angesehensten Mitgliedern unserer Gemeinde, dem Gen.-Maj. von
Hochmuth, dem Justizrath von Wolf, Vice-Präsidenten des Justizcollegiums, dem Etatsrath von Fick, Vice-Präsidenten des Commerzcollegiums, dem Postdirector Asch auf das Kräftigste unterstützt wurde.
Nur der Thätigkeit und Unerschrockenheit dieser Männer hat die
protestantische Kirche in Ingermannland es zu danken, daß sie damals ihre Unabhängigkeit rettete und nicht unter die Botmäßigkeit
des heiligen Synods kam. Im Frieden von Nystädt 30. August
1721 war zwar ausdrücklich im 10. Artikel bestimmt, daß die Reli-
gions-, Kirchen- und Schulverfassung in den abgetretenen Provinzen
eben so bleiben solle, wie zur schwedischen Zeit, allein auf Ingermannland und Karelien scheint dieser Artikel anfangs gar keinen
Einfluß gehabt zu haben¹).

Jakob Maydelin, welcher Prediger der Landgemeinde Spanko
war, ward, man weiß nicht, zu welcher Zeit, auch Pastor der fin-
nisch-schwedischen Gemeinde in dem neu erbauten St. Petersburg. Er
war ein listiger, ränkevoller Mann. Seine Gemeinde in der finnischen Scheere war arm, doch nicht ohne alle Bedeutung, da die Kaiserin Catharina I. aus derselben gewöhnlich ihre Dienerschaft nahm.
Diesen Einfluß benutzte Maydelin, um sich mit dem leicht zugäng-
lichen Kaiser bekannt zu machen, und so ward er mit Bewilligung
Peters des Großen im December 1724 vom Erzbischof Theodosius

---

¹) § 10 des Nystädter Friedens: „Es soll auch in solchen cedirten Ländern kein Gewissenszwang eingeführt, sondern vielmehr die evangelische Religion, auch Kirchen- und Schulwesen und was dem anhängig ist, auf dem Fuß, wie es unter der letzteren Schwedischen Regierung gewesen, gelassen und beibehalten werden, jedoch daß in selbigem die griechische Religion ebenfalls frei und ohngehindert exercieret werden könne und möge."

von Nowgorod und dem heiligen Synod, dessen Präsident jener war, zum Propst der protestantischen Gemeinden in Ingermannland ernannt, unter der Bedingung, daß kein Widerspruch gegen diese Ernennung geschähe. Es ward nun wohl von den deutschen Gemeinden der neuen Stadt gegen diese Erhebung Mandelins Protest erhoben, allein darauf wurde keine Rücksicht genommen. Um seine Stellung auszubeuten, machte Mandelin bald den größten Mißbrauch von seiner Amtsgewalt. Den Predigern legte er Eidesformeln vor, welche grabezu gegen die Kirchenordnung waren[1]). Mit der Besetzung der Kirchenämter trieb er Handel. Der Pastor Hoppius, welcher 5 Jahre Prediger in Tyris und Kronstadt gewesen war, wurde 2. August 1728 zum Pastor in Duderhof ernannt und erhielt darüber ein Constitutorium vom heiligen Synod in russischer Sprache, welches 20. November in unserer Kirchen-Conferenz verlesen ward. Die Stelle in Duderhof sollte er erst 1. Mai 1729 antreten und dann Marcus Rosen, ein Verwandter Mandelin's, sein Nachfolger in Tyris werden. Um Hoppius vor der festgesetzten Zeit aus Tyris zu entfernen, ließ Mandelin alle Einkünfte der Pfarrei mit Beschlag belegen und am Ende, als Hoppius dessen ungeachtet blieb, denselben 13. October durch den Bauervogt (Starost) und die Dorfältesten (Desätnike) gewaltsam von der Kanzel werfen. Hoppius wandte sich klagend und Schutz suchend an den Grafen Münnich und die Kirchen-Conferenz unserer Gemeinde. Fast gleichzeitig wandte sich der schwedische Theil der hiesigen Gemeinde Mandelins mit der Bitte an die Conferenz, den Pastor Mandelin wegen seines ärgerlichen Lebenswandels, besonders wegen seiner Trunksucht zu entfernen und den Prediger Lars Wagner an seine Stelle zu setzen. Die Conferenz, auf diese Klage eingehend, erließ 9. October einen Befehl an den Propst Mandelin, er solle den Pastor Wagner als Prediger der schwedischen Gemeinde nicht stören, und ertheilte diesem letzteren, nachdem sie eine in Riga wider ihn erhobene Klage untersucht und nichts gefunden hatte, was seiner Anstellung in St. Petersburg hinderlich sein könnte, ein vorläufiges Constitutorium als Prediger der schwedischen Gemeinde.

Pastor Nazzius ward 1. November vor den heiligen Synod

---

[1]) Nach den Bestimmungen des Nystädter Friedens galten für die protestantische Kirche in den abgetretenen Provinzen nach wie vor: Schwedisches Kirchengesetz und Ordnung von 1686, und die Verordnung von den Gerichtsprocessen bei den Domcapiteln vom 11. Februar 1687, beide von Karl XI. gegeben.

gefordert, um sich zu rechtfertigen, weil er eine Frau, Catharina Helmes, die im lutherischen Glauben erzogen, aber im Innern, um einen Russen zu heirathen, zur griechischen Kirche übergetreten, nachgehends mit Verlassung ihres Mannes wieder hierher gekommen sein und den protestantischen Trompeter Martin Nitsche geheirathet haben solle, zum Abendmahl zugelassen habe. Am 3. November fragte Pastor Razzius die Conferenz, ob er sich der Citation fügen solle oder nicht. Die Conferenz beauftragte den Postdirector Asch und den Kaufmann Schnetiler, in den heiligen Synod zu gehen und demselben Vorstellungen wegen seines Verfahrens gegen die protestantischen Prediger zu machen, denn allmälig „gewinne es das Ansehen, als ob der heilige Synod auch in unseren, die Religion betreffenden, Artikuln sich die Competenz zu vindiciren beflissen sei." Wolle der Synod irgend eine Auskunft vom Pastor Razzius haben, so müsse er sich an die Kirchen-Conferenz wenden, welche ihm dieselbe zukommen lassen würde. Eine solche Citation des Pastors Razzius erscheine nicht bloß dem Kirchenrathe, sondern auch der ganzen Gemeinde „zuwider dem Friedens Tractat, als worinnen expresse paciscirt worden, daß in den von der Kron Schweden an Ihro Kais. May. abgetretenen Ländern es in Religions- und Kirchensachen gehalten werden solle, wie es bei dem letzten König von Schweden gewesen." Am 4. November begaben sich die beiden Abgeordneten des Kirchenraths in das Comtoir des Synods und erhielten dort vom Secretär laut Protocoll die Antwort, der Trompetersfrau sei auferlegt worden, sich nicht aus der Stadt zu entfernen, sich jeder Zeit auf Verlangen vor den Synod zu stellen und keine weitere Gemeinschaft mit ihrem zweiten Manne, dem Trompeter, zu haben. Pastor Razzius, als ihr gegenwärtiger Beichtvater, sei vor den Synod citirt, um ihm anzukündigen, daß er über die Haltung dieser Befehle zu wachen habe, widrigenfalls er vom Amte entfernt und seiner geistlichen Würde verlustig gehen würde. Er habe schriftlich zu testiren, daß ihm solches angezeigt sei. Hierneben ließ sich der Secretär unter andern verlauten, „daß derer Herrn Aeltesten und Kirchenräthe authorité sich nicht weiter als über unsern Kirchenbau erstrecke." Am 5. November ließ der Secretär den Pastor Razzius aufs Neue durch einen Soldaten vor den heiligen Synod citiren. Darauf hin forderte der Graf Münnich noch an demselben Tage den Vice-Präsidenten Wolf brieflich auf, wo möglich bis zum folgenden Tage eine Schrift über diese Sache an den heiligen Synod aufzusetzen. Der Vice-Präsident verfaßte einen feierlichen Protest gegen das Verfahren des heiligen Synods, welcher 6. November von der ganzen Kirchen-Conferenz unterschrieben, dann ins Russische übersetzt und dem Secretär des heiligen Synods zugeschickt wurde. In demselben heißt es am Ende: „Dahero wir denn nochmals des sicheren Vertrauens leben, es werde ein geh. Synod gegen unsere Pastoren nichts praejudicirliches concludiren, ehe und bevor solches mit uns unterschriebenen Kirchenräthen und Aeltesten vorgängig communiciret worden, gestaltsam wir denn nicht placidiren können, daß die Jurisdiction über unsere Pastores extendiret werde, da Ihro Kais. May. höchstseligen und glorwürdigsten Andenkens in dem mit der Krone Schweden geschlossenen Friedens Tractat per expressum unsere Kirchen davon eximiret und im § 10 allergnädigst bewilliget, daß in den Religions- und Kirchen-Sachen in denen abgetretenen Ländern es gehalten werden solle, wie es bei Schwedischer Regierung gewesen, welchem zufolge unsere Pastores unter Consistoriis und denen wohl eingeführten Kirchen Ordnungen unserer Religion sortiren und vor so gethanen foro besprochen werden müssen."

Der Graf Münnich und die vornehmsten Mitglieder der Kirchen-Conferenz beschlossen, sich gradezu an den Archijerei von Nishnij-Nowgorod und Alatyr zu wenden, mit welchem auch der Admiral Sivers, der ihn genauer gekannt zu haben scheint, die Sache vertraulich zu verhandeln versprach. Ehe es aber noch dazu kam, stattete Se. Eminenz dem Grafen Münnich 11. November einen Besuch ab. Bei dieser Gelegenheit wandte sich das Gespräch auch auf die obwaltenden Streitigkeiten. Der Graf Münnich fragte, „aus was vor einem Grund der heil. Synod behaupten wollt, daß er authorisiret wäre, uns Geistliche zu setzen und abzusetzen, worauf der Herr Archijerei antwortete, daß der heil. Synod sich diese Macht keineswegs zuschreibe, noch zuschreiben könne." Ferner fragte der Graf Münnich Seine Eminenz, „warum er wegen eines solchen Falles, wie der mit der Trompeterfrau, den Pastor Nazzius, der doch nicht von ihm, sondern von seiner Gemeinde dependirte, vor sich gefordert, und zwar mit Bedrohung des Verlustes der geistlichen Würde. Der Herr Archijerei erklärte, davon gar nichts zu wissen, es würde vielleicht eine Intrigue von dem Secretär dahinter stecken [1]." Der Streit

---

[1] Nur die wichtigsten Sachen wurden von allen Gliedern des Synods unterschrieben, alle übrige zufolge des Ukases 3. März 1721 nur vom Obersecretär.

wegen der Trompetersfrau endete nach einer eigenhändigen Aufzeichnung des Pastors Razzius im Copulationsregister damit, daß dieser den Trompeter 16. December 1728 „auf Begehren des heiligen Synods" zu sich kommen ließ und ihm als sein Beichtvater in Gegenwart von Zeugen allen Umgang mit seiner bisherigen Frau untersagte, bis diese sich von der gegen sie erhobenen Klage der Bigamie gerechtfertigt hätte.

So war die Unabhängigkeit der deutschen Gemeinden in St. Petersburg durch das kräftige Auftreten des Grafen Münnich gerettet. Dennoch gab der Secretär des heiligen Synods seinen Plan nicht auf, und suchte wenigstens die protestantische Landgeistlichkeit unter die Befehle desselben zu bringen. Er benutzte dazu Maydelln, welcher sich den Verfügungen unserer Kirchen-Conferenz nicht unterwerfen wollte und gegen die ihm widerstrebenden Geistlichen Klage beim heiligen Synod erhob. Der Pastor Hoppius ward Ende November vor denselben citirt, seine Streitsache aber wurde auf die Bitte des Grafen Münnich durch einen ausdrücklichen Befehl Sr. Eminenz bis auf weiteres verschoben. Der Pastor Rilander in Järvisaari ward, weil er das Kind seiner Magd lutherisch getauft[1]), und einem Bauern seiner Gemeinde, der vor 10 Jahren in russischer Gefangenschaft gewesen war, mit seiner Familie zum Abendmahl zugelassen hatte, wie es schon seine beiden Vorgänger gethan, vom heiligen Synod ins Gefängniß gesetzt. Pastor Lorenz Wagner erzählte, „daß er wegen einer Klage von Seiten Maydelln's vor den heil. Synod gefordert, daselbst er 9. Dec. von dem Secretär mit harten, ehrenrührigen Worten tractiret, und endlich gar von ihm zur Thür hinausgestoßen worden." Zum 12. sei er wieder vorgefordert. Wegen dieser unaufhörlichen Streitigkeiten in Betreff der protestantischen Prediger und weil der heilige Synod den Maydelln geradezu in Schutz zu nehmen schien, beschloß die Kirchen-Conferenz 11. December 1728, „eine ansehnliche Deputation in den Synod zu delegiren, welche mit dem Herrn Archijerei eine Conferenz halten sollte." Auf Anfrage bestimmte Se. Eminenz dazu den 13. December und ließ zugleich sagen, „er würde dem Secretär des Synodi befehlen, unsere Pastores bis nach gehaltener Conferenz nicht zu turbiren." Indessen war unser

---

[1]) 3. Juli 1729 ertheilte die Kirchen-Conferenz dem Pastor Lerwanus in Torzewa auf seine Anfrage, ob er ein uneheliches Kind von einem russischen Vater und einer finnischen Mutter auf Verlangen der letzteren lutherisch taufen dürfe, die Antwort, das könne er ohne alle Verantwortung thun.

Kirchenrath fest entschlossen, weder den Rechten der protestantischen Kirche das Geringste zu vergeben, noch Maydelin in seiner erschlichenen Propstei zu lassen. Daher beschloß man eine von dem Vice-Präsidenten von Wolf verfaßte, von unserm gesammten Kirchenrath und den Predigern Nazzius, Schattner, Tresurt, Hoppius und Wagner 20. December 1728 unterschriebene Denkschrift ins Russische übersetzen und in der Canzlei des heiligen Synods abgeben zu lassen.

Memorial der Kirchenräthe und Ältesten der deutschen Kirchen evangelisch-augsburgischer Confession in St. Petersburg an die Canzlei E. hocherl. und geheil. Synods, den 20. Dec. 1728.

Schon 1724 hätten die Kirchenräthe der hiesigen deutschen Kirchen dem heiligen Synod Vorstellungen gemacht, wie der finnische Prediger Jakob Maydelin mit Hülfe von 4 Gleichgesinnten die Präpositur an sich gerissen, und wie er nicht bloß ein gottloses Leben führe, sondern auch mit Besetzung der Kirchenämter Simonie und Gewerbe treibe. Die Kirchenräthe hätten um so sicherer auf eine Aenderung gehofft, da der heilige Synod dem Maydelin ja nur unter der Bedingung die Propstei übergeben, wenn nichts gegen ihn eingewendet würde. Die schwedische Gemeinde aber klage nach wie vor über sein liederliches Leben. Den Priestern auf dem Lande lege er Eidesformeln vor, die der protestantischen Kirchenordnung zuwider seien. Dem Pastor Hoppius habe er nicht nur die Einkünfte in Tyris entzogen, um die Stelle desto eher seinem Verwandten Marcus Rosen zuzuwenden, sondern ihn auch thätlich in der Kirche mißhandeln lassen. „Dahero denn auch der langmüthige Gott solhane Bosheiten länger nicht mit geduldigen Augen ansehen können, besonders mit seiner gerechten Rache hinter diesen ruchlosen Jakob Maydelin hergewesen, daß einer Namens Arwelius[1]), welcher seines groben Verbrechens halber von dem Oberconsistorio in Esthland des geistlichen Amtes und Würde entsetzet und fortgejagt worden, jedennoch selbigem allhier sich eine Gemeine zu sammeln und zu predigen vergönnet gewesen, den Vorsatz gefaßt, den Maydelin des Lebens zu berauben,

---

[1]) Arwelius war 1727 aus Esthland nach St. Petersburg gekommen, wo er von Maydelin freundlich aufgenommen wurde. Diese Freundschaft belohnte er mit Undank, indem er sich hinter Maydelins Rücken aus Finnen und Schweden eine eigene Gemeinde bildete. Als der heilige Synod ihm dies auf Maydelins Klage untersagte, faßte er den Entschluß, Maydelin zu ermorden.

wie er denn auch selbigen mit einem Hammer niedergeschlagen und sein Vornehmen völlig zu Werke gerichtet haben würde, im Fall sich nicht Leute zu seiner Rettung eingefunden und den ganzen Effect verhindert hätten. Oberwähnte Begebnisse nun — — sind Suiten der Praepositur, so der in Schande, Sünden und Lastern ersoffene Jakob Maydelln exerciret." Dies sei den Kirchenräthen um so trauriger anzusehen, „da doch Ihro Kays. May. höchstseligen Andenkens in dem mit der Krone Schweden geschlossenen Friedens Tractat Dero heilige Intention ganz anders an den Tag geleget und deutlich genug zu erkennen gegeben, daß man in der evangelischen Religion Augsburgischen Bekenntnisses unverrücket bei den Ordnungen, so in selbiger Kirche observiret worden, verbleiben und kein Gelsteszwang eingeführt werden solle, gestaltsam Dero hochselige Kayserl. Maj. im erwähnten Friedens Tractat expresse pacisciret, daß in allen von der Krone Schweden abgetretenen Ländern, welche im 4 § specificiret worden, es in Religions- und Kirchensachen gehalten werden solle, wie es zur Zeit der Regierung derer Könige in Schweden gewesen. Da nun dieser Ihro Kais. May. im allegirten Friedens Tractate exprimirter geheiligter hoher Wille der feste Grundstein unseres evangelischen Kirchenwesens allhier sein muß, welches auch Allerhöchst gedachter unser Allergnädigster Kaiser dadurch sattsam bestätiget, daß selbiger nicht längst vor Dero hohen Abreise nach Moskau durch Dero Allergnädigste Ordre uns einen besonderen Platz zur Erbauung einer vollkommenen Kirche Dero hohen Clemence nach anweisen lassen, und also dadurch gar deutlich an den Tag geleget, daß kein Gewissenszwang wider uns gestattet, besondern unser Kirchenwesen von allem Eindrang befreiet, nach unsern Kirchen-Ordnungen und Glaubensregeln, Ceremonien und Gebräuchen fest und unverbrüchlich gehalten werden solle, so muß nothwendig folgen, daß in den Kirchen unserer Religion weder Praepositi noch Prediger gesetzet werden müssen, welche nicht, wie unsere Kirchen-Ordnungen ausdrücklich erfordern, vorhero von unsern evangelischen Consistoriis scharf über ihre Theologie examinirt, deren Capacität genugsam bewähret, und ihres unsträflichen Lebens und Wandels halber sattsam legitimirt, auch von den Gemeinden der Kirchen durch öffentliche, freie und ungezwungene Wahl berufen und eingesetzet worden. Daß aber solche examina und andere actus über die theologische principia unsers Glaubens in dem geheiligten Synodo mit Priestern unserer Kirche vorzunehmen eine impracticable Sache sei, wird ein geheiligter Synod, dero Weisheit nach, gar leicht begreifen können, wenn demselben hochreiflich zu erwägen unbeschweret sein wird, daß unsere Kirche in principiis theologicis von der Griechischen Religion allerdings differire, und folglich uns unmöglich sei, die Einsetzung unserer Priester und anderer geistlichen Aempter, viel weniger unser Kirchen Wesen aus solchen wichtigen Gründen, zuwider Ihro Kayf. May. hohem Willen, dem geheiligten Synode zu subordiniren und eine dependence von dannen anzunehmen. Dahero wir denn des sichern Vertrauens leben, es werde ein geheiligter Synod obiges alles genau beherzigen und unserm Kirchen Wesen den ungehinderten Lauf lassen, gestaltsam wir mit gutem Gewissen nicht weiter admittiren können", daß sich der heilige Synod in die Angelegenheiten unserer Kirche mische.

In Folge dieses Memorials hörten alle Einmischungen des Synods in die Angelegenheiten der protestantischen Kirche auf. In einer Eingabe des Postsecretärs Hail im Namen der finnischen Gemeinde 21. Mai 1729 heißt es ausdrücklich: „sintemalen es nunmehro so weit gekommen ist, daß Gott Lob — — unsere lutherisch-evangelische Lehre und Religionsübung ohne einige Disposition des russischen Synods unter uns kann verwaltet und frei geübet werden."

Gleichzeitig ging man nun auch auf das Kräftigste gegen Maydelin vorwärts, wie folgender Brief des Grafen Münnich an den Gen.-Maj. von Hochmuth 19. December 1728 zeigt: „Ew. Hochwohlgeboren habe hiemit melden wollen, welcher gestalt Se. Eminenz der Herr Archijerei von Nishnij Nowgorod mir heute Abend die Ehre seiner Visite gegeben und gemeldet, daß er morgen die letzte Session im Synod halten und dahero gerne sehen würde, wenn sich Ew. Hochwohlgeboren benebst dem Herrn Vice-Präsidenten von Wolf und dem Herrn Etatsrath von Fick morgen bei guter Zeit daselbst wiederumb einzufinden belieben wollten, wenn er gesonnen wäre, die Sache mit Maydelin zu unserer Kirche und Gemeinde Besten zu Ende zu bringen. Da aber der Herr Archijerei besorget, es möchte sich Jakob Maydelin auf die geschehene Vorladung, so wie er letzthin gethan, mit dem Practext einer zugestoßenen Krankheit excusiren und sich im Synod nicht stellen, so ist meine Meinung, daß man morgen einen commoden Schlitten nebst ein Paar guten Kerls nach des Jak. Maydelins Behausung schicke und ihn, doch ohne alle Gewaltthätigkeit, also nach dem Synod bringen lasse und eine so gute Gelegenheit nicht versäume. Allenfalls offerire ich meinen Schlitten und ein Paar Grenadiere. Sonst meldet der Herr Archijerei, daß die 4 Pastores, welche damals den Jak. Maydelin zur Praepositur verlangt, hier in Petersburg gegenwärtig wären, und hielt vor gut, wenn man Mittel finden könnte, diese 4 Pastoren vor den Synod zu bringen, weil sie sich auf die Citation des Archijerei nicht stellen werden. Ich will gern hilfreiche Hand leisten. Diese Nachricht wolle mein hochwohlgeborner Herr General Major ohnschwer noch heute Abend den Herrn Vice Präsidenten von Wolf und von Fick communiciren und mir von Ihrer allerseits gefaßten Resolution morgen bei guter Zeit Nachricht geben."

Der Plan, den Propst Maydelin ohne alle Gewaltthätigkeiten durch Grenadiere in die Sitzung des heiligen Synods bringen zu lassen, scheint gescheitert zu sein. Denn in der Kirchen-Conferenz 28. Dec. 1728 sprach der Graf Münnich die Ansicht aus, die Sache gegen Maydelin im Senat eifrigst zu betreiben und bald zu beendigen, „da man nicht wissen könne, wie der neue Archijerei von Pskow gegen uns gesonnen sein möchte, auch aus dem Discours des Archimandriten des Newski Klosters abzunehmen wäre, daß der Jakob Maydelin in Ansehung, daß er mit Wissen des sel. Kaysers und auf Gutbefinden des Erzbischofs Theodosius zur Präpositur ernannt worden, wohl einigen Favorem vor sich finden möchte." Indeß stand seine Sache sehr schlecht. Die Kirchen-Conferenz scheint ihn vom Amt suspendirt zu haben. Am 28. December bat er den Grafen Münnich, er möge ihm doch erlauben, am bevorstehenden Neujahrstage zu predigen, was ihm aber abgeschlagen wurde. Am 8. Jan. 1729 ward er aufs neue vor die Kirchen-Conferenz citirt, ließ sich aber durch seinen Sohn Krankheit halber entschuldigen. Bald darauf starb er.

Die maydelinsche Sache hatte gezeigt, daß die protestantischen Landgemeinden in Ingermannland durchaus nicht ohne Consistorium sein konnten, sollten sie nicht einer völligen Auflösung entgegen gehen. Bei der in Folge des Krieges eingetretenen Verwilderung der Gemeinden ist es höchst erklärlich, wenn Ehestreitigkeiten und grobe Vergehen gegen die Sittlichkeit durchaus nicht zu den Seltenheiten gehörten. Wie es für solche Fälle ein Gericht geben mußte, eben so mußte eine Behörde vorhanden sein, welche die Geistlichen beaufsichtigte, welche verhütete, daß nicht Menschen, wie Maydelin, Arwellius und später Norbenberg Predigerstellen erschlichen, welche dafür sorgte, daß Jeder, der sich um ein geistliches Amt bewürbe, or-

dentlich geprüft sei, daß die Wahl der Prediger nach den Grundsätzen der protestantischen Kirchenordnung vor sich ginge, welche die
Streitigkeiten der Prediger unter einander oder mit ihren Gemeinden
entschiede, und welche die protestantischen Kirchen in ihren Rechten be-
schützte¹).

Auf die finnischen Landgemeinden konnte sich, schon wegen der
Verschiedenheit der Sprache, die Wirksamkeit unserer Kirchen-Conferenz nicht erstrecken. Nur der hiesigen schwedisch-finnischen Gemeinde
nahm sie sich an, „um dadurch denen verloffenen Winkelpredigern,
so sich unter den schwedischen und finnischen Dienstboten Gemeinden
sammeln und mit dem Gottesdienst gleichsam ein Gewerbe treiben,
Schloß und Riegel vorzuschieben." Doch konnte sie auch hier keinen Zwang anwenden, da kein Gesetz ihr eine richterliche Gewalt
gab, sondern ihr ganzer Einfluß beruhte nur auf freiwilliger Unter-
werfung unter ihren schiedsrichterlichen Spruch.

Die Schweden und Finnen bildeten anfangs eine Gemeinde,
für welche Maydelin in einem hölzernen Gebäude in der finnischen
Scheere eine Kirche einrichtete. Als die Schweden Maydelin verließen, bestätigte die Kirchen-Conferenz, wie wir oben sahen, 9. Oktober 1728 den von ihnen gewählten Pastor Lars Wagner als ihren
Prediger. Doch war diese Ernennung nur provisorisch, bis der
Streit mit Maydelin entschieden war. Nach dem Tode Maydelins
hatten die Schweden den Pastor Wagner zu ihrem ordentlichen Prediger erwählt und ihm 25. Februar 1729 eine Vocation ausgefertigt. Am 21. Mai baten sie bei der Kirchen-Conferenz „um die
Confirmation der Wahl", welche auch ertheilt wurde. Die Finnen
hatten bei Maydelin ausgehalten, welcher während seiner letzten
Krankheit die Amtsgeschäfte durch seinen Verwandten Marcus Rosen
besorgen ließ. Dieser zog aber fast gleichzeitig mit Maydelins Tode
nach seiner Pfarre Tyris, welche der Pastor Hoppius damals verließ,
um nach Duderhof zu gehen. Daher erschien 21. Mai 1729 der
Postsecretär Hall im Namen der finnischen Gemeinde vor der Kirchen-
Conferenz und bat, ihr den Pastor Törne von der Kirche St.

---

¹) Im Jahre 1730 zeigte der Pastor Agander in Keltis an, daß die Kirche
während des Krieges ganz verfallen sei. Die russische Gutsherrschaft, welche
alle Felder und Wiesen des Pastorats eingezogen habe, wolle weder Holz zum
Bau der Kirche geben, noch überhaupt den Bau erlauben. Ueber den Zustand
der Landgemeinden vergleiche man das bei der ersten Kirchenvisitation anzuführende
Citat aus Jak. Lange's Tagebüchern.

Matthäi in Eßblaud, deren Patronat dem Besitzer des Gutes Alp zusteht, zum Prediger zu geben. Die Conferenz beschloß, die finnische Gemeinde solle sich am 1. Pfingsttage nach dem Gottesdienst ihren Prediger selbst wählen und das Resultat ihr anzeigen. Würde Pastor Törne gewählt, so sei die Conferenz damit zufrieden und würde „die Wahl ohne Weiteres confirmiren". Der Wittwe Maydelln solle das Gnadenjahr nach eingeführter Gewohnheit zukommen. Durch ein Circular 20. Juni 1729 ward den Predigern in Keltes, Torowa, Wuoles, Lembala, Slawianka, Skworiz, Gubaniz, Coprina, Twris und Duderhof angezeigt, daß sie während des Gnadenjahres abwechselnd den Gottesdienst und die übrigen Amtsgeschäfte bei der hiesigen finnischen Gemeinde zu besorgen hätten. Inzwischen wählte diese Gemeinde den Pastor Törne und bat die Kirchen-Conferenz, demselben zu erlauben, schwedisch und finnisch zu predigen. Uebrigens erklärte sowohl die schwedische als die finnische Gemeinde, daß eine ohne die andere einen Prediger wegen ihrer Armuth nicht ernähren könne. Daher versuchte die Kirchen-Conferenz beide Gemeinden wieder zu vereinigen, und es gelang ihr dies auch 3. Juli unter folgenden Bedingungen: Die beiden Prediger Wagner und Törne sollen abwechselnd in derselben Kirche schwedisch, Törne jeden Sonntag auch finnisch predigen.

Manche Pläne wurden nun von Münnich und andern gemacht, um dem Mangel eines Consistoriums abzuhelfen. Schon 1728 verhandelte man auf's eifrigste darüber. Es war vorgeschlagen, das Consistorium von Narwa nach Petersburg zu verlegen, allein Graf Münnich erklärte sich dagegen, weil das dem Frieden zu Nystädt zuwider sein würde. Ein besonderes Consistorium könne man aber auch nicht errichten, theils weil die Geldmittel fehlten, theils weil man keine tüchtige Männer habe, dasselbe zu besetzen. Daher würde es wohl das beste sein, die finnischen Prediger an das Consistorium in Narwa oder Reval, die hiesigen an das Justizcollegium zu verweisen. Nach einem andern Vorschlage sollten die finnischen Prediger theils an das Consistorium in Wiburg, theils in Narwa gewiesen werden. Zu den merkwürdigsten Vorschlägen dieser Art gehört folgender aus dem J. 1728, der ein Consistorium aus den vereinigten Kirchenräthen der hiesigen 3 deutschen Gemeinden bilden wollte. „Die 3 hiesigen protestantischen Gemeinden auf der Admiralitätsinsel, auf der Preobraschenskischen Insel und auf der Insel der Stückgießerei vereinigen sich unter folgenden Bestimmungen zu einem Corpus: a)

Alle 3 Kirchen sind als ein unzertrennliches Ganze zu betrachten und alle Deliberationes in ecclesiasticis sollen gemeinsam sein." b) Die Kirche auf dem Stückhofe und auf der Preobraschenskischen Insel machen sich anheischig, „ihr jährliches Contingent zu der allgemeinen Cassa, welche bei der Kirche auf der Admiralitätsinsel von denen dazu einhellig constituirten Vorstehern disponiret und in Verwahrung gehalten werden soll, zu contribuiren und beyzutragen." c) Die Prediger der 3 Gemeinden haben „ihr Salarium aus der obermähnten allgemeinen Cassa quartaliter richtig zu heben und zu genießen." d) Um die Einigkeit unter den Predigern zu erhalten, „soll keiner dem andern subordiniri sein, oder einer von dem andern einige dependence haben, besondern lediglich von dem künftighin zu errichtenden Kirchen-Rath dependiren." e) „Damit aber ein solcher Kirchen-Rath constituiret und von Ihro Kais. Maj. zu Erhaltung der in Kirche und Schule benöthigten Ordnung, wie auch zu Decidirung aller in ecclesiasticis vorfallenden affaires, und zu Störung aller Austritte, Unwesens und Aergernisse authorisiret werden möge, so will das nunmehr vereinigte Corpus der 3 Gemeinden, außer welchen keine Versammlung mehr geduldet werden soll, aus allen Kräften sich bemühen, daß ein solcher Kirchen-Rath von Ihro Kais. Maj. aller unterthänigst erbeten und also zu Debattirung aller in ecclesiasticis vorfallenden Sachen genugsam authorisiret sein mögen. f) Das vereinigte Corpus der Gemeinden wird sich die größte Mühe geben, auch für die Dienstboten gute schwedische und finnische Prediger zu besorgen."

In den deutschen Gemeinden übte um diese Zeit unstreitig der Kirchenrath die Consistorialgerichtsbarkeit über die Angehörigen seiner Kirche aus. Es geht dieß deutlich aus den Verhandlungen im Convent der deutschen Gemeinde in Kronstadt hervor[1]). Es waren besonders Ehestreitigkeiten und grobe Verstöße gegen die Sittlichkeit, welche verhandelt und abgeurtheilt wurden. Nicht allein Geldstrafen, sondern auch Kirchenstrafen wurden auferlegt, ohne daß ein Widerspruch dagegen erhoben wäre. Eine Frauensperson z. B. ward wegen ihres ärgerlichen Lebenswandels verurtheilt, 3 Tage auf dem Kirchhofe an den Pfahl geschlossen und dann durch den Büttel aus der Stadt verwiesen zu werden. Nur mit vieler Mühe erlangte sie es,

---

[1]) F. W. Bogemell, Nachricht von den deutschen evangelischen Gemeinde in Kronstadt. Halle 1758. 8. p. 37. Büsching, Gesch. I. p. 19 ff.

daß sie von dem Schandpfahl befreit und statt dessen zu öffentlicher Kirchenbuße begnadigt wurde. Solche Urtheile wurden von dem Admiral Sivers als dem Patron der Gemeinde bestätigt¹). Auch in unserer Gemeinde soll Pastor Nazzius auf Einführung der Kirchenbuße angetragen haben, ja der hohe Schemel, auf welchem die Uebertreter der Keuschheitsgesetze sitzen mußten, war sogar schon angefertigt. Sein Vorhaben scheiterte aber an dem entschiedenen Widerstand des Kirchen-Convents. In den finnischen Landgemeinden wurde die von dem schwedischen Gesetz vorgeschriebene Kirchenbuße erst 1764 aufgehoben und in eine Geldstrafe verwandelt, weil die Erfahrung zeigte, daß sie in vielen Fällen zum Kindermord führte²)."

Bald aber erwies sich der bestehende Zustand als völlig unhaltbar. Bei der wachsenden Zahl der Protestanten in St. Petersburg mehrte sich besonders die Zahl der Ehestreitigkeiten. Es gab kein Gericht, welches befugt gewesen wäre, dieselben zu entscheiden. Ehesachen kamen allerdings beim Justizcollegium der esth- und livländischen Sachen, einem der von Peter dem Gr. durch den Ukas 12. Dec. 1718 errichteten 12 Collegien, vor. Allein der Geschäftskreis dieses Gerichtshofes war auf Esthland und Livland und die Provinz Wiburg beschränkt und er durfte nur Sachen verhandeln, derentwegen an ihn von dem Urtheilsspruche der Consistorien in diesen Provinzen Appellation eingelegt war. Außerdem hatte dasselbe nach dem Befehl der Kaiserin Anna 17. Sept. 1733, welchen der Senat in dem Ukase 3. Oct. 1733 bekannt machte, die Dispensationen bei Heirathen in verbotenen Verwandtschaftsgraden und zwar in linea collaterali zu ertheilen.

Die beiden Männer, welche bisher den Kirchenangelegenheiten viele Theilnahme bewiesen, die Grafen von Ostermann und von Münnich, wurden grade in dieser Zeit durch Staatsgeschäfte so sehr in Anspruch genommen, daß sie außer dem allgemeinen Schutz sich wenig mehr um die Kirche bekümmern konnten. Unter den kurzen Regierungen Catherina's I. und Peters II. hatten sich die Beziehungen Rußlands zu den übrigen europäischen Staaten sehr geändert. Unter Peter II. war die Partei der Dolgoruki so mächtig geworden, daß der junge Kaiser, obgleich er durch den Einfluß Ostermanns, seines „Andrei

---

¹) Der Admiral Sivers ward im Anfange der Regierung der Kaiserin Anna seiner Stelle entsetzt und auf ein kleines Gut, welches er in Finnland besaß, verbannt. Er starb dort nach 10 Jahren. Mannstein p. 72.

²) Grot II. p. 273.

Iwanowitsch", nach welchem er während seiner letzten Krankheit beständig rief, sich stets wohlwollend gegen unsere Kirche bewies, seine Residenz wieder nach Moskau verlegte. Anders wurde dieß seit der Thronbesteigung der Kaiserin Anna Joannowna 1730—1740, welche wieder lebhaftere Beziehungen mit dem übrigen Europa anknüpfte und sich durch ihre Freundschaft mit dem österreichischen Hofe in alle Kriege und Staatshändel desselben verwickeln ließ. Dadurch war Ostermann, der im Einverständniß mit dem allmächtigen Oberkammerherrn Biron, dem Herzog von Kurland, nicht allein die auswärtigen, sondern auch die inneren Angelegenheiten des Reiches leitete, so mit Arbeiten überladen, daß der sächsische Gesandte Lefort von ihm an seinen Hof berichtete, er schreibe, chiffrire und arbeite sich in seinem Cabinet fast zu Tode. Beinahe eben so viel hatte Münnich zu thun, seitdem er Präsident des Kriegscollegiums geworden war. Der Oberbefehl in dem bald ausbrechenden polnischen Erbfolgekriege und im türkischen Kriege, in welchem er zeigte, daß die von ihm organisirten russischen Truppen sich an Tüchtigkeit und Tapferkeit mit den besten Heeren Europas messen könnten, entfernte ihn auf eine Reihe von Jahren aus St. Petersburg. Obgleich er sich nie ganz von den Kirchenangelegenheiten lossagte und sich die Protocolle des Convents sogar in das Feldlager nachschicken ließ, beschloß er doch noch vor seiner Abreise dem dringendsten Bedürfnisse der protestantischen Kirche in. St. Petersburg und Ingermannland abzuhelfen und die Kaiserin zur Errichtung eines Consistoriums zu bewegen.

Zugleich ward von unserer Gemeinde eine, von dem Vice-Präsidenten von Wolf aufgesetzte, Bittschrift der Kaiserin übergeben. Sie endete mit folgenden Worten: „Wir (die Lutheraner) müssen aber herzlich beklagen, daß aus Mangel eines Consistorii den Unordnungen sowohl allhier in St. Petersburg und Kronstadt, als in Ingermannland, Wiburg und Karelen nicht dergestalt gesteuert, noch die Regularität im Kirchenwesen, absonderlich aber, was die Anstellung der Priester und die Beprüfung derer Tüchtigkeit betrifft, beobachtet worden, am allerwenigsten aber aus gedachter Ermangelung eines Consistorii die Sünden und Laster, so in foro ecclesiastico beurtheilt werden müssen, bishero haben gebührend untersucht und bestrafet werden können. — — Als stehen wir, der Augsburgischen Confession Zugethane — und weiln auf anietzo unterschiedene streitige Ehesachen energiret, davon noch neulich eine Parthei, die ihre Sache an das Reichs Justizcollegium gebracht, von selbigem an das hiesige lutherische Kirchen Ministerium mit ihrer Klage zu Untersuchung verwiesen, solches aber, weil es von Ew. Kais. Maj. noch nicht die einem Consistorio zukommende Autorität erhalten, bis dato noch nicht recht in Untersuchung dieser streitigen Ehesache und in dem dabei nöthigen Zeugen Verhöre fortkommen kann — Ew. Kais. Majestät an, ein Consistorium hieselbst aus 3 Geistlichen, einem weltlichen Præside und 3 weltlichen Mitgliedern zu authorisiren und demselben Macht und Gewalt zu ertheilen: 1) Alle in St. Petersburg, Cronstadt, Ingermannland, Finnland, Wyburg und Karelen vorfallende und ad forum ecclesiasticum gehörige Sachen nach der 1686 von Carolo XI. befohlenen, auch jeder Zeit in gedachten Provinzen zur Observanz beibehaltenen vormaligen schwedischen Kirchen-Ordnung und andere zur vorigen Zeit gebräuchlichen Kirchen-Gesetzen zu decidiren. 2) Die Kirchen- und Schul-Aemter in solchen Ländern zu bestellen, der Personen Tüchtigkeit zu beprüfen, die benöthigsten Kirchspiele mit guten und untadelhaften Subjectis zu besetzen, deren Verbrechen gebührend zu bestrafen, deren Sünden und Laster, so unter geistliches Gericht sortiren, nach den Kirchen-Gesetzen zu steuern. 3) In causis mixtis aber dasjenige, so ad forum seculare gehört, an das Reichs-Justizcollegium der Lief- und Esthländischen Sachen zu commitiren, und wenn 4) casus vorfallen sollten, die in gedachter Schwedischen Kirchenordnung nicht decidiret wären, solche nach den Sächsischen Kirchen-Ordnungen und Gesetzen zu entscheiden[1]).

„Ew. Kais. Majestät werden den Nutzen, so aus solcher Ordnung herfließen wird, augenscheinlich spüren und dahero durch einen jährlichen Zuschuß von 1000 R. zur Unterhaltung der Canzelei eines solchen Consistorii, wie auch zur Bewachung desselben durch Darrelchung von 6 Mann Soldaten nebst einem Unterofficier dieses Werk Allergnädigst zu unterstützen geruhen."

In der Bibliothek des Generalstabs befindet sich ein Band Handschriften unter dem Titel: Copies des lettres du Feld-Maréchal

---

[1]) Da manche Bestimmungen der schwedischen Kirchenordnung entweder veraltet waren oder für die Verhältnisse in St. Petersburg nicht paßten, trug der Etats-Rath v. Allingstädt, Vice-Präsident des Justizcollegiums, den protestantischen Predigern hieselbst 1772 mündlich auf, neue Kirchengesetze zu entwerfen, denen die alten schwedischen zum Grunde lägen, und dieselben dem Justizcollegium zur Prüfung zu übergeben. Die Prediger arbeiteten dieselben in ihren wöchentlichen Versammlungen aus. Die Redaction derselben übernahm der schwedische Prediger Hongberg. Als dieser in Folge einer Krankheit sein Gedächtniß verlor, gingen die Papiere größtentheils zu Grunde. Grot II. 445. III. 178.

Comte de Münnich à S. M. l'Impératrice Catherine II 1762—1767. Der Brief 25. März 1764 handelt von der Uebertragung der Consistorialgerichtsbarkeit an das Justizcollegium im Jahr 1734. Nachdem Münnich von dem ersten Rechtszustand der lutherischen Gemeinden in Rußland und von dem Superintendenten Pagetius gesprochen, fährt er fort: „et (les Communautés) se conduisirent si sagement pendant le règne de Pierre le Gr., de l'Impératrice Catherine I et de Pierre II, qu'on n'entendit point de discussions, et qu'on navait pas besoin même d'un Consistoire. Mais comme les Communautés s'agrandissaient de jour en jour et qu'il y arrivait des cas matrimoniaux, qui fallait décider, je representai conjointement avec le comte Ostermann à S. M. l'Impératrice Anne l'an 1734 d'agréer au Consistoire mixte, dont les membres seraient partie du Collège de Justice et partie des Pasteurs des l'églises Protestantes, pour décider uniquement des causes matrimoniales; les decisions de tout le reste étoient au pouvoir des Communautés." Offenbar spricht Münnich hier nur von den deutschen Gemeinden in St. Petersburg, bei denen sich die Gewalt des Justizcollegiums als eines Consistoriums mixtum nur auf die Entscheidung der Ehesachen beschränken sollte, nicht von den protestantischen Landgemeinden in Ingermannland, in welchen es alle Rechte eines Consistoriums erhielt.

Als im Herbst 1733 der protestantische Kaufmann Georg Napier eine Klageschrift wider seine Frau beim Justizcollegium einreichte und Scheidung von derselben beantragte, wandte sich dasselbe 17. Dec. 1733 mittelst des Senates in einem Memorial an die Kaiserin Anna und bat um Entscheidung, wie es sich bei dergleichen, nicht von Einwohnern Esth- und Livlands erhobenen, Klagen zu verhalten habe. Die Kaiserin gab die Entscheidung 23. Februar 1734, welche der Senat 12. März 1734 dem Justizcollegium und allen Betreffenden mittheilte.

„Es hat Ihro Kais. Maj. erwähntes Collegium mittelst eines Memorials vorgetragen, was maaßen selbigem Collegio ein in St. Petersburg befindlicher Kaufmann, Namens George Napier, supplicivet, daß, da zu St. Petersburg kein geistlich noch weltlich Gericht, so in Matrimonialsachen derer angsburgischer Confessions-Verwandten decidiren könnte, vorhanden wäre, als finde er sich genöthigt, wider seine gewesene Ehefrau Anna Paddi in puncto adulterii et maliciosae desertionis in oberwähntem Collegio klagbar zu werden und geziemend zu bitten, daß er von selbiger geschieden und ihm erlaubt werden möchte, eine andere Person gesetzmäßig heirathen zu dürfen.

„Ob nun zwar die Lief- und Esthl. Consistorialsachen unter bemeldtem Collegio sortirten, Ihro Kais. Maj. auch selbigem ohnlängst die Autorität in gradibus prohibitis Allergnädigst zu ertheilen geruhet, so könnte selbiges jedoch mit denen Consistorialsachen derer im hiesigen Reiche außer Lief- und Esthland sich aufhaltenden Augsburgischen Confessions-Verwandten ohne Ihro Kais. Maj. speciellen hohen Befehl sich nicht befassen; derohalben bemeldtes Collegium wegen oberwähnter Sache, und da außer Lief- und Esthland kein solch Gericht im Reich befindlich, woselbst in den Consistorialsachen der Augsburgischen Confessions-Verwandten decidiret und alle Mißbräuche abgewandt werden könnten, sich genöthigt befunden, Ihro Kais. Maj. unterthänigst vorzutragen, wie selbiges sich dabei zu verhalten habe, und ob sich dasselbe mit den Consistorialsachen der im ganzen Reich befindliche Augsburgischen Confessions-Verwandten befassen solle; worauf denn Ihro Kais. Maj. d. 23. Febr. mittelst Dero unter selbigem Memorial eigenhändig unterzeichneten hohen Resolution Allergnädigst befohlen: dergleichen derer fremde Religionsverwandte allhier vorfallende Consistorialsachen in gedachtem Justice-Collegio nach den Grundregeln einer jeden Confession mit Zuziehung derer hiesigen Geistlichen von selbiger Religion, welche derjenige, über den das Gericht gehalten werden soll, zugethan ist, zu decidiren und selbige sambt ihnen zu ertheilen. Wie denn wegen Nachlebung solcher Ihro Kais. Maj. hohen Ordre ein dirigirender Senat befohlen, an die behörigen Oerter Ordres ergehen zu lassen. Solchem nach hat das Justiz-Collegium der Lief- und Esthl. Rechtssachen sich nach obiger Ihro Kais. Maj. Ordre zu achten. An den heiligen Dirigirenden Synodum aber ist hierüber eine Nachricht und an das Lief- und Esthl. Gouvernement, wie auch nach der Wiburgschen Provinz und nach Narwa die Ordres aus dem Senat ergangen."

„Ober-Secretair Matw. Cosmin.
Secret. Abrah. Hägge.
„Cancellist Dmitr. Borissow."

Bei dem Justizcollegium entstanden Zweifel, ob das Wort „allhier" im Befehle der Kaiserin sich auf die Stadt St. Petersburg allein bezöge, oder ob darunter das eigentliche Rußland im Gegensatz zu den Ostseeprovinzen zu verstehen sei. Es hat darüber um

Erklärung. Da es keine Antwort erhielt, nahm es das Wort in dem letzteren Sinne, was unstreitig auch wohl die Ansicht der Kaiserin gewesen war, und dehnte seine Gerichtsbarkeit über alle in Rußland lebende Protestanten aus. Durch den Kaiserlichen Befehl war dem Justizcollegium die Entscheidung aller Ehestreitigkeiten im eigentlichen Rußland in erster und einziger Instanz aufgetragen. Da es nun fürchtete, daß es durch die mit der Zeit häufiger vorkommenden Klagen der Art zu sehr in Anspruch genommen und von seiner eigentlichen Beschäftigung, der Revision der liv- und esthländischen Rechtssachen, abgezogen werden möchte, so schlug es der Kaiserin vor, 2 Consistorien in St. Petersburg und Moskau zu errichten, welche die Ehesachen in erster Instanz entscheiden sollten, und von deren Urtheilen man an das Justizcollegium appelliren könne, ebenso wie es in den Ostseeprovinzen der Fall sei. Diesem Vorschlage war folgender Plan beigelegt, wie die Consistorien einzurichten wären:

1. „Wann das in Ihro Kais. Maj. Allerhöchstem Befehl, betreffend die Consistorialia, befindliche Wort „allhier" dergestalt zu erklären sein würde, daß es die sämmtlichen im ganzen Reich befindlichen fremde Religions-Verwandte concerniren sollte, so wäre dienlich, daß, da selbige in den weitläuftigen Ländern dieses großen Reichs sich zerstreut befinden, einige Consistoria an bequemen Orten, und zwar vorläufig in St. Petersburg und Moskau, angeordnet würden, wohin die Consistorialia gezogen werden könnten.

2. „Und da zur Zeit nicht bekannt, an welchen Orten dieses Reichs bemeldte fremde Religionsverwandte sich befinden, so könnten nach eingezogener Nachricht, und falls man befinden sollte, daß es wegen gar zu großer Entlegenheit der Oerter unumgänglich nothwendig wäre, von dem Collegio noch mehrere Consistoria aufgerichtet, und auf solchen Fall diese letztern den Consistoriis in St. Petersburg und Moskau subordinirt werden.

3. „Solche Consistoria könnten aus welt- und geistlichen Personen, als aus einem weltlichen Directore, 2 oder 3 weltlichen und ebenso vielen geistlichen Beisitzern und einem Notario bestehen, welche alle von der Gemeine dazu willig zu machen wären.

4. „Müßten die weltlichen Mitglieder aus der Gemeine gewählt und dem Collegio zur Confirmation präsentirt werden, gleich die weltlichen Glieder aus dem Ober-Consistorio in Liefland anhero präsentirt und von hieraus confirmirt werden, wie es denn, um allem

zu besorgenden Dispute zuvorzukommen, gleichergestalt nöthig wäre, daß auch die Geistlichen von dem Collegio dazu benannt würden.

5. „Müßten die weltlichen Beisitzer beständig bleiben, die geistlichen aber nach Erfordern der Sache von denen verschiedenen Religionen dazu gezogen werden.

6. „Könnte, da unter den fremden Religionsverwandten die Lutheraner die meisten sind, und die schwedisch-lutherische Kirchenordnung diesem Collegio bekannt, auch in denen eroberten Provinzen zur Norm gesetzt und von Ihrer Kaiserlichen Majestät Allergnädigst bestätigt worden, denen sämmtlichen Consistoriis, sowohl Lutherischen, Reformirten, als Römisch-Katholischen, soweit solche bei einer jeden Confession applicable, zur Richtschnur dienen.

7. „Von diesen Consistoriis könnten sodann dergleichen remedia devolutiva, wie solche von dem Ober-Consistorio in Liefland an das dasige Hofgericht gebräuchlich gestattet werden, wodurch die in dem gegenwärtig projectirten Consistoriis berührten Affaires, wenn die Parteien mit den Urtheilen nicht zufrieden, anhero gelangen und verfolglich allhier allendlich entschieden werden könnten.

8. „Und weilen in den Consistoriis öfters Quæstiones existiren, welche der obaUegirten Schwedischen Kirchenordnung nach theils von den weltlichen, theils von den geistlichen Gerichten abgemachet werden müssen, dergleichen weltliche Untergerichte aber, gleiche solche in Liefland vorhanden, und den Consistoriis in solchen Fällen an die Hand gehen müssen, allhier nicht befindlich, als erfordert die Nothwendigkeit, daß solche Sachen auch von den Consistoriis abgemacht werden müssen.

9. „Würde es nothwendig sein, daß dem Collegio die Ober-Aufsicht über sämmtliche Lutherische Kirchen und Schulen im ganzen Reich überlassen würde, wie solches die General-Gouvernements in Lief- und Esthland nach den Verordnungen exerciren."

Beide Schriften, sowohl der Vorschlag an die Kaiserin wegen Errichtung von 2 Consistorien, als auch der Plan zu denselben, waren vom Justizrath Wolf, dem Vice-Präsidenten des Justizcollegiums, aufgesetzt. Beide blieben ohne Antwort.

Der Bau der neuen Kirche ging anfangs rasch vorwärts; im Oktober 1728 waren die Mauern schon fertig und das Dach sollte aufgelegt werden. Da drohte wegen Mangels an Geld bei dem Werke ein Stillstand einzutreten. Die Gemeinde richtete ihr Auge auf den Kaiser und scheint beim Baron Ostermann angefragt zu haben, ob derselbe wohl eine Unterstützung zu Ausführung des Baus geben würde. Der Vice-Canzler ließ durch seinen Secretair Schulz erklären, die Kirchen-Conferenz möge ihm eine Bittschrift an den Kaiser zuschicken, er würde sie demselben persönlich übergeben und auf das beste befürworten. Die Bittschrift ward im November nach Moskau geschickt, und bald darauf ließ der Kaiser Peter II. durch den Baron von Ostermann der Kirchen-Conferenz anzeigen, daß er 1000 R. zur Vollendung des Kirchenbaus schenke. Das Geld ward erst nach des Kaisers Tode von dem Postdirector Asch ausgezahlt; 500 R. waren vom Grafen Münnich für die Kirchenstühle und die Kanzel, 500 R. für den Altar bestimmt.

Im Sommer 1730 war die innere Einrichtung der Kirche so weit vollendet, daß man an die Einweihung derselben denken konnte. Man wählte dazu den Tag, an welchem vor 200 Jahren das augsburgische Glaubensbekenntniß dem Kaiser Carl V. übergeben war. Nazzius beschreibt diese feierliche Handlung mit folgenden Worten: „Im Jahr 1730 am 14. Jun. a. St., war der dritte Sonntag nach Trinitatis, da eben das Jubelfest über die anno 1530 übergebene Augsburgische Confession in der ganzen Evangelischen Kirche gefeiert wurde, versammelten sich Ihro Excellenz der Herr Graf von Münnich, nebst andern hohen und niedern Standespersonen, in unserer bisherigen alten hölzernen Kirche früh um 8 Uhr, um zum letzten Mal in derselben Gott noch zu loben für seine bisherige Güte über uns, da dann von mir eine kurze Rede gehalten wurde. Nach deren Endigung ging man in einer ordentlichen Procession mit vieler Freude in unsere neue St. Petri-Kirche, allwo mir vor dem Altar Ihro hochgräfliche Excellenz mit einem Segenswunsch den Kirchenschlüssel überreichte. Hierauf ging der Gottesdienst an und wurde diese unsere neue Kirche mit Gebet und Wort Gottes geheiligt und eingeweiht in Gegenwart der zwei andern hiesigen Evangelischen Gemeinden vom Stückhofe und Wassily-Ostrow, da wir denn gemeinschaftlich mit vieler Herzensfreude das Jubiläum 2 Tage lang feierten." Am Tage der Einweihung predigte Pastor Nazzius am Vormittage, Pastor Schattner am Nachmittage. Am zweiten Tage hielt Pastor Trefurt die Reformationspredigt. Zum Andenken an die Uebergabe der Augsburgischen Confession hatten die 3 eben erwähnten Prediger eine deutsche Ausgabe derselben besorgt, von welcher 1000 Exemplare in 8. in der Akademie der Wissenschaften hieselbst gedruckt waren. Merkwürdig an diesem kleinen, äußerst seltenen

Schriftchen, welches sonst nur den gewöhnlichen deutschen Text enthält, ist die Vorrede:

„An den Gott-liebenden Leser."

„Da wir durch die Gnade des getreuen und allmächtigen Gottes diejenige Zeit erlebet haben, in welcher das Gedächtniß der im Jahr 1530 überreichten Augspurgischen Confession in der gantzen Evangelischen Kirche denen Gemeinden durch die auf die Mauern Jerusalems bestellte Wächter vorgetragen wird, zur Erweckung schuldigster Danckbarkeit gegen den lebendigen Gott, auch Anfmunterung zur Beständigkeit und Gehorsam der Wahrheit, so haben wir (unsrer Pflicht nach) auch unsers Theils an diesem Jubel-Fest des Herrn gedencken wollen und sollen, auf daß bey uns kein Schweigen sey. Uebergeben demnach unsern mehrtesten Gemeinden diese nachstehende unveränderte Augspurgische Confession zu einer gesegneten erbaulichen Betrachtung in diesen Tagen, zumahl da uns Gott auch die Freude schencket, an diesem Jubel-Fest die neu-erbauete Evangelisch-Lutherische St. Petri Kirche mit Gebet, Lob, Seegen und Betrachtung des Wortes Gottes zu heiligen und einzuweihen; wobey wir Ursache haben, so viel mehr unsere Zuhörer theils zum Lobe Gottes über der, unter unsrer allergnädigsten Kayserlichen hohen Obrigkeit geschenckten Gewissens Freyheit zu erwecken, theils zu einem heiligen und dem Evangelio würdigen Wandel treulichst zu ermahnen, damit auch unter und bey uns der Rahme Gottes geheiliget, sein Reich befördert, und sein gnädiger guter Wille vollbracht werde, wozu Gott benn auch dieses unser Glaubens-Bekäntniß bey einer jeden Seele, die selbiges liefet und höret, im reichen Seegen wolle seyn lassen. Dieses wünschen und bitten von Hertzen

Derer hiesigen Evangelischen Gemeinden
verordnete Prediger und Lehrer
Heinrich Gottlieb Nazzius.
Johann Leonhard Schattner.
Rudolf Otto Trefurt."

Gegeben St. Peters-
burg den 10. Jun. 1730.

Der innere Ausbau der Kirche war noch bei weitem nicht vollendet, es gingen noch Jahre darauf hin, besonders da man bei dem eingetretenen Geldmangel nur äußerst langsam arbeitete. Altar und Kanzel wurden 1731 fertig. Nazzius berichtet darüber: „Weil aber bei der Einweihung nur ad interim eine Kanzel und Altar aufgesetzt wurde, so haben Ihro Excellenz der Herr Graf auch die Vorsorge gehabt, daß unter Dero fernern Direction auch eine neue Kanzel und Altar erbaut werden möchten, welche denn auch anno 1731 fertig wurden, da dann am 1. Advent die Kanzel zum ersten Mal betreten, und mit einer darauf gerichteten Predigt eingeweiht wurde, nachdem kurz vorher auch der Altar fertig geworden war." Die Verzierungen an der Kanzel wurden 1735, die am Altar erst 1736 beendigt. Im Jahre 1736 wurden sowohl das feuerfeste Conventszimmer als auch das Leichengewölbe erbaut. Seit 1734 collectirte man zum Bau einer Orgel. Die Kaiserin Anna Joannowna, eine große Musikfreundin, gab 13. Sept. 1000 R., ihre Schwestertochter die Princessin Anna Leopoldina 29. Oct. 200 R. und deren Verlobter, der Prinz Anton Ulrich von Braunschweig 2. Novbr. 100 R. Der mächtige Oberkammerherr Biron, Herzog von Kurland, hatte 27. Sept. 200 R. gegeben. Auch in Deutschland sammelte man 1737 wieder zum Ausbau der Kirche und zur Anschaffung der Orgel. Wegen des Bau's der letzteren war 23. Jul. 1735 ein Contract mit dem fürstlichen Orgelbauer Joh. Heinr. Joachim in Mitau abgeschlossen. Derselbe versprach sie für 2200 R. ohne Bildhauer-, Schmiede- und Schlösserarbeit zu liefern. Für die Zwischenzeit kaufte der Convent von ihm ein Positiv für 293 R., welches nach Aufstellung der Orgel wieder an die Annenkirche für 150 R. verkauft wurde. Als erster Organist ward Fr. Gottl. Wilde 25. Jun. 1735 angestellt, welcher freie Wohnung, Holz und 130 R. Gehalt erhielt. Seine Nachfolger sind Haas seit 1762 mit 150 R. Gehalt, Otto Leopold Czerlitzky seit 1813, dessen Sohn Otto Czerlitzky seit 1831, Musikdirector Behling seit 1840, Heinr. Stiehl seit 1854.

Im Dec. 1737 war die neue Orgel aufgestellt. Die Herzogin von Kurland wollte dieselbe feierlich einweihen lassen. Daher schickte sie am 21. Decbr. zum Pastor Nazzius und ließ ihn fragen, an welchen Sonntagen des bevorstehenden Weihnachtsfestes er die Morgenpredigt halten würde. Sie hatte durch den Kammermusikus Vickel eine Kirchenmusik componiren lassen, zu welcher der bekannte Kammerrath Junker[1]), ein Mitglied der Akademie und großer Freund des Grafen Münnich den folgenden Text gemacht hatte. Die Feier fand am dritten Weihnachtstage Statt. Bei der Aufführung wirkten

---

[1]) Der Professor Junker ist der Verfasser des Tagebuchs des Feldmarschalls Münnich. Er starb 1746.

die Italiener und die übrigen Sänger der Kaiſ. Hofkapelle mit. Der Paſtor Nazzius hielt eine kurze, auf die feierliche Handlung bezügliche Predigt. Die Großfürſtin Eliſabeth Petrowna, die Princeſſin Anna Leopoldina, die Herzogin von Kurland mit ihrem älteſten Sohn Peter Biron, der Prinz Anton Ulrich und viele vornehme Hofbeamte wohnten der Einweihung bei.

Texte zur Music, welche bei Einweihung der neuen Orgel in der evangeliſchen St. Petri- und Pauls-Kirche in der Kayſerl. Reſidenz St. Petersburg 1737 abgeſungen werden ſollen. 12. 8 S.

Zu Anfang des Gottesdienſtes.
Psalm LXXXI. v. 1. 2. 4.

Singet fröhlich Gotte, der unſre Stärcke iſt,
Jauchzet dem Gotte Jacob.
 Nehmet die Pſalmen, und gebet her die Pauken, Liebliche Harffen mit Pſaltern; denn ſolches iſt eine Weiſe in Iſrael und ein Recht des Gottes Jacob.

Vor der Predigt.
Chor.

Welch Geſchöpf kann würdig loben
Dich, der ſich ſo hoch erhoben,
Unbegreiflich großer Gott?
Unermeßlich ſind die Werke
 Deiner Weisheit, Deiner Stärke,
Und Du ſelbſt, Herr Jebaoth.
           Da Capo.

Recit.

Wir ſind, ſo wie die Welt, auf die Du uns geſetzet,
Von Deiner milden Güte voll,
Die uns verſorget und ergötzet.
Doch wer erkennt es, wie er ſoll?
Dem eifrigſten ſetzt in Gedanken
Die blöde Schwachheit immer Schranken,
Die Eitelkeit zerſtreut die Triebe
Zu Deinem Dank, zu Deiner Liebe.
Wirkt auch Dein Geiſt, der alles Gute ſchafft,

Einmal die Lust der Andacht in den Sinnen,
So setzt das Herz nicht nach und bringt sie nicht zur Kraft;
Es bleibt bei dem Beginnen.

Arioso.
O! stärke die Begier, daß sie mehr Muth gewinnt,
Wir fühlen allzuwohl, daß wir nur Menschen sind.

Aria.
Ach! möcht uns doch ein Lied gelingen,
Wie dort die Seraphinen singen,
Vor Deinem Thron der Herrlichkeit.
Du überschüttest uns mit Seegen;
Du leitest uns auf Deinen Wegen,
Dir sei ein ewig Lob bereit.

Da Capo.

Recit.
Hier fängst Du an für uns ein Haus,
Dir einen Altar, aufzubauen.
Wie herrlich führst Du es hinaus?
Wie lieblich ist der schöne Gottesdienst zu schauen!
Hier wird Dir heut
Ein neues Werk, zu Deinem Ruhm geweiht.
Dein Ohr sei zu uns ausgestrecket,
Wenn unser Herz sein Ton erwecket.

Aria.
Sanfte Flöthen, laßt uns hören
Euren Ton dem Herrn zu Ehren,
Da wir uns in ihm erfreun.
Wohl, wir preisen seinen Namen,
Sucht die Stimmen nachzuahmen,
Helle Cymbeln, spielt mit ein.

Da Capo.

Recit.
Laß Dir, allmächtigster, den Klang gefallen
Der Psalter, die in Zion schallen.
Laß Dir die Städte heilig sein,
Die Deine Wohlthat täglich schmücket.
Hier höre, wenn von Noth gedrücket
Wir Abba, lieber Vater, schrein;

Und wenn uns Deine Huld erquicket,
So laß den Dank, den wir Dir bringen,
Von hier
Zu Dir
Durch alle Himmel dringen!
Auf! ihr gesegneten, in ihm vereinte Seelen,
Die sich zu seinem Tempel zählen,
Auf! stimmet an mit mir:
Herr Gott dich loben wir ⁊c.

Nach der Predigt.

Aria.

In dem Tempel, in den Stillen
  Deines reinen Heiligthums
  Ist mein Geist voll Deines Ruhms.
Ich kann die Gelübd' erfüllen
  Nach den Kräften meines Lichts,
  Das Gewissen zwingt hier nichts.

Da Capo.

Recit.

O! Herr, wie können wir doch deine Gütigkeit
Genug erheben.
Du läßt uns in der Zeit
Der besten Fürstin leben,
Die Deine Macht der ganzen Welt
Zum Wunder ausgestellt;
Die, wenn Ihr Schwert die Feinde schrecket,
Den Zepter so mit Klugheit lenkt,
Daß Sie Ländern Heil, den Völkern Frieden schenkt,
Und uns dem Adler gleich mit starken Flügeln decket.
Es handelt stets die Weise Kaiserin
In ihrer Sanftmuth, ihrer Milde
Nach Deiner Vorschrift, Deinem Bilde.
O! setze sie noch ferner hin
Der ganzen Christenheit zum Schilde!
Sei Du ihr großer Lohn!
Sie wachse fort, den Cedern gleich auf Libanon.

Aria.

Laß das Glück der Heldin steigen!
   Gieb ihr Leben, Sieg und Ruh!
Denn von ihren Lorbeerzweigen
   Fällt auch uns der Schatten zu!

                        Da Capo.

Recit.

Dieß wünschet Zion und ist froh,
Wie in den Tagen Salomo,
Da sich der Herr so freundlich zeiget
Und seine gnadenreiche Hand
So wie sein Antlitz zu Ihr neiget.
In Kenntniß seiner Huld ist sie entbrannt;
Ihr Mund erklärt es so:

Choral.

Gott, Du Stifter aller Wonne,
Dessen Gnadenschein durchwirkt,
Was allhier die heiße Sonne
Mit dem weiten Strahl umzirkt,
Dich muß aller Odem loben
Hier auf Erden und dort oben.
Wir wollen uns in Deiner Furcht vereinen,
Vor Ihm mit Danken zu erscheinen.

Solo.

Kommt, tretet zum Altar mit brünstigen Flammen.

Chor.

Wir treten zum Altar mit brünstigen Flammen.

Solo.

Und machet auf Erden ein himmlisches Chor.

Chor.

Wir machen auf Erden ein himmlisches Chor.

Solo.

Kommt, füget den Eifer der Seelen zusammen.

Chor.

Wir fügen den Eifer der Seelen zusammen.

Solo.

Und hebet die Stimmen und Herzen empor.

Chor.
Wir heben die Stimmen und Herzen empor.
Solo.
Gott segnet sein Erbtheil zum Zeugniß der Heiden.
Chor.
Gott segne Dein Erbtheil zum Zeugniß der Heiden.
Solo.
Er hat es gestiftet und Wunder gethan.
Chor.
Du hast es gestiftet und Wunder gethan.
Solo.
So geht nun in Frieden und jauchzet mit Freuden.
Chor.
Wir gehen in Frieden und jauchzen mit Freuden.
Solo.
Und lobet und preiset und betet ihn an!
Chor.
Wir loben, wir preisen, wir beten Dich an.

Im Jahre 1738 war der Bau der Kirche vollständig beendigt; zum Andenken daran ließ der Convent diese Jahreszahl aus Metall über der Hauptthür anbringen. Jetzt ist sie über der Thür zum Kirchengewölbe befestigt. Sie erhielt den Namen neue Peterskirche im Gegensatz gegen die alte Peterskirche auf dem Stückhofe. Der Bau der Kirche mit Einschluß des hölzernen Thurmes und des 1744 gelegten eisernen Daches hat 26,923 R. gekostet, von denen 14,923 R. 26 K. geschenkt und collectirt waren. Sie war die größte protest. Kirche hieselbst und faßte 1500 Menschen. Es führten anfangs 8 Stufen zu der Kirche hinauf. Als man sie nach 100 Jahren abbrach, waren nur noch 2 davon übrig, so sehr hatte man den Platz erhöht. Noch ehe die Kirche vollendet war, dachte man an den Bau der Predigerhäuser, der Schule, der Lehrerwohnungen und der übrigen Gebäude, welche den bei der Kirche angestellten Personen angewiesen werden sollen. Der erste, dem befohlen ward, auf dem neuen Platz zu wohnen, war der Küster Kreutz. In einer Bittschrift an die Kirchen-Conferenz 18. Juni 1730 sagt er, der Graf Münnich habe ihm schon angezeigt, daß er sein jetziges Quartier verlassen und auf dem neuen Kirchenplatz wohnen solle. „Aber —

(ich bitte), mir so lange in meinem jetzigen Quartier zu verbleiben erlauben zu wollen, bis die Wohnungen von Ihro Hochehrwürden (Pastor Nazzius) und den Herrn Cantor daselbst fertig und ich dann zugleich mich mit dahin begeben könne — aus Furcht wegen Wassersnoth, Rauben, Morden und Diebereien und was sonsten einem, der von andern Nachbarn weit entfernt wohnt, vor Widerwärtigkeiten zustoßen können." Auf eine 1735 bei der Polizei eingegebenen Bittschrift erhielt der Convent die Erlaubniß, die Prediger- und Schulhäuser, so wie die andern Gebäude aus Holz, aber auf einem steinernen Fundament aufführen zu lassen. Der Zimmermeister Göring übernahm ihre Erbauung contractlich im Sommer 1735 für die Summe von 2900 R. Am 14. Jan. 1736 waren sie schon seit einigen Wochen bewohnt. Da die Gemeinde auch für diesen Bau sehr vieles gethan hatte, ward ihr öffentlich von der Kanzel dafür gedankt. Mehrere Male sind die Kirche und die Kirchengebäude in großer Feuersgefahr gewesen, aber Gottes gnädige Hand hat dieselbe jedes Mal abgewandt. Im Jahre 1736 brach in dem Kaufhofe (Gostinoi Dwor), welcher am rechten Ufer der Moika bei der grünen Brücke lag und aus einigen Hundert hölzernen Buden bestand, Feuer aus, welches bei der Trockenheit in wenigen Stunden gegen 1000 Häuser in Asche legte. Im Jahre 1749 brannte das hölzerne Opernhaus, welches an der Newski Perspective zwischen der kleinen Stallhofstraße und dem Canal lag, ab. Die Gefahr für unsere Kirche war außerordentlich groß, ja es fingen schon einige der hölzernen Gebäude an zu brennen. Durch ein plötzliches Umspringen des Windes ward damals die Kirche gerettet. Im Jahre 1762 brannte die hölzerne reformirte Kirche nebst der Predigerwohnung ab. Im Jahre 1763 entstand sogar auf dem Kirchenplatze selbst Feuer, wie später bei der Geschichte der Schule erzählt werden wird.

Unter der Regierung der Kaiserin Anna Joannowna nahm unsere Gemeinde einen mächtigen Aufschwung. Der Grund dazu lag weniger im Bau der neuen Kirche als in den staatlichen Verhältnissen. Die Partei der Dolgoruki, welche Peter II. durch ihren Einfluß in Moskau zurückgehalten hatte, war alsbald nach dessen Tode gestürzt, da sie die souveraine Gewalt seiner Nachfolgerin, der Kaiserin Anna, beschränken wollte, und in ihren Sturz ward der oben erwähnte Etatsrath von Fick, Vice-Präsident des Commerz-Collegiums verwickelt, der als Freund des Geh. Raths Fürsten Dmitri Michailowitsch Galizin die Artikel verfaßt haben soll, welche zum

Zweck hatten, die bisher- unumschränkte Monarchie in eine Oligarchie zu verwandeln. Fick ward 1732 nach Sibirien verbannt, von wo ihn erst die Kaiserin Elisabeth zurückrief¹). Die Kaiserin Anna verlegte 1732 die Residenz wieder nach St. Petersburg und überließ die Regierung der Partei, welche die Pläne Peters d. Gr. auszubauen und zu verwirklichen suchte. So kam denn die Regierung völlig in die Gewalt der Deutschen, welche sich auch, obgleich unter einander uneinig, in derselben bis zum Sturz der Regentin Anna 1741 behaupteten. Die bedeutendsten Männer, welche damals an der Spitze standen, gehörten zu unserer Gemeinde; außer dem Grafen Münnich und Ostermann noch der Oberkammerherr Biron, seit 1737 nach dem Aussterben des Kettlerschen Hauses durch die Wahl der Ritterschaft Herzog von Kurland, dessen Gemahlin besonders sich durch Frömmigkeit und Anhänglichkeit an die Kirche auszeichnete, der Oberhofmarschall Graf von Löwenwolde, und dessen Bruder der Oberstallmeister, Geh. Rath von Brevern, die rechte Hand des Vice-Canzlers, und viele andere. Seit der Rückkehr der Kaiserin, welche im Palast Aprarin abstieg und die Gebäude des jetzigen Winterpalastes zusammen kaufte, ward die Admiralitätsinsel immer mehr bebaut und theils wegen ihrer Lage theils als Aufenthaltsort des Hofes immer mehr der Mittelpunkt der Stadt.

Nicht bloß die Zunahme der Gemeinde, sondern auch die Kränklichkeit des Pastors Nazzius, welche mit dem völligen Verlust der Stimme zu enden drohte²), machten die Annahme eines zweiten Predigers höchst wünschenswerth und sogar nothwendig. Daher begannen die Verhandlungen darüber auch schon sogleich nach Einweihung der neuen Kirche. Der Graf Münnich schrieb 1. Juli 1730 an die Kirchen-Vorsteher, daß es ihm nöthig schiene, eine genaue

---

¹) Mannstein, p. 70.
²) Die Stimme des Pastors Nazzius muß sehr auffallend gewesen sein. Peter v. Haven erzählt davon in seiner Reise in Rußland p. 503. Am 8. Febr. 1737 wurde der Herz. Braunschweigische Gesandte G. J. v. Kayserlingk, der Sohn des ehemaligen preuß. Gesandten in Moskau von Kayserlingk und der bekannten Anna Mons, in unserer Petrikirche mit Fräul. M. L. v. Schmidtbergen, Hofdame der Herzogin Anna, von Pastor Nazzius getraut. Die Großfürstin Elisabeth Petrowna und die Herzogin Anna Leopoldina führten die Braut zur Trauung an den Altar. Während derselben war die Großfürstin munter. „Es ließ als ob sie sich über des deutschen Priesters Stimme moquirte; von dem die Gemeinde sagte, daß er in seiner Jugend solche verdorben."

Rechnung über alle Einnahmen und Ausgaben der Kirche zu entwerfen, ehe man einen festen Beschluß über die Annahme eines zweiten Predigers fasse. Diese Uebersicht der Finanzen müsse bis zur nächsten Conventssitzung gemacht werden, damit diese Angelegenheit keinen Aufenthalt verursache. Dann geht er zu einem andern Vorschlage über, durch Anstellung des Pastors Schattner an unserer Kirche die Gemeinde auf dem Stückhofe mit der unsrigen zu vereinigen. „Da auch die Herren Vorsteher der hiesigen alten St. Peterskirche auf der Stückgießerei mir ohnlängst zu vernehmen gegeben, wie es der kleinen Gemeinde von gedachter Kirche inskünftige schwer fallen würde, den Herrn Pastor Schattner gebührend zu versorgen und dahero unserer Gemeinde zur Ueberlegung anheimstellen, ob dieselbe den Herrn Pastor Schattner zur Erleichterung dem Herrn Pastor Razzius als Pastoren bei der neuen Peterskirche berufen wollen, so belieben die Herrn Kirchen-Vorsteher solches der Gemeinde von nur erwähnter Kirche vorzutragen, sich mit derselben Gemeinde darüber zu besprechen und sodann denen Herrn Kirchenräthen ihre Meinung wissen zu lassen." Am 5. Aug. kam der Convent zusammen. Es waren die Kirchenräthe und Vorsteher Apotheker Christian Durup, und die Kaufleute Michael Thomson, Gabriel Bacheracht, Jakob Levin Rolfink, Heinrich Blissekow, Gottfr. Hildebrand und Peter Böhtlingk. Sie legten das Resultat ihrer Berathungen, welches in 6 Punkten abgefaßt war, dem Grafen Münnich zur Begutachtung und Bestätigung vor. Die Antwort desselben erfolgte 20. Okt. In dem ersten Punkt erklärte sich der Convent einstimmig für die Anstellung eines zweiten Predigers. Der Graf Münnich bestätigte dies unter der Bedingung, daß Geld genug zum Ausbau der Kirche und zur Besoldung des neuen Predigers vorhanden sei, und forderte für den Fall die Kirchenräthe und Vorsteher auf, sich vorläufig nach einem braven Manne für dieses Amt umzusehen. Was den Pastor Schattner anlangte, so hatte der Convent gemeint, man könne ihn als Frühprediger anstellen, wenn die Kirche auf dem Stückhofe wirklich einginge. Der Graf Münnich antwortete hierauf: „Ob der Herr Pastor Schattner auf die vorgeschlagenen Conditiones, da die Casse der alten St. Peters Kirche zu unserer neuen Kirche übergeben würde, sich als Frühprediger bestellen lassen wird, darüber will ich an die Vorsteher der alten St. Peters Kirche schreiben und derselben und des Herrn Pastors Schattner Resolution einholen, und dann an die Herrn Aeltesten und Vorsteher der neuen St. Peters Kirche communiciren." Der Graf Münnich hatte sowohl den Vorschlag des Conventes als auch seine Ansicht dem Postdirektor Asch mitgetheilt, der gleichfalls das eifrigste Interesse an der Kirche nahm. Dieser antwortete 7. Novbr. Er erklärte sich für die alsbaldige Anstellung eines zweiten Predigers. Was die Besoldung desselben beträfe, so meinte er: „es wäre wohl nichts einzuwenden, wenn demselben nebst dem, daß er an denen Accidenzien von Copulationen, Tauffen, Begräbnissen etc. mit des Herrn Pastoren Nazzii Hochehrwürden gleich- oder einigen Antheil zu nehmen hätte, freie Wohnung und Holz zu einem jährlichen Salario von 250 a 300 R. veraccordiret würden. Die Erwählung oder Vocirung eines zweiten Predigers selbst betreffend, meine ich, ob es nicht rathsam, daß solches vorhero der Gemeinde notificiret, und von derselben, nämlich durch einen aus jeder Zunft hiezu Bevollmächtigten, deren Meinung eingeholet werde." Die Vereinigung der alten Peters-Gemeinde mit der unsrigen anlangend, meint er, es sei gar sehr zu zweifeln, daß die itzige Gemeinde der alten, in der Artillerie Sloboda befindlichen St. Peters Kirche zu der projectirten Verbindung mit unserer neuen Kirche nicht viele difficultæten machen werde, obgleich der Herr Pastor Schautner vor sich das Frühpredigtamt zu übernehmen willig sein möchte, und annebst dieses eine sehr löbliche und uns lutherischen Glaubensverwandten, einer solchen unter uns herrschenden harmonie wegen, zu nicht geringem Ruhme angedeihende Sache sein würde. Dieses nun ins Leben zu richten, ist nächst Gott wohl von Niemandem, als Ihro Hochgräfliche Excellenz vor die Verbesserung des hiesigen, bey der allzusehr zerrütteten, Kirchenwesens bekannten, unverminderten Sorge und Vermittelung zu hoffen." Die Vermuthung des Postdirectors erwies sich als eine sehr begründete. Am 24. Okt. hatte Graf Münnich die Vorschläge unseres Conventes dem Kirchenrath der Gemeinde auf dem Stückhofe mitgetheilt und am 26. Nov. erhielt er folgende Antwort: „Die Gemeinde der hiesigen alten St. Peters Kirche erkennt mit allem ersinnlichen verpflichteten Dank Ew. Excellenz ruhmwürdige Bemühung, so selbige wegen Union der beiden evangelischen St. Peters Kirchen durch Dero gnädiges Ansinnen an uns vom 24. Okt. haben über sich zu nehmen geruhen wollen.

„Wir gestehen, daß bei Abnahme der Einwohner solche Vereinigung einigen Schein eines beiderseitigen Vortheils habe, doch um in einer so wichtigen Sache, wobei guten Theils auch unsere Nachkommen interessirt sind, keinen übereilten Pas zu thun, hat man, der gegebenen gnädigen Erlaubniß nach, alles in reifere Ueberlegung zu ziehen sich gemüßigt gefunden, wobei jedoch die in dergleichen Fällen unvermeidliche Langsamkeit hiemit demüthig deprecirer wird.

„Wir geben uns demnach die Ehre, Ew. Hochgräfl. Excellenz mit schuldigem Respect vorzutragen, daß bei unserer versammelten Gemeine die Proposition der Vorsteher der neuen St. Peters Kirche vor der Hand nicht thunlich befunden worden, weil in der That bei solcher Vereinigung aller daher zu vermuthende Vortheil bloß allein auf jene und des Herrn Pastoris Schattner Seite, der Schade und die Ungemächlichkeit aber ganz auf die unsrige fallen würde.

„Wir haben das Glück, theils aus dem universellen Ruhm, theils durch particulière Chargen von Ew. Hochgräfliche Excellenz Justice und ungemeiner Penetration vollkommen überzeugt zu sein, und um desto mehr scheuen wir uns durch eine weitläuftige Deduction unserer Gründe Dero Geduld zu ermüden. Doch einige Zeilen wird Ew. Hochgräfl. Excellenz Gnade uns erlauben.

„Wir halten es gegen die Posterité und wegen anderer wichtigen Ursachen mehr vor unverantwortlich, eine von Kais. Majestät nicht ohne Mühe erhaltene privilegirte Kirche vorbedächtig entweder auf einmal oder langsam eingehen zu lassen.

„Wir erdreisten uns nicht wider die Intention derjenigen sowohl in- als ausländischen Gutthäter das zu Erbauung und Erhaltung der alten St. Peters Kirche vor den Kirchenthüren gesammelte Almosen und wenige geschenkte Ornaten zu transportiren.

„Man macht sich ein Gewissen, den armen Fußgängern, ja auch andern, obzwar im Range stehenden, aber dabei unbemittelten Mitbrüdern nebst deren Frauen und Kindern Gottes Wort so fern zu legen."

Am 22. Dec. 1730 übersandte der Graf Münnich diesen Brief dem Convent.

Um die von Niemandem bestrittene Lücke eines zweiten Predigers auszufüllen, hatte der Convent die Bestimmung getroffen, bis zur Wahl desselben die Nachmittagspredigten durch Candidaten halten zu lassen. Die Zahl derselben war hieselbst eine sehr geringe[1]). Da nun unter diesen der Candidat Plaschnig, dessen ich schon oben Erwähnung gethan, sich des Beifalls der Gemeinde erfreute, hatte der

---

[1]) Nach dem Tagebuch Joh. Lange's lebten in den 4 J. 1733—1736 hieselbst 4 Candidaten, Lange selbst als Hauslehrer beim Pastor Nazzius, G. Friedr. Weisse, ein Verwandter Francke's, als Hausprediger des Grafen Münnich, Gierbrecht, ein

Convent ihm, nachdem sich die Unterhandlungen mit der Gemeinde auf dem Stückhof zerschlagen, ad interim die Haltung der Nachmittagspredigten übertragen. Diese Bestimmung ward vom Convent getroffen, ohne vorher weder den Grafen Münnich, der damals in Moskau war, noch den Pastor Razzius davon benachrichtigt zu haben. Als der Graf Münnich aus Moskau zurückkam, ward er darüber höchst zornig und schrieb dem Convent 27. März 1731 folgenden Brief: „Es haben mir die Kirchen Vorsteher unserer neuen St. Petri Kirche jüngsthin bei meiner retour aus Moskau zu vernehmen gegeben, was gestalten in meiner Abwesenheit von Ew. Hoch= und Wohlgeboren ad interim ein Nachmittagsprediger bei nur gedachter Kirche angenommen und bestellet worden. Ob ich nun wohl nicht zweifele, es werde sothane Annehmung eines Nachmittags Predigers aus verschiedenen Ursachen erforderlich gewesen sein, so befremdet mich dennoch nicht wenig, daß Ew. Hoch und Wohl Edle in einer so wichtigen Sache als die Bestellung eines Predigers, welche die Disposition des Kirchenvermögens zugleich mit betrifft, mir nicht das geringste nach Moskau gemeldet, viel weniger von dannen meine Approbation hierüber eingeholet, welche doch in Zeit von 10 oder 12 Tagen aus Moskau unausbleiblich erfolget sein würde, aus welcher Procedur ich billig schließen muß, daß Ew. Hoch und Wohl Edle der Meinung gewesen, daß sie bei Abfassung sothaner wichtiger und die ganze Gemeinde betreffender Resolution meines Rathes und Deliberation nicht nöthig gehabt. Ob ich nun zwar solches für dieses Mal geschehen lasse, so wollen dennoch Ew. Hoch und Wohl Edle mir die ungesäumte schriftliche Nachricht ertheilen, auf was für Conditiones oben erwähnter Nachmittags Prediger angenommen worden, und auf wessen Verlangen solches geschehen, auch ob die Kirchenrechnung bis Eingang dieses Jahres geschlossen, dieselbe von den vorigen Kirchen Vorstehern den itzigen in ordentlichen Büchern übergeben, in welchem Zustande die Kirchen Cassa sei, und ins künftige sich enthalten, in dergleichen allgemeinen Kirchen Angelegenheiten auf eine solche Art zu Werke zu gehen, wenn anders Ew. Hoch und Wohl Edle begehren, daß ich mich fernerhin,

---

Verwandter des Prof. Michaelis in Halle, und Pet. Müller aus Moskau, der gleichfalls in Halle studirt hatte. Die beiden letzteren waren Hauslehrer. Glikerti und Geisse wurden bald Prediger, der erstere in Kronstadt, der zweite in Astrachan.

so wie bis anhero, der Kirchen Besten annehmen möge." An den Pastor Nazzius, welchem er eine Copie dieses Briefes mittheilte, schrieb er: „Ich kann nicht leugnen, daß mich dieses præcipitanto Verfahren gar sehr befremdet, und will des nächstens erwarten, was die Herren Kirchenältesten und Vorsteher zu ihrer Legitimation werden beizubringen haben." Es gelang dem Convent, den Grafen Münnich mit Hülfe des Pastors Nazzius wieder zu versöhnen. Das Bedürfniß eines zweiten Predigers ward immer dringender. Um nicht ohne Rückhalt zu handeln, erließ deßhalb der Convent am Ende des Jahres 1731 eine Aufforderung an die Gemeinde, sich klar und deutlich auszusprechen, ob sie einen zweiten Prediger wolle oder nicht. Die Frage ward allgemein bejaht. Darauf wandte sich der Convent mit Genehmigung des Grafen Münnich an den Senior Lange in Lüneburg und bat denselben, ihm einen tüchtigen Candidaten zu der zweiten Predigerstelle vorzuschlagen. Damals hielt sich in Lüneburg der Candidat Joh. Friedr. Severin auf, welcher 1704 zu Helmstädt in Braunschweigischen geboren und später daselbst studirt hatte. Sowohl seiner Predigten als seines christlichen Lebenswandels wegen war er in Lüneburg allgemein beliebt. Deßhalb empfahl ihn der Senior Lange unserm Convent zu der Stelle eines zweiten Predigers an unserer Kirche. Die Berufung an ihn von Seiten des Convents ging 25. März 1732 von hier ab. Am 1. April ward dieß der Gemeinde mitgetheilt, indem Pastor Nazzius in dem Gebet nach Beendigung der Predigt seiner und des an ihn ergangenen Rufes gedachte. Herr Severin nahm den Ruf an und reiste, nachdem er sich in Lüneburg hatte ordiniren lassen, nach St. Petersburg, woselbst er am 7. Sonntag nach Trinitatis seine Antrittspredigt hielt. Sein Gehalt betrug 300 R., ward aber nach einem Jahre auf 400 R. erhöht. Seine Vocation ist nicht erhalten. Wie die von ihm erhaltenen Tauf-, Copulations-, Todten- und Communionsregister bezeugen, hatte er seinen besonderen Beichtkreis. Sonst war er Nachmittagsprediger, wie dies aus handschriftlichen Aufzeichnungen des Herrn J. G. Pflug hervorgeht, welcher 1746 nach St. Petersburg kam und 1760 als Adjunct der Akademie der Wissenschaften und Lehrer der Geschichte und Philosophie am Landcadettencorps starb. Die Handschrift verdanke ich der gütigen Mittheilung des Herrn Preiß. „Die Lutheraner besitzen am großen Perspectiv die große Kirche, an welcher 1746 die Herrn Pastor Nazzius und Trefurt gestanden. Als der erste starb, kam ein sehr frommer Mann aus

Wiburg, der Herr Pastor Bützo, und da dieser nach 3 Jahren mit Tode abging, so berief sie den Herrn Conrector Lange aus Lübeck hieher, der itzo noch bey derselben stehet und ein gelehrter und geschickter Mann, obgleich noch jung ist. Sonst war die Ordnung an diese Kirche, daß Herr Razzius Vormittags- und der andere Nachmittagsprediger war. Da aber Trefurt an diese Kirche kam, fingen sie an umzuwechseln und der, so diesmal vormittags geprediget hatte, auf künftigen Sonntag nachmittags zu predigen. Die Ursache war, weil bey dieser jetzigen Regierung der Herr Razzius so viel nicht galt als bey der vorigen." Past. Severin erwarb sich die Liebe und Achtung seiner Gemeinde in hohem Grade. Geschrieben scheint er nichts zu haben. Leider starb er schon 1740 und da seine Gattin ihm in kurzer Zeit folgte, übernahm die Gemeinde die Erziehung seiner beiden verwaisten Söhne. Bei der Wahl seines Nachfolgers 9. Mai 1740 erhielten Trefurt, Prediger der deutschen Gemeinde auf Wassily Ostrow, und Girberti, Prediger der deutschen Gemeinde in Kronstadt, gleich viel Stimmen. Daher gab Graf Münnich als Patron die Entscheidung und ernannte den Pastor Trefurt zum Prediger, welchem denn auch die Vocation 23. Mai ausgefertigt wurde.. Sein Gehalt war ihm auf 400 R. bestimmt, doch erhielt er 1747 eine Zulage von 50 R. zu Holz. Er hatte ebenso wie sein Vorgänger und seine Nachfolger seinen besonderen Beichtkreis. Ludolph Otto Trefurt stammte aus einer alten Predigerfamilie im Lüneburgischen, woselbst er 1700 geboren war. Seine Studien hatte er hauptsächlich in Jena gemacht, wo der Professor Buddeus sein Lehrer war. Nach Rußland war er als Hauslehrer gekommen. „Er war ein guter Mann, sagt Büsching von ihm[1]), zufrieden und dienstfertig, wenn man ihm gab, was ihm gebührte, der sich aber nicht gern etwas entziehen ließ, und zwar, wie er sagte, nicht nur um sein selbst willen, sondern auch um seinen Nachfolgern nichts zu vergeben."

Wie die Prediger 1736 bei Errichtung des Rectorats wegen der beanspruchten Inspection der Schule vom Kirchen-Convent ausgeschlossen wurden, werde ich bei der Geschichte der Schule erzählen. Die Triebfeder dieser Maßregel war der Major von Albrecht, der Stellvertreter des Grafen Münnich, welcher damals im Türkenkriege abwesend war. Unterstützt wurde er besonders von dem Assessor v. Hagemeister und den Kirchenvorstehern Garmahz, Thiele und Schrö-

---

[1]) Büsching, Eigene Lebensgeschichte p. 375.

ter. Nur in geistlichen Angelegenheiten sollten die Prediger eine Stimme haben und dann auch zu den Sitzungen des Convents eingeladen werden. Dieser Vorgang war in Rußland kein vereinzelter. Bereits im J. 1722 hatte die protest. Gemeinde in Moskau gleichfalls die Prediger vom Convente ausgeschlossen, obgleich sie durch das Kirchenreglement des Superintendenten Bagetius zur Theilnahme an demselben berechtigt waren. Man hatte die Beilegung dieser Streitigkeit, welche sich natürlich über die ganze Gemeinde ausdehnte, der Entscheidung der theologischen und juristischen Facultät in Halle übertragen. Beide Facultäten entschieden sich für die Wiederaufnahme der Prediger in den Convent, welche denn auch erfolgte. „Die wahre Ehre und Autorität der Aeltesten und Vorsteher, sagt das Gutachten der Theologen, bestehet nicht darin, daß sie allein, excluso ministerio, die Sachen, welche den äußerlichen Wohlstand der Kirche betreffen, tractiren, sondern darin bestehet ihre wahre Ehre vor Gott, daß sie der ganzen Gemeinde mit einem heiligen Wandel und unsträflichen Exempel vorleuchten." In unserer Gemeinde dauerte der Streit länger, da sie damals noch kein von der Gemeinde angenommenes Kirchenreglement besaß; nach dessen Bestimmungen man den Streit hätte entscheiden können. Die Prediger wurden erst 1747 wieder in den Convent aufgenommen. Das im J. 1748 ausgearbeitete Kirchenreglement sicherte ihnen in demselben Sitz und Stimme bei allen Kirchenangelegenheiten.

Der Krieg, welchen die Kaiserin Anna im Bunde mit Oesterreich gegen die Türken unternommen hatte, war beendigt. Er war mit großem Ruhme für Rußland geführt. Asow war in demselben erobert, russische Truppen hatten die Linien von Perekop erstürmt und waren wiederholt in die Krimm eingedrungen, das türkische Heer war bei Stawutschana geschlagen und die Moldawen sahen die russischen Fahnen zum ersten Male in den Straßen ihrer Hauptstadt Jassy wehen. Alle diese Erfolge verdankte man nur der geschickten Führung Münnichs, welchen deßhalb der gemeine Soldat den Sakol, den Falken, nannte, und von welchem die Türken sagten, hätten sie einen solchen Serastier wie Münnich gehabt, sie möchten ihm die Hälfte ihres Reiches gegeben haben. Daher war er der Held des Festes, mit welchem die Kaiserin die Abschließung des Belgrader Friedens am Tage nach seiner Ankunft in St. Petersburg 13. Febr. 1740 feierte. Am feierlichsten ward dieses Fest in unserer Kirche am Sonntag Quinquagesimä begangen, „da auf gnädigste Veranstaltung Ihro Hochfürstl.

Durchlaucht der regierenden Herzogin von Kurland, als welche nebst der Hochfürstl. Familie nicht leichtlich einen öffentlichen Gottesdienst in dieser Kirche zu versäumen pflegen, nicht nur ein besonderer biblischer Text statt des sonntäglichen Evangelii zum Grunde der Predigt geleget und erkläret; sondern auch von den Kaiſ. Kammermuſicis eine eigentlich hiezu verfertigte und in der muſikaliſchen Compoſition wohl ausgedrückte Cantate ausgeführt wurde, der wir hier auch eine Stelle einräumen müſſen. Sie lautet alſo:¹)

Vor der Predigt.

Chor.

Herr, die Kraft von Deiner Rechten
Bringet Segen Deinen Knechten,
Und fällt den Verfolgern ſchwehr.
Du halfſt kämpfen, Du halfſt ſiegen,
Daß ihr Stolz muß unterliegen,
Kam von Deiner Allmacht her.
            Da Capo.

Recit.

Zückſt Du das Schwert, ſpannſt Du den Bogen,
Wer will vor Dir beſtehn?
Vor Dir, der mit uns ausgezogen,
Der unſrer Führer Stab,
Dem ganzen Heer und jeder Schaar
Ein Leit-Stern auf den Wegen war,
Und in der Wüſten Brodt, aus Felſen Waſſer gab;
Der unſer Herz mit Muth erweckte,
Der uns mit ſeinem Schild, das Land mit Furcht, bedeckte:
Der ihre Veſten zitternd machte,
Die Mauern brach, die Höhen überſtieg,
Uns Leben, Luſt und Sieg,
Den Feinden Tod und Schrecken brachte.

Arioso.

Ja Dir, ja Dir allein
Dir großen Sieges Gott
Dir unſerm Zebaoth
Soll aller Dank, ſoll alle Ehre ſein.

---

¹) Anmerkungen bei den Zeitungen. St. Petersburg 1740. Stück 50—52.

Aria.

Sieh uns in Demuth vor Dir beugen,
Wir legen mit den Sieges-Zweigen
Die Herzen auf den Dank-Altar.
Du schlugest die, so uns verhönet,
Du, Du hast uns mit Ruhm gekrönet,
Du, Du allein bist wunderbar.

Da Capo.

Recit.

Du Schutz der Dir getreuen Seelen!
Wer kann die Wunder alle zählen,
Die Du bisher an Deinem Volk erzeigt.
Wenn sie auch unser Mund verschweigt
So werden Feld und Stein
Von Deinen Thaten Zeugen sein.
Jetzt läßt Du uns nach so viel Blut-Vergießen,
Nach so viel Kampf und Streit,
Nach so viel Mühsamkeit
Der Ruh genießen.
Sei nun gepreißt, sei nun verehret,
Daß Du uns gnädiglich erhöret,
Als wir Dich angefleht:

Choral.

Gedenk, Herr, jetzund an Dein Ampt,
Daß Du ein Fried-Fürst bist,
Und hilf uns gnädig allesammt
Jetzund zu dieser Frist.
Laß uns hinfort
Dein Göttlich Wort
In Fried noch länger schallen.

Aria.

Bringet Opfer, streuet Palmen,
Spielt die Harfen, singet Psalmen,
Macht ein Fest der Herrlichkeit.
Gott hat uns das Loos beschieden,
Liebt die Menschen, schenkt uns Frieden
Und zugleich die güldne Zeit.

Da Capo.

Recit.

Der Herr ist unsre Lust und Zier,
Laßt Euer Hertz von Danck und Andacht glimmen,
Erhebt die Hände mit den Stimmen,
Und singt: Herr Gott Dich loben wir u. s. w.

Nach der Predigt.

Aria.

Gütiger Schöpfer, höchstes Wesen
Milder Stifter unsrer Ruh!
Nichts ist freundlicher als Du.
Schütz Dein Volck, das Du erlesen,
Decke, segne Reich und Land
Ferner mit der Gnaden-Hand.

Da Capo.

Recit.

Nimm fernerhin
In Deinen Allmachts-Schutz die große Kayserin,
Die Du bisher geschmückt mit so viel Siegeskronen.
Sie ist des höchsten Glücks, des längsten Lebens werth;
Weil Sie vor Ihre Völcker wacht
Weil Sie durch Ihrer Waffen Macht
Nichts anders sucht, nichts mehr begehrt,
Als daß wir sicher wohnen.
Den großen Wunsch hast Du erfüllt
Und Sie zum Schrecken ausgesetzet;
Jetzt wird Sie uns ein Friedensbild
An dem sich Aug' und Hertz ergötzet.
Nichts kan uns mehr Versicherung geben
Von Deiner Huld,
Als Ihr unschätzbar Leben.
Herr, Deine Wohlthat ist so reich:
Verjünge sie den Adlern gleich.

Aria.

Herr, verlängere Ruhm und Jahre
Unsrer Heldin, die uns deckt.
Mach, daß man spät erfahre,
Sie sei uns zum Heil erweckt.

Da Capo.

Recit.

Auf, die Ihr hier erscheint,
In seiner Furcht vereint,
Mit Gott das Bündniß zu erneuern
Und diesen frohen Tag mit Dank zu feiern.
Auf! rühmet, lobt und preist
Ihn, der alleine heilig heißt;
Der aller Mächtigen die Herzen lenket
Und unsern Hütten Frieden schenket.

    Chor.

Er heißet wunderbar, Rath, Kraft,
Held, ewig Vater, Friede-Fürst;
Auf daß seine Herrschaft groß werde
Und des Friedens kein Ende.

 Die Religionsfreiheit, welche Peter d. Gr. 1702 den Ausländern verliehen hatte, bestätigte er ihnen später noch mehrere Male. Als das vom heil. Synod 1721 auf seinen Befehl entworfene geistliche Reglement für die griechische Kirche bekannt gemacht wurde, ließ er zugleich die Religionsfreiheit der Lutheraner und Reformirten für den ganzen Umfang seines Reiches fast mit denselben Worten, wie sie in § 2 des oben angeführten Manifestes von 1702 enthalten sind, wieder bestätigen¹).

 Büsching erzählt in seiner Gesch. der evangel.-luth. Gemeinden im russ. Reich I. 15: „Im J. 1723 ging ein abermaliger Befehl des Kaisers aus, in welchem den Lutheranern und Reformirten die völlige Religionsfreiheit nochmals ertheilet, und zugleich vorgeschrieben ward, wie sie ihren öffentlichen Gottesdienst halten sollten, ohne daß sie deßhalb von den Russen auf einige Weise beunruhiget würden, zugleich ward erkläret, daß den Lutheranern und Reformirten an allen Orten des russischen Reiches Kirchen und Schulen zu erbauen erlaubt sein, ihnen auch zu Bestreitung der Unkosten ein Beitrag geschehen solle²)." In diesem Befehl ist die von den übrigen Edicten ähnlichen

---

¹) (Weber) Das veränderte Rußland. Frankfurt und Leipzig 1744. 4. II. 59.
²) Offenbar hat Büsching den Wortlaut dieses Befehles nicht gekannt, sonst würde er denselben wegen seiner Wichtigkeit mitgetheilt haben. Auch nennt er seine Quellen, aus denen er die obigen Worte mitnimmt hat. Diese sind folgende: (J. G. Rabener) Leben Petri des Ersten und Großen, Czaars von Rußland. Leipzig 1725. 8. Daselbst heißt es p. 747: „In diesem Jahre (1723) ging eine besondere

Inhalts abweichende Bestimmung enthalten, daß die Protestanten zur Errichtung ihrer Kirchen und Schulen eine Unterstützung aus der Staatscasse erhalten sollten. Da sich in der Gesetzsammlung aus der Zeit Peters d. Gr. kein derartiges Manifest aus den Jahren 1722 und 1723 findet, so vermuthe ich, daß Büsching sich durch den in der Anmerkung citirten Rabener hat irre leiten lassen, sowie daß gar kein Manifest wegen der Religionsfreiheit der Ausländer aus dem J. 1723 existirt, und daß Rabener, auf welchen dieser Irrthum zurückzuführen ist, zu demselben durch eine Verwechselung mit der Ein-

Czaarische Verordnung aus, in welcher denen Lutheranern und Reformirten (denn denen Römisch-Catholischen ein Gleiches zu erlauben, hatte man Bedenken getragen) die Religionsfreiheit ertheilet und zugleich vorgeschrieben war, wie sie sich wegen Haltung ihres Gottesdienstes zu betragen hätten, ohne daß sie deßhalben von denen gebohrnen Russischen Einwohnern auf einige Weise beunruhiget werden könnten. Es war auch in dieser Verordnung enthalten, daß beydes denen Lutheranern und Reformirten, an allen Orten des Russischen Reiches Kirchen und Schulen zu erbauen erlaubt sein und daß ihnen zu Bestreitung derer Unkosten, die sie auf diese Gebäude würden wenden müssen, ein Beitrag geschehen sollte. Die Czaarin machte den Anfang zu einem solchen Beytrag, indem sie zu Erbauung zweier lutherischer Kirchen in Petersburg 6000 Rubeln auszahlen ließ. Der Fürst Menzikof ließ denen Vorstehern dieser Kirchen zu eben diesem Ende eine gleiche Summe reichen." Der Verfasser dieser Lebensbeschreibung ist nie in Rußland gewesen, sondern hat dieselbe nach den ihm zu Gebote stehenden Materialien in Deutschland ausgearbeitet. Was hier von der Schenkung der 12000 R. von der Czaarin Catharina und dem Fürsten Menschikow zur Erbauung und Einrichtung von 2 luth. Kirchen in St. Petersburg erzählt wird, ist eine reine Fabel. Aus dem Rabener ist diese Erzählung übergegangen in E. C. Reichard. Die heutige Historie oder der gegenwärtige Staat von Rußland. Altona und Leipzig 1752. 4. Es wird p. 712 mit denselben Worten erzählt. Das Werk Reichards, der auch nie in Rußland war, ist nur eine deutsche, vermehrte verbesserte Bearbeitung des 11. Bandes von dem englischen, historisch-geographischen Werk des Capit. Th. Salmon. Reichard benutzte außer verschiedenen deutschen Werken auch noch die von Dr. van Goch herausgegebene holländische Ausgabe des salmonschen Werkes. Fast gleichzeitig mit Rabener erschien noch folgendes Werk: Ihro Czarischen Majestät Petri Alexiewiz ersten Kaysers der Russen rühmliches Leben und Helden-Thaten. Frankfurt am Main 1725. 8. Dieses Werk ist viel kürzer als das rabenerische, und scheint mir ein Auszug aus demselben zu sein. Es ist auch möglich, daß beider Verfasser aus derselben, mir bisher unbekannten Quelle geschöpft haben. Dieses Werk sagt p. 68: „In diesem Jahr (1722) ertheilten Ihro Czar. Maj. denen Lutheranern und Reformirten das völlige Exercitium religionis in ihrem ganzen Lande und wurde denen gebornen Russen auch erlaubet, daß sie sich zu der lutherischen oder reformirten Religion ohne Furcht der Straffe bekennen konnten, wenn sie wollten." Der letzte Zusatz ist wieder eine Fabel.

ſchärfung des Manifeſtes von 1702 bei der Bekanntmachung des geiſtlichen Reglements 1721 verleitet wurde.

Uebrigens gehörten Unterſtützungen von Seiten der Kaiſer und Kaiſerinnen bei Erbauung proteſtantiſcher Kirchen nicht zu den Seltenheiten. Wir haben ſchon oben geſehen, wie Peter II. unſerer Gemeinde nicht nur den Kirchenplatz, ſondern auch noch 1000 R. zum Ausbau der Kirche ſchenkte. Noch freigebiger zeigte ſich die Kaiſerin Anna. Dieſe errichtete die Kirche im Landcadettencorps und gab 1000 R. zum Bau unſerer Orgel, ſie ſchenkte der ſchwediſch-finniſchen Gemeinde ihren jetzigen Platz und 500 R. zum Neubau und der Annengemeinde 1000 R. zu dem nämlichen Zweck.

Am 19. Januar 1726 ſtarb Anna Olſuſiew, geb. von Dannenſtern aus Riga, Gemahlin des Kaiſ. Oberhofmeiſters Matwei Dimitrijewitſch Olſuſiew, erſte Staatsdame der Kaiſerin Catharina I. Sie gehörte zu unſerer Gemeinde. Der Candidat Trefurt, ſpäter Prediger an unſerer Kirche, welcher damals Hauslehrer bei ihren Kindern war, betete mehrere Male mit ihr während ihrer letzten Krankheit, wobei die Kaiſerin andächtig zuhörte. Am 26. Jan. ward ſie begraben, wobei die Schulkinder unſerer Kirche und die Leichenbegleiter evangeliſche Sterbelieder während der Proceſſion auf der Straße ſangen. Die Kaiſerin hatte befohlen, daß der Leichenzug vor dem Winterpalais in der Million vorübergehen ſollte, wobei ſie ſelbſt auf der Treppe ſtand. Die Leiche ward nach der ruſſiſchen Kirche in der Jemskaja gebracht, in welcher noch ein kurzes Lied geſungen und von dem Paſtor Nazzius eine kurze Rede gehalten wurde. Von da ward die Leiche folgenden Tags nach Riga abgeführt, wohin der Candidat Trefurt ſie begleitete.

Nicht bloß Religionsfreiheit, ſondern auch Schutz gegen die Angriffe anderer Confeſſionen gewährte die Regierung den Proteſtanten. Als der König von Polen ſich 1724 durch die Jeſuiten zu den oben erzählten unverantwortlichſten Grauſamkeiten gegen die proteſtantiſche Stadt Thorn hinreißen ließ[1]), ſprach Peter d. Gr. ſeine Mißbilligung in folgendem Befehl aus. „Weilen die wider die Stadt Thorn wegen des von den Jeſuiten daſelbſt erregten Tumults vorgenommenen Proceduren weltkundig ſind, als haben Se. Ruſſ. Kaiſ. Majeſtät beſchloſſen, um dergleichen Unruhen vorzubeugen, allen Dero Unterthanen im ganzen Reich ein freyes Religionsexercitium

---

[1]) (Jablonsky) Das betrübte Thorn. Berlin 1725. 8.

allergnädigst zuzugestehen, wobey einem jeden ernstlich verboten seyn soll, keinen von besagten Unterthanen der Religion wegen, unter welchem Vorwand es auch immer geschehen möge, zu beeinträchtigen oder sonst ihm einigen Verdruß zu erwecken; besonders wird den Predigern untersagt, mit Heftigkeit gegen andere Religionen zu predigen, oder auf solche zu schimpfen, und das bey Lebensstrafe. Hingegen wird ihnen anbefohlen, einzig und allein das Wort Gottes so zu predigen, wie es in der heiligen Schrift enthalten ist." Als ein katholischer Priester in Moskau sich auf Proselytenmacherei verlegte, erließ die Kaiserin Anna 22. Februar 1735 einen Befehl, in welchem folgende Stellen vorkommen: „Wir — — thun kund und zu wissen, welcher Gestalt zwar durch viele, theils von unsern Vorfahren, theils von uns selbst herausgegebene Verordnungen andern christlichen Religionsverwandten, als den Lutheranern, Reformirten und Römisch-Katholischen das freye exercitium religionis in unserem ganzen Reich allergnädigst verstattet worden, damit viele sowohl in unserm Dienst befindliche, als auch der Handlung wegen in unserm Reich sich aufhaltende Ausländer nach den Grundsätzen ihres Glaubens den nöthigen Unterricht genießen und ihren Gottesdienst abwarten könnten; welche Gewissensfreyheit ihnen bisanhero aus unserer besondern Gnade ohne einige Hinderniß ist zugestanden worden, und deren sie sich auch ins künftige zu erfreuen haben sollen."

Noch in demselben Jahr, in welchem das Siegesfest gefeiert wurde, starb die Kaiserin Anna 28. Oktober 1740. Kurz vor ihrem Tode hatte sie mit Uebergehung der Großfürstin Elisabeth Petrowna den Großfürsten Joann Antonowitsch, den Sohn der Herzogin Anna Leopoldina (der Tochter ihrer an den Herzog Carl Leopold von Medlenburg-Schwerin verheiratheten Schwester Catharina) und des Herzogs Anton Ulrich von Braunschweig-Bevern zu ihrem Nachfolger ernannt. Da derselbe aber erst einige Monate alt war, so sollte der Herzog von Kurland für ihn die Regentschaft führen. Allein Biron ward schon nach wenigen Wochen durch die Thätigkeit und Entschlossenheit des Grafen Münnich gestürzt und nach Pelim in Sibirien verbannt. Die Mutter des jungen Kaisers, welche nun zur Großfürstin und Regentin erklärt wurde, stellte den Grafen Münnich an die Spitze der Regierung. Dies ist die Zeit seiner höchsten Macht. Bald aber entzweite er sich mit dem Grafen Ostermann und dem Geh. Rath v. Brevern. Als die Regentin ihn wegen seiner unbegrenzten Herrschsucht in seine

Schranken zurückwies und ihm den Abschied ertheilte, beschloß er, Rußland ganz zu verlassen und sich nach Deutschland zurückzuziehen. Zu seinem Unglück schob er die Ausführung dieses Planes immer weiter hinaus, bis die Katastrophe in der Nacht 5—6 Dec. 1741 den jungen Joann Antonowitsch mit seinen Eltern und deren bisherigen Rathgebern und Ministern ins Gefängniß brachte, dagegen aber die Großfürstin Elisabeth Petrowna auf den Thron erhob. Für unsere Kirche war dieß ein ungeheurer Schlag. Sie ward in einer einzigen Nacht aller ihrer Häupter beraubt, durch deren Rath und Einfluß sie in der letzten Zeit so sehr gewachsen war. Münnich, Ostermann, Löwenwolde, Mengden wurden zum Tode verurtheilt, aber kurz vor der Hinrichtung zur Verbannung nach Sibirien begnadigt. Die Kirche war nun ihres mächtigen Patrons beraubt, welcher in Pelim dasselbe Haus bewohnte, welches er für den von der Kaiserin Elisabeth begnadigten Biron hatte aufbauen lassen. Das plötzlich hereinbrechende Unglück hatte die Gemüther so herabgestimmt, daß noch Jahre vergingen, ehe man daran dachte, einen neuen Patron an die Stelle des Grafen Münnich zu erwählen. In dieser traurigen Zeit lenkte der Kaufmann Stelling als Wortführer der Kirchenältesten die Angelegenheiten der Kirche und die Verhandlungen des Convents.

Jakob Stelling war 1700 in Hamburg geboren und hatte sich schon früh dem Kaufmannsstande gewidmet. In seinem 20sten Jahr kam er nach Reval, von wo er 1723 hierher zog. Durch seine Thätigkeit ward er bald ein reicher Mann. Er verheiratete sich mit Catharina Cruys, einer Enkelin des Vice-Admirals. Durch seinen ausgezeichneten Charakter erwarb er sich allgemeine Liebe und Hochachtung. „Er war ein Beispiel, sagt Büsching in seiner Leichenrede, oder vielmehr ein Muster derjenigen Ehrlichkeit und Redlichkeit, welche den alten Deutschen als eine vorzügliche und unterscheidende Eigenschaft nachgerühmt wird." Er war gefällig, freigebig und freundlich gegen jeden, mit dem er zusammenkam. Alle diese schätzbaren Eigenschaften legte er besonders in seinem vieljährigen Kirchendienste an den Tag. Seit 1738 diente er der Kirche, anfangs als Vorsteher, bald als Aeltester. Von seiner großen Freigebigkeit gegen die Schule wird später die Rede sein.

In keiner Zeit finden wir in unserm Archiv so spärliche Quellen, als in den ersten Regierungsjahren der Kaiserin Elisabeth. Doch wäre wohl Veranlassung genug gewesen, gerade aus dieser Zeit wichtige Schriftstücke zu erwarten. Denn die Gemeinde war mit einem großen Verluste bedroht, mit dem Verlust des ihr von Peter II. geschenkten Grundstückes. Neben der kasanschen Kirche auf dem runden Platz vor dem jetzigen Erziehungshause stand damals eine kleine hölzerne russische Kirche „zur Geburt der heil. Jungfrau," welche später abgebrochen wurde. Im Jahre 1742 gaben die Priester dieser Kirche vor, daß ihnen die Kirche der Lutheraner eingeräumt werden müsse. Im Archiv besitzen wir über diese Sache zwei Entwürfe zu Bittschriften an zwei nicht genannte Minister, welche nur der Vice-Canzler Graf Alexei Petrowitsch Bestuscheff-Riumin und der Geh. Rath v. Brevern gewesen sein können, obgleich der letztere eigentlich nicht Minister war.

Es bedurfte aller Anstrengungen der Freunde unserer Kirche, um eine derselben nachtheilige Entscheidung abzuwenden. Und sie hatte solche Freunde in der nächsten Umgebung der Kaiserin. Elisabeth Frantz, die einflußreiche Kammerfrau und langjährige Vertraute der Kaiserin, der Baron Nic. Friedr. v. Korff, der Gemahl der Gräfin Catharina Skawronski, einer leiblichen Cousine der Kaiserin, und Fräulein Aurora von Mengden, die Freundin und spätere Gemahlin des damals sehr angesehenen Grafen Lestocq, bewiesen sich unter diesen schwierigen Umständen als eifrige Mitglieder und treue Schützer unserer Gemeinde. Vorläufig erlangten sie, daß die Kaiserin erklärte, die Gemeinde solle den Platz nicht anders zurückgeben, als wenn ihr alle Unkosten, welche sie an denselben verwandt hätte, zurückerstattet würden. Der Buchhalter Siebenmark mußte daher einen Auszug aus den Kirchenbüchern machen, um denselben auf die Nachfrage, was die Kirche gekostet habe, zu übergeben. Die Gemeinde berechnete ihre Ausgaben auf 130,000 R. Eine solche Summe ging über die Kräfte des heil. Synods, welcher diese Zahlung hätte leisten müssen. Büsching erzählt, daß die endliche Entscheidung vom Vice-Kanzler, Grafen Bestuschew-Riumin ausgegangen sei, und er konnte es wissen, da er ein persönlicher Freund desselben war und die Erzählung wahrscheinlich aus dessen eigenem Munde hatte. Der Graf Bestuscheff-Riumin, der Nachfolger des Grafen Ostermann, war ein Freund der Deutschen. Er war dieß durch seinen langen Aufenthalt in Deutschland geworden, wo er theils als russischer Gesandter an verschiedenen Höfen gelebt, theils eine Zeitlang sogar in dem Dienst des Kurfürsten Georg von Hannover gestanden hatte, der ihn bei seiner Erhebung auf den englischen Thron als seinen Gesandten an Peter den Großen schickte. Dazu kam, daß er mit einer Deutschen, der

Tochter des russischen Residenten von Bötliger in Hamburg, in dessen Hause einst Peter der Große gewohnt hatte, verheirathet war, welche bis an ihren Tod der lutherischen Kirche getreu blieb und während ihres Aufenthalts hierselbst ein eifriges Mitglied unserer Gemeinde war. Während der ersten 17 Regierungsjahre der Kaiserin Elisabeth lag die Leitung der Staatsgeschäfte fast ausschließlich in seiner Hand, wobei er von dem Geh. Rath v. Brevern bis an dessen freilich schon 1744 erfolgten Tod unterstützt wurde. Der Graf Bestuscheff-Riumin gab den Geistlichen der Kirche zur Geburt der heil. Jungfrau den Bescheid, daß die Kirche der Lutheraner ihnen nicht entsprechen könne, weil sie nicht von Osten gegen Westen, sondern von Norden gegen Süden erbauet, und also zum rechtgläubigen russischen Gottesdienst nicht brauchbar sei[1]).

Nach Abwendung dieser drohenden Gefahr kamen die Angelegenheiten unserer Kirche bald wieder in einen blühenden Zustand, besonders seit zwei Männer, die zu den von der Kaiserin Begünstigten gehörten, sich 1746 bewegen ließen, das Patronat zu übernehmen. Es sind dieß der Freiherr, später Graf Carl von Sievers, welcher die einzige Tochter des reichen Kammerraths Kruse, die Nichte der Kammerfrau Elisabeth Franz, geheirathet hatte, und der schon oben erwähnte Freiherr Nicol. Friedr. v. Korff, welcher durch seine Verheirathung mit der Gräfin Catharina Stawronski der Kaiserin sehr nahe stand. Dem Einflusse dieser beiden Männer verdankt die Kirche die endliche Erlangung der oben angeführten Dannaja im Jahre 1756, welche ihr den Besitz des Kirchenplatzes für alle Zeiten sichert.

Die Gebäude, welche nach Vollendung der Kirche auf dem Kirchenplatz für die Prediger, die Schule und die Kirchenbedienten aufgeführt waren, bestanden aus Holz mit einem steinernen Fundament. Mit der Zeit wurden sie baufällig. Seit dem Anfange des Jahres 1746 berathschlagte man über den Plan, diese hölzernen Häuser an der Perspective durch steinerne zu ersetzen, was die Polizei dringend verlangte. Der Generalpolizeimeister Talischtschew hatte 17. April 1746 diese Forderung aufs neue wiederholt. Daher hatte der Convent durch den Baumeister Kempff den Plan zu neuen steinernen Schul- und Predigerhäusern an der Perspective entwerfen lassen, welcher 13. Juni 1746 von dem Stadtarchitecten Pietro Antonio Trezzini

---

[1]) Büsching Magazin II. 431. Reimer's Petersburg I. 189.

bestätigt wurde. Der Plan ist im Archiv erhalten. Nach demselben begann man 1747 den Bau des Schulhauses an der Ecke der großen Stallhofstraße und Perspective, welcher im folgenden Jahre vollendet wurde. Im Jahre 1749 wurden die zu demselben gehörigen Keller, Ställe und Remisen erbaut. Durch diesen Bau war die Kirchencasse völlig erschöpft, so daß man schon 300 R. hatte aufnehmen müssen und nicht einmal die fälligen Gagen bezahlt werden konnten. Und doch war der Neubau der beiden Predigerhäuser dringend nöthig, da sie die beiden einzigen hölzernen Häuser waren, welche noch an der Perspective standen. Daher beschloß der Convent 3. Jan. 1750 das nöthige Capital aufzunehmen und zu verzinsen. Dies ist der Anfang der Kirchenschulden. Denn um die steinernen Predigerhäuser zu erbauen, lieh die Kirche 5. Oft. 1750 von den Kindern des sel. Pastor Severin 1000 R., 4. Jan. 1751 von Pastor Trefurt 1000 R., 25. Jan. 1751 von Dr. Ungebauer 1000 R., 20. Aug. 1751 von dem Candidaten Arnold 400 R., 26. Aug. 1751 von den Kindern des sel. Pastor Severin 1000 R., 30. Sept. 1751 von Herrn Stelling 600 R., 12. Nov. 1751 von der Gesellenlade des ehrsamen Schneidergewerks 350 R. Der Zinsfuß beträgt durchgängig 6 Proc. Baron Küster irrt daher sehr, wenn er behauptet, die Kirche habe ihre erste große Schuld zum Besten der Schule gemacht[1]; im Gegentheil die Kirche contrahirte dieselbe, nicht um das Schulgebäude im Jahre 1760, sondern um die Predigerwohnungen 1751 zu erbauen. Trotz der für jene Zeit starken Anleihen konnte das Pastorenhaus, welches an der Ecke der Perspective und kleinen Stallhofstraße lag, im Jahre 1751 nicht vollendet werden, sondern der Convent mußte den Baumeister Kempff und die Bauherren ersuchen, den Ausbau bis auf das Jahr 1752 zu verschieben, weil kein Geld mehr vorhanden sei. Sowohl die Prediger als auch die Lehrer hatten Gärten hinter ihren Wohnungen. Die hölzernen Predigerhäuser, welche 1747 gut reparirt waren, wurden hinter der Kirche wieder aufgesetzt. Alle 1747—1752 ausgeführten Bauten kosteten nach dem Bau- und Reparaturbuch, welche beide im Archiv liegen, zusammen 19,366 R.

Jedes dieser Häuser bildete ein Quadrat. Die Pforte zu jedem Hause lag an der Stallhofstraße. Die Eingänge zu den Wohnungen waren vom Hofe aus. Zwischen den beiden Häusern war der Haupteingang zu der Kirche, welcher nicht so breit wie der jetzige war und

---

[1] Küster p. 17.

durch Thüren zwischen steinernen Pfeilern geschlossen wurde. Jedes Haus zählte nach der Perspective 15 und nach der Stallhofstraße außer der Pforte 12 Fenster. Jedes Haus bestand aus 2 Etagen. Durch die Erhöhung der Straße ward das Parterre nach und nach beinahe zu einer Kellerwohnung, so daß man z. B. zu der Zeit, als das Haus abgebrochen wurde, zum Gercke'schen Magazin einige Stufen hinabsteigen mußte, während die obere Etage nur etwas höher lag als das jetzige Gercke'sche Magazin.

Da die Gegend noch ziemlich unangebaut und unsicher war, hielt der Convent eine Anzahl großer Hunde auf dem Hofe, welche zur Nachtzeit losgelassen wurden. Die Aufsicht über den ganzen Kirchenplatz führte der Küster. In der Instruction des Küsters Mitternacht 25. Jan. 1717 heißt es: „Er ist auch insbesondere verbunden, nach beendigtem Gottesdienst wohl nachzusehen, daß alle Thüren verschlossen und die Pforten wohl zugemachet werden, keine verdächtige Personen, als welche bloß dahin gehören, auf dem Kirchplatz zu beherbergen noch zu gedulden; diejenigen, so in der Kirche Bedienung stehen, gehörigen Orts mit ihren Pasports aufschreiben zu lassen¹), und sich selbst auch dabei nicht zu vergessen, auf das Feuer wohl nachzusehen, und zu dem Ende die Schornsteine fleißig fegen zu lassen, damit uns von der Polizei kein Verdruß zugefüget werde." Indem man später die Aufsicht des Küsters auf die Kirche und den eigentlichen Kirchenhof einschränkte, stellte man für die oben angeführten Sachen einen Oekonomen an, der daneben nicht selten das Amt eines Architecten verwaltete. Am Ende des 18. Jahrh. war wieder der Küster Bosse zugleich auch Oekonom.

Seit Erbauung des neuen Schulhauses 1760, welche weitläuftiger bei der Geschichte der Schule erzählt werden wird, ward das 1747 erbaute Schulhaus mit Ausnahme einer Predigerwohnung, die dahin verlegt wurde, völlig zum Vermiethen eingerichtet.

In den Jahren 1792—1795 ward durch den Baumeister Ferrari ein noch jetzt stehendes Haus an der großen Stallhofstraße erbaut. Dasselbe bestand aus einer Kelleretage und 2 Stockwerken. Es erstreckte sich anfangs nicht ganz bis an den finnischen Kirchenplatz, sondern zwischen dem von Ferrari erbauten Hause und dem

---

¹) Nur ein Theil dieser neuen Häuser ward der Schule und den Predigern eingeräumt. Die übrigen Wohnungen wurden vermiethet. Zu den ersten angesehenen Einwohnern gehören der Maler Grot und der Kammerrath Kruse, der Schwiegervater des Grafen Carl v. Sievers.

Grundstück der finnischen Kirche lag noch ein kleines einstöckiges Haus, welches 3 Fenster nach der großen Stallhofstraße hatte. Der untere Stock des von Ferrari erbauten Hauses wird jetzt von Lehrerwohnungen eingenommen, während der obere Stock die Wohnungen zweier Prediger und des Küsters enthält. Dieses Haus kostet 57,140 R. S.

Durch das von der Kaiserin Catharina II. 1764 verliehene Privilegium ward unter andern die Schule auch von allen Polizei-Lasten befreit. Dieses Privilegium ward durch den Allerhöchsten Ukas vom 29. Aug. 1783 bestätigt. Am 12. Sept. 1798 erging nun ein Befehl, daß von allen in St. Petersburg vermietheten Gebäuden eine festgesetzte Abgabe jährlich an die Stadtcasse bezahlt werden solle, und zwar von Magazinen und Buden 10 Proc., von Wohnungen 5 Proc. der Miethe. Von dieser Verpflichtung sollen nur die Kirchen und die Quartiere der Kirchen- und Schulbeamten ausgenommen werden, wenn solche Wohnungen als zu ihren Stellen gehörig angesehen würden. Der Kirchen-Convent weigerte sich, diese Abgabe zu zahlen, indem er sich auf obigen Punkt des Privilegiums berief. Deßhalb ward er 12. August 1800 vom Stadthause (der Duma) beim Justizcollegium verklagt. Am 6. Okt. 1800 erbot sich der Kirchen-Patron, Baron von Rehbinder, mit einigen Gliedern des Convents zu dem General-Gouverneur von der Pahlen zu gehen, demselben eine Abschrift des Privilegiums von 1764 und des Allerhöchsten Ukases von 1783 zu übergeben, und ihm zugleich schriftlich anzuzeigen, „daß die Kirche alle ihre Einkünfte zum Besten der Schule besonders verwende und daher dem Publico aller Nationen nützlich werde, und um dieses besser zu bewirken, in Schulden gerathen sei, auch den Herrn Gen.-Gouverneur zu bitten, bei Gelegenheit es bei Ihro Majestät, unserm Allergnädigsten Kaiser, dahin zu vermitteln, daß in Rücksicht der angeführten Gründe die Kirche von allen Abgaben Allergnädigst befreit werden möge." In Folge davon erließ der Kriegsgouverneur von der Pahlen am 15. Dec. 1800 einen Befehl an den Civilgouverneur, welcher ihn noch an demselben Tage der Duma mittheilte, daß durch die beiden Allerhöchsten Aktenstücke die Kirche von allen Polizeilasten, also auch von der Abgabe der 10 und 5 Proc. befreit sei. Dennoch unterließ die Duma nicht, regelmäßig durch den Polizeioffizier aus dem Quartal diese Abgabe einfordern zu lassen, welcher regelmäßig mit einem schriftlichen Protest abgewiesen wurde. So erschien er z. B. 10. Juni 1803 und ward mit folgender, von dem Kirchen-Patron Geh. Rath v. Gerhard unterzeichneten Schrift entlassen. „Auf die wiederholten Anfragen der Polizei wegen der 5 pr. C. von den Miethgeldern kann von dem Kirchenrath der St. Petri Gemeinde nichts weiter geantwortet werden als das, was schon so oft gesagt und geschrieben worden ist. Laut eines Privilegii von der gottseligen Kaiserin Catharina II. sind alle Gebäude, die der Kirche gehören, von Polizeiauflagen befreit, weil die Kirche diese bloß zum Unterhalt der Schule hat erbauen lassen, und noch gegenwärtig auf diese Gebäude eine große Schuldenlast abzutragen hat. Auch besitzt der Kirchenrath noch die Schrift von dem gewesenen Herrn Kriegsgouverneur von der Pahlen, in der der Polizei angezeigt wird, diese 5 pr. C. Gelder nicht von der Kirche zu fordern."

Durch einen Allerhöchsten Ukas vom 21. Nov. 1803, für die evangelisch-lutherischen Kirchen in St. Petersburg und Moskau, welchen der Kriegsgouverneur, Graf Tolstoi, dem Kirchenrathe mittheilte, wurden die Verhältnisse der Kirchengebäude näher bestimmt. Sie wurden denjenigen Kronsgebäuden gleich gestellt, die für Pflasterung und Reinigung der Straßen, so wie für Straßenerleuchtung selbst zu sorgen hätten, dagegen von Einquartirung und allen übrigen Abgaben befreit wären. Diese Bestimmungen wurden durch den Allerhöchsten Ukas vom 31. Juli 1808 bestätigt. Ebenso wie der Convent auf Grund des Privilegiums schon 1766 vergeblich versucht hatte, von der Pflasterung befreit zu werden, machte er jetzt auch fruchtlose Versuche, die Straßenerleuchtung von sich abzuhalten.

Ungeachtet des Ukases vom 21. Nov. 1803 hörte die Forderung der 5 und 10 Proc. nicht auf. Zuletzt finde ich diese Forderung 27. Febr. 1812 zurückgewiesen.

In dem 13. Nov. 1801 Allerhöchst bestätigten Statut für die römisch-katholische Kirche war festgesetzt, daß alle Besitzungen und Capitalien der Kirchen und Klöster, welche zur Unterhaltung der Seminarien, Schulen und Verpflegungsanstalten dienten, von aller Einquartirung und von Polizeileistungen befreit, dagegen diejenigen Besitzungen, welche vermiethet würden und Einkünfte brächten, denselben unterworfen sein sollten. Der Fürst Alexander Nicolajewitsch Galitzin, der Minister der kirchlichen Angelegenheiten und des öffentlichen Unterrichts, hatte im Minister-Comité vorgeschlagen, daß dieser Grundsatz auch auf die protestantische Kirche ausgedehnt werde, und der Kaiser hatte diesen Vorschlag 11. Dec. 1823 bestätigt. Die

Consistorialsitzung des Justizcollegiums theilte 31. März 1824 dies dem Kirchenrath mit. Die Beantwortung dieses Schreibens, welche vom 21. April datirt ist, übernahm der Staatsrath Abeking. Er sagt, die hiesige St. Petri Kirche, die größte und älteste aller hiesigen Kirchen fremder Confessionen, sei durch die Großmuth der Regierung, durch den milbthätigen Sinn ihrer Mitglieder und durch den Geist der zweckmäßigsten Dekonomie und Vorsicht, welcher von jeher die Verwalter ihrer zeitlichen Angelegenheiten geleitet habe, in den Stand gesetzt worden, Grundstücke zu erwerben und dieselben im Lauf der Zeiten in dem Grade zu erweitern, daß sie gegenwärtig nicht nur ein großes Schulhaus und die zu den Wohnungen ihrer Seelsorger und der an der Kirche und Schule angestellten Beamten und Lehrer nöthigen Gebäude, sondern auch ein im Jahre 1817 gegründetes Waisenhaus besitze. „Diese Gebäude werden sämmtlich, genau nach ihren Bestimmungen, zum unmittelbaren Gebrauch der Kirche und Schule benutzt. Da aber bei der Größe und dem Umfang derselben der Fall häufig eintritt, daß sich in einigen derselben mehrere Wohngelegenheiten darbieten, welche sich nicht grade für den erwähnten Zweck eignen, so hat der Kirchenrath von jeher das ihm anvertraute Interesse der Gemeinde nicht passender wahrnehmen zu können geglaubt, als wenn er die der Kirche und Schule zur Zeit nicht eben nöthigen Wohnungen an Privatleute zur Miethe überließ. Das dadurch einfließende Geld — ist vorzugsweise bestimmt, die Existenz ihrer dem Staate wie der Gemeinde ersprießlichen und wohlthätigen Lehr- und Erziehungsanstalten zu sichern." Außerdem habe die Kirche zur Aufführung dieser Gebäude Schulden gemacht, welche sie bezahlen müsse. Auch sei die Kirche selbst baufällig und man sammle schon einen Fonds zur Erbauung einer neuen größeren. Der Kirchenrath glaube hiemit genugsam bewiesen zu haben, „daß, da die Gebäude und Einrichtungen der St. Petri Gemeinde sämmtlich dem Zweck ihrer Stiftung gemäß zum unmittelbaren Gebrauch der in ihnen errichteten Anstalten verwandt und kein einziges derselben ausschließlich zum Vermiethen und zu Einkünften benutzt wird[1]), sie folglich auch ferner, wie bisher, auf die fortdauernde völlige Befreiung von Einquartirungs- und Polizeileistun-

---

[1]) Das Schulhaus war ganz von der Schule und den Lehrern, das Waisenhaus größtentheils von den Waisen eingenommen. In dem alten Pastorenhaus wohnte Pastor Hamelmann, in dem alten Schulhause Pastor Volborth und der Küster, in dem von Ferrari erbauten Hause einige Lehrer.

gen Anspruch zu machen berechtigt sei." Mit diesem Schreiben ward eine Abschrift des Privilegiums eingereicht. Am 2. Juli 1824 eröffnete die Consistorialsitzung des Justizcollegiums dem Kirchenrath seine Ansicht, daß durch das Gesetz vom 11. Dec. 1823 der Gnadenbrief der Kaiserin Catharina II. nicht gefährdet sei. Der Kirchenrath schöpfte daraus die frohe Hoffnung, - daß es damit wegen der verlangten Abgabe von den vermietheten Kirchengebäuden sein Bewenden haben werde. Diese Hoffnung ging auch in Erfüllung, denn 11. Sept. 1824 zeigte die Consistorialsitzung des Justizcollegiums dem Kirchenrathe an, Se. Exc. der Herr Oberverwalter der kirchlichen Angelegenheiten tolerirter Confessionen habe am 18. Juli 1824 erklärt, daß die durch Allerhöchste Ukase vom 21. Novbr. 1803 und vom 31. Juli 1808 den evangelischen Kirchen in St. Petersburg und Moskau verliehene Befreiung von Einquartirung und andern Stadtleistungen durch den am 11. Decbr. 1823 Allerhöchst bestätigten Vorschlag des Minister-Comités nicht aufgehoben sei, wobei aber die Pflicht bliebe, für Pflasterung, Reinhaltung und Erleuchtung der Straßen vor den Kirchengebäuden zu sorgen.

Von jeder Furcht vor einer Veränderung ward der Kirchenrath durch § 476 des Gesetzes für die evangelisch-lutherische Kirche in Rußland befreit. Dieser sagt: „Die evangelisch-lutherischen Kirchen, die zu derselben gehörigen und nicht zur Miethe abgegebenen Gebäude, so wie die Gebäude der zu ihnen gehörigen milden Stiftungen und Häuser der Geistlichen dieser Confession, so weit sie von ihnen selbst bewohnt werden, sind frei von Einquartirung und allen Polizei- und Stadtabgaben, mit Ausnahme jedoch der Ausbesserung des Straßenpflasters, der Aufsicht über die Reinlichkeit und der Unterhaltung der Laternen."

„Anmerkung. Diejenigen Kirchen, denen in dieser Hinsicht besondere Rechte verliehen sind, behalten dieselben, wie bisher."

Aus dem Vorhergehenden erhellt, daß die übrigen protestantischen Kirchen in St. Petersburg und Moskau die Befreiung von Stadtabgaben für ihre Häuser ursprünglich dem von der Kaiserin Catharina II. unserer Schule 1764 ertheilten Privilegium und dem langen, endlich siegreichen Kampfe unseres Kirchenraths gegen die Duma verdanken. Was dieser für die Gebäude unserer Gemeinde errungen hatte, kam durch den erwähnten § 476 auch den übrigen Kirchen zu Gute.

Seit die Kirche im J. 1746 nach langer Unterbrechung wieder eben so einflußreiche als wohlwollende Patrone erhalten hatte, ging eine

lange Zeit hin, ohne daß sich irgend etwas Merkwürdiges für dieselbe
ereignete. Von den beiden Patronen war der Baron von Korff sehr
häufig abwesend, ohne aber dadurch, wie sich aus den vielfachen
Berichten an ihn zeigt, das lebhafte Interesse für die Kirchen- und
Schulangelegenheiten zu verlieren. Er legte das Patronat 1758
nieder, als die Kaiserin Elisabeth ihn zum General-Gouverneur des
von den russischen Truppen während des siebenjährigen Krieges besetzten Ostpreußens ernannte und er deßhalb seinen Wohnsitz nach
Königsberg verlegen mußte. Zur Bezeichnung seines milden Charakters will ich nur 2 Züge von ihm erzählen. Friedrich II., der
sonst bekanntlich sehr sparsam mit Ertheilung seines schwarzen Adlerordens war, ertheilte ihm denselben gleich nach Abschluß des Friedens als Belohnung für die Menschenfreundlichkeit, mit welcher er
die Bewohner Ostpreußens behandelt hatte.

Dem Baron von Sievers verdanken wir besonders die Aufzeichnung unsers ersten Kirchenreglements aus dem Jahre 1748, in welchem die Verfassung unserer Kirche aus dieser ersten Zeit ihres Be-
stehens verzeichnet ist. Es wird von demselben später ausführlicher
die Rede sein.

Auffallend ist in dieser Zeit die Sterblichkeit unter unseren Predigern. Diese Behauptung gilt nicht von dem alten Pastor Razzius,
welcher 7. Dec. 1751 als Senior starb. Trotz seiner Eigenheiten
ward er von der ganzen Gemeinde geliebt und erfreute sich in der
ganzen Stadt einer allgemeinen Achtung, wovon nicht blos Peter
der Gr. und seine Gemahlin, die Kaiserin Catharina II., sondern
auch viele andern, nicht zu unserer Gemeinde gehörende, Personen
thätige Beweise ablegten. Büsching lernte ihn auf seiner ersten Reise
nach St. Petersburg kennen und schreibt über ihn[1]: „Razzius ist
hier schon seit 1711 im Amt und aus einem armen Jüngling ein
reicher Mann geworden. Sein einziger Sohn ist Magister, thut sich
aber weder in Predigten, noch sonst als ein angehender Gelehrter
hervor, und daher scheinet es Eifersucht zu seyn, daß der Vater dem
Magister Büsching seine Predigt in seiner Kirche auftrüge." Am
15. Dec. war die Beerdigung des Pastors Razzius. Pastor Trefurt
hielt die Leichenrede, welche im folgenden Jahr in Halle in fol. auf
Kosten der Kirche gedruckt wurde. Es scheint sich kein Exemplar derselben erhalten zu haben.

---

[1] Büsching, Eigene Lebensgeschichte p. 169.

Am 16. Dec. beschloß der Convent, am Sonntag nach Neujahr die Gemeinde nach der Predigt in der Kirche zusammen zu berufen, um Deputirte zur Predigerwahl zu ernennen. Inzwischen möge Pastor Trefurt die Geschäfte so gut als möglich besorgen, die Nachmittagspredigten aber durch Candidaten, denen man ein billiges Honorar geben wolle, halten lassen. Am 10. Jan. 1752 waren der Convent und die 9 Deputirten unter dem Vorsitz des Freiherrn von Sievers zur Predigerwahl versammelt. Auf den Vorschlag des Kirchenpatrons ernannte die Versammlung den Pastor Trefurt anstatt des verstorbenen Pastor Razzius zum ersten Prediger an unserer Gemeinde und zum Senior ministerii. Zum zweiten Prediger wurde der Pastor Nicolaus Bützow, gebürtig von der Insel Hiddensee bei Rügen, ernannt, welcher bisher Prediger der deutschen Gemeinde in Wiburg gewesen war. In seiner Vocation, welche 21. Jan. ausgestellt ist, wurden ihm 400 R., freie Wohnung und 50 R. Holzgeld versprochen[1]). Am 2. Febr. trat er sein Amt an. Zum großen Leidwesen der Gemeinde starb er schon nach 2 Jahren, 4. Febr. 1754. Am 7. Febr. beschloß der Convent, die Kosten des Begräbnisses aus der Kirchencasse zu bestreiten, wie das seit dem Tode des Pastor Tolle Sitte gewesen war. Da Pastor Bützow sein Vermögen hinterlassen hatte, so erhielt seine Wittwe außer dem laufenden Quartal, noch eine volle Jahresgage und freie Wohnung im Kirchenhause. Außerdem übernahm die Kirche die Erziehung der unmündigen Kinder. Weil beide Patrone abwesend waren, wurden ihnen diese Beschlüsse schriftlich mitgetheilt. In ihrer Antwort 14. Febr. schlugen sie vor, die Nachmittags- und Wochenpredigten durch Candidaten halten zu lassen, damit Pastor Trefurt mehr Zeit zu den übrigen Amtsgeschäften fände. So geschah es auch. Denn am Ende des Jahres wurde den 3 Candidaten, welche 81 Predigten während der Vacanz gehalten hatten, jede mit 2 R. vergütet. Eben so erhielten die Pastoren Hougberg von der schwedischen und Alopäus von der finnischen Gemeinde, welche in administratione sacramenti Beistand geleistet, jeder ein Gratial von 20 R.

Am 15. Juni versammelten sich der Convent und die Deputirten zur Predigerwahl. Diese fiel unter den 4 vom vorsitzenden Kirchenpatron Freiherrn von Sievers vorgeschlagenen Candidaten auf

---

[1]) Pastor Trefurt hatte den Gehalt des Pastor Razzius, 500 R. und 50 R. Holzgeld erhalten. Am 15. Dec. 1753 erhöht der Convent den Gehalt des Past. Trefurt auf 550 R., des Past. Bützow auf 450 R., das Holzgeld ungerechnet.

den Pastor Immanuel Justus von Essen, Diaconus an der Dom-
kirche in Riga. Da dieser seinen bisherigen Wirkungskreis nicht verlassen wollte, so ward 4. Sept. eine neue Wahl gehalten, welche
auf den Mag. Caspar Friedrich Lange fiel. Dieser war zu Neu-
münster in Holstein geboren, hatte eine Zeitlang Vorlesungen in
Kiel gehalten, von wo der Ruf seiner Gelehrsamkeit und Frömmigkeit durch die holsteinischen Begleiter des Großfürsten Peter hieher
gedrungen war, und war jetzt Subrector am Gymnasium in Lübeck.
Er hatte mehrere kleine Sachen, unter andern auch einige lateinische
Gedichte geschrieben, welche aber alle verloren gegangen zu sein
scheinen, ebenso wie die Leichenrede auf den Archiater J. D. Blumentrost, welche er hieselbst 1756 drucken ließ. Der Kirchenconvent
schickte die Vocation an den Superintendenten Dr. Carpzow nach
Lübeck und bat ihn, dieselbe zu übergeben, wenn der Mag. Lange die
Wahl annähme. Der Mag. Lange ward auf den Wunsch des Convents
in Lübeck ordinirt und kam im Dec. 1754 nach einer beschwerlichen
Landreise hieselbst an. Er starb 15. Mai 1758. Obgleich ein Theil
der Gemeinde gegen seine Erwählung gewesen war, wie denn das
Protocoll seiner Wahl von einem Vorsteher und zwei Deputirten
nicht unterschrieben war und der Deputirte Prof. Schreiber dem Küster,
der ihm das Protocoll brachte, erklärt hatte, er wolle mit der Wahl
nichts zu thun haben[1]), hatte er sich doch in den wenigen Jahren
eine solche Achtung erworben, daß die Gemeinde durch freiwillige
Beiträge 3000 R. zur Unterstützung seiner unbemittelten Familie
zusammenschoß. Die Kirche verzinste ihr dies Capital mit 6 pr. C.
und gab ihr außerdem jährlich 80 R. zur Wohnung. Die Wittwe
kehrte mit ihren beiden Kindern nach Holstein zurück.

Während der Vacanz unterstützten wiederum Past. Hougberg
von der schwedischen und Past. Kroglus von der finnischen Gemeinde den Past. Trefurt in administratione sacramenti, wofür jeder
ein Gratial von 20 R. erhielt. Der Mag. König hielt 14 Nach-
mittags- und Wochenpredigten, deren jede mit 2 R. vergütet ward.

Am 11. Juli 1758 versammelten sich der Convent und die Deputirten unter dem Vorsitz des Kirchenpatrons, Freiherrn v. Sievers,
zur Predigerwahl. Diese fiel auf den Pastor Joh. Wilh. Zuckmantel,
einen Stiefbruder des berühmten Humanisten und Bibliothekars Joh.
Math. Gesner in Göttingen, der zuerst den später und selbst jetzt

---

[1]) Ueber diese Wahl vergleiche den Anhang von der Verfassung der Kirche.

noch so oft mißachteten Grundsatz aufstellte, daß das Studium der Classiker nicht bloß um der Sprache, sondern auch um des Inhalts und der Darstellung willen zu treiben sei. Pastor Zuckmantel war im Fürstenthum Ansbach geboren und hatte seine Studien auf der Universität Jena gemacht. Er hatte den größten Theil Europas auf seinen weitläuftigen Reisen gesehen. Im Gefolge des Erbprinzen von Ansbach hatte er die Niederlande, die Schweiz und Italien besucht. Eigener Wissensdurst trieb ihn zu Reisen nach England, Frankreich, Böhmen, Preußen, Polen und Rußland, wo er bei einem Aufenthalt von 2 Monaten in St. Petersburg im J. 1756 auch in unserer Peterskirche predigte und sich dadurch den Weg zu seiner späteren Berufung hieher bahnte. Ueber Schweden, Dänemark und Norddeutschland kehrte er in seine Heimath zurück. Seine Vocation sicherte ihm freie Wohnung und einen Gehalt von 600 R. incl. Holzgeld. Da nun sonst die beiden Prediger in ihren Rechten völlig gleich gestellt waren und der einzige Unterschied in dem höheren Gehalte des ersten Predigers bestanden hatte, dieser nun aber wegfiel, so weigerte sich der Pastor Zuckmantel seinen älteren Collegen, den Pastor Trefurt, als Senior anzuerkennen. Bei dem Charakter des letzteren drohten daraus ernste Mißhelligkeiten zu entstehen. Auf den Vorschlag des Kirchenpatrons eröffnete daher in der Sitzung 23. Dec. 1758 der Kirchenälteste Assessor Richter „nomine conventus dem Herrn Senior und Pastor Trefurt, daß der Kirchenconvent einmüthig beschlossen hätte, ihm für seine bisherigen treuen Amtsdienste und zwar bei dreimaliger Vacanz ein Gratial von 300 R. aus der Kirchencasse zu schenken und sein jährlich Salarium als Pastor Primarius mit 100 R. zu vermehren." Der Pastor Zuckmantel beschäftigte sich während der kurzen Dauer seines Amts besonders mit der Schule, wie ich bei der Geschichte derselben weitläuftiger erzählen werde. Zur großen Betrübniß der Gemeinde starb er schon 13. Juli 1760 am Gallenfieber. Die Bildnisse der verstorbenen Prediger Razzius, Severin, Bützow, Lange und Zuckmantel ließ Pastor Büsching in der Sacristei aufstellen. Den letzten 3 ließ er auch auf dem Samsonschen Kirchhof Leichensteine mit Inschriften auf seine Kosten legen.

Pastor Zuckmantel galt seiner Zeit als ein großer Kanzelredner. Die einzige Predigt, welche ich gefunden habe, steht in einem sehr seltenen Buche: J. G. W. (Willamow) Sammlung einiger Schulreden. Reval. 1771. 8.

Am 28. Okt. 1760 ward Dr. Anton Friedrich Büsching, der berühmte Geograph und Professor in Göttingen, zum Nachfolger des Past. Zuckmantel erwählt. Sein Gehalt wurde auf 700 R. festgesetzt, also auch darin jetzt beide Prediger gleichgestellt. Familienverhältnisse verzögerten seine Reise nach Rußland bis zum folgenden Sommer, so daß er erst 22. Jul. 1761 introducirt wurde. Seine Wirksamkeit gehört hauptsächlich der Schule an, deren eigentlicher Gründer er ist, weßhalb ich auch dahin die Geschichte seines Aufenthaltes hieselbst verlegt habe, und hier nur die rein kirchlichen Angelegenheiten erzähle.

Zu den bedeutendsten und einflußreichsten Männern der Gemeinde gehörte damals der Kirchen-Aelteste Stegelmann. Heinrich Christian Stegelmann war 1708 in Lübeck geboren. Seine Eltern ließen ihm, obgleich sie kein Vermögen besaßen, eine gute Schulbildung geben. Auch später strebte er stets danach, seine Kenntnisse durch Lesen und den Umgang mit gelehrten Männern zu bereichern. Nach seiner Confirmation kam er nach Mitau und von da nach St. Petersburg, wo er durch seine Geschicklichkeit und Umsicht im Laufe der Zeit der reichste Kaufmann wurde. Wegen seiner Redlichkeit ernannte ihn die Kaiserin Elisabeth zum Kais. Hof- und Kammer-Factor, eine Stellung, welche dem Hofbanquier unserer Zeit gleichkommt. Er verheirathete sich mit Anna Cruys, einer Enkelin des Vice-Admirals, wodurch er ein Schwager Stellings wurde. Mit dem letzteren wetteiferte er in Wohlthaten. „Es ist allezeit merkwürdig, sagt Büsching in seiner Leichenrede, wenn Gott den Geringen erhöhet und den Unbegüterten reich macht; allein es wird noch merkwürdiger, wenn die von Gott also beglückten Personen die Absicht desselben erkennen und erfüllen, wenn sie das, was sie sind und haben, nicht bloß für sich selbst, sondern auch für andere Menschen, sind und gebrauchen. Der stolze und geizige Reiche sieht den Geringen mit Verachtung, und den Armen und Nothleidenden mit Gleichgültigkeit und Unempfindlichkeit an, auch sogar alsdann, wenn sie mit ihm von einerlei Geblüt abstammen. Ganz anders ist unser Stegelmann gesinnt gewesen. Er hat sich als einen Vater und Versorger der Waisen bewiesen. Er hat unzählige Arme und Nothleidende durch reiche Gaben getröstet. Er hat die Nackten gekleidet. Er hat Geldesbedürftige bald auf lange, bald auf kürzere Zeit ohne Eigennutz unterstützt. Er hat andern, die nicht fortkommen können, auf eine edelmüthige Weise aufgeholfen. Es ist ihm eine große Freude gewesen, Kranke zu laben und zu erquicken. Er hat seinen ihm geleisteten Dienst unvergolten gelassen, ja er hat die ihm erwiesenen Dienste und Gefälligkeiten reichlich und oftmals überflüssig belohnt. Er ist unerschöpflich an Erfindungen gewesen, seine freundschaftlichen und gütigen Geschenke auf eine artige Weise unvermuthet anzubringen." Besonders Kirche und Schule hatten ihm viel zu danken. Im Convent sprach er seine Ansicht frei und bestimmt aus. Nicht bloß Büsching sagt es, sondern auch manche Stimmen der Zeitgenossen bezeugen es, daß wenn Stegelmann und Stelling noch gelebt hätten, der Streit zwischen dem Grafen Münnich und dem Pastor Büsching nie eine solche Ausdehnung erhalten, sondern Stelling und Stegelmann den Convent bewogen haben würden, einzuschreiten und nicht einen stummen Zuschauer abzugeben. Die Bekleidung und Ausschmückung des Altars, das Tuch zum Ueberziehen der Kirchenstühle, war von ihm geschenkt, der Kirchenhof auf seine Kosten gepflastert. Weit mehr noch erstreckte sich seine Freigebigkeit auf die Schule, welche ihm und seinem Schwager Stelling hauptsächlich die Erbauung des neuen Schulhauses verdankt. Schon sein Aeußeres zeigte den entschlossenen Mann. Sein stolzer Gang, der freundliche Blick seiner durchdringenden Augen, seine Lebhaftigkeit, die sich bei jeder Gelegenheit aussprach, erregten allenthalben, wo er erschien, Aufmerksamkeit. Dazu kam sein ungeheurer Reichthum, den er sich selbst durch seine Tüchtigkeit erworben, und von welchem er den weisesten Gebrauch machte, und der Ruf seiner Rechtlichkeit, auf welche nicht einmal der Neid einen Schatten zu werfen wagte. Darf man sich wundern, wenn da der Graf Münnich in einem, im Archiv des Generalstabs erhaltenen, Briefe der Kaiserin Catharina II. vorschlug, dem so verdienten Manne den Baronstitel zu verleihen? Ehe es dazu kam, starb Stegelmann 28. September 1763.

Einer der ersten Befehle, welche Peter III. nach dem Tode der Kaiserin Elisabeth 1762 gab, betraf die Freilassung und Zurückberufung der von seiner Tante Verbannten. Rasch eilten dieselben nach St. Petersburg. So konnte der Pastor Büsching an einem Morgen nach einander 3 berühmte Männer besuchen, welche unter den vorigen Regierungen Todfeinde gewesen waren, den Grafen Münnich, den Grafen L'Estocq und den Herzog Biron von Kurland. Der Graf L'Estocq meinte, es fehle nun nur noch der vierte Mann zu ihnen, der Graf Bestuschew-Riumin, wenn derselbe (und er kam in der That sehr bald, da die Kaiserin Catharina II. ihn gleich nach

dem Antritt ihrer Regierung aus der Verbannung zurückrief), so
könnten sie Quadrille spielen¹).

Pastor Büsching war sehr begierig gewesen, den Grafen Münnich
persönlich kennen zu lernen. Er beschreibt seine erste Zusammenkunft
und die Uebertragung des Patronats an den Grafen Münnich mit
folgenden Worten: „Der Graf Münnich war zwar damals schon
79 Jahr alt, aber ich erkannte in seiner Physiognomie noch den
Mann, der große Anschläge zu fassen und auszuführen fähig gewesen, fand auch, daß die Gegenwart, Munterkeit und Thätigkeit seines
Geistes noch groß war. Er fing bald an von dem Zustande der
Peterskirche und Gemeinde zu sprechen, und erzählte, daß er ehedessen
als Patron der Gemeinde vom Kaiser Peter II. den Platz zu der
jetzigen Kirche erbeten, den Grundstein zu der Kirche geleget, sie ein-
geweihet und auswärtig Collecten für sie gesammelt habe. Ich
bemerkte deutlich, daß er wünsche und hoffe, wieder zum Patron derselben erwählet zu werden, und hielt es für gerecht und billig, ihm diese
Freude zu machen. Also trug ich im Kirchenconvent vor, daß vermöge
der Kirchenordnung diese Kirche zwei Patrone haben sollte, und daß
der Graf von Münnich ehedem ihr Patron gewesen sei. Nun wolle
ich dem Convent zur Ueberlegung und Entschließung überlassen, ob
er den General-Feldmarschall von Münnich ersuchen wolle, anstatt
Sr. Exc., des Barons von Korff, das Patronat wieder zu übernehmen, und in Gemeinschaft mit des Herrn Grafen von Sievers
Erlaucht zu verwalten. Der Graf von Sievers that, als ob dieser
Gedanke seinen großen Beifall habe und rieth die Ausführung desselben an. Er schickte mir aber 9. Jun. 1762 ein versiegeltes Schreiben an den Kirchenconvent zu, welches ich in der nächsten Versammlung vorlesen möchte. Natürlicher Weise kam ich gleich auf die
Vermuthung, daß er in diesem Schreiben das seit 1746 geführte Kirchenpatronat aus Eifersucht niederlege und es in Gemeinschaft mit
dem Grafen von Münnich nicht verwalten wolle. Das hatte ich
befürchtet und bei meinem oben erwähnten Vorschlag durch süße Vorstellungen zu verhüten gesucht, derselben Vergeblichkeit zwar selbst
eingesehen, aber doch dafür gehalten, daß ich dem Generalfeldmarschall
diesen Beweis der Hochachtung schuldig sei. Da ich nun in dem

¹) Der Graf Münnich nahm den Herzog Biron von Kurland gefangen, der
dann nach Sibirien verbannt ward. L'Estocq stürzte den Grafen Münnich und
ward wiederum durch den Grafen Bestuschew-Rjumin gestürzt. Auch dieser ward
am Ende von der Kaiserin Elisabeth in die Verbannung geschickt.

Kirchenconvent meine Vermuthung vorgetragen hatte und das eröffnete Schreiben dieselbe bestätigte, beschlossen wir, zunächst ein aufrichtiges und nachdrückliches Danksagungsschreiben an den Grafen von Sievers abzulassen, welches ich aufsetzte, der Pastor Trefurt aber, ein Aeltester und ein Vorsteher überbrachten und mündlich bestätigten. Hiernach ersuchten wir durch eine andere Deputation den Generalfeldmarschall, daß er das Kirchenpatronat wieder übernehmen möchte. Dazu war er sehr willig, verlangte auch nicht, daß seines hohen Alters wegen ein zweiter Patron zu seinem Collegen erwählet werden möchte. Am 14. Oct. 1762 meldete er mir in einem Briefe, daß er mit seiner Gemahlin das Abendmahl des Herrn in öffentlicher Gemeine zu empfangen wünsche, sagte aber auch, er sähe gern, daß ihm der Kirchenstuhl, den er erbauet habe, wieder eingeräumet werden möchte. Dieses Verlangen setzte den Kirchenconvent in große Verlegenheit. Der Graf von Sievers hatte diesen Kirchenstuhl, als er Kirchenpatron geworden war, in Besitz genommen, ihn etwas verändern, auch von außen durch die Mauer der Kirche eine Thür zu demselben eröffnen lassen. Der Graf von Münnich wollte ihn nicht nur wieder, sondern auch grade in dem Stande haben, wie er ihn ehedessen angeleget und bei seinem Fall verlassen hatte. Ich schlug vor, daß man dem Grafen von Sievers den zunächst auf diesen Kirchenstuhl folgenden ansehnlichen und schönen, den der Herzog von Kurland inne gehabt hatte, und dem Herzog den noch etwas höher nach dem Altar hinauf, den ansehnlichsten Kirchenstuhl, den Herzog Anton Ulrich von Braunschweig gebraucht hatte, anbieten und einräumen wollte, wenn sich der Generalfeldmarschall nicht entschließen sollte, den ehemaligen herzoglich-kurländischen anzunehmen. Mir ward aufgetragen, der Unterhändler zu sein, und die Herren mit einander zu vergleichen. Der Generalfeldmarschall schlug das Anerbieten gleich ab und wollte keinen andern Kirchenstuhl haben als den, der ehedem der seinige gewesen war. Der Graf von Sievers schrieb mir einen Brief, in dem er auf den Grafen von Münnich stark loszog, nahm aber den Kirchenstuhl, der ihm angeboten wurde, und der Herzog von Kurland nahm den herzoglich-braunschweigischen gern an. Der Feldmarschall wollte ihm aber denselben nicht schlechthin lassen, sondern trug in der folgenden Zeit, als der Herzog wieder zum Besitz von Kurland gelanget war, im Kirchenconvent vor, dem Herzog anzumuthen, daß er der Kirche einen jährlichen Canon geben möchte, wenn er den Kirchenstuhl sich und seiner Familie vorbehalten wolle. Und dakeiner Lust hatte, dieserwegen an den Herzog zu schreiben, so that er es selbst."

Ueber den ältesten Begräbnißplatz der Ausländer haben wir nur gedruckte Nachrichten. Die exacte Relation 1713 sagt nur im Allgemeinen, daß der evangelische Kirchhof sich am rechten Ufer der Newa befinde[1]). Viel klarer und ausführlicher über diesen Punkt ist die eigentliche Beschreibung 1718[2]). Sie sagt: „Noch ist auf dieser Insul (Berosow Insel, jetzt Apotheker-Insel) der Apothekergarten, ein mächtig großer Platz, aber ohne sonderliche Raritäten. Weil nun an diesem Ort das Ufer etwas hoch ist und noch dazu ein kleiner Sandhügel im Garten liegt, da das Wasser nimmer überläuft, so haben ihn die Deutschen zu ihrem Kirchhof erwählt. Es ist aber allda schlechte Sicherheit vor die Todten, indem öfters dieselben umb des kahlen Sterbekittels willen wieder herausgegraben, geplündert und dann hingeschmissen werden, bis etwan nach langer Zeit, als wann wieder jemand begraben wird, die Angehörigen es gewahr werden und den Körper noch einmal begraben müssen. Dieser Ursach wegen begraben etliche Deutsche ihre Todten auf ihren Höfen, insonderheit die Kinder. Oder so jemand das vermögends ist, so stellet er eine Zeit lang eine eigene Wache in den Apotheker-Garten, bis etwan der Todte vergessen worden, daß er einen saubern Kittel angehabt." Peter von Haven beschreibt die große Sturmfluth im Oktober 1736. Er wohnte auf der Apotheker-Insel und spricht von den großen Verheerungen, welche das Wasser angerichtet hatte, da es 1¼ Arsch. hoch auf der Insel stand[3]). „Diese Wasserfluth spülte verschiedene Todtenköpfe und Todtenknochen aus, bis aus Stackel um den Apotheker-Garten. — — Es haben solche auch von der Teutschen alten Kirchhof sein können, welcher vorhin auf der Apotheker-Insel gewesen, anitzt aber auf Samson-Insel angeleget ist." Aus den angeführten Stellen erhellt, daß der Kirchhof auf der Apotheker-Insel ganz ohne Aufsicht war, also auch wahrscheinlich keiner einzelnen Gemeinde gehörte. Nicht einmal ein Todtengräber scheint dort gewesen zu sein.

Dagegen scheint der Kirchhof auf der Wiburger Seite unweit der russischen Samson-Kirche von Anfang unserer Gemeinde gehört zu haben. Derselbe war von der Regierung für alle Ausländer be-

---

[1]) p 13.
[2]) p. 43.
[3]) p. 43.

stimmt, also nicht bloß für die Protestanten, sondern auch für die Katholiken. Der Samsonsche Kirchhof kommt zuerst 1720 vor, indem unter den Ausgaben dieses Jahres folgender Posten angeführt wird: „An Joh. Tressin zu dem neuen Begräbnißplatz auf Samsonoff zu bauen 50 R." Unsere Gemeinde setzte alsbald den Todtengräber Uhlich auf denselben. Dieser gab 1721 folgende Bittschrift beim Vice-Admiral Cruys ein: „Da zum Zaun umb den zu Beerdigung derer Ausländer angewiesenen Platz der Anfang zwar gemachet, jedoch solcher Bau sofort wieder eingestellet worden, mittler Zeit sich einige Leute unterstehen, die Leichen selbst zu begraben, wobei aber selten die gehörige Tiefe genommen wird, also daß oftmals die Körper von den Hunden ausgewühlet werden, welche ich nothwendig wiederum begraben muß, wo selbige nicht zum Spectacul liegen bleiben und herumgeschleppt werden sollen, ohnerachtet mir bei solcher Gelegenheit auch nicht das Allergeringste entrichtet wird." Deßhalb bittet er, die Kirche möge ihm doch eine feste Besoldung geben. Diese ward ihm auch 22. Sept. 1721 vom Vice-Admiral Cruys bewilligt und seit 1722 erscheint der Gehalt des Todtengräbers mit 24 R. jährlich unter den Ausgaben der Kirche. Im J. 1725 werden unter den Ausgaben 160 R. „für Sabor (Umzäunung) umb Begräbnißplatz auf Samson angeführt, und etwas später 125 R. für das Wohnhaus des Todtengräbers. Die Umzäumung kostete viel Geld. Im Juli 1749 meldete der Todtengräber, daß die eine Seite des Geländers völlig eingestürzt sei, mithin der Kirchhof sowohl dem weidenden Vieh, als auch andern Anläufen frei und offen stehe. Ueberhaupt verursachte der Kirchhof auf Samson der damals durchaus nicht wohlhabenden und mit vielen andern Bauten und Unkosten beschwerten Gemeinde viele Ausgaben, während er nichts einbrachte. Bis zum Jahre 1750 berechnete man diese auf 1223 R. Nur die katholische, die holländische und die englische Kirche hatten eine Kleinigkeit dazu beigetragen; die stuchhöfische, die schwedische und die französische Kirche verweigerten jeden Beitrag, da nach ihrer Ansicht der Kirchhof sich sehr gut von dem Gelde, welches für jede Gruft bezahlt werden müsse und welches bisher der Todtengräber bekommen habe, unterhalten ließe. Die finnische Gemeinde benutzte meistens den Kirchhof in Tentela, die Gemeinde auf Wassily Ostrow hatte ihren eigenen Gottesacker. Nach dem Ukas von 1739 sollte der samsonsche Kirchhof 6696 □. F. groß sein, allein es wurde nur die Hälfte gegeben.

Die Beerdigungen wurden meistens aus dem Sterbehause gehalten. Der Weg, den man zum Kirchhof einschlug, führte über die grüne Brücke (Polizeibrücke) in der Newski Perspective, bis man zum Troitzkischen Pristan an der Newa einbog. Deshalb forderte auch die Polizei von unserer Kirche einen Beitrag zur Unterhaltung der Brücke und Straße. Ueber den Strom fuhr man mit der Leiche auf einem Prahm, da noch keine Brücken nach der Petersburger und Wiburger Seite führten. Man landete in der Nähe der jetzigen samsonischen Brücke, wo lange Zeit die Zuckerfabrik des Engländers Maßeu stand. Der Pristan daselbst und der Weg zur großen Straße nach Finnland wurden gemeinschaftlich von unserer Kirche und der Fabrik unterhalten. Im Jahre 1749 gab die Kirche für den Pristan 120, für den Weg 170 R. aus. Der Weg zum Kirchhof war lang und beschwerlich, die Ueberfahrt über die Newa bei stürmischer Witterung und bei Eisgang oft ganz unmöglich. Daher war die Erbauung eines Leichengewölbes neben der Kirche ein dringendes Bedürfniß gewesen.

In der ersten Zeit nach der Gründung der Stadt war es Sitte, daß der Prediger jede Leiche bis an die Gruft begleitete, um daselbst die ersten 3 Schaufeln voll Erde auf den Sarg zu werfen. Wenn wir von dem Klima St. Petersburgs und den Wegen in unserer Zeit auf die Beschaffenheit derselben in jener Zeit zurückschließen, so müssen wir wohl den Predigern Recht geben, wenn sie die Leichenbegleitungen für ihr schwerstes Amtsgeschäft erklärten, und ebenso der Gemeinde, wenn sie in denselben die Ursache des raschen Hinsterbens ihrer Prediger fand. Daher beschloß der Kirchen-Convent nach dem Tode des Pastors Büßow 30. Decbr. 1754, „daß die Herren Pastores nomine Conventus die Gemeinde von der Kanzel ersuchen und bekannt machen sollten, daß keiner in dieser Zeit fordern möge, die Leichen weiter als bis an den Troitzer Pristan zu begleiten, oder daß sie die Leichen ins Gewölbe stellen möchten, wofür sie nach Belieben etwas bezahlen könnten." Diese Vorschrift scheint aber nicht befolgt zu sein. Daher bat Pastor Büsching schon vor seiner Ankunft und auch sogleich nach derselben den Kirchen-Convent, diese Sitte abzuschaffen. Das Protocoll 24. Jan. 1762 enthält darüber folgende Bemerkung: „Der Hr. Dr. Büsching beliebte wegen der beschwerlichen Leichenbegleitungen der respect. Versammlung nachfolgende schriftliche Vorstellung zu machen: nachdem ein Hochl. Kirchen-Convent dieser Gemeinde in Ueberlegung gezogen, daß die Gesundheit ihrer Pastoren, welche durch die mannigfaltigen Abwechselungen

in den vielen Amtsverrichtungen ohnedem angegriffen wird, dadurch
noch größerer Gefahr ausgesetzt werde, wenn sie die Leichen der
Verstorbenen nach den entlegenen Kirchhöfen begleiten, solche Beglei=
tung aber nicht für nothwendig erachtet werden kann, so ist ein=
müthig beschlossen worden, dieselbe von nun an dergestalt abzuschaf=
fen, daß sie künftig von den Pastoren nicht mehr verlanget werden
soll. Ein Hochl. Kirchen=Convent zweifelt nicht, daß unsere ganze
werthe Gemeinde eine solche Abschaffung um so lieber sehen werde,
je unangenehmer, betrübter und beschwerlicher ihr der bisherige, oft=
malige Verlust redlicher und geliebter Prediger gewesen ist, welchen
obermähnte Begleitung der Leichen allerdings mit veranlasset hat,
und dem man billig durch vernünftige Verfügung, so viel es mög=
lich ist, vorbeuget. Hierauf wurde beschlossen und die Herren Pa=
stores ersuchet, diese Sache zwei Sonntage nach einander der Gemeine
von der Kanzel bekannt zu machen." Den weitern Fortgang erzählt
Büsching in seiner Selbstbiographie [1]). „Am nächsten Sonntag hatte
Pastor Tresurt die Vormittagspredigt zu verrichten und las also den
Beschluß des Kirchenconvents zum erstenmahl ab. Ein Paar Tage
hernach kam er zu mir und erzählte, daß die Gemeine wegen dieser
Abschaffung in großer und unruhiger Bewegung sei, daß sie sage,
nun werde man wie die Schweine begraben, nun unsere Pastoren
unsere Leichen nicht mehr auf die Kirchhöfe begleiteten. Er war
wegen der unangenehmen Folgen, die diese Veränderung haben würde,
sehr besorgt und hielt es für unausbleiblich, daß die beträchtlichen
Einkünfte von den Leichen aufhören würden. Ich sagte, ein völliger
Verlust derselben sei nicht zu befürchten, und denjenigen, der etwa
erfolgen werde, müsse man mit Zufriedenheit ertragen; das Murren
in der Gemeinde werde nur ein Paar Wochen dauern und alsdann
aufhören. Wenn bei mir eine Beerdigung bestellet wurde, sagte ich
zu den Leuten, Sie wissen die Verfügung des Kirchenconvents, ich
werde also vor der Leiche nur bis auf eine gewisse Weite herfahren;
wollen Sie mir deßwegen weniger oder auch gar nichts geben, so
werde ich mir dieses eben so wohl als jenes gefallen lassen. Hier=
mit waren sie zufrieden, einige gaben oder boten mir wenigstens an,
was sie vorher zu geben und anzubieten gewohnt waren, und ich
nahm es entweder an oder nicht, je nachdem die Umstände waren."

---

[1]) p. 389.

Die Prediger der andern Gemeinden hatten noch lange zu kämpfen, ehe sie von den Leichenbegleitungen befreit wurden¹).

Wegen der weiten Entfernung des Kirchhofes und des beschwerlichen Weges zu demselben begruben Mitglieder unserer Gemeinde die Leichen nicht selten auf fremden, aber bequemer liegenden Gottesäckern. Das seit 1716 geführte Todtenregister nennt als solche Kirchhöfe: hinter der Jemskoi, in der Jemskoi auf dem russischen Kirchhof, auf Galinecka, in Ochta, auf Wassily Ostrow.

Der Kirchenconvent dachte 1735 sogar daran, einen Kirchhof bei unserer Kirche anzulegen. Der Maj. von Albrecht sprach deshalb mit dem Erzbischof von Nowgorod, dem Präsidenten des heil. Synods. Dieser wies ihn an die Polizei, welche allein die Erlaubniß dazu geben könne. Deßhalb gab der Convent 30. Oct. 1735 folgende Bittschrift beim General-Polizei-Amt ein: „Es hat Ihro Kaiserl. Maj., unsere Allerdurchlauchtigste Monarchin, Allergnädigst geruhet, den luth. Glaubensgenossen die Aufführung einer steinernen Kirche auf der Admiralitätsinsel am großen Perspectiv, jenseit der Moika, zu Ausübung ihres Gottesdienstes zu erlauben; und nachdem das General-Polizei-Amt zu Vollführung solches Baues und aller dabei vorfallenden Nothwendigkeiten einen geraumen Platz angewiesen, so hat die Gemeinde Sorge getragen, solchen gehörig zu umzäunen und mit den nöthigen Gebäuden zu versehen, ist auch itzo Willens, solchen Platz mehrerer Bequemlichkeit wegen anderthalb Arschin hoch auffüllen zu lassen.

„Wenn aber beregte Gemeinde ungeachtet des hinlänglichen Raumes dennoch ohne specielle Erlaubniß des General-Polizei-Amts ihre Todten daselbst zu begraben sich nicht unterstehen darf, und dann sowohl in Mosco als überall üblich, daß alle Religionsverwandte nahe an denen zu Ausübung ihrer Religion erlaubten Kirchen beerdigt werden; hingegen allhier in St. Petersburg dergleichen Kirchhöfe und Begräbnisse bloß zu dem Ende bisher nicht erlaubt werden mögen, eines Theils weil es ein neu angelegter und noch nicht regulirter Ort, andern Theils aber weil zumal die hiesigen Plätze anfänglich so niedrig gewesen, daß man die Körper zu Abwendung des etwa zu besorgenden üblen Geruches nicht tief genug eingraben können, nunmehro aber solche Ursachen nicht allein völlig cessiren, sondern auch dergleichen Begräbniß bei der gleichfalls auf

---

¹) Grot II. p. 263.

der hiesigen Admiralitäts-Insel befindlichen Kirche Ascensionis denen griechischen Religionsverwandten bereits wirklich concediret worden; als ist unser alleruntertänigstes Suchen, es geruhe Ihro Kais. Maj. die andern Religionsverwandten deßfalls ertheilte Allergnädigste Erlaubniß auch auf die luth. Gemeinde zu extendiren, mithin die Verfügung zu thun, daß auch solche ihre Todten bei obgedachter Kirche ungehindert begraben möge. Wobei sich gedachte Gemeinde verbindet, dafür gehörige Sorge zu tragen, daß die Todten zu Abwendung des zu besorgenden Geruches nicht allein tief genug eingegraben, sondern auch ein jegliches Grab mit Flintsteinen versehen werden solle, umb zu verhüten, daß die todten Körper auch von fressenden Thieren nicht etwa ausgescharret und die Luft dadurch inficiret werden möge.

„Im Fall aber Ihro Kais. Maj. uns mehrgedachte Freiheit zu ertheilen nicht geruhen möchten, so ist unsere allerdemüthigste Bitte, daß uns dennoch zu Begrabung unserer Todten entweder hinter der zweiten Ehrenpforte bei der sogenannten Anitschkowoi oder Astrachanischen Slobode, oder wo es sonst gefällig sein sollte, ein nahe gelegener bequemer Platz angewiesen und Ihro Kais. Maj. schriftliche Ordre darüber ertheilet werden möge.

„Als warum demüthigst ansuchen die verordneten luth. Pastores, und Gemeinden."

St. Petersburg, 30. Oct. 1735.

H. Gottl. Razzius.   Jean d'Alberti.
Joh. Friedr. Severin.   Joh. v. Hagemeister.
Heinr. Blissekow.   Pet. Böhtlingk.
                          Heinr. Garmahs.
                          Joh. Nic. Thiele.

Es scheint auf diese Bittschrift gar keine Antwort erfolgt zu sein. Durch einen Befehl von der Polizei 19. April 1746 wurde befohlen, die Kirchhöfe bei der Wosnessenskischen Kirche und hinter der Kaliukinbrücke auf dem Wege nach Catharinenhof so hoch mit Erde zu überschütten, daß dieselbe mit den Gräbern gleich sei, weil auf beiden Kirchhöfen Niemand mehr begraben werden solle. „Der deutsche Kirchhof hinter der Moskowschen Jemskoi oder wo an andern Orten mehr solche auf dieser Seite (am linken Ufer der Newa) sind, soll gleichfalls mit Erde überschüttet werden, und die Ausländer sollen ihre Todten auf der Wiburger Seite begraben." Dieser letzte Befehl ward 30. Jan. 1748 wiederholt.

Seit 1741 hatte unsere Gemeinde mehrere Male gebeten, ihr einen passenden Platz zum Kirchhof auf der Moskowschen Seite anzuweisen. Der Architect Tressini hatte dazu 1748 Befehl erhalten und auch einen Platz hinter den Casernen des Semenow'schen Regiments gefunden. Es fehlte weiter nichts als einen angesehenen Mann nomine der fremden Religionsverwandten in die Oberpolizei zu schicken, damit man den Platz bewilligt und durch einen Befehl überwiesen erhielte. Da man aber den Samsonschen Kirchhof nicht aufgeben konnte und dieser gerade damals bedeutende Ausgaben erforderte, da ferner die Kirchencasse durch den Bau der ersten steinernen Häuser völlig erschöpft war und man kein Geld zur Einrichtung dieses neuen Gottesackers hatte, so scheute sich der Convent, den letzten entscheidenden Schritt zur Erlangung des Platzes zu thun. Am 27. Mai 1756 erschien ein Befehl aus dem dirigirenden Senat an das Justizcollegium, um denselben den Pastoren der ausländischen Gemeinden mitzutheilen. Durch denselben wurde jede Beerdigung in in der Stadt und besonders bei den Kirchen verboten. Jeder Stadttheil solle seinen eignen Gottesacker haben, den für die Admiralitätsinsel solle man bei dem Dorfe Wolkowa suchen. Der Architect Knobel erfüllte auch diesen Auftrag, doch erhielt die Gemeinde den Platz nicht. Erst im Mai 1773 ward auf Befehl der Kaiserin Catharina II. unserer Kirche ein Platz beim Dorfe Wolkowa zum Gottesacker für die Ausländer angewiesen. Der Platz war anfänglich nur 120 Faden lang, 80 Faden breit und ist nach und nach durch Ankäufe vergrößert worden. Der Architect Knobel hat denselben ausgesucht. Seit Einrichtung dieses neuen Gottesackers hörte die Benutzung des Samsonschen Kirchhofs allmälig auf, wie den 5. December 1789 auf eine durch die Familie Molwo veranlaßte Anfrage des Kirchenpatrons Baron von Rehbinder die Polizei die Antwort ertheilte, der Kirchhof bei Samson ginge die Ausländer nichts mehr an, es dürfe daselbst Niemand mehr beerdigt werden. Die erste Leiche, welche auf dem neuen Gottesacker 27. Mai 1773 beerdigt wurde, war die des Kaufmanns Breitfeld. Daher nannte man den neuen Kirchhof anfangs Breitfeld oder Breitfelds Ruhe. Jetzt heißt er allgemein der Wolkowaische Kirchhof.

Durch den Ukas der Kaiserin Anna vom Jahre 1734 war, wie ich oben erzählt habe, dem Justizcollegium mit Hinzuziehung von

Geistlichen der Confession, deren Mitglieder als Kläger oder Verklagte bei der Streitsache betheiligt waren, die Entscheidung von Ehesachen unter den fremden Confessionen in St. Petersburg, Ingermannland und Finnland übertragen. Von dem Urtheil des Justizcollegiums konnte man an den Senat appelliren. Der Ukas der Kaiserin Anna litt in Bezug auf die Theilnahme der Geistlichen an diesem Consistorium mixtum an großer Unbestimmtheit. Es ist in demselben nur im Allgemeinen von der Hinzuziehung von Geistlichen die Rede, ohne die Zahl derselben anzugeben, ohne festzusetzen, ob die Geistlichen auf Lebenszeit oder für eine bestimmte Zeit oder für jeden einzelnen Fall zur Theilnahme an der Consistorialsitzung im Justizcollegium berufen werden sollen; ohne anzuordnen, wer sie ernennen solle, der Vice-Präsident durch Berufung oder die Prediger durch Wahl aus ihrer Mitte; ohne zu bestimmen, wie weit die Prediger an dem Gerichte Theil nehmen sollten und besonders ob sie auch zu den Untersuchungen hinzuzuziehen seien. Die Geistlichen fühlten diese Unbestimmtheit des Ukases und sahen die übeln Folgen, welche daraus entstehen konnten, voraus. Deßhalb richteten sie noch 1734 folgende Bittschrift an die Kaiserin: „Es haben Ihro Kaiserl. Maj. auf unterthänigste Vorstellung des Reichs-Justiz-Collegiums der lief- und esthl. Sachen, daß außer Lief- und Esthland kein solch Gericht befindlich, wodurch die Consistorialsachen derer Augsburgischen Confessions-Verwandten decidiret und alle Mißbräuche abgewendet werden können, am 23. Februar 1734 mittelst Dero eigenhändige Unterschrift Allergnädigst befohlen, daß hinführo alle allhier vorfallenden Consistorialsachen fremder Religionsverwandten in gedachtem Justiz-Collegium nach den Grundregeln einer jeden Confession mit Zuziehung der hiesigen Geistlichen von der Confession, welcher derjenige, über den das Gericht gehalten werden soll, zugethan ist, sollen decidiret und selbige sammt ihnen geurtheilet werden.

„Wenn nun das Reichs-Justiz-Collegium 27. August a. c. zum ersten Mal in einer gewissen Consistorialsache den Pastorem Nazzium und Pastorem Trefurt zu sich geladen, um in derselbigen mit zu urtheilen, den folgenden Tag aber in einer anderen Consistorialsache den Pastorem Plaschnig allein zu sich gerufen, 9. Sept. a. c. aber ohne Zuziehung eines einzigen Predigers über den finnischen Pastorem Thoranium und dessen Saccellan Nossing ein hartes Urtheil gefället, solches aber nicht nur Ihro Kais. Maj. Allerhöchster Verordnung vom 23. Febr. a. c. zuwider zu laufen scheinet, sondern auch Ihro Kaiserl. Maj. Allergnädigste Intention in Aufrichtung eines ordentlichen Consistorialgerichts zu Abhelfung aller Unordnungen nicht füglich kann erreichet werden, maßen da zur Beurtheilung der Consistorialsachen nicht nur eine genugsame Erkenntniß des juris ecclesiastici, sondern auch wegen der varirenden Umstände eine reife Deliberation erfordert wird, es leicht geschehen könnte, daß die Prediger, wenn sie gleich ex tempore ihre Meinung sagen sollen, in ihren Urtheilen fehleten, so auch, wenn nicht gewisse Glieder aus dem geistlichen Stande dazu bestellet werden, man niemals gehörigen Fleiß in Abthuung der Unordnungen bei den Gemeinen, die den Predigern am besten bekannt sind, wird anwenden, noch auch die zu bestellen nöthigen Prediger examiniren und ordiniren können.

„Als flehen Ihro Kaiserl. Maj. wir nachgesetzte Prediger der hiesigen evang.-lutherischen Gemeinden in allerunterthänigster Demuth an, Ihro Kaiserl. Maj: wollen Allergnädigst geruhen, Dero Allerhöchste Erklärung hierüber zu ertheilen, ob es nicht Ihro Kais. Maj. Allergnädigster Wille sei

„1) daß aus unterschriebenen Geistlichen etwa 3 Glieder als beständige Consistoriales autorisirt werden, die da in allen bei den Augsb. Confessions-Verwandten vorfallenden Consistorialsachen von Anfang bis zu Ende mitsitzen und darinnen urtheilen, auch der zu bestellenden Prediger (sowohl allhier in Petersburg und Cronstadt, als auch in dem District, welcher zu schwedischen Zeiten unter den Aboischen oder Borgoischen Bischof gehöret, wie auch in demjenigen District, der ehemals dem Narwischen Consistorium unterworfen gewesen, aber durch eine aus dem Reichs-Justiz-Collegium ergangene Resolution 13. Nov. 1721 davon abgezogen und noch keinem Consistorio von Ihro Kaiserl. Maj. wieder untergeben worden) Tüchtigkeit beprüfen, dieselbige ordiniren und mit dem Reichs-Justiz-Collegium jurisdictionem ecclesiasticam über solche Lande exerciren können.

„2) zugleich, daß zu Hegung der Consistorial-Gerichte wöchentlich ein oder zwei gewisse Tage im Reichs-Justiz-Collegium angesetzt werden."

Obgleich auf diese Bittschrift keine Antwort erfolgt zu sein scheint, hatte sie doch den Erfolg, daß, so lange die Grafen Münnich und Ostermann an der Spitze der Staatsgeschäfte standen, alle Eigenmächtigkeiten ähnlicher Art, wie sie in der Bittschrift erwähnt werden, von Seiten des Justizcollegiums unterblieben, die Prediger nicht nur eine geachtete Stellung einnahmen, sondern auch das ganze Gericht das Ansehn eines Consistorii mixti gewann. In dieser Zeit zog man gewöhnlich die beiden Prediger der Petrikirche zu den Consistorialsitzungen des Justizcollegiums. Sie gaben gemeinschaftlich mit den weltlichen Richtern ihre Stimme ab und unterschrieben die Urtheilssprüche in Ehesachen, so wie die Bestallungen der Prediger, die Citationen derselben vor Gericht und überhaupt alle Verfügungen in Consistorialsachen nicht bloß für die ausländischen Gemeinden in St. Petersburg, sondern auch für die finnischen Landgemeinden. Im Jahre 1736 (?) hielten der Pastor Nazzius und der Justizrath von Vietinghof gemeinschaftlich die Visitationen in den finnischen Landgemeinden¹). Den Predigern ward im Justizcollegium mit aller Höflichkeit als Mitrichtern begegnet. Wenn sie ankamen, ward ihnen die Thür zur Richterstube sogleich geöffnet, so daß sie unangemeldet hineingingen. War ihnen etwas aus dem Collegium bekannt zu machen, so geschah dieß in Form eines Briefes, in welchem ihnen der Titel „Wohlehrwürdige und Wohlgelahrte" nach dem Vorgange Peters des Großen in dem Anstellungsdokument des Superintendenten Bagetius beigelegt wurde. Um alle Rangstreitigkeiten zwischen den weltlichen Richtern und den Geistlichen vorzubeugen, hatten die Grafen Münnich und Ostermann 1741 die Einrichtung getroffen, daß die weltlichen Richter auf der einen Seite des Tisches, die Geistlichen auf der andern sitzen sollten. Bis zum Sturze dieser beiden Beschützer unserer Kirche herrschte, während die Vice-Präsidenten Wolf und Baron Mengden an der Spitze des Justizcollegiums standen, Friede und Einigkeit in der Versammlung.

---

¹) Jacob Lange beschreibt diese Visitation in seinem Tagebuch mit folgenden Worten: „Ingria et Carelia a nationibus erat inhabitata, ut constat, religione evang. addicta. Verum enim hae provinciae devorantis belli calamitates prae primis erant expertae, ruinae tristes ubique adhuc circumjacebant, sacra divulsa, templa combusta, bona ecclesiae direpta. Magnanimitas Augustissimae Annae etiam ad hasce partes deserebatur restituendas, Dicasterio (dem Justiz-Collegium) demandabatur, bona eccles. restauranda, id quod grande omnino arduumque fuit negotium. Nam praedia locorum istorum inter Magnates erant divisa. Vacantibus parochiis, Candidati linguis vernaculis edocti utique non aderant, interim Largitas Augustissimae nec praediis cameralibus suis parcebat, curaque magni illius Ministri ab Ostermanno obstacula vincebat, aetatem hoc anno ineunte (1735) commissio haec eccles. Imperatorio nomine habebatur. Consiliarius a Vietinghoff, Nazzius noster, Praeposito quondam Finnico et Pastore Sued. Levano adjutus, cum nobilibus quibusdam indigenis erant membra Visitationis, *comitatu militari suffultus* quam ego sub Notarii eccles. nomine concomitabar."

Durch die Art und Weise, wie das Justizcollegium den Ukas von 1734 ausführte, entstand bald ein bedeutender Unterschied zwischen den protestantischen Gemeinden. Bei denjenigen, welche aus russischen Unterthanen bestanden, als bei den finnischen Land- und Stadtgemeinden in Ingermannland und St. Petersburg legte es sich ohne weitere höhere Anordnung alle Rechte eines Consistoriums zu, während die Stadt Narwa, wo das zur schwedischen Zeit bestandene Consistorium nach dem Frieden wiederhergestellt war, und das russische Finnland seit Errichtung der Consistorien in Wiburg und Friedrichshamm zu dem Justizcollegium in Consistorialsachen in ein ähnliches Verhältniß wie Esthland und Livland traten. Seitdem 1742 der Vice-Präsident von Emme an die Spitze des Justizcollegiums trat, nahm dasselbe ein eigenmächtigeres Wesen an und schloß die Geistlichen von allen Verhandlungen, welche die finnischen Landgemeinden betrafen, aus, so daß es für dieselben ganz und gar den Charakter eines Consistoriums verlor und eine weltliche Behörde wurde. In welchen Zustand dieselben dadurch geriethen, zeigt uns besonders ein handschriftlich im Archiv befindlicher Aufsatz des schwedischen Predigers Hougberg aus dem Jahre 1764: Wahrhafter Bericht von dem Verfahren E. Erlauchten Justizcollegiums in Consistorialsachen. Nach demselben übte das Justizcollegium für die finnischen Gemeinden die Gerichtsbarkeit in Ehesachen völlig uneingeschränkt aus, indem es die Entscheidungen nicht nur ohne die Hinzuziehung von Geistlichen traf, sondern auch neben der eingeführten schwedischen Kirchenordnung noch anderweitige Kirchengesetze seinen Entscheidungen zum Grunde legte. Daher kam es, daß die Urtheile dieses Gerichts nicht im Einklange mit einander standen, sich oft sogar widersprachen. In Ingermannland besaßen die Gemeinden seit der schwedischen Zeit das Recht, sich aus 3 oder 4 Candidaten, welche vom Justizcollegium oder von den eingepfarrten Gutsbesitzern und der Gemeinde aufgestellt wurden, ihren Prediger zu erwählen. Das Justizcollegium bestätigte den Gewählten. Dieses Wahlrecht der Gemeinden suchte das Justizcollegium zu vernichten und brachte es nach dem Berichte des Pastor Hougberg „nicht bloß in Ingermannland, sondern auch in Finnland, welches doch seine eigene privilegirte Consistoria hat, dahin, daß es in diesen Provinzen alle Pfarrdienste besetzt, ohne daß dazu Geistliche zugezogen werden, z. B. ernannte es den Herrn Joh. Heinrich Krogius, Conrector an der Schule zu Wiburg, zum Prediger an der hiesigen finnischen Gemeinde und befahl dem Pastor

Hougberg, ihn 7. Mai 1755 einzuführen. Den Pastor Weichmann in Walkiasaari ernannte es zum Prediger in Gubaniz und befahl dem Pastor Hougberg denselben 7. März 1762 zu installiren und Rapport abzustatten. In Ingermannland hat das Justizcollegium sogar die Adjuncten ernannt, und befahl dann den Predigern, welche es in seinen Befehlen mit „Er" anredet, dieselben zu examiniren und zu ordiniren."

Welche Mißgriffe das Justizcollegium bei seinen willkührlichen Maßregeln zuweilen machte, zeigt am besten die Sache des angeblichen Pastors Nordenberg. Oben ist angeführt, wie die Einigkeit in der schwedisch-finnischen Gemeinde 1729 durch die Bemühungen unseres Kirchenraths wiederhergestellt wurde. Pastor Wagner starb schon 1730; sein Collega, Pastor Törne, ward nun der einzige Prediger der Gemeinde, welche ihren Gottesdienst nun in der ehemaligen Magdelinschen Kirche hielt. Nach Törne's Tode ward Pastor Levanus in Torowa 1733 zu seinem Nachfolger erwählt, welchem es durch Hülfe des Grafen Ostermann noch in demselben Jahre gelang, einen Platz zur Erbauung der Kirche und der nöthigen Gebäude von der Kaiserin Anna zu erhalten. Zum Bau der Kirche schenkte die Kaiserin außerdem 500 R. Der Platz lag unmittelbar neben dem unsrigen. Die hölzerne Kirche ward 1734 von Pastor Nazzius eingeweiht. Der Friede zwischen beiden Gemeinden 1711 durch Esaias Aaron Nordenberg gestört. Dieser gab sich für einen Dänen aus, der in Kopenhagen studirt, in Trontheim die Ordination empfangen, worüber er einen Schein vorzeigte, und eine Zeitlang als Missionair in Finnmarken gelebt habe, aber, wie sich später erwies, ein geborner Finnländer war, der anfangs Soldat gewesen, dann sich für einen Geistlichen ausgab und allenthalben, wohin er kam, Unruhen in den Gemeinden erregte. Den Pastor Levanus nahm er durch den äußern Schein der Frömmigkeit so sehr ein, daß dieser ihm wiederholt in seiner Kirche die finnische Predigt übertrug. Da Nordenberg der finnischen Sprache vollkommen mächtig war, Levanus dieselbe aber nur mangelhaft verstand, wußte der erstere sich bald unter den Finnen eine Partei zu bilden, welche ihn zum Adjuncten verlangte, und, als Levanus und die schwedische Gemeinde nicht darauf eingehen wollten, die Sache beim Justizcollegium anhängig machte. Obgleich Nordenberg außer dem Ordinationsschein kein einziges Papier besaß, befahl der Vice-Präsident Emme dem Pastor Levanus, denselben nicht nur zum Adjuncten anzunehmen, sondern ihn auch

persönlich in sein neues Amt einzuführen. Die schwedischen Kirchenältesten, welche durchaus nichts von Nordenberg wissen wollten, ließ
er in das Collegium kommen und überschüttete sie mit Drohungen,
wenn sie nicht von ihrem Widerstande abließen. Die Erbitterung
hatte aber beide Parteien so sehr ergriffen, daß daraus 1745 eine
endliche Trennung der Gemeinde hervorging. Der Kirchenplatz und
die Kirche blieb gemeinschaftlich den Schweden und Finnen, bis die
schwedische Gemeinde sich selbst ihre Kirche erbaute und dann auch
der Platz getheilt wurde. Während des Streites hatte sich die schwe-
bische Gemeinde nach Dänemark gewandt, um nähere Aufklärung
über Nordenberg zu erhalten. Der Bischof von Seeland ertheilte die
Auskunft, daß ein Nordenberg weder in Kopenhagen studirt, noch
in Drontheim die Ordination erhalten habe. Als dies dem Justiz-
Collegium angezeigt wurde, zeigte einer von Nordenbergs eigner Gemeinde an, daß er bei demselben dasjenige Petschaft gefunden habe,
welches seinem Ordinationsschein aufgedrückt sei. Das Verlangen
des Justizcollegiums, sich gegen diese Vorwürfe zu vertheidigen, beantwortete er mit dem Gesuch um Urlaub auf ein Jahr zu einer
Reise ins Ausland, um die nöthigen Beweise herbeizuschaffen. Da
er dieselben nach seiner Rückkehr nicht beibringen konnte und sich klar
erwies, daß er ein Betrüger sei, ward seine Stelle bei der finnischen
Gemeinde anderweitig besetzt.

Ganz anders war die Stellung des Justizcollegiums gegenüber den ausländischen Gemeinden in St. Petersburg. Bis 1742
wurde kein Versuch gemacht, die Rechte derselben zu verkürzen. Seitdem aber trat der Vice-Präsident von Emme, wie der Graf Münnich schreibt, ganz offen mit dem Plane hervor, auch die ausländischen Gemeinden, ebenso wie die finnischen Landgemeinden, der willkürlichen Gewalt des Justizcollegiums zu unterwerfen. Zuweilen
veranlaßten dieselben selbst diese Versuche, indem sie bei ihren Streitigkeiten ihre Zuflucht zu dem Gericht nahmen und demselben so die
Einmischung in ihre Gemeindeangelegenheiten verstatteten.

Als die ausländischen Gemeinden hieselbst die Büchsengelder zum
Besten der Schulen einführten, wovon bei der Schule die Rede sein
wird, beschloß unser Convent 28. August 1735, daß, wenn der Plan
von allen Gemeinden genehmigt würde, auch „E. Erlauchten Reichs
Justiz Collegii Confirmation nachzusuchen."

Während des Türkenkrieges wurden 1737 in den russischen Kirchen besondere Gebete für den Sieg der christlichen Waffen gehalten.

Am 4. Febr. beschloß unser Convent, daß dies auch in unserer Kirche nach dem Gottesdienste geschehen solle und schickte den Küster 18. Febr. mit einem solchen Befehl zu dem Pastor Razzius. Dieser antwortete, er trage Bedenken, einem solchen Verlangen ohne anderweitigen höhern Befehl Genüge zu leisten. Einige Tage darauf erschien ein solcher aus dem Justizcollegium an die sämmtlichen protestantischen Prediger. Unsere Prediger arbeiteten nun ein entsprechendes Gebet aus, welches vom 27.-Febr. bis zum Ende des Krieges gehalten wurde.

Wie bei der Errichtung des Rectorats an unserer Kirche und der Berufung des Mag. Phil. Lütke zu dieser Stelle ein heftiger Streit zwischen dem Kirchen-Convent und den Predigern ausbrach, der zur Ausschließung der letzteren aus dem Convent führte, ist schon oben kurz erwähnt und wird bei der Geschichte der Schule weitläuftiger erzählt werden. Die sämmtlichen hiesigen protestantischen Geistlichen standen in diesem Streit auf Seiten unserer Prediger. Der Rector Lütke nahm Januar 1737 seinen Abschied, um Gehülfe des Pastors Schattner an der Annenkirche zu werden. Eine Partei in der Gemeinde war mit der Wahl nicht zufrieden und wandte sich unter ziemlich nichtigen Vorwänden an das Justizcollegium. Der Hergang der Sache ist ausführlich in folgendem Document erzählt.

Zuschrift des Kirchenraths der alten St. Petri Kirche an den Kirchenrath der neuen St. Petri Kirche. 13. März 1738.

"Es ist mehr als zu viel bekannt, was dermalen ein jedes treue Glied der allhiesigen evangelischen Gemeinden in Furcht und in die gerechteste Bekümmerniß setzet. Man will zur Zeit diejenigen auch nicht namentlich aufführen, welche aus besondern Absichten bei dermaligem Streit, die an Herrn Mag. Lütken erfolgte Vocation zum Prediger an der alten St. Petri-Kirche betreffend, vieles unternommen haben, welches den allhiesigen evangelisch-lutherischen Gemeinden zum höchsten Nachtheil gereichen, und ihre, bei der Wahl, Vocation und Ordination der Pastoren bei ihren Kirchen allstets unwidersprechlich ausgeübte, Jura und Freiheiten völlig streitig machen könnte.

"Nachdem zu Ende des Jahres 1736 Herr Pastor Schattner beim Kirchen-Rath an- und vorgebracht habe, daß sein nunmehriges hohes Alter ihn nicht fernerhin sein Amt gehörig und zu Erbauung der Gemeinde verrichten lassen wolle, und dabei den Herrn Mag. Lütke, dermaligen Rectorem der neuen St. Petri-Schule, einem ge-

sammten Kirchen-Rathe für geschlagen, welcher ihm als Gehülfe und
Confrater an die Seite gesetzt werden könne, so ist bei einer angestellten Conferenz dessen Gesuch Statt gegeben worden, und einige
vom Kirchenrath abgeordnete Glieder der Gemeinde haben solchen
genommenen Entschluß dem Pastori Schattner kund gemacht, welcher
auch seine Freude und Dankbarkeit um so viel mehr hat dadurch zu
erkennen gegeben, als er am 28. Jan. 1737 seine Danksagung in der
Kirche der Gemeinde abgestattet, und besagten Mag. Lütken als seinen
künftigen Confratrem und Collegen abgekündigt. Als besagter Mag.
Lütke seine Dimission bei der neuen Petri-Kirche erbeten und erhalten, ent-
blödeten sich einige wenige Glieder der Gemeinde gar nicht, diese ge-
troffene Wahl deswegen für ungültig anzugeben, weil nicht Mann
für Mann und Glied für Glied von der Gemeinde hierüber zu
Rathe gezogen und ihr Votum deshalb eingeholet worden, ob sie
schon selbst gestunden, daß sie sonst gegen des Herrn Mag. Lütken's
Lehre und Leben nicht das geringste einzuwenden hätten, welche nachgehends an ihrer Ehre empfindlich angegriffen zu sein vermeinten, da
von dem Herrn Gen. Maj. von Trautvetter im Namen der Gemeinde dem Herrn Mag. Lütken die Vocation in der Kirche öffentlich ausgefertiget wurde. Diese wenigen Glieder suchten dahero
äußersten Fleißes den Herrn Pastor Schattner wieder umzulenken
unter der gottlosen Angabe, daß er aller Einkünfte, wie sie nur
Namen haben mögen, von dem Kirchen-Rathe beraubt werden solle.
Solche niedrig Gesinnte waren auch so weit glücklich, und als sie
noch einige Männer theils auf diese theils auf jene listige Art, sich
zugesellet hatten (welche jedoch aber einer ganzen christlichen Gemeinde unbekannt gewesen und nirgends in den Kirchenbüchern namentlich gefunden werden können), wendeten sie sich klagend an Ihro
Maj. Reichs Justiz Collegium, welches auf einseitiges An- und
Vorbringen ohne anderweitige, von dem Kirchen-Rath oder dem andern Theil der Gemeinde eingeholte, Nachricht in dieser Sache jüngsthin am 1. Febr. einen Bescheid hat geben wollen beilegenden Inhalts, daß mit der geschehenen Wahl und Vocation des Mag. Lütke
illegal verfahren sei, und die Gemeinde sich hierüber vereinbaren oder
in Entstehung dessen zu einer anderweitigen Wahl schreiten solle, ungeachtet das Justiz Collegium nachgehends selbst auch eingestanden,
daß wider die Person des Mag. Lütke nicht das geringste erfunden
werden könnte; darauf wir uns genöthigt befunden, daselbst unsere
Remonstration und Protestation desfalls einzulegen, davon wir an-

bei Copie mittheilen. Bei welchen und andern Umständen mehr eine
sämmtliche Gemeine sich überhaupt die bei dieser Angelegenheit von
dem Herrn Pastor Schattner bezeugte Conduite höchst mißfällig hat
sein lassen müssen, weil 1) diese vorsätzliche Spaltung von ihm her=
rühret, 2) die eingeloffene Klage über sein Leben und Wandel, so
mit dem schändlichen Laster der Völlerei besudelt, wodurch geschehen,
daß die Administration der heiligen Sacramente leider verschiedene
Male profanirt, und 3) die ärgerliche und scandaleuse Art im Pre=
digen nebst dem garstigen Geiz als einer Wurzel alles Uebels; nicht
weniger können die schriftlichen Zeugnisse seines lästerlichen Fluchens
die Widerspenstigkeit und unversöhnlichen Haß darlegen, was Geistes
Kind diese Zerrüttung ernähret und erhalten hat. Bei welchem Um=
ständen wir also Dero unpartheiische Beurtheilung und guten Rath
uns geneigtermaßen mitzutheilen ergebenst ausbitten."

   Com. Tossen. C. A. v. Rothelffer.
    Gottfr. Snetler. J. Günther.

  Das in dem Document angeführte Urtheil der Consistorialsitzung,
welches von dem Vice-Präsidenten von Mengden, den weltlichen
Richtern und den Predigern Severin und Levanus unterschrieben ist,
schließt mit den Worten: es solle von der Gemeinde auf gesetzliche
Weise zu einer neuen Wahl geschritten werden, deren Resultat „an
das Justizcollegium zu fernerer Verfügung ratione ordinationis et
confirmationis gelangen zu lassen sei." Die Annen-Gemeinde sah
in dem ganzen Verfahren des Justizcollegiums, besonders aber in
den angeführten Worten des Urtheils, einen Eingriff in die jura
und privilegia der hiesigen ausländischen Kirchen und legte 3. März
eine förmliche Remonstration und Protestation dagegen ein.

  Da diese Sache alle ausländische Gemeinden betraf, so beschloß
der Convent der Annenkirche die Acten unserm Convent mitzutheilen.
Mit Ausnahme der beiden Prediger, welche sich offen gegen Lütke
erklärten, und des Herrn von Hagemeister, welcher Assessor im Justiz=
Collegium war, versammelten sich 22. März die übrigen Mitglieder
des Convents und die zu dieser Sitzung eingeladenen ältesten und
angesehensten Mitglieder der Gemeinde in der Kirchenstube unter dem
Präsidium des Hofstallmeisters von Fint, da der Graf Münnich im
Felde abwesend war. Der Convent und die Mitglieder der Ge=
meinde sprachen sich auf das entschiedenste für das Recht der Annen=
Gemeinde aus. Der Inhalt ihrer weitläuftigen Schrift ist mit
Büschings Worten folgender:

„Die Gemeine auf dem Stückhofe habe ohne Zweifel das Recht, einen Pastor zu ersehen, zu erwählen, zu berufen; außerhalb Landes, und wo es ihr gefällig, ordiniren zu lassen, und zu introduciren, und solches alles durch die sie repräsentirenden Kirchenräthe, Aeltesten und Vorsteher verrichten zu lassen. Es sey also mit der Wahl, Berufung und Ordinirung des Mag. Lütke's, als nunmehrigen Pastors der stückhöfischen Kirche, in allen Stücken wohl und gerecht verfahren, und es müßte nicht darauf geachtet werden, daß das Justiz Collegium der lief- und esthländischen Sachen diese Wahl und Berufung für nichtig und ungültig ausgeben wolle. Es sey nämlich durch kayserliche Verordnungen und Vergünstigungen denen evangelisch-lutherischen Gemeinen und allen übrigen Religionsverwandten die Einrichtung ihres Gottesdienstes und ihrer Kirchenverfassung ohne alle Einschränkung überlassen, und nichts als Ehesachen der Entscheidung des Justiz Collegii der lief- und esthländischen Sachen übergeben. Es sey zu verwundern, daß dieses Collegium die obgedachte Resolution ertheilet, bevor es den Kirchenconvent überzeuget habe, daß es berechtigt und von Kayserl. Majestät autorisirt worden sey, denen evangelisch-lutherischen Gemeinen ihre alten Freyheiten mit Wirkung zu entreißen, vielweniger habe erweislich machen können, daß eine Art und Weise vorgeschrieben sey, wie es mit der Wahl, Berufung und Ordinirung eines Pastors bey den hiesigen evangelisch-lutherischen Gemeinen gehalten werden solle; oder daß ihm das Recht verliehen worden sey, die von den hiesigen Gemeinen geschehene Wahl eines Predigers zu confirmiren, und die erwählte Person ordiniren zu lassen. Der Widerspruch einzelner Glieder einer Gemeine gegen die vom Kirchenconvent vorgenommene Wahl eines Predigers, welche aus diesen oder jenen Absichten herrühre, oder auf unkräftigen Ursachen beruhe, gelte nichts, weil dem Patrono der Kirche und dem gesammten Kirchenrath die entscheidende Stimme allein zukomme. Dieses den Kirchenconventen zustehende Recht, die Prediger zu wählen und zu berufen, sey in der neuern Zeit durch die Wahl des Herrn Pastor Severin's bei der St. Petersgemeine, und des Herrn Pastor Trefurt's bei der Wassily-Ostrowschen Gemeine, unwidersprechlich bewiesen. Sie zweifeln nicht, es werde ein jedes treue Glied der St. Petersgemeine nöthigenfalls, und wenn es von der stückhöfischen Gemeine verlanget werden sollte, zur Erhaltung der, den alten evangelischen Gemeinen zustehenden Rechte und Freyheiten allen Beystand leisten."

Ob diese energischen Schritte damals das Justizcollegium von weitern Eingriffen in die Rechte der ausländischen Gemeinden abgehalten habe, läßt sich nicht sagen, jedenfalls nützten sie dem Mag. Lütke nichts, den das Justizcollegium sogar mit Arrest belegte und nicht eher losließ, als bis er allen Ansprüchen an eine Anstellung bei der Annenkirche entsagt hatte. Nach so bedenklichen Vorgängen ist es eigentlich nicht zu verwundern, wenn das Justizcollegium später auf ähnliche Weise gegen den Pastor Großkreuz vorging, und waren gegen den Mag. Lütke die Prediger auf seiner Seite, in der Streitsache mit dem Pastor Großkreuz die Prediger auf den Betrieb Büsching's gegen dasselbe.

Als der Convent mit dem Rector Machnitzky, dem Nachfolger Lütke's, in Streit gerieth und denselben entlassen wollte, verklagte dieser ihn bei dem Justizcollegium, und der Convent unterwarf sich dem richterlichen Spruch desselben, wodurch er das Justizcollegium für seine Behörde anerkannte. Eben dasselbe geschah 1757 in dem Streit zwischen der Petri- und schwedischen Gemeinde wegen der Abgabe von den schwedischen Schiffen.

Der Vice-Präsident von Emme zeigte nicht nur eine entschiedene Feindschaft gegen die ausländischen Gemeinden im Allgemeinen, sondern auch eine persönliche Gereiztheit gegen die Petersgemeinde und deren Prediger. Er sah in ihnen die natürlichen Vertheidiger der von Peter d. Gr. ertheilten Rechte und Privilegien der ausländischen Gemeinden. Als ihn der Pastor Trefurt zufällig im Oktober 1742 besuchte, äußerte er, es hätten sich viele Consistorialsachen gehäuft und das Collegium würde zu deren Abmachung die beiden Prediger von der Petri-Kirche wieder berufen, wenn sie unter den jüngsten Gliedern des Justizcollegiums sitzen wollten; würden sie sich nicht dazu verstehen, so würden sich auch wohl noch andere Prediger finden, die sich dies gefallen ließen. Pastor Razzius und Trefurt wollten sich dem nicht unterwerfen. An ihre Stelle kamen zuerst die Pastoren Plaschnig vom Landcadettencorps und Girberti von Wassily Ostrow, dann Girberti und Richter von der Annenkirche. Nach deren Absterben bediente man sich des schwedischen Predigers Hougberg und des Pastors Erhardt von der Annenkirche, meistens aber des letzten allein, und als auch Erhardt gestorben war, ward Pastor Hougberg bald allein, bald mit dem Pastor Meintel auf Wassily Ostrow zu den Sitzungen des Justizcollegiums gezogen. Diesen jüngern und an den kleineren Kirchen angestellten Pre-

digern erwies man nicht die Achtung, die man dem Pastor Razzius
und Trefurt in früheren Zeiten erwiesen hatte. Die Untersuchungen
wurden ohne Zuziehung der Prediger angestellt und das zu fällende
Urtheil ward gleichfalls in ihrer Abwesenheit besprochen, überhaupt
erschienen sie selten persönlich im Gericht. Selbst die äußere Höflich=
keit setzte man so weit gegen sie aus den Augen, daß man sie kurz=
weg mit Hinweglassung aller Titulatur mit „Er" anredete. Meistens
schickte man ihnen das fertige Urtheil mit den Acten zu, um ihre
Meinung über dasselbe abzugeben, und ließ ihnen dabei oft nur so
wenig Zeit, daß sie die Acten nur mit Mühe durchlesen konnten.

Die erste Veranlassung zu Streitigkeiten mit unsern Predigern
gaben die Collecten. Am 12. Febr. 1745 verbot das Justizcolle=
gium in einem blos von dem Vice-Präsidenten von Emme unter=
zeichneten Papier, Collecten für ausländische Kirchen ohne seine Er=
laubniß anzustellen. Wenn von da an eine auswärtige protestant.
Kirche um Unterstützung bat, stellte unser Convent keine Collecte
mehr an, wie es früher üblich gewesen war, sondern gab eine Summe
aus dem Kirchenvermögen. So z. B. 1784 an die protest. Kirche
in Wien 50 R., 1804 zur Erbauung einer reformirten Kirche in
Köln 100 R., 1826 dem Prediger Kurtz aus Nordamerika zur Anle=
gung eines Seminars, um Geistliche auszubilden, 500 R. u. s. w.
Die Erlaubniß zu Collecten wurde seitdem auch für das Inland
vom Justizcollegium ertheilt, doch wurden dieselben nicht blos zu
Gunsten von Kirchen, sondern auch von Privatpersonen gehalten.
So z. B. ward 15. Nov. 1745 eine Collecte zu Gunsten des Pastors
Lindberg in Koporie und Ropscha ausgeschrieben, der im Pastorat
von Strworiz von Räubern überfallen, mit Frau und Kindern ge=
bunden, furchtbar geschlagen und aller seiner Habseligkeiten beraubt
war. Am 9. Okt. 1747 erging vom Justizcollegium der Befehl,
eine Collecte zu Gunsten des Grusiniers David Gregoriew zu halten,
der von dem Erlös seine Verwandten aus der türkischen Gefangen=
schaft loskaufen wollte.

Unser Kirchenconvent erlaubte den Predigern die ihnen vom
Justizcollegium zugeschickten Collecten nur dann abzukündigen und
deren Sammlung vor den Kirchenthüren zu bewerkstelligen, wenn
dieselben vorher vom Convente bestätigt waren. Pastor Razzius
hatte früher einmal gegen diese Vorschrift gehandelt. Die in der
Kirche anwesenden Mitglieder des Convents hatten die Einsammlung
der Collecte verhindert und Pastor Razzius hatte einen Verweis be=

kommen. Dadurch vorsichtig gemacht, hatte sich der Pastor Trefurt, als ihm 24. Aug. 1752 eine Collecte für die schwedische Kirche vom Justizcollegium zugesandt wurde, eine Copie derselben ausgebeten, um sie dem Convent vorzulegen. Dieselbe war ihm gegeben, und die Collecte mit Bewilligung des Convents gehalten. Im Januar 1754 ward ihm wiederum eine Collecte für die Kirche in Torowa vom Justizcollegium zugeschickt. Unter den Befehl schrieb er: „Obiges habe gelesen, und wenn mir eine Copay davon zugesandt wird, so werde ich es unserm Kirchenconvent vorlegen, und es zu bewirken suchen." Darauf ward ihm 20. Jan. eine Schrift aus dem Justizcollegium zugefertigt, worin ihm sein Verhalten auf das schärfste und als ein ungereimtes Betragen vorgeworfen und er unter beigefügter Bedrohung zu einem unweigerlichen Gehorsam angewiesen wurde. Der Pastor Trefurt zeigte dies dem Convent an und fragte, ob er recht gehandelt und sich gegen die Maßregeln des Justiz-Collegiums auf den Schutz des Convents verlassen könne. Das Verfahren des Pastors Trefurt ward gebilligt und ihm jeglicher Schutz versprochen. Die Kirchenältesten Siegelmann und Ließmann wurden an den Vice-Präsidenten von Emme geschickt, um ihn auf das Ungesetzliche seines Befehles aufmerksam zu machen, der abgesehen davon, daß in dem Ukase von 1734 nur von Ehesachen die Rede sei, also derselbe auf diesen Fall keine Anwendung leide, gegen die von Peter d. Gr. den ausländischen Gemeinden ertheilten Rechte und Privilegien verstieße und auch in seiner äußern Form gar nicht an einen Consistorialbefehl erinnere. Da sie bei dem Vice-Präsidenten nichts ausrichteten, wandte sich der Convent 27. Jan. an den damals in Moskau aufhaltenden Kirchenpatron, Freiherrn von Sievers, theilte demselben die Streitsache mit und bat um seinen Schutz. Da derselbe in seiner Antwort 7. Febr., dem Convent auf das entschiedenste recht gab, unterließ der Vice-Präsident in dieser Sache jeden weitern Schritt, und da er seinen Befehl der Bestätigung des Kirchenconvents nicht unterwerfen wollte, unterblieb die Collecte für Torowa in unserer Kirche.

Wenige Wochen darauf fand der Vice-Präsident eine Gelegenheit, seine Rache an dem Pastor Trefurt auszulassen. Zwei angesehene Glieder unserer Gemeinde, die Matuschka Velten und der Archiater Blumentrost, hatten ihre Testamente im russischen Justiz-Comtoir niedergelegt. Der Pastor Trefurt wurde als Beichtvater durch einen Cancellisten am 3. Mai auf den 5. dahin citirt. Er gab zur Antwort, er werde kommen, wenn es nur seine Geschäfte zuließen, denn sein College, der Pastor Büzow, sei gestorben und die Last der Gemeinde liege auf ihm allein; man möge doch, so wie es sonst gebräuchlich, einen Beamten zu ihm schicken und ihm Fragen vorlegen, dann wolle er dieselben schriftlich beantworten. Ohne noch den Termin vom 5. Mai abzuwarten, schickte das Justizcollegium schon am 4. Mai einen extractum Protocolli, in welchem es denselben im Falle des Nichterscheinens mit harter Strafe, sogar mit Suspension vom Amt, bedrohet und noch hinzufügt, selbst eine solche Strafe würde ihn nicht vom Erscheinen am Termin befreien, denn wenn er nicht freiwillig käme, würde er mit einem Soldaten geholt werden. Was sollte Pastor Trefurt machen? Weder Patron noch Convent konnten ihn schützen, er erschien am 5. Mai.

Die Veranlassung zu einem noch weit heftigeren Streit gaben die Proclamationen der Brautleute. Obgleich die dreimalige Proclamation derselben allgemein in der protest. Kirche angenommen ist, haben doch von jeher Ausnahmen von dieser Regel Statt gefunden. So heißt es im Copulationsregister des Past. Razzius: „Am 26. Jul. 1727 ist Herr Joh. Conr. Henninger mit Jungfr. Maria Elisabeth Schuhmacherin geb. in Colmar, getraut, me invito concedente ob praetermissam proclamationen." Die Braut war die Schwester des Bibliothekars Schuhmacher, des Schwiegersohns vom Oberküchenmeister Velten[1]). Der Fortgang dieser Erzählung wird ergeben, daß sowohl Pastor Großkreuz als Pastor Krogius Ausnahmen von der Regel machten. Zur Zeit Büschings lebte hier ein ziemlich leichtsinniges Frauenzimmer, dessen eigentlicher Name unbekannt ist. Diese Dame stand in gutem Verhältniß zum Justiz-Collegium. Da ihre erste Ehe mit Herrn Schulz nicht glücklich war, ließ sie sich von demselben scheiden, ohne daß das Justizcollegium bei der Scheidung Geistliche hinzugezogen hätte. Sie heirathete dann den Obristlieut. Braun, und als sie sich auch mit dem nicht glücklich fühlte, ward sie auf ähnliche Weise wieder geschieden. Endlich fand sie den rechten Mann in dem Herrn von Canitz, Rath im Justiz-Collegium, und ließ sich mit demselben von Pastor Meintel auf Wassily Ostrow trauen, nachdem derselbe das Brautpaar an einem und demselben Sonntage zum ersten, zweiten und dritten Male auf-

---

[1]) Mit Hülfe seines Schwiegervaters wurde Schuhmacher später Director der Akademie. Büsching Eig. Leb. p. 166.

geboten hatte. Dergleichen für das größere Publikum ungesetzliche Vorgänge waren damals im Justizcollegium keine ungewöhnliche Sache. Der Vice-Präsident von Emme selbst war 17. Aug. 1760 mit Frau Anna Catharina, verwittweten von Essars, geb. von Kruse in der Kirche auf Wassily Ostrow getraut, ohne daß das Brautpaar, wie Graf Münnich schreibt, vorher abgekündigt wäre. Der Vice-Präsident war der Patron der Kirche auf Wassily Ostrow. Als nun derselbe Pastor Weintel ein anderes Paar eben so, wie Herrn von Canitz und den Vice-Präsidenten, traute, erließ der letztere 3. März 1764 folgendes hartes Rescript an alle hiesige protest. Prediger:

„Wenn dieses Ihro Maj. Justiz-Collegium mißfällig vernehmen müssen, daß die Geistlichen ausländischer Religionsverwandten, den Kirchengesetzen und Verordnungen zuwider, Personen ohne dreimalige Proclamation ein vor allemal proclamiren, auch wohl gar mit gänzlicher Unterlassung der Proclamation dieselben copuliren, ohne vorher dazu die gehörige Erlaubniß erhalten zu haben, als wird sämmtlichen Geistlichen fremder Religionsverwandten allhier solches ihr widerrechtliches Verfahren hiedurch alles Ernstes verwiesen und denenselben desmittelst angedeutet, sich in Zukunft dessen zu enthalten, und die solches verlangenden Personen zur Erlangung der nöthigen Erlaubniß gehöriger Maaßen an dieses Kais. Collegium zu verweisen, zugleich aber die Anweisung gegeben, sich anhero zu erklären, warum selbige sich solches bishero propria auctoritate unternommen.

„Nach welchem dieses Kais. Collegii Befehl die sämmtlichen Geistlichen sich zu richten, und daß sie solchen gelesen und gehorsamlich nachkommen werden, mit ihres Namens Unterschrift zu bescheinigen haben."

Emme.

Die Prediger, welche sonst unter die Rescripte des Justizcollegiums nur ihr vidi zu schreiben pflegten, protestirten nicht nur förmlich gegen diesen Verweis, der ihnen allen wegen der Schuld eines einzigen gegeben wurde, sondern auch gegen die Art, wie das Rescript abgefaßt war, weil dadurch die Rechte der ausländischen Gemeinden beeinträchtigt und die Prediger dem Justizcollegium nicht als einem Consistorio mixto, sondern als einem weltlichen Gericht unterworfen würden. Der Pastor Großkreutz von der Annenkirche gab folgende Antwort auf den Befehl: „Ich verehre die Befehle E. Erl. Reichs Justiz Collegii mit allem geziemenden Respect,

kann aber doch nicht umhin mit unterthäniger Hochachtung einige
Erinnerungen zu geben, weil der obgedachte hohe Befehl, der einen
Verweis vor alle Geistliche enthalten soll, mich eben nicht zu treffen
scheint. Ich erinnere mich wenigstens nicht, in Ansehung der Proclamation und Copulation an Gesetze gewiesen zu sein, sondern daß
Ihro Kais. Maj. selbst und Dero Vorfahren uns evangelischen
Glaubensverwandten alle Kirchenfreiheiten ertheilt, so weit sie der
allgemeinen Ruhe und bürgerlichen Wohlfahrt nicht zuwider sind, ich
auch selbst in meiner Vocation, die ich vom — Kirchenrathe —
erhalten habe, diese Freiheiten aufrecht zu erhalten, gewiesen bin, so
habe bei verlangter außerordentlicher Proclamation und Copulation
mich so verhalten, wie ich es den Umständen gemäß gefunden, und
ich glaubte alsdann nur einen Verweis zu verdienen, wenn ich dadurch wirklich die äußerliche bürgerliche Wohlfahrt verletzt hätte, solches aber ist noch nicht geschehen. Hieraus wird E. Erl. Justiz-
Collegium ersehen, daß ich es nicht propria auctoritate, sondern
auctoritate meiner Gemeinde gethan habe und ein respect. Kirchenconvent, welcher für das Wohl meiner Gemeinde arbeitet, hat mir
deswegen niemals Erinnerungen gethan, viel weniger Verweise gegeben, und auf dieses berufe ich mich lediglich, wenn es auf Kirchen-
gesetze und Verordnungen ankommt, denn ich kann in dieser Sache
nichts eher verfügen, bis wenigstens meine Gemeinde von Ihro Kais.
Maj. unmittelbar an gewisse Gesetze gewiesen worden, ohne dadurch
die Ehrerbietung, welche ich E. Erl. Justizcollegium schuldig bin,
zu verletzen."

M. Friedr. Grosskreutz.
Pastor auf dem Stückhofe.

Das Justizcollegium, über diese Widersetzlichkeit der Prediger
höchst erzürnt, lud 20. März auf den 23. den Pastor Großkreuz,
den jüngsten unter allen ausländischen Predigern, und den schwedischen Prediger Hougberg, einen äußerst schwachen und ängstlichen
Mann, in die Canzlei des Gerichts, um ihnen dort einen Verweis
zu geben, und sie eine Schrift, daß sie das Justizcollegium als
solches für ihre Obrigkeit ansähen, und daß ihnen ihre Unterschrift
auf das Rescript vom 3. März leid thäte, unterzeichnen zu lassen.
Der Inhalt der Schrift kommt später beim Verhör des Pastors
Krogius vor. Diesen beiden, mit denen man am leichtesten fertig
werden zu können glaubte, sollten dann die übrigen folgen. Als

Büsching dieß erfuhr, versammelte er die sämmtlichen Prediger der ausländischen Gemeinden bei sich, um dieselben zu gemeinsamen Maßregeln zu bewegen und durch gemeinsamen Widerstand die im höchsten Grade bedrohte Unabhängigkeit ihrer Kirchen zu retten. Er setzte folgenden Protest gegen das Verfahren des Justizcollegiums auf, welchen die citirten Prediger in der Canzlei unter die ihnen vom Justizcollegium vorgelegte Schrift setzen sollten: „Sobald das Erlauchte Kaiserl. Justizcollegium mir eine Kaiserliche Ukase vorlegen und mittheilen wird, durch welche ihm die Gerichtsbarkeit über die evangelischen Prediger in St. Petersburg und ganz Rußland aufgetragen worden, und zwar also, daß es dieselben über einzelne Prediger für sich allein, ohne Zuziehung der andern evangelischen Prediger, verwalten soll, so will ich mich demselben aus pflichtmäßigem Gehorsam gegen den Allerhöchsten Kaiserlichen Befehl, im Augenblick unterwerfen. Kann man mir aber dergleichen nicht vorlegen, so protestire ich wider das willkürliche, mir und meiner Gemeine sehr nachtheilige Verfahren des Justizcollegii, der demselben anderweitig schuldigen Ehrerbietung unbeschadet, und appellire davon an Ihro Kais. Majestät."

Zuerst erschien Pastor Großkreuz im Justizcollegium. Er war in seiner Amtstracht. Die Unterredung zwischen ihm und den Herrn des Justizcollegiums, von welchem, obgleich sie mit der Verhaftung eines Predigers in seinem Ornat endigte, nicht einmal ein Protocoll aufgenommen wurde, hat Pastor Großkreuz selbst im Gefängniß aufgesetzt. Das Original befindet sich in unserem Kirchenarchiv.

„Relation E. Kais. Justizcollegiums Mitglieder mit dem Pastor Grosskreutz bei seiner neulichen Citation und darauf erfolgten Arretirung.

„Past. Grosske. Ich bin erschienen, mich E. Erl. Justiz Collegium zu sistiren, um zu vernehmen, was zu dessen Befehl stände.

„Vic.-Praes. v. Emme. Höre Er! Ist Er nicht der Großkreuz vom Stückhofe? Ich habe neulich mit seinem Patron gesprochen, komm Er doch her, wäre Er nicht heute gekommen, so hätte ich Ihn morgen mit Soldaten holen lassen. Was für impertinentes Zeug hat Er geschrieben? weiß Er wohl, wo Er ist? was denkt Er? Ich und Sein Patron werden Ihn wohl kriegen. Sein Patron ist mit Seinem impertinenten Betragen gegen uns gar nicht zufrieden. Gehe Er dahin (zeigend auf den Protocollisten) und schreibe Er, was Ihm wird fürgesagt werden.

„Grosskr. Ich bitte E. Ercl. Justiz Collegium diejenigen Beschwerden, so dasselbe wider meine Schrift hat, mir schriftlich zu geben, so werde ich mich dagegen verantworten.

„Vice-Präsid. v. Emme. Was? Beschwerden? Wir sollen wider Ihn Beschwerden anbringen? Weiß Er wohl, daß wir Seine Obrigkeit sind? Ist Er bei sich?

„Hierauf sahen die Mitglieder des Collegii einander an und verlachten mein Verlangen mit Verwunderung und mit diesen Worten: Was für Zeug redet Er? Gehe Er nur hin und schreibe Er, was Ihm wird gesagt werden, wir befehlen es Ihm.

„Pastor Großkreuz wurde hierdurch etwas decontenancirt, er sprach aber doch: Ich stehe hier vor E. Ercl. Justiz Collegium, woselbst ich alle insignia Majestatica sehe, und aus Hochachtung für dasselbe bin ich itzt allhier erschienen. Ich bitte mich so zu behandeln, wie es Ihro Kaiserl. Maj. Wille ist. Ich bitte alle meine Worte zu Protocoll zu nehmen, und ich wünschte, daß die Worte Ew. Excellenz und der übrigen Herren, womit Sie mich angeredet haben, zu Protocoll geführet sein möchten, damit ich sagen könnte, wie mir allhier begegnet worden sei; ich werde mich auch allhier in keine Unterschrift einlassen, weil ich dazu nicht von meiner Gemeinde bevollmächtigt bin.

„Etatsrath v. Klingstädt. Mensch! sei Er nicht so närrisch! Weiß Er nicht, daß wir über Ihn zu gebieten haben? Will Er sich unglücklich machen? Es wird Ihm sauer zu stehen kommen.

„Pastor Grosskr. Habe ich nicht die Ehre, in Dero Person den Herrn Etatsrath von Klingstädt kennen zu lernen?

„Klingstädt (Mit lachender Miene): Das bin ich, und es kann Ihm gleich viel gelten, wer ich bin.

„Hofrath v. Canitz. Bedenken Sie doch, was Sie thun! Sie setzen sich allen Gefahren aus, als ein Widerspenstiger angesehen und bestrafet zu werden. Sie müssen ja eine Obrigkeit haben.

„Pastor Grosskr. Aus Pflicht der Unterthänigkeit gegen Ihro Kaiserl. Maj. bin ich allhier erschienen.

„Canitz. Und wir sagen Ihnen im Namen Ihro Kaiserl. Maj., daß Sie unter unserer Gerichtsbarkeit stehen und sich unterschreiben sollen.

„Past. Grosskr. Dazu werde ich mich nicht verstehen.

„Hierauf sahen die Mitglieder des Collegii sich voll von Verwunderung an und es wurden verschiedene Reden zwischen denselben gewechselt, die ich nicht alle behalten habe. Doch war es gewiß auch diese Frage: ja, was soll man mit ihm anfangen? worauf andere resolvirten (doch geschah es nur mündlich), man müsse mich hier behalten.

„Past. Grosskr. Ich komme als ein Gesandter meiner Gemeinde.

„Antwort Vieler: Ha, ha, ha, Gesaudter! Er mit seiner ganzen Gemeinde sind uns unterworfen.

„Vice-Präsident v. Emme. Höre Er! Komme Er doch her! Was für Leute hat Er in seiner Gemeinde?

„Past. Grosskr. Von der Generalität, Civil-Staatsbeamte, Künstler und Handwerker.

„Etatsrath v. Klingstädt frug hierauf den Vice-Präsident, wer denn mein Patron wäre? worauf der Herr Vice-Präsident antwortete: Es ist der Graf Fermor¹).

„Viele zugleich: Erkennt Er denn unsere Gerichtsbarkeit nicht?

„Past. Grosskr. Darauf kann ich mich nicht erklären, bis man mir das Recht zeige, so man über mich hat, und ich kann mich hier zu nichts verstehen, denn ich muß mit meiner Gemeine conferiren; daher bitte mir solche und andere Fragen schriftlich aus, um solche mit Zuziehung der Gemeine beantworten zu können.

„Vice-Präsid. v. Emme. Mein Freund! Er ist noch zu jung und unerfahren, Er weiß noch nicht, wie es hier beschaffen ist, lasse Er sich belehren. Wie lange ist er im Amte?

„Past. Grosskr. Ich bin zwei Jahre im Amt.

„Etatsr. v. Klingstädt. Es ist zu sehen. Wo hat Er studirt. Ich weiß, daß Er in Königsberg gewesen, hat Er es da gelernet, sich der Obrigkeit zu widersetzen.

„Past. Grosskr. Nein, mein Herr Etatsrath! Ich weiß, daß ein Prediger friedfertig sein und die Unterthanen zum Gehorsam gegen die Obrigkeit ermahnen müsse, und ich bin nur ein Diener meiner Gemeine. Ich habe mit meinem Amte viele Mühewaltung. Ich muß mir alles gefallen lassen, was meine Gemeine thun wird.

„NB. Viele Fragen und Antworten, die hin und wieder zwischen mir und obbenannten Gliedern des Justiz-Collegiums gewechselt worden, sind mir entfallen, genug daß die wichtigsten allhier aufbehalten sind.

„Vice-Präsid. v. Emme. Was ist dabei anzufangen?

---

¹) Der Graf Fermor ist der Anführer des russischen Heeres in der Schlacht bei Zorndorf.

„Man wird Ihn hier behalten.

„Past. Grosskr. Das muß ich mir gefallen lassen.

„Andere: Il est jeune homme.

„Vice-Präsid. v. Emme. Il faut avoir de la compassion.

„„Past. Grosskr. Darum ist es zu thun! Ich bitte, habe E. Erl. Justiz-Collegium Mitleiden mit mir und beweise mehr Zuneigung und Mäßigung, mich zu hören.

„Vice-Präsid. v. Emme. Mein lieber Herr Pastor! so kommen Sie denn her! Wir würden es gerne sehen, daß Sie und Ihre Gemeine nicht von uns abhängig sein möchten.

„Past. Grosskr. fällt in die Rede: das ist ein gnädiges Wort, Ew. Exc., ich halte Sie daran.

„Vice-Präsid. v. Emme. Wie? was bedeutet das? Was will Er?

„Past. Grosskr. Ich habe nur bitten wollen, daß Ew. Exc. und der Herr Etatsrath v. Klingstädt mir geneigter sein möchten, ich sehe, Sie sind mir ungewogen.

„Etatsr. v. Klingstädt. Ich habe nichts wider Sie.

„Past. Grosskr. Indessen bitte, daß ich zum Protocoll dictiren könne, was ich mir hier dem Gedächtniß zu gut entworfen habe.

„Antwort Vieler. Was? und Sie wollen uns befehlen, was wir zu Protocoll nehmen sollen? Was hat Er doch da geschrieben? Lese Er es doch einmal ab.

„Past. Grosskr. las hierauf seine Protestation her, welche mit Aufmerksamkeit angehöret wurde und folgenden Inhalts war.

„Ich habe nicht nur alle gebührende Hochachtung für Ihre einzelnen Personen, sondern auch für Sie insgesammt, in so ferne Sie das Kaiserl. Justiz-Collegium ausmachen und vermöge dieser Hochachtung bin ich hier erschienen. Können Sie mir nun eine Kaiserl. Ukase vorlegen, durch welche Ihnen die Gerichtsbarkeit über die evangelischen Prediger in St. Petersburg und in ganz Rußland aufgetragen worden, daß Sie dieselbe über einzelne derselben ohne Zuziehung der andern evangelischen Prediger verwalten sollen, so will ich mich Ihnen aus Gehorsam gegen Kaiserl. Befehle im Augenblick unterwerfen; können Sie mir aber dergleichen nicht vorlegen und communiciren, so protestire ich hiemit wider Ihr ganzes Verfahren gegen mich. Maßen Sie sich mehr an, als Ihnen durch ausdrückliche Kaiserl. Befehle aufgetragen ist, so muß und will ich es zwar dulden, appellire aber von diesem Ihrem willkürlichen und meiner Gemeine sehr gravirlichen Verfahren unmittelbar an Ihro Maj., unsere

Allergnädigste Kaiserin, in gewisser Zuversicht, daß Allerhöchstdieselbe die Freiheiten, welche Sie und Ihre Vorfahren auf dem Russ. Kaiserl. Thron den ausländischen Gemeinen in Rußland Allergnädigst verliehen haben, gegen Ihre Eingriffe aufrecht erhalten werden. Ich bitte, diese meine Declaration und Appellation zu Protocoll zu nehmen.

„Der Herr Etatsrath v. Klingstädt und der Herr Hofrath v. Canitz stunden hierauf von ihren Sitzen auf und kamen zum Pastor Großkreutz.

„Etatsr. v. Klingstädt (stehend). Hören Sie, das müssen Narren und sehr alberne Leute gewesen sein, die Ihnen so etwas eingegeben haben.

„Past. Grosskr. Wenn Ew. Exc. dieses festsetzen, so muß ich Ihnen sagen, daß Se. Erl. der Herr General-Feldmarschall Graf v. Münnich, als der hohe Protector unserer Gemeinen mir Instruction gegeben haben, mich so zu verhalten, und wenn Sie diesen für einen Narren und albernen Menschen halten, so kann ich es mir gefallen lassen.

„Etatsr. v. Klingstädt. O! Wir haben viel zu große Hochachtung vor dem Herrn General-Feldmarschall. Dieser ist ein viel zu kluger und artiger Herr, als daß er Ihnen so etwas einflößen sollte.

„Hofr. v. Canitz. Nun verdrehen Sie uns nur nicht die Worte im Munde, unterstehen Sie sich nur nicht, so etwas zu thun. Halten Sie uns nur nicht für so dumm und albern, daß wir so etwas leiden würden.

„Der Vice-Präsident von Emme kam zum Pastor Großkreutz stehend. Mein Herr Pastor, sagen Sie mir doch, ist es denn nicht besser, daß Sie unter einer Gerichtsbarkeit stehen, alsdann leben Sie ja weit ordentlicher, denn Sie stehen unter einem ganzen Collegio.

„Past. Grosskr. Es kommt dieses auf meine Gemeine an. Ich sehe indessen, daß Ew. Exc. uns Predigern ungeneigt sind. Ich weiß nicht, womit wir solches bei Ew. Exc. verdient haben.

„Vice-Präsid. v. Emme. Ei! Wie können Sie so sagen, die Prediger sind alle meine guten Freunde. Treten Sie ab.

„Past. Grosskr. Allein ich bitte, E. Erl. Collegium mich bald abzufertigen, denn ich habe Nachmittags Geschäfte.

„Vice-Präsid. v. Emme. Treten Sie ab und bleiben Sie hier, wir befehlen es Ihnen.

Die zweite Scene in Gegenwart des Procureur's, alle
sitzend¹).

„Vice-Präsid. v. Emme. Nun mein Herr Pastor, wollen Sie denn nicht unterschreiben, was zu unterschreiben ist.

„Past. Grosskr. Ich habe schon vorher E. Erl. Justiz Collegium meine Gesinnungen eröffnet, und es wäre nur etwas Unnöthiges, solche zu wiederholen.

„Vice-Präsid. v. Emme. Nun, was war denn Ihre Meinung?

„Past. Grosskr. Diese: daß ich noch einmal bitte, E. Erl. Collegium geruhe seine Beschwerde wider mich schriftlich zu geben, damit ich sie auch schriftlich beantworten könne.

„Der Procureur stund hierauf in der größten Wuth auf und sagte: was redet Er? Ist Er närrisch? was Beschwerden? Ein Collegium soll Ihm etwas schriftlich geben? Halte Er sich in Seinen Grenzen! Weiß Er wohl, wo Er ist? Schäme Er sich, lerne Er Sitten! Wie hat Er sich aufgeführt? Ist das ein Betragen von einem Mann, der dem Altar dient? Wird Er sich nicht anders aufführen, so wird Er sehen, was erfolgen wird.

„Past. Grosskr. Ich entsinne mich nicht, weder Ihro Kaiserl. Maj. noch Ein Erl. Justiz Collegium beleidigt zu haben, ich habe vielmehr meine Unterthänigkeit gegen Ihro Maj. dadurch an den Tag gelegt, daß ich gekommen bin.

„Hofr. v. Canitz. Zeiget es also nicht an, daß Sie uns unterthänig sind. Die Sache wird vor Ihro Maj. kommen, denn wir werden es berichten. Bedenken Sie sich, Sie und Ihre Gemeine laufen Gefahr, alle ihre Freiheiten zu verlieren und Sie können durch diese Ihre Hartnäckigkeit der ganzen deutschen Nation schaden.

„Ein Anderer. Sind Sie ein Prediger! Sie sollten friedfertig und sanftmüthig sein, allein Sie geben Ihrer Gemeine ein sehr schlechtes Exempel.

„Past. Grosskr. Allerdings muß ein Prediger den Frieden lieben und zur Sanftmuth geneigt sein.

„Viele. Erkennen Sie denn gar keine Obrigkeit?

„Past. Grosskr. O ja, ich erkenne eine Obrigkeit und würde alsdann sehr wider meine Religion handeln, wenn ich sie nicht erkennete.

---

¹) Der Procureur hieß Eulin.

„Etatsr. v. Klingstädt: Was erkennen Sie denn für eine Obrigkeit, eine muß es doch sein? Sind wir nicht Ihre Obrigkeit?

„Past. Grosskr. In Ecclesiasticis nicht.

„Etatsr. v. Klingstädt. Wer ist denn sonst Ihre Obrigkeit?

„Past. Grosskr. Ihro Maj. unmittelbar und meine Gemeine.

„Etatsr. v. Klingst. sprach zum Protocollisten lächelnd: Nun so schreiben Sie denn; er erkennet keinen als Ihro Maj. unmittelbar und seine Gemeine.

„Es wurde theils französisch, theils russisch gesprochen, welches letztere ich nicht verstehen konnte, und das erstere nicht behalten habe.

„Hofr. v. Can. Sie werden sich viel zu schaffen machen, da Sie sich bei uns zu nichts bequemen wollen. Sind wird denn nicht ein Collegium, welches im Namen Ihro Maj. allhier ist?

„Past. Grosskr. Ich gestehe es, daß E. Erl. Collegium Ihro Maj. vertreten und zu dem Ende bin ich allhier erschienen.

„Hofr. v. Can. Heißt das nicht, Sie sind uns unterthänig?

„Past. Grosskr. Es ist ein Unterschied, vor einem Collegio erscheinen zu müssen und demselben unterthänig zu sein, jenes erfordert die Pflicht der Unterthänigkeit und dieses hängt von Ihro Maj. Einrichtung ab.

„Etatsr. v. Klingst. Haben Sie es auf der Universität gelernt, sich so fein auszudrücken.

„Past. Grosskr. Es ist ein kleiner Spott, womit mich der Herr Etatsrath belegen, da Sie meine Parrhesie rühmten.

„Procureur. Er spottet unser mit seiner Höflichkeit.

„Hofr. v. Can. Ja, Sie spotten unser und suchen das ganze Collegium lächerlich zu machen.

„Proc. Höre Er doch, komme Er zu mir!

„Past. Grosskr. Was stehet zu Ew. Exc. Diensten?

„Proc. Nun, ich bin keine Exc., wie alt ist Er?

„Past. Grosskr. Ich habe seit einigen Wochen das 26. Jahr betreten.

„Proc. Ja, es ist zu sehen, daß noch bei Ihm die Jugend redet. Wie lange ist Er Prediger?

„Past. Grosskr. 2 Jahre.

„Proc. Wo hat Er studirt?

„Past. Grosskr. In Königsberg.

„Proc. Wie lange?

„Past. Grosskr. 5 Jahre.

„Proc. Wo hat Er sich alsdann aufgehalten?

„Past. Grosskr. Ich habe hierauf in Liefland die adel. Jugend unterrichtet und bin hierauf zum Prediger berufen worden.

„Proc. Man sagt, Er solle gut reden können, aber ich sehe, es ist ziemlich ohne Ueberlegung. Ist Er auch examinirt?

„Past. Grosskr. Es ist bei uns immer gewöhnlich, daß die Fähigkeiten dessen, der ein Predigtamt bekommet, zuförderst untersucht werden.

„Proc. Wie ist Er im Examine bestanden?

„Past. Grosskr. Diese Frage kann ich nicht entscheiden, denn ich will mich weder loben noch tadeln; diejenigen müssen es wissen, die mich examinirt haben.

„Einige. Er hat da etwas Schriftliches, solches soll Er uns noch einmal vorlesen.

„Past. Grosskr. Ja, ich wiederhole meine Bitte, diese Gedanken, so ich aufgesetzet habe, ad Protocollum zu nehmen.

„N. N. Geben Sie es ab.

„Past. Grosskr. Das Protocoll hat ja immer den fidem, daß man es dictiren kann.

„Hofr. v. Canitz. Aber benehmen Sie uns nicht allen fidem? Setzen Sie nicht in uns das größte Mißtrauen?

„Einige. Nun so lesen Sie denn noch einmal, was Sie dort auf Ihrem Zettel haben.

„Proc. Nun lese Er her.

„Pastor Großkreuz las laut und langsam seine Protestation.

„Proc. Ja, wie fein! Nur nicht so langsam! Ich kann es schon fassen! Ja, mein Freund, Er hat ziemlich ohne Ueberlegung geschrieben. Geben Sie dann Ihren Zettel ab!

„Past. Grosskr. Solches kann ich nicht thun, allein ich bitte es zu Protocoll zu nehmen.

„Einige. Man muß es ihm abnehmen lassen.

„Past. Grosskr. Wie ein Collegium für gut findet.

„Hofr. v. Can. Aber wäre es denn wenigstens nicht dienlich, daß er dasjenige unterschreibe, was itzt zu Protocoll gefasset ist?

„Hierauf wurde nichts resolvirt.

„Proc. Er kann hier bleiben, und man muß Ihm Arrest auflegen.

„Past. Grosskr. Ich muß mich darin finden; ob es mit Recht geschehe, weiß ich nicht, denn wenigstens so verdammet das Gesetz niemanden, ehe denn die Sache verhöret und der Beklagte verurtheilt wird, und wider Gewaltthätigkeiten kann ich mich nicht schützen.

„Der Wachtmeister kam und man hieß mich in Arrest gehen.

„Der Etatsrath von Klingstädt kam aus der Richterstube, um wegzugehen, und sagte: Ja, mein Herr Pastor, Sie haben sehr übel gethan, daß Sie unsere Gerichtsbarkeit nicht erkennen wollen. Die Sache wird ernsthaft werden und vor Ihro Kais. Maj. kommen. Sie können glauben, daß wir uns keine Gerichtsbarkeit über Sie anmaßen würden, wenn sie uns nicht zukäme, da wir noch dazu Ihre Glaubensgenossen sind.

„Pastor Großkreutz schwieg hierauf ganz still und frug nur: Habe ich denn Arrest, mein Herr Etatsrath?

„Et. v. Klingst. Ja, Sie haben Arrest.

Pro Memoria.

„Diese von einigen Gliedern des Kais. Justiz Collegiums an mich geschehenen Fragen habe wegen Mangel eines Protocolli in fidem pastoralem aufgesetzet, und verpflichte mich, solche auf Erfordern allemal eidlich zu bestätigen und die Herrn Hofräthe Cabrit, Wolkoff und Taube darüber zu Zeugen anzurufen. Es ist weit mehr vorgefallen, allein da mir dieses entfallen und ich nicht Willens bin, etwas niederzuschreiben, was der Wahrheit nicht vollkommen gemäß ist, so mag dieser Auftritt das Verfahren des Kais. Justiz Collegiums mit mir erweislich machen.

St. Petersburg d. 22. März 1764.

Michael Friedr. Grosskreutz.

Pastor."

Das Zimmer, wohin man den Pastor Großkreutz in Arrest schickte, lag neben der Canzlei. Darauf erschien der Pastor Hougberg, welcher unterschrieb, was man verlangte. Den Protest der Prediger der ausländischen Gemeinden hatte auch der Pastor Krogius von der finnischen Gemeinde unterschrieben. Deßhalb hatte das Justizcollegium auch auf ihn sein Auge geworfen, doch würdigte es ihn nicht, wie die beiden ausländischen Prediger, einer einige Tage vorhergehenden Citation, sondern ließ ihn am Tage des Gerichts selbst, den 22. März, durch einen Schreiber holen. Auch er hat einen Bericht über sein Verhör aufgesetzt. In demselben sind besonders die groben Unwahrheiten merkwürdig, welche das Justiz-Collegium anwandte, um von ihm die Unterschrift zu erpressen.

„Zuverläſſiger Bericht von dem mir erinnerlichen Betragen E. Kaiſ. Juſtiz Collegiums gegen mich, da ich am 22. März 1764 auf eine mir eodem dato zugeſchickte Citation in der Canzlei des Collegii mich eingefunden hatte.

„Bei meinem Eintritt in die Richterſtube wurden mir auf Befehl der gegenwärtigen Herrn Glieder folgende ſchriftlich abgefaßte Fragen von den Protocolliſten vorgeleſen, mit beigefügter Andeutung an mich, ich ſollte ſelbige beantworten und mich ſogleich darüber erklären.

„1) Ob mir die allgemeinen Kirchengeſetze bekannt ſeien?

„Paſt. Krogius bat ſich, eine Erklärung des Ausdrucks „Allgemeiner Kirchengeſetze" aus.

„Proc. Iſt Er ein Prediger und weiß nicht, was allgemeine Kircheugeſetze in ſich begreifen?

„Paſt. Krogius erkennt ſeine Unwiſſenheit und bittet um Belehrung.

Einige. Unter allgemeinen Geſetzen verſteht man die Allerhöchſten Manifeſte und Verordnungen in Anſehung der Religionsübung fremder Gemeinden allhier.

„Paſtor Krogius erklärt, daß er dieſelben kenne.

„2) Ob mir die ſchwediſchen Kirchengeſetze bekannt ſeien, ob ich ſie in Führung meines Amts befolgt habe, ob ich ſie künftig mir zur Richtſchnur in meinem Amte wollte dienen laſſen?

„Paſtor Krogius bejahte die Frage.

„3) Ob ich das Juſtiz Collegium als mein vorgeſetztes Forum in Conſiſtorialſachen oder als mein Conſiſtorium erkenne.

„Paſt. Krogius. Ich kann das Juſtiz Collegium in Conſiſtorialſachen nicht eher als mein Conſiſtorium erkennen, bevor daſſelbe mir nicht Ukaſen von Kaiſ. Maj. communiciret, welche mir eine Abhängigkeit vom Collegio als einem Conſiſtorio auferlegen; ich habe bisher die Befehle, die mir vom Collegio zugeſendet wurden, theils aus Reſpect gegen den Namen Ihro Maj., in welchem mir ſolche ertheilet worden, theils aus Hochachtung gegen E. Erl. Collegium beobachtet, — nie aber mit der innerlichen Ueberzeugung, als hätte ich das Collegium wie ein Conſiſtorium anzuſehen.

„Einige. Iſt Ihm nicht die Ukaſe von 1734 bekannt?

„Paſt. Krogius. Ja wohl. Dieſe Ukaſe aber verordnet uns Prediger zu Mitrichtern in Conſiſtorial- und Matrimonialſachen. Sind aber keine, die Conſiſtorialrechte des Juſtiz Collegiums genauer bestimmende Ukasen in Hochdessen Archiv vorhanden? Wenn welche vorhanden wären, bäte ich mir Abschriften davon aus.

„Einige Glieder. Sie sollen morgen Abschriften von solchen Ukasen aus der Canzlei dieses Collegii haben.

„Pastor Krogius wiederholte zu 2 Malen: kann ich mich dazu verlassen, daß solche Ukasen wirklich existiren und daß ich von selbigen Abschriften erhalten werde.

„Glieder. Er kann sich wohl auf das Wort eines ganzen Collegii verlassen.

„Vic.-Pres. v. Emme. Ist es wohl zu vermuthen, daß das Collegium Sie mit Unwahrheit hintergehen würde, wenn solche Ukasen nicht da wären. Wie könnte das Collegium sich eine Jurisdiction über die Geistlichen fremder Religionsverwandten anmaßen, wenn es nicht durch Kais. Ukase dazu berechtigt wäre? Es würde sich gewiß eine schwere Verantwortung dadurch zuziehen.

„Past. Krogius. Ich verlasse mich denn darauf, daß ich Abschriften von solchen Ukasen bekommen werde. Mit dem Beding und in der Zuversicht, daß mir solche Ukasen werden, mitgetheilt werden, welche die Jura episcopalia dem Justiz Collegium zuerkennen, will ich auch hochdasselbe als mein Consistorium künftig ansehen.

„NB. Solche verlangte und heilig versprochene Abschriften sind mir bis zum heutigen Tag noch nicht zugestellet worden.

„4) Ob es mir denn leid thäte, daß ich mich in meinem unterschriebenen Revers, unter dem vom Collegio 3. März allen Geistlichen auswärtiger Religionsverwandten wegen illegaler Proclamation und Copulation ertheilten Verweis, einiger spitzfindiger und empfindlicher Redensarten bedienet?

„Past. Krogius. Er habe nichts wider den Respect sagen wollen, auch habe er solches nicht nach genommener Abrede mit seinen übrigen Herrn Amtsbrüdern geschrieben. Jedenfalls wäre es besser gewesen und man würde Unannehmlichkeiten vermieden haben, wenn man die Kais. Befehle, welche dem Justiz Collegium das Recht des Consistoriums einräumen, den Predigern mitgetheilt hätte.

„v. Wolkoff. Man hätte nothwendig solche Ukase allen Predigern bekannt machen müssen?

„Vic.-Pres. v. Emme. Er hat solchen Verweis auch nicht als eine Strafe anzusehen. Er hat als ein Unschuldiger selbigen als eine Warnung vielmehr zu achten.

„Past. Krogius. Habe ich mich aus Unwissenheit vergangen, so ist mir solches leid.

„Der Procureur, der Vice-Präsident und verschiedene Glieder des Collegii standen von ihren Stühlen auf und sagten: sie wären mit mir zufrieden, — und ich ward entlassen."

„Solches habe ich — — in fidem pastoralem aufzeichen wollen."
St. Petersburg d. 19. Apr. 1764.

Joh. Heinr. Krogius.
Pastor an der evangel. finnischen Gemeinde.

Die Art und Weise, wie der Graf Münnich den Vorgang mit dem Pastor Großkreuz im Justizcollegium erfuhr, erzählt Büsching mit folgenden Worten[1]):

„Unter der Zeit, da dieses vorging, und ehe ich den Ausgang erfuhr, aber denselben befürchtete, fuhr ich zu dem Generalfeldmarschall Grafen von Münnich, um demselben bekannt zu machen, was ich von dem Zweck und den Maaßregeln des Justizcollegiums vermuthete. Als ich zu ihm kam, wollte er sich eben zum Mittagsessen niedersetzen, und ich nahm auch Platz an der Tafel. Es war schon von ein Paar Schüsseln gegessen worden, als auch ein Mitglied des Justizcollegiums, der Hofrath von Canitz, kam, dem Platz an der Tafel gemacht wurde. Gleich darauf ward ich hinausgerufen, weil mich jemand sprechen wolle, und dieser war ein Bote, den der Pastor Großkreuz an mich schickte, um mir anzuzeigen, daß er mit Arrest beleget worden sey. Kaum war ich aus dem Tafelzimmer gegangen, als der Hofrath Canitz zu dem Generalfeldmarschall sagte, das Collegium habe ihn abgeschicket, um Sr. Erlaucht zu melden, daß es sich genöthiget gesehen habe, den Pastor Großkreuz in Arrest zu behalten. Was unterstehen Sie sich, mir zu sagen? rief der Generalfeldmarschall aus, sprang auf vom Stuhl, öffnete die Thüre des Zimmers, in welchem ich war, und rief, Herr Doctor! hören Sie doch, was nach des Herrn von Canitz Anzeige das Justizcollegium sich unterstanden hat. Eben hat es mir, antwortete ich, der Pastor Großkreuz selbst melden lassen. Nun waren des Generalfeldmarschalls Augen wie die Feuerflammen, sein Baßton war rauh und fürchterlich, und sein ganzer Körper ward erschüttert. Der von Canitz, der ihm nachgegangen war, zitterte und bebte vor Schrecken und Angst, und der Generalfeldmarschall machte ihn und das Colle-

---

[1]) Vgl. Lebensgesch. p. 456.

gium so herunter, daß er sogar sagte, der Vicepräsident, Sie und alle Räthe sind nicht werth, dem Pastor Großkreutz die Schuhriemen aufzulösen, und ich will meinen letzten Blutstropfen aufopfern, um demselben und den ausländischen Gemeinen Gerechtigkeit von Ihro Kaiserl. Maj. und Schutz gegen Ihres Collegiums Gewaltthätigkeit zu verschaffen. Die Generalfeldmarschallin und ich baten den von Canitz, sich geschwind wegzubegeben, damit der Generalfeldmarschall sich nicht noch mehr ärgere, und ich ließ mir ein niederschlagendes Pulver, nebst Wasser und Löffel geben, und überreichte es dem Generalfeldmarschall, um es einzunehmen. Das that er zwar, sagte aber dabey: dieser hitzige Eifer schadet mir nicht, ich bin desselben gewohnt."

Auf die Veranlassung des Grafen Münnich setzte Pastor Büsching folgende Schrift auf:

"Protestation wider das illegale Verfahren des Justiz-Collegiums in Arretirung des frommen Predigers Grosskreutz 23. März 1764.

"Wir der ausländischen Gemeinden Patroni und Pastores protestiren hiedurch gegen die willkührlichen und den Gemeinden höchst präjudicirlichen Proceduren und Vorrechte, welche das Justiz-Collegium sich bisher und sonderlich jetzt über unsere Gemeinden und derselben Prediger angemaßt hat — — und erklären, daß wir über die zwischen dem Justiz-Collegium und den Gemeinden obschwebenden Irrungen und Streitigkeiten uns an den Dirigirenden Senat wenden werden, um eine Allerhöchste Entscheidung zu erlangen.
    B. Chr. Graf v. Münnich.
    Wilh. Graf v. Fermor.
Die Pastoren Trefurt, Hougberg[1]), Krogius, Büsching, Tarnow.

"Diese Protestation war durch eine Nachricht veranlaßt, welche die Grafen Münnich und Fermor vom Pastor Großkreutz am Abend des 22. März erhalten hatten, daß der Registrator Schneider, welcher den Pastor Großkreutz am 20. März ins Justiz-Collegium citirt hatte, geäußert habe, am nächsten Donnerstag, als am 25. März, solle der Pastor Büsching citirt und zur Verantwortung gezogen wer-

---

[1]) Pastor Hougberg schloß sich dieser Protestation an, ungeachtet er die Abbitte im Justizcollegium unterschrieben hatte. Zu seiner Rechtfertigung verfaßte er den schon oben angeführten „Wahrhaften Bericht von dem Verfahren E. Kgl. Reichs-Justiz-Collegii in Consistorialsachen."

den. Um dies zu verhüten, beschlossen die Grafen Münnich und
Fermor obige Protestation an das Justizcollegium zu schicken, „weil
wie es in dem Briefe des Grafen Münnich an die Herrn Gabril,
Taube und Wolloff heißt, der Herr Dr. Büsching von Natur ein
sehr feuriger Mann ist, der um desto weniger Ursache hat, sich vom
Justizcollegium reprimandiren und übel begegnen zu lassen, also
daß er dem Collegio wegen des widerrechtlichen Verfahrens würde
derbe Wahrheiten gesagt haben, daraus ein großes Feuer hätte entstehen können; er, Dr. Büsching, auch wegen seiner Gelehrsamkeit
und vieler nützlichen Schriften in der gelehrten Welt also bekannt
ist, daß er in allen protestantischen Reichen und Ländern, wenn er
von hier wegzugehen gemüßigt würde, überall mit offenen Armen
aufgenommen werden wird."

Mit dieser Protestation, welche mit dem Canzleisiegel Sr. Erl.
versiegelt und auf dem Couvert an E. Erl. Kais. Reichs-Justiz-
Collegium adressirt war, schickte der Graf Münnich seinen Adjutan-
ten, den Major Baron v. Wrangel, und seinen Secretair, den
Lieutenant Frisch, am 23. März in das Justizcollegium. Sie
hatten den Befehl, diese Schrift abzugeben und mündlich um die
Freilassung des Pastors Großkreuz anzuhalten. Als diese Beiden
sich hatten anmelden lassen, kam der Secretair des Collegiums heraus und nahm die Schrift in Empfang. Auf ihre Bitte, vorge-
lassen zu werden, erhielten sie von ihm die Antwort, es sei nicht
gebräuchlich beim Collegio etwas mündlich vorzutragen, alle Sachen
müßten schriftlich eingegeben werden, deshalb könne er sie nicht vor-
lassen. Nach dreistündigem Warten kam der Secretair nochmals, und
bedauerte sehr, „daß er uns so lange habe warten lassen, er habe
geglaubt, uns sogleich eine Resolution geben zu können, allein jetzt
sei es zu spät, wir möchten morgen nach derselben kommen, mündlich aber könnten wir unsern Vortrag nicht halten."

Am 24. März brachte Registrator Schneider zwei offene, unver-
siegelte Schriften, welche weder in ein Couvert gelegt, noch mit
einer Adresse versehen waren, aus dem Justizcollegium in die Wohnung des Grafen Münnich, wo der Baron v. Wrangel dieselben
empfing. Die eine Schrift war das Original der Protestation vom
23. März, die andere eine auf Stempelpapier geschriebene, mit dem
Kais. Siegel versehene, vom Vice-Präsidenten und 8 Mitgliedern
unterschriebene Resolution.

In derselben heißt es, da die von einigen Herrn Patronen und von verschiedenen Predigern der Kirchen ausländischer Religionsverwandten unterschriebene Protestation durchaus nicht dem vom Senat 8. Juli 1762 erlassenen Gesetz, wie Suppliquen in der Form eingerichtet werden sollen, gemäß und weder in rubro, in nigro, noch in submissione diesem Kais. Befehl angemessen sei, so könne eine solche Schrift nicht angenommen werden.

Zugleich mit dieser Protestation hatte Pastor Büsching folgende Klageschrift an die Kaiserin aufgesetzt, welche von den beiden Patronen der Petri- und der Annenkirche und den Predigern unterschrieben und 23. März von den Grafen Münnich und Fermor im Senat abgegeben wurde.

„Ew. Kayserl. Majestät haben eben sowol, als schon vor vielen Jahren Allerhöchstderoselben glorreiche Vorfahren auf dem russisch-kayserl. Thron, fremde Religionsverwandten auf die allergnädigste Weise in Dero Reich eingeladen, und aufgenommen, und ihnen alle zu wünschende gottesdienstliche und kirchliche Freyheiten auch Einrichtungen nach den Grundsätzen ihrer Religionen, allermildest verstattet. Vermöge solcher preiswürdigen Gnade, haben sich, so wie an unterschiedenen Orten in Allerhöchstderoselben Staaten, also besonders auch in Ingermannland, und vornehmlich zu St. Petersburg die fremden Religionsverwandten nach und nach zu besondern Gemeinen vereiniget, Kirchen erbauet, Prediger berufen und bestellt, ihren Gottesdienst nach allen seinen Theilen eingerichtet, und die Gebräuche und Formalitäten bey Eheproclamationen, Copulationen, Taufen, Begräbnissen u. s. w. nach eigener Wahl und Maaßgebung der Grundsätze und Gewohnheiten ihrer Kirchen in andern Ländern, beliebet, festgesetzt, und den Umständen gemäß verändert, und also der völligen Freyheit ungestört genossen, die nicht nur Gott selbst, sondern auch der glorreichen russischen Monarchen Gnade ihnen verstattet hat. Am deutlichsten aber beweiset eine denkwürdige Ukase des verewigten Monarchen Peters des Großen vom 7. Okt. 1715, wie frey und unabhängig in kirchlichen Sachen die Gemeinen der fremden Religionsverwandten durch kayserliche Allergnädigste Vergünstigung sind und seyn sollen: denn laut derselben

„haben Seine Majestät Peter I. aus erheblichen Ursachen zu Stiftung und Erhaltung des Friedens und guter Ordnung, auch Verhütung und Abschaffung aller Desordres und Irrungen bey denen im russischen Reich befindlichen evangelisch-lutherischen Kirchen und Gemeinen vor gut befunden, selbigen ihres Glau-

bens und Mittels einen Superintendenten zu verordnen und
vorzusetzen, dem Sie befohlen, aufs fleißigste dahin zu sehen,
damit bey gedachten Kirchen und Gemeinen alles ordentlich
zugehe"

„hieraus erhellet, daß weder Seine Kays. Majestät Peter der Große
Selbst und unmittelbar, noch durch Allerhöchstderoselben Collegia
denen fremden Religionsverwandten ihre kirchliche Verfassung und
Regierung vorschreiben, sondern aus christlicher Gnade ihnen solche
selbst allerhuldreichst überlassen, und durch einen aus dem Mittel der
Pastoren genommenen und allergnädigst verordneten Superintendenten, einrichten und handhaben lassen wollen."

„Erst 1734 hat Ew. Kayserl. Majestät Justizcollegium der lief-
und esthländischen Sachen an den Consistorialsachen der ausländischen
Gemeinen in Rußland gewissermaßen Antheil bekommen, als bey
einer vorgefallenen Ehescheidungssache Ihro Majestät die Kayserin
Anna Iwanowna in einer eigenhändig ertheilten höchsten Resolution
allergnädigst befohlen:

„Dergleichen derer fremden Religionsverwandten allhier vorfallende Consistorialsachen in gedachtem Justizcollegio nach den
Grundsätzen einer jeden Confession mit Zuziehung der hiesigen
Geistlichen von selbiger Religion, welcher derjenige, über den
das Gericht gehalten werden soll, zugethan ist, zu bearbiten,
und sammt ihnen zu urtheilen."

„Allein das Justizcollegium ist in diesen Schranken nicht geblieben, sondern hat sich nach und nach mehrerer Consistorialsachen angenommen, und insonderheit eine obrigkeitliche Gewalt über die
Pastoren angemaßet, die ihm doch gar nicht ertheilet worden, indem
vielmehr die Pastoren durch höchsten Kays. Befehl eben so wohl und
eben so gut als die Mitglieder des Justizcollegii in Consistorialsachen
zu Richtern verordnet worden. In den ersten Jahren nach erthei-
ter hochgedachter Kays. Ukase hat das Justizcollegium dasjenige, was
den Pastoren und Gemeinen bekannt zu machen war, nicht sowol in
Form eines Befehls, als vielmehr einer Anzeige an dieselben gelangen lassen, und sich der in allen andern Ländern gewöhnlichen Formalitäten bedienet, daß es die Pastoren Wohlehrwürdige und Wohlgelahrte Herren genannt hat: allein nach und nach, und insonderheit in der neuesten Zeit, hat es völlig Befehlsweise gegen die Pastoren verfahren, alle Titel und Achtung weggelassen und beyseit gesetzt,
die Pastoren unverschuldeter Weise mit Verweisen belegt, welches

letztere erst neulich unterm 3. März auf eine harte Weise, die alle Prediger betrübet hat, geschehen ist, ja an dem gestrigen Tage sogar einen der Pastoren auf eine schimpfliche Weise arretiren lassen. In Entscheidung der vorfallenden Ehesachen verfährt dasselbige fast ganz einseitig und willkührlich, ohne auf die Pastoren und auf die Grundsätze der christlichen Religion zu achten, da es doch mit jenen und nach Maasgebung der letztern in Matrimonialsachen richten sollte."

„Da nun durch solches des Justizcollegii Verfahren die ausländischen Gemeinen und ihre Pastoren gedrücket, und ihre von Ew. Kayſ. Majeſtät und Höchſtderoſelben Ahnherren denenſelben allergnädigſt ertheilte Freyheiten gekränket und geſchmälert werden, auch ſehr wahrſcheinlich iſt, daß das Collegium, wenn demſelben von Ew. Kayſerl. Majeſtät nicht Einhalt geſchiehet, mit denen hier und an anderen Orten in Rußland befindlichen ausländiſchen Gemeinen noch unchriſtlicher ſchalten und walten werde, eben dadurch aber Ew. Kayſerl. Majeſtät allerhuldreichſte öffentlich erklärte Abſicht die Ausländer zu bewegen, in Allerhöchſtderoſelben Staaten ſich niederzulaſſen und zu bleiben, vereitelt werden würde;

„Als gelanget an Ew. Kayſerl. Majeſtät unſere bemühigſte Bitte, daß Allerhöchſtdieſelben

„1) Dero Juſtizcollegio der lief= eſth= und finnländiſchen Sachen förderſamſt gebieten mögen, über die ausländiſchen Gemeinen und derſelben Paſtoren ſich von nun aller Gerichtsbarkeit ſo lange zu enthalten, bis Ew. Kayſerl. Majeſtät allerhöchſte Entſcheidung in Anſehung der ihnen verſtatteten und zukommenden Freyheiten erfolget ſey: auch den arretirten Paſtor Großkreutz, wenn es nicht ſchon geſchehen iſt, ſogleich mit Ehren wieder in Freyheit zu ſetzen.

„2) Demnächſt aber denen ausländiſchen Gemeinen in Dero Reſidenzſtadt Petersburg allergnädigſt bewilligen mögen, daß ihre Paſtores untereinander ein Ew. Kayſerl. Majeſtät unmittelbar unterworfenes Conſiſtorium ausmachen dürfen, welches in allen kirchlichen und Eheſachen nach den Grundſätzen einer jeden Religion richte, und zugleich darüber halte, daß die Gemeinen wie bisher, alſo auch inskünftige als chriſtliche, ruhige, und Ew. Kayſerl. Majeſtät getreue Unterthanen, handeln und leben.

„Für ſolche allerhöchſte Gnade werden wir Gemeinen und Paſtoren der fremden Religionsverwandten in Ew. Kayſerl. Majeſtät Reſidenzſtadt in tiefſter und treueſter Unterthänigkeit für Allerhöchſtderoselben und Sr. Kayserl. Hoheit unsers theuresten Großfürsten und Herrn Wohlfahrt und Glückseligkeit den Gott der Heerschaaren unabläßig anrufen."

Der Graf Münnich begnügte sich nicht damit, die von dem Pastor Büsching entworfenen Schreiben zu übergeben und mit seinem ganzen Einfluß zu unterstützen, er wandte sich auch persönlich in einem französisch geschriebenen Briefe 25. März an die Kaiserin selbst. Dieser Brief befindet sich in der Sammlung der Münnichschen Briefe an Kaiserin Catharina II. in der Bibliothek des Generalstabs. Er berichtet der Kaiserin von der Entstehung der Consistorialsitzung, so wie der Graf Ostermann und er sie eingerichtet hätten, und geht dann zu der gänzlichen Umänderung in den Ansichten dieses Gerichtshofes über, seitdem der Vice-Präsident von Emme an der Spitze desselben stehe. Dann berührt er die gegenwärtige Streitfrage und zeigt, wie das Gericht weit über seine Befugnisse hinausgegangen sei.

Auf die von den Grafen von Münnich und von Fermor im Senat am 23. März eingegebene Klageschrift der ausländischen Gemeinden hatte die Kaiserin befohlen, zu untersuchen, ob der Pastor Großkreutz dem Rechte gemäß arretirt worden sei, und ihr das Ergebniß dieser Untersuchung mitzutheilen. Darauf hin übergaben die beiden Patrone dem Senat 30. März ein von ihnen und den protestantischen Predigern unterschriebenes, von Büsching ausgearbeitetes Memorial an die Kaiserin von den Augsburgischen Confessionsverwandten in St. Petersburg. Dieses Memorial enthält die Bitte der Gemeinden um Schutz gegen die Angriffe des Justizcollegiums und wiederholt das schon in der Klageschrift am 23. März ausgesprochene Gesuch, aus den Predigern der ausländischen Gemeinden ein Consistorium bilden zu dürfen, welches aber nicht bloß, wie die Klageschrift sagt, die Consistorialsachen der protest. Gemeinden in St. Petersburg, sondern in ganz Ingermannland entscheiden solle. Diesem Memorial sind als Belege beigefügt: 1) Die Prärogative und Immunitäten der Gemeinden Augsburgischer Confession in Moskau, St. Petersburg und andern Städten Rußlands von der Zeit des Zaaren Joann Wassiljewitsch II. an. Später hat Büsching diesen Anhang drucken lassen, theils als selbständige kleine Broschüre unter dem Titel: Allgemeine Nachrichten von den evangel.-luth. Gemeinden im russischen Reich. Königsberg 1764. 8., theils im zweiten Stück der gelehrten Abhandlungen von und aus Rußland, und im ersten Band einer Geschichte der evangel.-luth. Gemeinden im russischen Reich, 2) Das Verfahren des Justizcollegiums gegen den Pastor Großkreuz. 3) Das Verfahren des Justizcollegiums gegen die Grafen von Münnich und Fermor.

Der Graf Münnich suchte auch diese Eingabe durch seinen Einfluß zu unterstützen. In 3 Briefen vom 28., 29. April und 1. Mai setzte er dem Etatsrath von Osterwald, dem Erzieher des Großfürsten Paul, die Lage der kirchlichen Angelegenheiten auseinander und belegte dieselbe mit Abschriften der wichtigsten Documente. Er bat ihn, zu gelegener Stunde diese Schriften dem Geh. Rath und Oberhofmeister von Panin, „als unsrer Kirche und Schule größtem Patrone," mitzutheilen. Am 1. Mai schrieb er in dieser Angelegenheit an den Oberhofmeister von Panin selbst. Dieser in französischer Sprache geschriebene Brief ist ein kurzer, aber deutlicher Auszug aus dem Memorial.

Die Seele des ganzen Widerstandes gegen das Justizcollegium war Pastor Büsching, dem bei seiner feurigen Natur freilich nichts rasch genug gehen konnte. Die Kaiserin Catharina II. hatte gleich im Anfange ihrer Regierung, um den Anbau des Landes zu befördern und die Russen durch Anschauung einer verbesserten Methode des Ackerbaues zu belehren, deutsche Colonisten unter Verleihung vielfacher Vortheile nach Rußland gerufen. Durch ein Allerhöchstes Manifest 22. Jul. 1763 hatte sie unter andern Privilegien den Ausländern, sie mochten Protestanten oder Katholiken sein, eine unbeschränkte Religionsfreiheit mit folgenden Worten versprochen: „Wir gestatten allen in unserm Reich ankommenden Ausländern unverhindert die freie Religionsübung nach ihren Kirchensatzungen und Gebräuchen; denen aber, welche nicht in Städten, sondern auf unbewohnten Ländereyen sich besonders in Colonien oder Landflecken niederzulassen gesonnen sind, ertheilen wir die Freyheit, Kirchen und Glockenthürme zu bauen, und die dabey benöthigte Anzahl Priester und Kirchendiener zu unterhalten, nur den einzigen Klosterbau ausgenommen." In Folge dieser Einladung kamen viele Deutsche nach Rußland, welchen an der Wolga, zum Theil aber auch, um den Anbau der Kartoffeln zu verbreiten, in der Nähe der Residenz Land angewiesen erhielten. So entstanden 1765 die drei alten Colonistendörfer: Saratowka oder Sechziger Colonie an der Newa, die achtundzwanziger Colonie an der Ischora, die zweiundzwanziger Colonie auf dem Wege nach Zarskoje-Sselo. Die Kaiserin sah mit großem Wohlgefallen das Aufblühen dieser deutschen Gemeinden und suchte dasselbe durch reiche Geldgeschenke zu befördern. So gab sie z. B. zum Aufbau der ersten hölzernen Kirche in Saratowka 6000 R. aus ihrem Cabinet. Pastor Büsching wußte diese Vorliebe der Kaiserin für die deutschen Colonisten sehr geschickt in den Streit mit dem Justizcollegium hineinzuziehen. Er schrieb schon 23. März an den Minister von Panin: „Ihro Maj. die Kaiserin hätten im vorigen Jahr ein Manifest ausgehen lassen, in welchem sie neue Ausländer auf die allergnädigste Weise eingeladen, sich in höchstderoselben Reiche wohnhaft niederzulassen, und hätten denselben die vollkommenste gottesdienstliche Freyheit versprochen. Zu eben der Zeit, da man einer guten Wirkung davon entgegensehe, fange das hiesige Justizcollegium an, die alten und ansehnlichen ausländischen Gemeinen in hiesiger Residenz zu drücken, sich eine Gewalt über dieselben anzumaßen, die es niemals bekommen habe, und die Pastores derselben, die sich zwar mit Recht, aber doch mit Bescheidenheit seiner Gewaltthätigkeit widersetzten, mit Arrest zu belegen. Dieses Verfahren werde durch die vielen ab- und zureisenden Fremden, und auf verschiedene andere Weise weit und breit in Europa bekannt werden, und das kaiserliche Manifest um alle erwünschte Wirkung bringen. Es sey also dem Nutzen des Reichs geradezu entgegen, und deswegen möchten Se. Erlaucht dem Justizcollegium so geschwind und kräftig als möglich Einhalt thun, und sich der leidenden ausländischen Gemeinen bestens annehmen. Der Minister ließ mir sagen, er werde, was ich verlanget habe, thun, schrieb auch sogleich an den Vicepräsidenten von Emme, daß er einhalten möge. Hernach besuchte ich alle fremde Minister bey dem hiesigen Hofe, erzählte ihnen, was geschehen sey, und bat sie, daß sie sich gelegentlich der ausländischen Gemeinen bey dem Vicekanzler, Fürsten Golizin, und bey dem Staatsminister Grafen von Panin, annehmen möchten, aber nicht als Minister und im Namen ihrer Höfe, sondern nur als Mitglieder der Gemeinen. Es erboten sich zwar einige als Gesandte für dieselben zu sprechen, auch ihren Höfen Bericht von dem, was geschehen, abzustatten, das verbat ich aber sehr ernstlich, damit es nicht scheinen möge, als ob wir ein Mißtrauen in die Gerechtigkeit der Kaiserin setzten. Bey diesem Ausdruck will ich anführen, daß ich allenthalben und bey aller Gelegenheit sagte, wir bäten Ihro Majestät die Kaiseren nicht um neue Gnade, denn wir wären vollkommen mit der Gnade zufrieden, die sie und ihre Vorfahren auf dem russisch-kaiserlichen Thron uns und unsern Vorfahren seit ein Paar hundert Jahren erwiesen hätten, sondern nur um Gerechtigkeit wider ein Collegium, das Gerechtigkeit handhaben solle, sich aber gegen die ausländischen Gemeinen auf das ungerechteste betrage."

Das Ende dieses Streites erzählt Büsching mit folgenden Worten: "Das Justizcollegium steckte sich hinter seinen Procureur Sukin, einen Russen, und breitete aus, daß dieser schon am Abend des 22. Märzes am Hofe gewesen sey, und Bericht von dem Verfahren des Collegiums abgestattet, die Kaiserin aber dasselbe genehmigt habe. Unterdessen fing doch dem Vicepräsidenten von Emme an, übel zu Muthe zu werden. Er that gleich in den ersten Tagen einen Fußfall vor der Kaiserin in ihrem Cabinet, und bat um Schutz gegen die ausländischen Gemeinen. Darüber hielt ich mich an allen Orten sehr stark auf, als über eine niederträchtige und für einen Despoten höchst unschickliche Handlung. Hat er nach den Gesetzen gehandelt, sagte ich, so schützen ihn diese; es ist der stolze Unterdrücker, und dieser erniedriget sich so? Er bat auch meinen Schwager, den reformirten Pastor Dilthey, Mittler zu seyn, und Großkreuz zu bewegen, daß er das Collegium um seine Erlassung aus dem Arrest bitten mögte. Ich ließ aber denselben aufs stärkste ermuntern, dieses nicht zu thun, sondern geduldig auszuhalten, bis er auf eigenem und unmittelbarem Befehl der Kaiserin werde in Freyheit gesetzet werden. Darüber vergingen aber alle Tage vom Montag bis auf den Sonnabend, und ungeachtet des Betriebes des Generalfeldmarschalls erfolgte vom Hofe nichts. Traurig über diesen Verzug, begab ich mich am Sonnabend früh zu dem General en Chef, Grafen von Rumänzow (nachmaligen und jetzigen Generalfeldmarschall), der sich immer sehr gütig gegen mich bewiesen hatte, und bat ihn, seine Frau Mutter, erste Staatsdame der Kaiserin, zu ersuchen, daß sie heute, wenn sie an den Hof käme, Ihro Majestät der Kaiserin an die Sache der ausländischen Gemeinen, und an den Pastor Großkreuz erinnern mögte. Er versprach in seinem und seiner Frau Mutter Namen alles, was ich wünschte. Ich war aber kaum nach meinem Hause zurück gekommen, als ein Adjutant des Generalfeldmarschalls Grafen von Münnich denselben bey mir anmeldete, mir zwar die Ursache seines heutigen Besuchs sagte, aber bat, nichts von derselben Kenntniß zu äußern. Ich lief dem Generalfeldmarschall an die Kutsche entgegen und empfing ihn mit diesen Worten: Das bedeutet entweder etwas sehr Gutes, oder etwas sehr Schlimmes, daß Ew. Erlaucht mich in

dieser Stunde besuchen. Er antwortete, von Gott und von der Kaiserin
ist nichts als Gutes zu erwarten. Ich komme eben geradezu von
der letzten, um Ihnen anzuzeigen, daß auf der Monarchin eigenhändigen Befehl unser Pastor Großkreutz jetzt aus dem Arrest entlassen
werde. Es war die gemeine Eßstunde, da dieses geschahe, und nach
den Umständen mußte Großkreutz schon auf dem Wege nach seinem
Hause seyn, also konnte ich den Gedanken, die evangelischen Prediger zu seiner Abholung und Heimführung zusammen zu berufen,
nicht ausführen, ich lud sie aber schriftlich ein, des Nachmittags um
4 Uhr in seinem Hause sich zu versammeln, um mit ihm zu dem
Generalfeldmarschall zu fahren und demselben Dank abzustatten.
Dieses geschahe. Ein jeder kam in seiner eigenen Kutsche nach Großkreutz Hause, und wir brachten ihn in Procession nach des Grafen von
Münnich Hause. Hier führte ich das Wort, und redete ihn ungefähr so
an. Bisher haben wir Ew. Erlaucht als einen tapfern, klugen und
glücklichen Feldherrn bewundert und gepriesen, nun verehren wir Sie
auch als muthigen und standhaften Streiter für die evangelischen Gemeinen, und derselben Freyheiten und Rechte, u. s. w. Während dieser
Anrede flossen Thränen aus seinen Augen, und er beantwortete sie sehr
gut. Der Senat that nichts, und es blieb unentschieden, ob das Recht
auf der Seite des Justizcollegiums, oder der ausländischen Gemeinen
und ihrer Prediger sey? Um dieser Ungewißheit abzuhelfen, begab ich
mich zu dem Geheimenrath, Oberhofmeister und Minister, Grafen
von Panin, und bat ihn, Ihro Majestät der Kaiserin Entscheidung
in der Hauptsache zu bewirken. Er bestellte mich über einige Tage
wieder zu sich, und als ich wieder bey ihm erschien, gab er mir den
Bescheid, daß Ihro Majestät die Kaiserin mir sagen ließen, ich möge
damit zufrieden seyn, daß Pastor Großkreutz auf Ihren eignen und
unmittelbaren Befehl von dem Arrest befreyet worden sey, denn
sie trage Bedenken, in der Sache selbst zu entscheiden. Der Vice-
präsident betrug sich nachher in Versamnlungen bey Beerdigungen
und andern Gelegenheiten, gegen den Pastor Großkreutz, gegen mich
und andere Pastoren so artig, und höflich, entweder als ob nichts
von allem, was ich erzählet habe, vorgefallen sey, oder als ob er
dieses wieder gut machen wolle."

Die Wirksamkeit des Pastors Büsching während der wenigen
Jahre seines hiesigen Aufenthalts gehört hauptsächlich der Schule
an. Daher werde ich seine Geschichte auch dort erzählen und hier
nur einige Züge hervorheben, welche sich besonders auf seine Thätig-

feit als Prediger beziehen. Gleich nach seiner Ankunft hieselbst hatte er sich einige Regeln festgesetzt, welche er nicht übertreten wollte. Diese bestanden besonders darin, daß er von seinem Armen oder solchem, der nur so eben sein Auskommen hatte, für Amtsgeschäfte eine Vergütung nahm. Er schmälerte sich dadurch, indem er gewöhnlich unter fünf Amtsgeschäften nur von einer Vergütung nahm, seine Einkünfte so sehr, daß er, besonders da er Armen auch noch lieh, St. Petersburg hätte mit Schulden verlassen müssen, wenn nicht die Gräfin L'Estocq und andere Freunde dieselben bezahlt hätten[1]). Auf Krankenbesuche verwandte er täglich einige Stunden. Einladungen zu Gesellschaften nahm er so wenig wie möglich an. Als Gegenstand seiner Vormittagspredigten wählte er das Leben Jesu nach seiner eigenen Zusammenstellung und seiner eignen Uebersetzung des Urtextes. Um seinen Zuhörern das Verständniß zu erleichtern, ließ er sowohl sein Leben Jesu als auch eine Probe seiner Uebersetzung des N. T. drucken. Zu seinen Nachmittagspredigten wählte er moralische Sätze aus den Episteln, zu den Wochenpredigten einzelne Sprüche aus der Bibel, an welche er Betrachtungen über die großen Werke Gottes in der Natur knüpfte.

Pastor Büsching führte zwei wesentliche Verbesserungen bei den Amtsgeschäften in unserer Gemeinde ein. Zuerst veranlaßte er das Aufhören der Leichenbegleitung bis an die Gruft von Seiten der Prediger, wie ich oben erzählt habe; dann machte er die Confirmation zu einer öffentlichen religiösen Feier in der Gemeinde. Bisher war diese in den Häusern der Prediger, nicht nur unserer Gemeinde, sondern aller protestantischen Kirchen hieselbst vor sich gegangen. „Ich wollte sie gerne in eine öffentliche Feier verwandeln, und brachte meinen Collegen, den Pastor Treuret, auf folgende Weise dazu. Ich fragte ihn, ob er in eines Predigers Hause oder öffentlich confirmirt worden sei. Er antwortete, öffentlich, denn so war es an meinem Geburtsorte gewöhnlich. Ich: auch ich bin öffentlich confirmirt worden, und werde den gesegneten Eindruck, den es bey mir gemacht hat, lebenslang nicht vergessen. Sie denken doch auch mit Vergnügen daran? O ja! Nun so lassen Sie uns die öffentliche Confirmation auch einführen. Ach nein! Hier ist sie nie gewöhnlich gewesen und was würde die Gemeine dazu sagen! Der Gemeine wird sie eben so angenehm als nützlich sein, und wir haben

---

[1]) Büsching, Eigene Lebensgesch. p. 479.

ganz und gar keinen Widerspruch von derselben zu befürchten. Nein!
Nein! Herr College ich kann mich nicht dazu entschließen! Ich aber
habe fest beschlossen, am künftigen Charfreytage, da ich die Vormittagspredigt zu halten habe, die Kinder, die ich jetzt unterrichte, öffentlich zu confirmiren, weil Sie aber älterer Prediger bei der Gemeinde sind, so sollen Sie auch die Ehre haben, diese wichtige Sache
zuerst einzuführen, also bitte ich Sie, es auch zu thun. Je näher
der Charfreytag heranrückte, desto unruhiger war mein College wegen
dieser Sache; ich aber antwortete ihm ruhig, er möchte sich die Ehre,
der erste zu sein, der die öffentliche Confirmation vorgenommen
habe, nicht nehmen lassen. Hieran war ihm nun gelegen, und also
machte er von der Kanzel bekannt, er werde am — — vor Ostern
seine Katechumenen des Vormittags öffentlich confirmiren, die Gemeine möge sich dabey einfinden. Die Kirche war voll und er freute
sich darüber. Am Charfreytag predigte ich kurz, wendete ungefähr
eine halbe Stunde auf die Prüfung der Erkenntniß der mir unter-
wiesenen Kinder, ließ sie alsdann ihre Gesinnung bekennen, forderte
die ganze Gemeine auf, dem Bund der ewigen Treue, den ihre Kinder jetzt mit Gott machen würden, herzlich beyzutreten, und bemühete
mich, diese neue gottesdienstliche Handlung zu einer der rührendsten
zu machen. Nach derselben ging das Abendmahl des Herrn an, und
meine Kinder genossen es zum ersten Mal mit der Gemeine." Seit
1836 sind Knaben und Mädchen beim Confirmationsunterricht nach
einem Beschlusse des Kirchenraths getrennt.

Mit seinem Collegen, dem Pastor Trefurt, blieb er in gutem
Verhältniß, was bei der gründlichen Verschiedenheit ihrer Charaktere
besonders seiner großen Vorsicht zuzuschreiben ist. Schon von Anfang
an hatte er ihn dadurch für sich eingenommen, daß er ihm schon in
seinen Briefen von Göttingen aus den ihm von Pastor Zuchmantel
verweigerten Titel Senior gab. Kleine Reibungen ließen sich dessen
ungeachtet nicht vermeiden, was seinen Grund in der Vorliebe des
alten Past. Trefurt für gewisse Formeln hatte. Als Pastor Büsching
zum ersten Mal Brod und Wein zum Abendmahl auf dem Altar
einweihete, unterließ er darüber das Zeichen des Kreuzes zu machen.
Pastor Trefurt erinnerte ihn daran; nachdem diese Erinnerung aber
viele Male ohne Erfolg geblieben war, hörte er damit auf. Pastor
Büsching betete „unser Vater", Pastor Trefurt sah darin eine tadelns-
werthe reformirte Gewohnheit. Pastor Büsching hatte sich zu seinen
Amtsverrichtungen neue, kürzere Formeln gemacht, besonders hatte

er die Taufformel bedeutend abgekürzt. Pastor Trefurt verklagte ihn deshalb einst beim Grafen Münnich, der ihm antwortete, Büsching habe seine eignen Kinder eben so kurz getauft.

Pastor Büsching führt einige Beispiele an, um zu beweisen, wie strenge Pastor Trefurt an den alten Formeln hielt. „Er traute einen jungen Mann mit einer alten Frau von 60 Jahren und ermahnte beyde, fruchtbar zu sein und sich zu vermehren. Die alte sächsische Formel der Ordinirung eines Predigers enthält die höchst unschickliche Stelle, Ihr sollt wissen, daß Ihr nicht bestellet werdet, Gäuse und Schweine zu hüten, sondern die Gemeine Gottes zu weiden. Wenn wir einen Candidaten ordinirten, so bat ich ihn, diese dumme und anstößige Stelle wegzulassen, über die ein Theil der Gemeine lachte, ein anderer sich ärgerte; er war aber nicht dazu zu bewegen. Wenn er die Lehre von dem Abendmahl des Herrn vortrug, so erläuterte er sie allemal durch ein mit Arzenei angefülltes Glas, von welchem man weder sagen könne, das bedeutet Arzenei, noch, das ist in Arzenei verwandelt, sondern es ist Arzenei. Eben dieses gelte von den Worten des Herrn, das ist mein Leib, das ist mein Blut. Wer nun nicht diese Vorstellungsart gebrauchte, die nach seiner Meinung die allerdeutlichste und allerbeste war, den focht er an. Nun traf mich zwei Mal die Reihe, am Gründonnerstag zu predigen, und ich handelte von dem Abendmahl des Herrn nach meiner Ansicht. Als es zum ersten Mal geschehen war, tadelte er zwar meinen Vortrag, ließ aber doch bald von mir ab, weil er hoffte, daß ich zum zweiten Mal sein Arzeneiglas gebrauchen würde. Da ich aber meine Vorstellungsarten beibehielt, so verklagte er mich im Nov. 1764 bei dem Generalfeldmarschall Grafen von Münnich, unserm Kirchenpatron, und als dieser ihn für seine Person abwies, bei dem ganzen Kirchenconvent. Ich hatte mich darauf gefaßt gemacht und bestätigte meine Lehrart sogar durch alte bewährte lutherische Theologen, mit deren lateinischen Werken ich auch ein lateinisch-deutsches Wörterbuch zur Hand hatte. Als dieses zum ersten Mal bei dem Worte Symbolum gebraucht wurde, sagte er etwas, das mich veranlaßte, kalt und sanft zu antworten, Herr College, das verstehen Sie nicht. Dem Generalfeldmarschall wurde es schwer, sich des Lachens zu enthalten, er faßte sich aber und sagte, Herr Pastor Trefurt, diese Streitigkeiten gehören nicht in den Kirchenconvent. Da war es aus; er hätte mich aber nicht unangefochten gelassen, wenn ich nicht zur Zeit feiner Schwächlichkeit alle seine Amtsverrichtungen unentgeldlich versehen hätte."

Die Folge dieser nutzlosen Streitigkeiten war, daß ein Theil der Gemeinde darin den Grund suchte, weshalb Pastor Büsching sein Amt so plötzlich niederlegte. „Man trägt sich zwar überall in der Stadt, heißt es in dem Schreiben des Secretairs Brokmann¹), mit dem Gerücht herum, daß der theure Herr Pastor und Senior Trefurt an dem Entschlusse des Herrn Doctors hauptsächlich schuld sei, weil er schon dessen unvergeßlichen Antecessoribus, den seligen Herren Pastoribus Bützow, Lange und Zuckmantel vielen Verdruß und Herzeleid zugezogen haben soll, allein dieses alles läßt sich von einem so verdienstvollen, langjährigen getreuen Diener der Heerde Christi nicht einmal gedenken, viel weniger glauben, und ist ohnfehlbar eine grobe Unwahrheit. Die Lästerzungen sind niemals geschäftiger, als wenn sie die Handlungen eines Geistlichen zum Gegenstand haben, die sie gemeiniglich gar nicht, oder nicht recht verstehen oder auch nicht verstehen wollen." Dies Gerede fand später dadurch wieder einen Anhalt, als der Convent 1. Sept. 1765 auf den Antrag des Pastors Trefurt befahl, daß beide Prediger sich derselben Formeln bei ihren Amtshandlungen bedienen sollten.

Die Schule mit ihren vielen Arbeiten hatte die Veranlassung zu dem Entschlusse Büschings gegeben, sein Amt niederzulegen und St. Petersburg zu verlassen. Dies wird weitläuftiger in der Geschichte der Schule erzählt werden.

Büsching hatte ⁷⁄₄. April 1765 sein Predigeramt aufgekündigt. Wie ein Lauffeuer hatte sich diese Nachricht durch die ganze Stadt verbreitet. Die Kaufleute, welche zum Kirchen-Convent gehörten, hatten sie an der Börse erzählt und Trauer und Schmerz verbreiteten sich am Abend in unzähligen Familien. Man hörte nicht auf, in ihn zu bringen, den Absagebrief zurück zu nehmen. So nahte der ¹⁴⁄₃. April heran, der erste Sonntag, an welchem Pastor Büsching seit der Aufkündigung seines Amtes die Vormittagspredigt zu halten hatte. Die Kirche war gedrängt voll. Eine finstere Schwüle ruhte auf der Versammlung, die Gemeinde schien zu ahnden, daß ein drohendes Unglück ihr über dem Haupte schwebe. Eine Todtenstille herrschte, als Büsching nach geendigter Predigt ein Blatt Papier hervorzog und anfangs mit fester, dann aber unsicher werdender Stimme,

---

¹) Büsching, Eig. Lebensgesch. p. 432.

I. Band.

nachdem er einige für die Schule bestimmte milde Gaben aufgezählt hatte, folgende Worte seinen Zuhörern vorlas: „Es sind diese milden Gaben die letzten, welche ich unter herzlicher Freude und aufrichtigem Lobe Gottes mit pflichtmäßigem Dank gegen ihre milden Geber in Empfang genommen habe und nehmen kann. Denn ich habe mich, durch die äußerste Nothwendigkeit gedrungen, entschließen müssen, nicht allein die Direction unserer Schule niederzulegen, sondern auch unsere theuerste Gemeine, zu deren Dienst ich untüchtig geworden bin, ganz zu verlassen, und nächstens nach Deutschland zurückzukehren, ohne vorher einen anderweitigen Beruf zu erwarten. Da nun dieser mein Entschluß nicht geändert werden kann, indem durch denselben ein viel größeres Uebel verhütet wird: so bitte ich die gegenwärtigen und abwesenden Mitglieder unserer theuresten Gemeine aufs allerinständigste, daß sie sich darüber in keine Zänkereyen und Parteylichkeiten einlassen, wohl aber Gott inbrünstig anflehen mögen, daß er ihnen an meiner Statt einen Mann schenken wolle, der den Nutzen der Kirche und Schule mit eben so viel Treue, Eifer und Liebe suche, als ich ihn geliebet und gesucht habe, und übrigens die Gemeine durch Worte und Wandel also erbaue, daß die Liebe und Verehrung Jesu Christi von Zeit zu Zeit sichtbarlich unter derselben wachsen möge. Ich an meinem Theil verlange bey diesem Vorfall keine Partey für mich, ja es würde mich betrüben, wenn jemand, aus Freundschaft für mich, jemanden, er sey wer er wolle, auch nur durch Argwohn, kränkte. Mir ist das gnädige Urtheil und der Beyfall meines Herrn und Heilandes Jesu Christi hinlänglich, zu dessen Ehre ich auch meine Amtsverrichtungen bis zu meiner Abreise verrichten werde."

In Folge dieser Rede verbreitete sich eine unbeschreibliche Aufregung über die ganze Gemeinde. Allgemein hörte man den Ruf, was soll nun aus unserer Schule werden? Ist das der Lohn für die Jahrelangen, uneigennützigen Arbeiten? Besonders die Künstler und Handwerker, welche einen tiefen Groll gegen den Convent hegten, weil sie seit Stegelmann's Zeit von demselben ausgeschlossen waren, glaubten diese Gelegenheit benutzen zu können, um theils ihre Anhänglichkeit an den Pastor Büsching zu beweisen, theils ihre Ansprüche an Theilnahme am Convent durchzusetzen. Sie verfaßten ein Memorial folgenden Inhalts:

„Sie hätten am Sonntag von der Kanzel zu ihrer innigsten Rührung vernommen, daß ich mein in das vierte Jahr immer rühmlichst verwaltetes Predigtamt, nebst andern mir aufgetragenen Verrichtungen, aus dringenden Ursachen aufzugeben entschlossen sey. Die dringende Ursachen, oder, wie vielmehr zu vermuthen sey, die zwischen mir und dem Kirchenconvent entstandenen Streitigkeiten wären ihnen unbekannt; sie könnten also nicht umhin, bey dem Kirchenconvent geziemend anzufragen, warum derselbe, wie geschehen seyn müßte, mit mir ohne Zuziehung und Einwilligung der ganzen Gemeine so verfahren habe, daß ich dadurch zu dem bekannt gemachten Entschluß bewogen worden sey? Da auch die unterschriebenen Handwerker seit einigen Jahren von dem Kirchenconvent wären ausgeschlossen, und zur Verwaltung der Kirchen= und Schul=Gelder nicht mit zugezogen worden, wodurch in der Gemeine Unlust und Verdruß in Menge entstanden sey; so bäten sie, künftig mit dazu gelassen zu werden, da sie zur Erhaltung der Kirche und Schule das Ihrige reichlich beytrügen.

"Sie wünschten ohne Aufschub über alles dieses beschieden zu werden.

"Mit dieser Schrift fuhren einige betriebsame Mitglieder der Gemeine in der weitläuftigen Stadt herum, und ließen dieselbe von den Aeltermännern im Namen der ganzen Zünfte und Gewerke, auch von vielen einzelnen angesehenen Mitgliedern derselben, unterschreiben. Die erste Nachricht davon bekam ich von einigen vornehmen Personen, die sich darüber freueten, daß die Gemeine auf solche Weise in Bewegung komme, und als gewiß erwarteten, daß sie den Generalfeldmarschall von dem Patronat, und vielleicht den ganzen Kirchenconvent absetzen werde. Mein Herz empörte sich aber gegen diese Bewegungen und Absichten, die es verabscheuete; daher forschte ich sogleich nach, wer die Sammler der Unterschriften wären, fuhr nach den Häusern derselben, und bestellete auf meine Kosten reitende und fahrende Boten, die sie aufsuchen, und dringend bitten mußten, zu mir zu kommen. Sie konnten erst am späten Abend und beym Anbruch der Nacht zusammengebracht werden, und ich konnte sie erst nach Mitternacht durch Ueberredung dahin bringen, daß sie mir das Memorial mit den Unterschriften, so weit sie damals reichten, zum Andenken schenkten, und sich des Schrittes, den sie thun wollten, begaben. Die Schrift ist schon von den Aeltermännern der Gold= und Silber=Arbeiter, der Uhrmacher, der Sattler, der Stellmacher, der Gürtler, der Drechsler, der Buchbinder, der Schneider, der Hufschmiede, der Zinngießer, der Schuhmacher, der Knopfmacher und der Tischler unterschrieben. Ich bat die am 1. Mai zur Predigerwahl von der Gemeinde ernannten Deputirten und alle, die in den folgenden Tagen zu mir kamen, sich in die Untersuchung der Zwistigkeiten zwischen dem Kirchenconvent und mir nicht einzulassen, sondern die Streitsache zu unterdrücken. Da auch mein wohl überlegter Entschluß, nach Teutschland zurückzukehren, das einzige Mittel sey, um Zwietracht in der Gemeine, und den Verfall derselben zu verhüten, also auch schlechterdings nicht geändert werden könne, weil ich ihre starke Gegenvorstellungen und Gegenanstalten vorhergesehen, und mit überlegt hätte: so mögte die Gemeine mir doch darin willfahren, und sich je eher je lieber mit dem Kirchenconvent vereinigen, um mir einen Nachfolger zu erwählen, den ich noch selbst einführen könnte, damit meine Stelle nicht ledig würde, sondern zum Nutzen der Gemeine bey meiner Abreise besetzt wäre. Der Kirchenconvent, der sich nicht zu helfen wußte, schickte zu mir, und ließ mich bitten, zur Beruhigung der Gemeine alles mögliche beyzutragen, insonderheit sie zu bewegen, daß sie am 4. May mit ihm meinen Nachfolger erwähle. Hierzu ermahnete ich die Gemeine von der Kanzel ernstlich und rührend, und erbot mich, wenn es verlanget würde, an dem genannten Tage des Maymonats, einem Mittwoch, eine Vorbereitungspredigt zu der Wahl meines Nachfolgers zu halten. Convent und Gemeine ersuchten mich hierum: als aber diese Predigt vollendet war, sahe ich mit Betrübniß, daß die Mannspersonen weggingen, und begab mich selbst traurig nach Hause. Ich hatte aber kaum die Kirche verlassen, als von allen Seiten Männer herzukamen und die Kirche anfülleten."

Während nun so die Gemeinde in der Kirche sich wieder versammelte, hatte sich der Convent mit den 8 von der Gemeinde ernannten Deputirten in die Conventstube zurückgezogen. Der Graf Münnich eröffnete die Versammlung mit folgender Anrede: „Nachdem wir allhier, im Namen der hochheiligen Dreieinigkeit versammelt sind wegen der Wahl eines Predigers in der Stelle des Herrn Dr. Büsching uns zu berathschlagen und wo möglich in dieser höchst wichtigen Sache einen Schluß zu fassen; so ist zuvörderst mein treugemeinter Wunsch, daß der allein weise und barmherzige Gott unsere Herzen und Sinne durch seinen heiligen Geist regieren wolle, ohne alle Parteilichkeit uns zu vereinigen und einen solchen Mann zu wählen oder wenigstens in Vorschlag zu bringen, der mit allen Gaben versehen sei, die einem christlichen Seelsorger und Hirten eigen sind, um unsere liebe St. Peters-Gemeine und die damit verknüpfte Schule,

Lehrer, Schüler und Schülerinnen unserm Heilande und Erzhirten Jesu Christo zuzuführen und in seiner Gnade zu erhalten, welches Gott in Gnaden verleihen wolle, damit wir ihm dienen mögen in Heiligkeit und Gerechtigkeit."

Darauf fragte der Graf Münnich als Patron die 8 Deputirten, ob sie einen guten Prediger vorschlagen könnten. Der Deputirte Schönfelder nannte den Pastor Richter in Moskau und den Pastor Großkreuz auf dem Siechhofe. Die übrigen aber stelleten vor, daß die Gemeinde zu dieser wichtigen Wahl mehr Bedenkzeit verlange. Hierauf that der Herr Andreä mit vieler Beredsamkeit folgenden Vortrag: daß er die Ehre gehabt hätte 2 Jahre lang als Vorsteher mit in dem hochlöblichen Kirchen-Convent zu sein; bei seinem Abgange wären nicht allein Se. Erl. als Kirchen-Patron mit seiner Verwaltung des Amtes wohl zufrieden gewesen, sondern es hätte auch der Herr Pastor Trefurt öffentlich von der Kanzel im Namen der Gemeinde ihm gedankt. Da aber einsmals der Herr Pastor Trefurt ihn gelobet, daß er im Kirchen-Convent herzhaft geredet, so hätte hingegen der Herr Dr. Büsching ihn getadelt; er verlange also zu wissen, ob er recht oder unrecht gehandelt hätte?

Der ganze Kirchen-Convent wunderte sich, daß Herr Andreä mit einer solchen Proposition auftrat, weil man nicht zusammenberufen wäre, solche particularia auszumachen, die schon längst hätten können ausgemacht worden sein, sondern eine Prediger-Wahl zu besorgen.

Der Herr Pastor Trefurt erinnerte aber gleich dabey: daß er des Herrn Andreä Absicht recht wohl merke, indem er nur Streit dadurch zu erwecken suche, und damit so viel sagen wolle, als der Herr Pastor Trefurt und der Herr Dr. Büsching sind damals nicht einig gewesen, folglich müsse die Ursache seiner Abdankung wohl darin zu suchen sein, daß beyde Pastores nicht mit einander harmoniren.

Es trug darauf der Herr Haack vor: daß die ganze Deputation der Gemeine verlange, man möchte den Herrn Dr. Büsching im Namen der ganzen Gemeine nochmals bitten lassen, ob er nicht seine gefaßte Resolution ändern und bei der Gemeine bleiben wolle?

Dieses wurde gleich gebilliget und der Convent versicherte, daß es ihm höchst angenehm und erfreulich sein würde, wenn die Gemeine den Herrn Doctor bewegen könnte, hier zu bleiben und sein Amt ferner zu verwalten.

Als nun die Herrn Deputirten von der Gemeine und zwar Herr Haack, Zettel, Scheel, Schönfelder, Schloshauer, Schumacher und 2 Kirchenvorsteher, Herr Andr. Wulffert und Herr Strahlborn, und der Herr Andreä sich auch mit in dieser Absicht zu dem Herrn Doctor verfügen wollten, protestirte der Herr Pastor Trefurt wider den Herrn Andreä aus diesen Gründen:

weil er wohl sähe, daß es ihm nur darum zu thun sei, Streit und Uneinigkeit zwischen ihm und seinem Herrn Collegen zu erregen, zumal da er auch von ihm verlangte, daß er untersuchen sollte: ob der Herr Dr. Büsching eigenmächtig von seinem Berufe abtreten und sein Amt mit gutem Gewissen niederlegen könnte, welche Frage doch der Herr General-Feldmarschall in seiner im Convent übergebenen und etliche mal verlesenen Schrift vorgetragen, die aber der Herr Doctor als eine große Beleidigung aufgenommen habe.

Sowohl der Herr Andreä als auch der Herr Pastor Trefurt verlangten hierauf, daß solches mögte zu Protocoll genommen werden, welches auch hiermit geschehen.

Herr Andreä blieb also im Convent zurück und der Herr Pastor Trefurt gab der Deputation an den Herrn Dr. Büsching 2 Fragen schriftlich mit:

1) ob der Herr Pastor Trefurt Ursache wäre, oder zu der Niederlegung seines Amtes Gelegenheit gegeben hätte?

2) ob der Herr Dr. Büsching an den Herrn Pastor Trefurt oder sonst an seinem Betragen gegen ihn etwas auszusetzen hätte? um eine Antwort darauf von ihm zu erbitten.

Die Herren Deputirten kamen nach langer Unterredung mit dem Herrn Dr. Büsching in den Convent wieder zurück mit der Antwort: daß sie ihn flehentlich und mit Thränen gebeten, seinen Entschluß zu ändern und unsere Gemeine nicht zu verlassen und von hier zu gehen, allein er sei bei seinem Vorsatz geblieben, und es wäre also alles Bitten vergeblich gewesen. Was aber die Fragen des Herrn Pastor Trefurt anlangte, so habe der Herr Doctor denen Herren Deputirten bezeuget, daß er wider den Herrn Pastor Trefurt nichts auszusetzen habe und mit ihm in gutem Frieden gelebet; denn ob sie gleich vor einiger Zeit unter sich in einem Lehrpunkt nicht einstimmig gewesen, so sei doch solches gleich in der Güte beigelegt worden.

Unterdessen hatte sich in der Kirche ein großer Haufe von der Gemeine gesammlet, der den Kirchen-Convent mit allerhand unnöthigen und ungegründeten Fragen und Vorwürfen wegen der Niederlegung des Amtes des Herrn Dr. Büschings beunruhigte, und ihn in den vorgenommenen Berathschlagungen störte.

Da die Menge sich auf keine Weise beruhigen ließ, selbst nicht, als man ihr die eigenen Briefe des Pastors Büsching vorlas, trat der Generalfeldmarschall selbst mit dem ganzen Convent in die Kirche und stellte sich vor den Altar hin. Die versammelten Männer drängten sich hinzu und stellten den Convent wegen dessen, was zwischen dem Grafen Münnich und dem Pastor Büsching vorgefallen sei, zur Rede.

„Der bestürzte und sehr verlegene Generalfeldmarschall versicherte, daß der Convent ernstlich versucht hätte, mich zu bewegen, daß ich das Amt nicht niederlegen möge. Die Gemeine schickte sogleich eine große Anzahl Deputirte an mich ab, und ließ mich um 2 Stücke fragen, ob es wahr sey, daß der Kirchenconvent mich gebeten habe, die Gemeine nicht zu verlassen? und ob der Pastor Trefurt mit Schuld daran sey, daß ich weggehen wollte? Beyde Fragen beantwortete ich mit nein! bat aber die Deputirten auf das Inständigste, mit dem Kirchenconvent mir einen Nachfolger zu erwählen. Nun entstand in der Kirche ein Getümmel, man bezeigte sich sehr mißvergnügt mit dem Convent und mit dem Pastor Trefurt, man sprach von Bezahlung meiner Schulden, in die ich durch Geben und Leihen gerathen sey, und von einer Erhöhung meines festen Gehalts u. s. w. Man schickte auch wieder eine Deputation an mich ab. Als diese zu mir kam, hoffte ich, sie brächte mir die Nachricht von einer angestellten neuen Wahl, und fragte, ob sie geschehen sey? Die Deputirten antworteten, ja! Vergnügt fragte ich weiter: wen haben Sie erwählet? Sie selbst, antworteten sie. Sehr traurig bat ich sie flehentlich, mich fahren zu lassen, und meine Stelle wieder zu besetzen. So gut sie es auch jetzt mit mir meynten, so würden sie doch über vier Wochen ganz anders von mir urtheilen, wenn ich thäte, was sie jetzt wünschten; das könne ich aber nicht. Sie blieben bey ihrer Bitte, sagten, daß ihre Frauen und Kinder ihnen nicht eher Ruhe lassen würden, als bis sie mich zum Bleiben bewogen hätten, sie würden auch, so wie die ganze Gemeine nach meinem Hause kommen und bitten, daß ich sie nicht verlassen möge. Nun konnte ich die Unterhandlung nicht länger ertragen, sondern bat meine Gattin, die Glieder der Gemeine, die mein Haus anfülleten, durch die liebreichsten und kräftigsten Vorstellungen zu bewegen, daß sie sich wieder wegbegeben mögten. Ich selbst warf mich krank aufs Bette, aß zu Mittag nicht, sondern fuhr

mit meiner Gattin nach dem entfernten Kirchhofe, auf welchem die
Leichen meiner nächsten Vorfahren im Amt, meiner Kinder, meiner
Schwägerin und ihrer Tochter begraben lagen und pries diese
Personen glücklich, daß sie nicht in meinem bedrängten Zustande
wären. Als ich mich hier etwas erholet und gefasset hatte, kehrte
ich nach meinem Hause zurück und hörete zu meiner Betrübniß,
daß der Convent und die Gemeine auseinander gegangen wären,
ohne sich zu vereinigen. Um aber der Gemeine alle Hoffnung zur
Aenderung meines Entschlusses zu nehmen, machte ich meine bevorstehende Abreise gewöhnlichermaßen in den Zeitungen bekannt.

Dadurch war der Gemeinde alle Hoffnung genommen, den Pastor Büsching zu behalten. Sie verhielt sich nun ruhig. Die Kaiserin Catharina II. hatte sich wiederholt sehr anerkennend über die Verdienste Büschings ausgesprochen und ihm schon einmal im Anfang ihrer Regierung eine Directorstelle über das Findlings- und Erziehungshaus in Moskau anbieten lassen. Graf Münnich selbst hatte ihr denselben noch vor einem Jahre als die Stütze und Säule der Schule gerühmt. Jetzt erfuhr sie plötzlich, daß er des Grafen Münnich wegen, ohne Hoffnung auf eine baldige Anstellung und ohne Vermögen seine Stelle aufgebe und in sein Vaterland zurückkehre¹). Sie haben mir, sagte die Kaiserin in Gegenwart des General-Polizei-Directors Tschitscherin zu ihm, so viel Gutes von dem Büsching gesagt, und sind nun, wie ich höre, die Ursache, daß er sein Amt an der Kirche und Schule niedergelegt hat, und aus dem Reiche gehen will, so daß wir ihn verlieren? Was soll Ich dazu sagen? Der Generalfeldmarschall sagte, indem ein Fieberschauer ihn zu packen schien: Ihro Majestät, ich bin nicht wohl, erlauben Sie mir abzutreten.

Als die Kaiserin erfahren hatte, daß Büsching die Petri-Gemeinde gewiß verlassen werde, ließ sie ihm durch den Cabinetsminister Teplow anbieten, ob er nicht nach Ablegung des theologischen Charakters in die Academie der Wissenschaften treten wolle; die Kaiserin

---

¹) Brief des Grafen Münnich 27. Sept. 1763. „Ich habe heute Mittag die Gelegenheit gehabt, mit Ihro Maj., unserer allergnädigsten und huldreichsten Kaiserin wegen unserer Schule und namentlich wegen des Herrn Doctors vielen Bemühungen bey derselben, — ausführlich zu sprechen, und mit Vergnügen von Ihro Maj. selbst gehört, daß Sie von dem guten Zustande anserer Schule informirt sind, auch von derselben und von meines werthen Herrn Doctors Capacität vollkommen gute Opinion haben."

würde ihn zum Behuf seiner geographischen Correspondenz durch
ganz Europa postfrei machen. Pastor Büsching antwortete, er könne
einen solchen Posten hieselbst unmöglich annehmen, da die Peters-
gemeinde ihm vergebens auf so bewegliche Weise gebeten habe, bei
ihr zu bleiben. Der Wirkliche Staatsrath Teplow sagte, da die Kaiserin niemals einem Gelehrten so viel habe anbieten lassen, so werde sie
nicht glauben, daß er ihre Befehle nach ihrem Sinn ausgerichtet habe,
er müsse sich also die abschlägige Antwort schriftlich ausbitten. Als
Büsching ihm diese brachte, war er damit zufrieden. „Einige Tage
darauf schickte er wieder zu mir und ließ mir sagen, daß ich noch
einmal zu ihm kommen möchte. Nun verdolmetschte er mir folgende
eigenhändige russische Zeilen der Kaiserin: Ich will den Büsching vor
seiner Abreise sprechen. Es ist mir lieb, daß er ein standhafter Mann
ist, der bei seinem Vorsatz und Wort bleibet; aber frag den redlichen
Mann ob er wieder nach St. Petersburg kommen will, wenn ich
ihn zurückberufe? Ich bat den Staatsrath, mich Ihro Maj. zu Fü-
ßen zu legen, und zu antworten, es sei leichter, daß ich wieder käme,
als jetzt da bliebe. Ich hörte hernach, daß Ihro Maj. mit mir in
ihrem Cabinet von vielen und vielerlei Sachen, besonders auch von
dem Generalfeldmarschall von Münnich, reden wollten. Der Oberhofmarschall Graf Sievers, der mir dieses insonderheit sagte, ermun-
terte mich, nach meiner Gewohnheit frei zu reden, und Ihro Maj.
von allem, was sie wissen wollten, genau zu benachrichtigen. Daß die
Unterredung auch den Generalfeldmarschall Grafen Münnich betreffen sollte, war mir nicht angenehm." Büsching beschloß deshalb,
wenn es irgend möglich sei, die Audienz auf einen Tag zu verlegen,
an welchem die Kaiserin anderer Geschäfte wegen wenig Zeit habe.
Daher begab er sich an einem Freitag Nachmittag zum Minister Grafen Panin, der sich immer sehr freundlich gegen ihn bewiesen hatte
und bat denselben, ihm am folgenden Tage zu einer Audienz bei der
Kaiserin behülflich zu sein. Graf Panin erwiederte, die Kaiserin habe
sich vorgenommen, von vielerlei Dingen mit ihm in ihrem Cabinet zu
reden, und dazu würden einige Stunden nöthig sein. Diese könne
sie morgen nicht erübrigen, denn alsdann sei Staatsconferenz. Sie
werde ihn morgen also entweder gar nicht oder nur auf einige Mi-
nuten sprechen können. Als Pastor Büsching nochmals seinen Wunsch
aussprach, fuhr Graf Panin fort: Nun so kommen Sie morgen um
10 Uhr zu mir, alsdann will ich Sie bei der Kaiserin anmelden.
Am folgenden Tage hielt der Graf Sievers den Pastor Büsching so

lange auf, daß er erst um halb 11 bei dem Grafen Panin ankam, der schon bei der Kaiserin gewesen war. Während Graf Panin wieder zur Kaiserin ging, blieb Pastor Büsching in einem Nebenzimmer und blätterte zum Zeitvertreib in den 42. oder 43. Folianten, in welchen einige hundert Proben von seidenen Kleidern, Gold- und Silberstoffen aus dem reichen Magazin der Kaiserin Elisabeth angeklebt waren. Von da holte ihn der Graf Panin ab und stellte ihn der Kaiserin vor. „Hinter Ihro Majestät machten Dero gegenwärtige Dames einen halben Kreis. Der Monarchin Leutseligkeit übertraf alle Vorstellung. Ich kniete auf ein Knie nieder und küssete ihr die Hand, stand wieder auf, hörte und beantwortete folgende Fragen: „Wie lange sind Sie hier gewesen? Wie wollen Sie nach Deutschland zurückreisen? Aus wie viel Personen bestehet Ihre Familie? u. s. w. Zuletzt sagte sie; Ich hoffe, Sie werden wieder kommen, wenn ich Sie zurück berufe. Dieses beantwortete ich nicht, küssete ihr wieder die Hand, empfahl mich und die Meinigen zu höchsten Gnaden und entfernte mich. Von der Kaiserin ging ich zu dem Großfürsten, dem mich auch der Graf Panin vorstellte."

Am 2. Pfingsttage, den $\frac{\text{11. Mai}}{\text{3. Juni}}$ hielt Pastor Büsching seine Abschiedspredigt, welche der Graf Münnich nicht beiwohnte, da er sich diese Zeit über am Ladogacanal aufhielt.

Von seiner Abschiedspredigt ließ Pastor Büsching 1000 Exemplare drucken. Außerdem ist sie abgedruckt in einem kleinen Werke Büschings: Der Christ bey den Särgen, von welchem die 2. Auflage Hamburg 1769 in 8. erschien. In diesem Buche sind alle Leichenpredigten enthalten, welche Büsching in St. Petersburg gehalten hat.

Die Zünfte, welche besonders den Tumult 4. Mai erregt hatten, ließen 14. Mai dem Grafen Münnich durch den Sattler Bühler und den Kürschner Schimmelpfennig eine Schrift übergeben, worin sie baten, zu der bevorstehenden Predigerwahl 5 neue Deputirte erwählen zu dürfen, da bei der frühern Deputirtenwahl ihr Stand nur schwach vertreten gewesen wäre und die ernannten Deputirten nicht das Vertrauen der Mehrzahl besäßen. Lieut. Frisch, Secretair des Feldmarschalls, antwortete darauf am 16. Mai, daß die Schrift der Zünfte alsbald dem Kirchenconvent vorgelegt und von demselben gebilligt sei. Es sei überhaupt nie die Absicht des Convents gewesen, ohne Zufriedenheit und Einigkeit der ganzen Gemeinde zur

Predigerwahl zu schreiten. "Da der Feldmarschall in einigen Tagen nach dem Ladogacanal abreise, so möchte man sich in der Zeit nach guten Candidaten umsehen, auch die Deputirten wählen. Am 25. Mai zeigten die Zünfte dem Convent an, daß sie aus ihrer Mitte 5 neue Deputirte erwählt hätten.

Nach seiner Rückkehr vom Ladogacanal schrieb der Graf Münnich 2. Jun. an den Pastor Trefurt: „Da wegen der vorhabenden Priesterwahl eine Zusammenkunft derer resp. Glieder das hochl. Kirchen-Convents zuvörderst alleine und ohne Zuziehung der von der Gemeinde erwählten Deputirten für nöthig erachtet worden, so ersucht Ew. Hochehrwürden denen sämmtliche Herren Kirchen-Aeltesten und Vorstehern gütigst bekannt zu machen, daß falls es denenselben gefällig zu einiger vorläufigen Berathschlagung in dieser wichtigen Angelegenheit sich einzufinden, solche Versammlung am nächst bevorstehenden Montag, wird sein der 6. Juni, Nachmittags 5 Uhr in der gewöhnlichen Conventsstube gehalten werden könnte." Während der Graf Münnich auf diese Weise durch den Pastor Trefurt die Mitglieder des Convents zu einer vorläufigen Berathschlagung auffordern ließ, erklärte er sich durch folgendes 2. Juni an den ganzen Convent gerichtetes Schreiben bereit, von der folgenden Woche an sich mit den Angelegenheiten der Kirche zu beschäftigen." Da ich vom Ladogaischen Canal unter Gottes Geleite bei guter Gesundheit und um desto mehr höchst vergnügt allhier wiederum angekommen, als ich daselbst nach verrichtetem öffentlichen Gottesdienste am 25. und 30. verwichenen Monats Mai zu zwei neuen Wasserleitungen oder sogenannten Spusken, welche von Quadersteinen aufgeführt werden, den Grund gelegt, dabei ich selbst nebst andern Stabsofficieren den ersten Grundpfahl einzurammeln die Hand mit angelegt; auf meiner Hin- und Zurückreise bis Ladoga an dem Revier Wolchow und bis in die Ladogaische See bei Schlüsselburg eine unzählige Menge Gallioten, großer Barquen und anderer Fahrzeuge mittlerer Größe, auch Flöße sowohl auf dem Wolchowstrom, als längs des ganzen Canals und der ganzen Newa hinunter bis nach Petersburg, als einen ansehnlichen Theil des Reichthums des russischen Reichs herabfließen gesehen, auch auf dieser Reise es dahin gebracht, daß längs denen Ufern der Newa ein bequemer Weg und Bitschefuld von hier nach Schlüsselburg zu merklicher Beförderung des Commercii, Ihro Kais. Maj. Allergnädigsten Befehl gemäß, auf das schleunigste verfertigt wird, die Woche ab mit meinen alleruntethänigsten Rap-

porten an Ihro Kaif. Maj. und Vorstellungen an den hochdirigirenden
Senat beschäftiget, Eingangs künftiger Woche hingegen, so Gott will,
im Stande sein werde, mit den resp. Gliedern eines hochl. Kirchen-
Convents wegen der anjetzo höchst nöthigen Priesterwahl zusammen
zu kommen; so habe nicht ermangeln wollen, die sämmtlichen resp.
Glieder dieses Convents davon zu benachrichtigen und wie ich bereit
bin, sobald es denenselben bequem sein wird, uns zu versammeln
und einen Tag zu einem so löblichen Actui zu bestimmen."

Zur festgesetzten Zeit versammelte sich der Convent am 6. Juni.
Gegenstand der Berathung war der unter den Zünften ausgebrochene
Zwist, indem so wohl die früher als die am 25. Mai gewählten
Deputirten ihre Anhänger hatten und es schon zu öffentlichen Rei-
bungen und Streitigkeiten zwischen beiden Parteien gekommen war.
Der Convent beschloß, beide Parteien schriftlich zur Einigkeit und
zum Frieden aufzuforden, da man die höchst nöthige Predigerwahl
nicht eher vornehmen könne, als bis derselbe wiederhergestellt sei. Er
könne weder die zuerst gewählten, noch die am 25. Mai gewählten
Deputirten der Zünfte als die rechtmäßigen Vertreter ihres Standes
ansehen, daher müßten sie sich durchaus untereinander vergleichen.
Auf dieses Schreiben des Convents antworteten die am 25. Mai
gewählten Deputirten am 8. Jun., einen Vergleich mit den früher
gewählten Deputirten könnten und würden sie nicht eingehen; die
Spaltung, welche unfehlbar in der Gemeinde entstehen würde, wenn
die Ansicht des Kirchenconvents durchgeführt werden sollte, habe
dann derselbe aus eignem Antrieb und ohne Grund hervorgerufen
und müsse also auch die Schuld davon tragen. Am 9. Jun. rief der
Graf Münnich auf's neue den Convent zum 11. Jun. Morgens 8
Uhr zusammen¹), welche Sitzung auch die Deputirten beider Parteien
beiwohnen sollten, um zu versuchen, ob nicht ein Vergleich unter
ihnen zu Stande gebracht werden könne. Auch diese Sitzung scheint
ohne Erfolg geblieben zu sein. Doch gelang es wenige Tage darauf
dem Kaufmann Haack, den Frieden wieder herzustellen und die Zünfte
dahin zu bringen, daß sie einmüthig 5 neue Deputirte erwählten.
Der Feldmarschall zeigte dieß 15. Jun. durch ein Circulair dem Convent an. Am nächsten Sonntag, den 19. Jun., ward ein Dankge-
bet von der Kanzel für die Wiederherstellung der Einigkeit in der

---

¹) Zur Zeit des Grafen Münnich begannen die Sitzungen des Convents gewöhnlich im Sommer um 8, im Winter um 9 Uhr Morgens.

Gemeinde gehalten und zugleich derselben angezeigt, daß der Kirchenconvent und die Deputirten am 20. Jun. Morgens 8 Uhr sich versammeln würden, um die Predigerwahl vorzunehmen.

Die Versammlung am 20. Jun. eröffnete der Feldmarschall mit folgender Anrede: „Der ewige, lebendige und allein weise Gott, der unsere liebe evangelische Gemeinde bereits bei einen halben Seculo an diesem Orte, an welchem, als in einer wüsten Gegend, einige Jahre vorher kein Mensch gewohnet, so väterlich gesammelt und bis daher so glücklich erhalten, daß wir Ursache haben, seine Güte zu bewundern und zu preisen, hat selbst uns heute berufen uns zu versammeln um die Wahl eines Priesters an der Stelle des abgegangenen Herrn Doctors Büsching vorzunehmen.

„Gott sey gedanket, daß solches in gewünschter Liebe und Einigkeit und mit allerseitigem Vergnügen geschiehet.

„Wann wir darauf Acht haben, welch eine anmuthige und herrliche Kirche, welche schöne und gemächliche Priesterwohnungen und welch ein vortreffliches Schulgebäude wir vor Augen sehen,

„wann wir uns erinnern, welche vortreffliche Prediger und Hirten uns Gott bei mehr als 40 Jahren hergegeben, und wie das Wort Gottes rein und lauter bei uns gelehrt worden,

„wann wir betrachten, wie wir Fremdlinge in diesem Lande unter einer Nation, zu deren Religion wir uns nicht bekennen, leben, und des mächtigen Schutzes einer allerhöchsten Obrigkeit, sonderlich unserer jetzt glücklich regierenden glorwürdigsten Monarchin, in Frieden und Ruhe genießen,

„so sind wir schuldig, der unerforschlichen göttlichen Vorsehung den demüthigsten Dank dafür abzustatten und dieselbe anzuflehen, unsere liebe Gemeine, Kirche und Schule fernerhin in Gnaden zu erhalten und unsere heutige Berathschlagung zu einer höchstnöthigen Priesterwahl zu segnen.

„Der Herr aller Herzenskündiger wolle uns in Gnaden anzeigen und in unsere Herzen legen, welchen unter den vorzuschlagenden Candidaten und Subjecten er selbst erwählet hat, daß derselbe empfahe diesen höchstwichtigen Dienst und Apostelamt zu allseitiger Erbauung, Trost und Freudigkeit für uns und unsere Nachkommen."

Als der Graf Münnich nach diesen Worten die Mitglieder der Versammlung aufforderte, einzelne Candidaten vorzuschlagen, geschah dieß von den Deputirten der Zünfte, von den Deputirten der Kaufmannschaft, von den Kirchenältesten und von den Kirchenvorstehern.

Aus den 7 aufgestellten Candidaten wählte er denn 3 aus, welche zur Wahl kommen sollten. Durch schriftliche Abstimmung ward der Pastor Kramer in Lebrade in Holstein erwählt. Dieser nahm die Vocation nicht an. Deßhalb schritt man 22. Aug. zu einer neuen Wahl, welche auf den Pastor Großkreutz an der Annenkirche fiel, welchen Pastor Büsching schon von Anfang an vorgeschlagen hatte. Pastor Großkreutz nahm zum großen Mißvergnügen seiner Gemeinde die Wahl an. Leider blieb dieser tüchtige Kanzelredner nur einige Monate bei unserer Gemeinde; er starb nach einer kurzen Krankheit 26. Dec. 1765. Pastor Grot auf Wassily Ostrow hielt ihm die Leichenrede, welche der Convent in 1000 Exempl. in Königsberg drucken ließ. Die Zünfte hatten unter vielen Schwierigkeiten, indem sie zum Kirchenvorsteheramte zugelassen zu werden verlangten, endlich am 8. Jan. 1766 3 Deputirte zur Predigerwahl in der Kirche ernannt, und die Kaufleute, deren an dem Tage wenige anwesend waren, dasselbe etwas später gethan, als am 11. Januar auch der alte Pastor Trefurt starb, welcher 26 Jahre lang Prediger an unserer Gemeinde gewesen war. Die Leichenrede hielt ihm sein alter Freund, der schwedische Prediger Hougberg. Sie ist gedruckt mit einem Anhange seines Sohnes, des Pastors Trefurt in Narwa.

Der Senior Rudolph Otto Trefurt hat 3 Predigten drucken lassen, welche sich durch eine ins Unglaubliche gehende, oft ganz unpassende Anhäufung von Bibelstellen auszeichnen. 1) Die Pflichten der Unterthanen gegen ihre Obrigkeit, gehalten auf Wass. Ostr. an Ihre Kais. Maj. Anna Joannowna Krönungstage den 28. Apr. 1731. St. Petersburg 1731. 4. Die Predigt ist dem Grafen Münnich dedicirt, dem er in der Vorrede ungemessene Schmeicheleien sagt. 2) Die Leichenrede auf den Pastor Razzius. 3) Die Predigt bei Einweihung der neu erbauten Elisabethkirche in Kronstadt, gehalten 12. Dec. 1753, in Bogewell, Nachr. von der deutsch-ev. Gemeinde in Kronstadt.

So stand unsere Kirche denn gänzlich verwaist da! Die erste Sorge des Convents war, für den regelmäßigen Fortgang der Predigten zu sorgen. Dies ward am 14. Jan. geordnet. Pastor Hougberg und Pastor Krogius, welche schon so oft unserer Gemeinde ihre freundschaftlichen Dienste geleistet, thaten dies auch jetzt wieder. Sie übernahmen bis zur Besetzung der Stellen alle Amtsgeschäfte, und der Convent übergab ihnen deshalb die Kirchenbücher. Im Predigen am Sonntag Vormittag versprachen ihnen Pastor Grot und der

Director Goebel Hülfe zu leisten. Der letztere übernahm auch die Predigten während des bevorstehenden Osterfestes¹). Die Sonntag Nachmittagspredigten übernahmen die Lehrer Faust und Weber von unserer Schule. Die Predigten am Mittwoch fielen aus.

Die Predigerwahl ward dadurch sehr erschwert, daß die Zünfte sich diese Gelegenheit nicht entgehen lassen wollten, und die Theilnahme am Amt der Kirchenvorsteher wieder zu gewinnen; und sich von allen Wahlverhandlungen fern hielten, bis sie ihren Zweck erreicht hatten. Erst als ihnen dies fest versprochen und die Einigkeit in der Gemeinde wieder hergestellt war, versammelten sich der Convent und die 6 Deputirten 20. Febr. 1766 zur Wahl der neuen Prediger. Zum ersten Prediger wurde der Mag. Köhler in Luckau in der Niederlausitz, zum zweiten Prediger auf die Empfehlung des Professors Beckmann in Göttingen, ehemaligen Lehrers unserer Schule, der Pastor adj. Greiner an der deutschen Kirche in Stockholm erwählt. Wie in derselben Sitzung auf den Antrag sämmtlicher Deputirten die Prediger vom Convente ausgeschlossen wurden, so daß sie nur bei Verhandlungen von Ministerialsachen und solcher Sachen, die den Gottesdienst beträfen, eingeladen werden sollten, werde ich später bei der Verfassung der Kirche berichten.

Die plötzlichen Todesfälle der letztern Jahre hatten gezeigt, wie wünschenswerth eine Verstärkung der geistlichen Kräfte an unserer Kirche sein würde. Nach reiflicher Ueberlegung glaubte man eine solche durch Verbindung des Directorats mit einer dritten Predigerstelle zu gewinnen, wenn man den zu erwählenden Director verpflichte, regelmäßig mit den beiden anderen Predigern im Predigen abzuwechseln, ihn aber von den Amtsgeschäften befreie, welche bloß den beiden eigentlichen Predigern verbleiben sollten. Für den dadurch entstandenen Ausfall in seiner Einnahme könne man ihn durch einen höhern Gehalt entschädigen. Da nun der Director Goebel sein Amt aufgesagt hatte, versammelten sich der Convent und die Deputirten 1. März 1766 und wählten den Professor Joh. Gotth. Lindner in Königsberg, welcher von Riga aus als tüchtiger Schulmann bekannt war, zum Director und Inspector der Schule und zum dritten Pre-

---

¹) Für seine Predigten in der Vacanz nach dem Abgange Büschings erhielt der Director Goebel 175 R., für seine Predigten nach dem Tode Trefurts 125 R. Diese 300 R. für gehaltene Predigten wurden ihm 1. Mai 1766 ausgezahlt. Es sind dies die 300 Rubel, welche bei Baron Küster p. 43 als ein Geschenk des Convents erscheinen.

diger der Gemeinde. Am 5. März theilte Pastor Krogius diese Wahl der Gemeinde von der Kanzel mit. Die Vocation des Professors Lindner lautet: „Da man für dienlich gefunden, die evangel.-luther. Gemeine der St. Peters=Kirche allhier in St. Petersburg mit dreien Predigern zu versorgen, so hat ein hochl. Kirchen-Convent nebst denen von der Gemeine laut Kirchen=Reglement expresse deputirten Männern am 1. März 1766 in dieser Absicht Versammlung gehalten, in welcher auf den hochedelgebornen und hochgelehrten Herrn Professor Lindner, dessen hier bekannten großen Gaben und christlichen Wandels wegen, die einstimmige Wahl gefallen.

„Also berufen wir, ein Kirchen-Convent und unten benannte, die ganze Gemeine repräsentirende Deputirte der evangel.-luth. St. Peters=Kirche und also in dessen Namen, ihn, Herrn Prof. Mag. Johann Gotthelf Lindner, als einen ordentlichen Pastoren und Seelsorger unserer evangel.-luther. St. Peters=Gemeine, dergestalt, daß Ew. Hochwohlehrwürden nebst Dero beiden Herrn Collegen dieser Gemeine das Wort Gottes rein, lauter und unverfälscht, allerdings wie solches in denen Schriften alten und neuen Testaments verfasset und von unsern gottseligen Vorfahren in der unveränderten Augsburgischen Confession und übrigen symbolischen Büchern angenommen und bekannt ist, vortragen; die heiligen Sacramente nach Christi Einsetzung recht administriren, überhaupt das Amt des Geistlichen, als ein treuer Diener Gottes und seines Wortes, so wie Sie es vor seinem Richterstuhl dermaleinst zu verantworten gedenken, jederzeit unter uns führen und sich allenthalben selbst als ein Vorbild der Heerde in Wort und Wandel darstellen; übrigens mit Deroselben beiden Collegen die ordentlichen Sonntags-, Festtags- und Mittwochen-Predigten als ein getreuer Mitgehülfe verrichten und umwechseln.

„Da bei diesem Beruf eine Hauptabsicht des hochl. Kirchen-Convents und der Deputirten der St. Peters=Gemeine ist, die von dieser Kirche abhängende Schule der Sprachen, Künste und Wissenschaften unter geschickte und treue Direction und Inspection zu setzen, so tragen wir diese Direction und Inspection unter der Oberdirection des Kirchen=Convents der St. Peters=Gemeine Ew. Hochwohlehrwürden nach Maaßgabe der deswegen zu ertheilenden Instruction mit dem vollkommensten Zutrauen auf, und hoffen mit Grund von dieser Einrichtung die gesegnetste Aufnahme dieser Schule.

„Um diese aufgetragenen Verrichtungen des Predigtamts in der Kirche und die Direction und Inspection in der Schule desto ungestörter und vollkommener ausüben zu können, entbinden wir Ew. Hochehrwürden von allen übrigen, die curam animarum betreffenden, Amtsverrichtungen.

„Für diese zu übernehmenden Berufs- und Amtspflichten bestimmt dieser St. Peters-Kirchen-Convent und bemeldete, die ganze Gemeine repräsentirende Deputirte zu Ew. Hochwohlehrwürden Unterhalt ein Salarium von 1000 R. und wird das Quotum von 250 R. alle Vierteljahr an denselben aus der Kirchen- und Schulkasse richtig bezahlet; nicht weniger wird ein Kirchen-Convent demselben eine nach allen Umständen gemächliche und wohleingerichtete freie Wohnung anweisen.

„Professor Lindner nahm den Ruf an und wandte sich sogleich nach Berlin, um seine Entlassung aus dem preußischen Staatsdienst zu erhalten. Ehe noch darauf eine Antwort erfolgte, traf ein Brief von Mag. Köhler ein, der die Vocation ablehnte. Daher versammelten sich 19. Juni der Convent und die Deputirten aufs neue zur Predigerwahl. Der Convent, welcher mit Sorgen den großen Unkosten für den dritten Prediger und die Schule entgegensah, schlug vor, ob man mit der Wahl nicht bis zur Ankunft Professor Lindner's warten wolle. Wenn dessen Predigten der Gemeinde gefielen, könne man ihm den Vorschlag machen, „ob er das Pastorat mit allen Amtsverrichtungen und Seelsorge nebst dem Directorat von der Schule mit dem ordentlichen Predigergehalt von 700 R. und Accidentien annehmen und sich alsdann einen geschickten Inspector der Schule bestellen wolle." Da die Deputirten hierauf nicht eingehen wollten, wählte man den Pastor Hartsen an der Burgkirche in Lübeck. Es war sehr gut, daß die Deputirten sich dem Vorhaben des Convents widersetzt hatten, denn bald darauf schrieb der Professor Lindner, daß der König von Preußen ihm seinen Abschied verweigert. Selbst als der russische Gesandte in Berlin sich persönlich für die Entlassung Lindner's verwandte, ertheilte ihm Friedrich II. einen entschieden abschlägigen Bescheid.

So hatte die Kirche denn nun wieder, wenn auch nur auf kurze Zeit, zwei Prediger. Joh. Matth. Greiner war in Hamburg geboren und hatte in Jena studirt. Am Sonntag Jubilate war er vom Senior Hougberg introducirt. Von da an hatte er die Predigten am Sonntag Vormittag übernommen und die Amtsgeschäfte besorgt. Mit Liebe nahm er sich auch der Schule an. Die Nachmittagspredigten wurden noch von den Lehrern gehalten, und die Mittwochspredigten fielen aus, bis Pastor Hartsen im September hieselbst ankam. Hermann Harksen war in Bremen geboren und hatte in Göttingen studirt.

Mit dem Ende des Jahres 1766 legte unser vieljähriger Kirchenpatron, der General-Feldmarschall Graf von Münnich, das Patronat nieder. „Da bei meinem jetzigen hohen Alter, schreibt er dem Convent am vorletzten Tage des Jahres, meine Kräfte täglich abnehmen, die wichtigen Geschäfte aber, sonderlich beim Eintritt eines neuen Jahres, sich je mehr und mehr häufen, so daß ich von 5 Uhr des Morgens an bis gegen 1 Uhr Nachmittags und des Abends wiederum von 5 Uhr bis gegen 8 Uhr mit aller möglichen Application Tag für Tag in meinen Kanzleien arbeite und dennoch kaum fertig werde; das Gedächtniß abnimmt und schwächer wird, der Verstand und die Penetration nicht mehr so aufgeheitert ist, die Beurtheilung nicht mehr so präcise und die Vorstellung im Geiste nicht mehr so lebhaft sind, als bei jüngern Jahren; in den hiesigen glorieusen russisch-kais. Diensten aber das geringste Versehen öfters capital und gefährlich ist, auch viele Verdrießlichkeiten nach sich zieht, welche zu tragen die Schultern eines alten Mannes nicht mehr vermögen, so finde mich genöthigt, auch wider meinen Wunsch und Willen einem hochl. Kirchenconvent hiemit anzukündigen, daß ich das mir anvertraute Patronat unserer lieben St. Peters-Gemeine, Kirche und Schule mit dem Ende dieses Jahres, als mit dem morgenden Tage ablege." Vergebens ging am folgenden Tage der ganze Kirchenconvent mit den Predigern an der Spitze zu ihm, und bat ihn um Zurücknahme seines Beschlusses. Er blieb unerschütterlich. So lange der Himmel mir noch das Leben fristet, werde ich nie aufhören, ein Freund der Kirche und der Schule zu sein, rief er den Scheidenden nach. Auf seinen Rath wählten der Convent, die Prediger und die Deputirten den Wirkl. Staatsr. von Osterwald, den Erzieher des Großfürsten Paul, zum Patron der Kirche und Schule, welcher 1. Febr. 1767 zum ersten Mal im Convent erschien.

Wie vor einem Viertel-Jahrhundert, so bewegte auch jetzt den Grafen Münnich der Gedanke, Rußland zu verlassen und seine letzten Tage in seinem Vaterlande zu beschließen. Wie ihn damals das Unglück überraschte, so ereilte ihn jetzt vor Ausführung seines Planes der Tod in seinem 85. Jahre. Er starb 16. Okt. 1767. Wie viel Dank Schule und Gemeinde ihm schuldig sind, ist mit Worten kaum auszusprechen. Die Leichenrede hielt ihm Past. Harksen. Sie ist gedruckt unter dem Titel: Zum Andenken Sr. Erl. des den

16. Okt. 1767 im 85. Jahre seines ruhmvollen Alters abgeschiedenen des heil. Röm. und Russ. Reiches Grafen Burchard Christoph von Münnich, des heil. Andreas, des heiligen Alexander Newsky, des weißen Adlerordens Ritter, Russ. Kais. Generalfeldmarschalls, Generaldirectors der Kais. Seehäfen am Baltischen Meere, auch des Ladogaischen Canals ꝛc. Lübeck 1767. 4. Als Probe mag die Standrede dienen, welche Pastor Harksen 1. Nov. im Hause des Grafen hielt. „So ruhig hat keiner unter uns jemals diesen muthigen Held gesehen, so lange sein geschäftiger Geist die Feinde, das Glück, den Neid und sich selbst bekämpfte. Seit achtzig und mehr Jahren, seit unserm Daseyn war sein Arm, der Arm des Monarchen, seine Hand, die Hand des Regenten; seine Ehre, die Ehre des Landes; seine Seele, die Seele des Volks und des Heers nicht so ruhig. So ruhig erwirbt man von der Gnade der Monarchen, die nur Verdienste schätzen und belohnen, die Ehrenzeichen nicht, welche den Leib noch in der Verwesung schmücken und zieren: aber nachdem man sie durch eigne Verdienste erworben hat: genießet man den schuldigen Tribut des Ruhms und die dankbare Ehrfurcht des Herzens, welche ist Nationen durch meinen Mund bezeugen, so ruhig.

„Ein Mann, der in den frühesten Jahren seines Lebens Verdienste sucht und erwirbt, und mit der erlangten Stärke in seinem männlichen Alter das wankelhafte Glück fesselt: und zwingt ihn auf den höchsten Gipfel der Ehre und des Ruhms zu erheben, auf dessen Höhe ihn der halbe Erdkreis mit Bewunderung anblick; ein Mann, der von den weisesten und mächtigsten Regenten in Europa geliebet; von ihren Unterthanen geehret ward: der von den erhabensten Herrschern Asiens bewundert, von ihren Unterthanen gefürchtet ward; ein Liebling von Kaisern und Königen, der Könige, Chans und Regenten nöthigte von ihrem Throne herabzusteigen, und ihn denjenigen Nachfolgern zu räumen, die der Wille Gottes und seiner Monarchen würdig erkläret hatte; ein Held, der in seinem ganzen langen Leben mit dem Neide zu kämpfen hatte, dessen unaufhörlich Gebell noch in seinem Tode hin und wieder anschlägt, und dennoch in seinem ganzen langen Leben auch in der niebrigsten Tiefe des menschlichen Elends über den Neid so sehr erhöhet war, als er im Tode über ihn erhöhet bleiben wird; ein Christ, der stets mit sich selbst kämpfte, und sich selbst besiegte; der in dem Siege über seine Natur größer war, als wenn er die benachbarten Nationen überwand, und in der Ueberwindung seines Herzens stärker war, als wenn er unüberwindliche Festungen eroberte, Provinzen durch

seine Gewalt einnahm, Königreiche überlieferte; ein Held, der allezeit
größerer Ehrenbezeugungen würdig geschätzt ward, als ihm erwiesen
werden konnten, und niemals durch Bitten seine Ehre suchte, die er
stets durch sein Verdienst erlangte; ein Menschenfreund, der stets bereit war, fremde Verdienste durch sein Ansehen mit Ehre und Freude
aufzumuntern, ohne jemals für andre eine Fehlbitte zu thun; ein
Christ, der seine herrlichen Thaten der mächtigen Hand Gottes; seine
erlittenen Unfälle der mächtigen Hand Gottes zuschrieb; ein Christ,
der sich bey Nacht und bey Tage mit dem vertrauten Umgange und
der Ehre des Königs aller Könige unterhielt, der seinen Schlaf und
seine Geschäfte mit göttlichen Betrachtungen und geistlichen Andach-
ten unterbrach[1]); ein solcher Mann waren Seiner Erlauchten, der
hochseelige Burchard Christoph, Reichsgraf von Münnich, mit
dessen Namen ich mehr würdiges, erhabenes, verdienstvolles, glän-
zendes, blendendes ausspreche, als mit der betäubenden Erzählung
aller seiner erlangten Titel und Ehrenstellen.

„Darf es einer der umherstehenden Versammlung wagen, ohne
Ehrfurcht den Glanz der Unsterblichkeit zu betrachten, mit welchem
Gott seine Scheitel herrlicher, als seine Familie mit diesen prächtigen
Ehrenbezeugungen seine Gebeine, geschmücket hat? Darf es einer
der gegenwärtigen Versammlung unternehmen, sich ohne Gefühl seiner eignen Nichtigkeit, und ohne Bewunderung der Größe des Helden, des Christen den erstorbenen Gebeinen zu nähern, da wir uns
selbst deswegen groß zu seyn scheinen, wenn wir einen einzigen geringen Theil seiner unermeßlichen Arbeiten ausgerichtet haben; groß,
wenn einige ein weniges von der leiblichen Arbeit auf sich nahmen,
die sein geschäftiger Geist ihnen auflegte, und durch sie ausführte;
groß, wenn einige bald Schlachten gewonnen, bald verlohren, da
unter seiner Anführung nie eine Schlacht verlohren ist; groß, wenn
einige Festungen eroberten oder vergeblich belagerten, da unter seiner
Anführung nie eine Stadt belagert ist, die nicht erobert worden wäre;
groß, wenn einige bey einem kleinen Unfalle nicht verzagt werden,
und bey gar keinen oder geringen Verdiensten sich nicht überheben,
da er sein zwanzigjährig Elend mit Muth und Munterkeit bauete,
und sein, obwohl verdientes, Glück allezeit dem hohen Geber ver-
dankete; groß, wenn einige sich der Andacht des Herzens rühmen

---

[1]) Wenn hier der Ort wäre: so könnte ich die Richtigkeit eines jeden der vorhergehenden und nachfolgenden Züge von dem Charakter und den Thaten unsers
Helden mit historischen Erläuterungen bestätigen.

könnten, die bey ihm das geringste Theil auszumachen schien, aber allezeit die Seele aller seiner Handlungen war.

„Konnte der erhabene Held, der so herrliche Thaten ausgeführt hat, ruhig seyn? Seine Seele genoß aber dennoch stets der heitersten Zufriedenheit, und in dem stärksten Gewühl unsäglicher Arbeiten, über deren Ausrichtung die Vorwelt Ihn zu einem Herkules vergöttert hätte, und die Nachwelt wähnen wird, daß seine Lebensgeschichte eine Fabel sey, hatte er allezeit so viel Muße, die Kräfte seines zerstreueten Geistes zu sammeln, und Gott um seinen kräftigen Beystand anzuflehen. Er stand vor dem tödtlichen Geschoß der Feinde des Landes, seiner Gelübde, die zu seiner Rechten und Linken seine Freunde, die Kinder des Landes, erlegten, eben so gelassen und getrost, als wenn das Bette der Ehre sein Ruhebette wäre. Er bezeugte, daß er den Trieb zum ruhigen Landleben allezeit am stärksten empfunden habe, den er dem Willen Gottes mit willigem Geiste, und dem Befehl seiner Monarchen mit schuldigem Gehorsam aufgeopfert hatte: und nunmehro hat ihn Gott in eine ewige Ruhe eingeführt, darin ihn der Neid nicht mehr stöhren kann, und kein Unfall beunruhigen darf. Wer die Süßigkeit seiner Ruhe schmecken will, der muß sie auf seinem Wege suchen.

„Er schätzte die Ruhe für sein größtes Glück, das er nach seinen Arbeiten würde genießen können, und wollte nach seinem Tode fürnemlich wegen seiner Ruhe von der Arbeit glücklich gepriesen werden[1]). Dies Glück erkannte sein von Natur unverdroßner Geist nicht: im Hause Gottes hatte er es kennen gelernet. So wollen wir, Gönner und Freunde! unsre Liebe zu seiner würdigen Person, unsre Ehrfurcht für seine Verdienste; unsre schuldige Achtung seiner Befehle auch noch im Tode beweisen, und bevor die erstorbenen Gebeine zu ihrer bestimmten Ruhestätte gebracht werden, in das Heiligthum des Herrn, zum Hause seines und unsers Gottes gehen, seine seelige Ruhe, die seelige Ruhe derer, die in dem Herrn sterben, mit lebhafter Andacht zu betrachten, die unsern Geist erwecke, dem Herrn zu leben."

„Hierauf wurden von der Leichenbegleitung, unter dem Gesange der Petrischule und der Trauermusik der aufgestellten fünf Regimenter

---

[1]) Schon längst hatte der hochseelige Feldmarschall verordnet, daß bey seiner Leichenrede auf den Inhalt der Worte „Offenb. Joh. XIV, 13. Selig sind die Todten, die in dem Herrn sterben von nun an. Ja, der Geist spricht, daß sie ruhen von ihrer Arbeit", gesehen werden solle.

seine Gebeine nach der Petrikirche geführt." In der Kirche ward dann die eigentliche Leichenpredigt über den von dem Grafen Münnich selbst bestimmten Text aus der Off. Johan. gehalten.

Am 10. Jul. 1767 starb der Pastor Greiner nach einer kurzen Krankheit, ein für die Schule in ihrem damals kläglichem Zustande unersetzlicher Verlust. Zu seinem Nachfolger erwählten Convent und Deputirte in Abwesenheit des damals in Moskau sich aufhaltenden Kirchenpatrons den Pastor Wiedeburg in Lübeck, der aber auch schon im Jul. 1769 starb. An seine Stelle wurde Jakob Martin Herold, Professor am Gymnasium in Reval, 27. Aug. gewählt. Er war in der Nähe von Neu-Brandenburg in Mecklenburg geboren und hatte in Rostock studirt.

Wie man früher die Ursache der häufigen Todesfälle unserer Prediger in den Leichenbegleitungen zu finden glaubte, so suchte man sie jetzt in der ungleichen Vertheilung der Amtsgeschäfte, welche den Prediger zwängen, sich jeder Witterung auszusetzen. Man glaubte, daß, wenn die Amtsgeschäfte gleichmäßiger vertheilt würden und man jedem Prediger eine bestimmte Ruhezeit verschaffe, man dadurch auch für die Gesundheit und das Leben der Prediger sorge. Daher ward auf den Vorschlag des Pastors Harsten 27. Aug. 1769 vom Convent und den Deputirten beschlossen, „daß, da bishero die Glieder unserer Gemeinde zu den Amtsverrichtungen als Taufen, Copuliren und Begräbnissen stets den Prediger gerufen, zu welchem sie sich in der Beichte halten, daraus entstanden, daß derjenige Prediger, welcher die größte Anzahl Beichtkinder, folglich auch die größte Last obermähnter Amtsverrichtungen auf sich habe, welches seiner Gesundheit besonders bei der Weitläufigkeit hiesiger Stadt sehr nachtheilig sei, da im Gegentheil der andere Prediger, zu welchem sich weniger in der Beichte halten, ganze Wochen lang in Amtsverrichtungen nichts zu thun hat, so ist ausgemacht worden, daß künftighin ein jeder von den bei unserer Kirche stehenden beiden Predigern, welcher mit der Sonntag Vormittagspredigt seine Woche anfängt, auch alle dieselbige Woche einfallende Amtsverrichtungen, als Taufen, Trauungen und Begräbnisse zu besorgen habe und keiner dem andern in seine, in dessen Woche einfallende, Amtsverrichtungen einigen Eingriff thun solle, es wäre denn, daß es aus Ursachen von Krankheit oder sonsten dringenden Ursachen geschehen müßte. Doch bleibt es in Ansehung der Beichte und Krankenbesuche bei der vorigen Einrichtung, als in welchen nichts verändert werden kann. Diese Einrichtung ist auch vornehmlich dieser wegen gemacht worden, um zu suchen, ob auf diese Art die Amtsverrichtungen nach und nach, so viel möglich, unter beide Prediger vertheilt werden können¹), und soll dieser Beschluß dem neuen Prediger bei dessen Ankunft kund gethan und darüber gehalten werden." Dies Alterniren dauerte bis 1840.

Am 22. Jan. 1770 starb Pastor Harcken. Außer der Leichenrede auf den Feldmarschall Grafen Münnich ist noch eine Predigt von ihm gedruckt in der Sammlung einiger Schulreden von W. (Willamow). Zu seinem Nachfolger ward 17. April 1770 Martin Luther Wolff, Professor an der Ritteracademie in Reval, erwählt. Seine Eltern (der Vater war Prediger in Straßburg in der Nähe von Thorn) sollen lange ohne Kinder gewesen sein. Daher weihte ihn seine Mutter schon vor seiner Geburt dem geistlichen Stande und in Rücksicht darauf gab ihm der Vater den eigenthümlichen Vornamen. Er studirte in Königsberg, wo er ein Zuhörer Kant's, und in Helmstädt, wo er ein Schüler des Abts Schubert war, dem er auch auf kurze Zeit nach Greifswald folgte. Schon hier zeichnete er sich als lyrischer Dichter aus. Zehn Jahre vergingen der Gemeinde nun in Ruhe, selbst die Schule war in einem solchen Zustande, daß sie keine Sorgen mehr verursachte. Am 14. Jun. 1780 feierte man das fünfzigjährige Jubiläum der Kirche durch ein großes Kirchenconcert, welches der Cantor Schleuszner mit Hülfe der Kais. Musiker aufführte. Am 13. Nov. 1782 starb der Pastor Herold, wohl einer der beliebtesten Prediger, welche die Petrikirche je gehabt hat. Als Professor in Reval hatte er eine Anweisung zur Redekunst, Reval 1768. 8. und allgemeine Anmerkungen über die Einrichtung öffentlicher Schulen, Reval 1769. 8. drucken lassen. Auch bei uns beschäftigte er sich viel und gern mit der Schule. Einzelne Leichenreden von ihm sind in „Dingelstädt nord. Casualbibliothek, Riga 1785. 1787. 8." gedruckt. Die Liebe, welche die Gemeinde zu dem Verstorbenen gehegt hatte, bewies sich auch gegen dessen, ohne alle Mittel nachgebliebene Familie. Sie bezahlte die Schulden desselben und der Convent setzte der Wittwe, einer geb. Rottbeck, eine Pension von 300 R. aus. Viele Jahre hatte sie dieselbe genossen, da kam im Febr. 1805 ein Brief von ihr aus Libau an den Kirchenrath, in welchem sie ihren innig-

---

¹) Wie wenig diese Absicht erreicht wurde, zeigen uns Verhandlungen aus dem Jahre 1808. Man berechnete damals die Gemeinde auf 9000 Seelen, von denen ⅔ Beichtkinder des Pastors Lampe waren.

ften Dank für die lange Unterstützung ausspricht, nun aber bittet, dieselbe Bedürftigern zuzuwenden. „Denn die wunderbare Hand des Schicksals hat die so oft erwähnten Worte meines sel. Mannes: ich säe und Du wirst ernten, in Erfüllung gehen lassen." Die Leichenrede des Pastors Wolff und ein Gedicht auf den Verstorbenen vom Insp. Böber wurden gedruckt.

Nun begannen wieder die Sorgen in der Gemeinde. Zuerst hielt es schwer, die Stelle Pastor Herolds wieder zu besetzen. Man wählte nach einander den Pastor Bergmann in Riga, den Pastor Wahl in Wiburg, den Pastor Tanchwart in Dahlen bei Riga. Keiner nahm die Wahl an, obgleich das Gerücht eine Einnahme von 3000 R. mit der Stelle verband[1]. Endlich nahm Pastor Lampe in Archangel die Wahl 21. Jul. 1783. Den Unwillen der Archangeliten beschwichtigte der Convent, indem er ihnen die Reisekosten des Pastors Lampe aus Deutschland nach Archangel mit 200 R. vergütete. Johann Georg Lampe war in Hamburg geboren und hatte in Helmstädt studirt.

Inzwischen war die Schule zur deutschen Hauptschule erhoben. Wegen der vielen Arbeiten, welche mit dieser Umänderung verbunden waren, und wegen der vielen Unannehmlichkeiten, welche zwischen dem Directorium und der Commission entstanden, legte der alte, kränkliche Geh. Rath von Ostermald 13. Mai 1785 das Patronat nieder. Die ganze Gemeinde war damals in großer Aufregung, weil das Streben des Directors Kolbe, die Schule der Kirche zu entziehen und völlig der Commission zu unterwerfen, immer deutlicher an den Tag trat. Es war daher höchst nothwendig, einen Patron zu erwählen, der nicht nur Festigkeit und Liebe zur Kirche genug besäße, um diesen Plänen entgegenzutreten und der Gemeinde ihr bedrohtes Eigenthum zu retten, sondern auch Einfluß genug, um seine Maßregeln gegen die vornehmen Männer, welche theils in der Commission theils im Directorium selbst die Pläne Kolbe's begünstigten, zu vertheidigen. Einen solchen Mann fand die Gemeinde zu ihrem Glücke in dem Gen. Lieut. und Stallmeister, Baron Arendt von Rehbinder, welcher 1. Sept. 1785 zum Patron der Kirche und Schule erwählt ward. Indessen vergingen noch Jahre, ehe es selbst diesem energischen Mann gelang, die Gefahr durch die Absetzung Kolbe's gänzlich zu beseitigen.

---

[1] Hupel Nord. Miscell. 1787. p. 167.

Dreißig Jahre lang hatte Pastor Wolff in voller Kraft und Thätigkeit an unserer Gemeinde gewirkt, da rührte ihn 2. Juli 1800 der Schlag. Seine Verdienste waren vielfach im In- und Auslande anerkannt. Er hatte den Titel Propst erhalten. Die Universität Greifswalde hatte ihn zum Doctor der Theologie promovirt. Die freie ökonomische Gesellschaft hatte ihn so wie seinen Collegen, den Pastor Lampe, zum ordentlichen Mitgliede gemacht. Die Liebe der Gemeinde zeigte sich besonders in der Geduld, mit welcher sie alle Wunderlichkeiten ihres kranken Seelsorgers ertrug, als von der vorläufigen Verwaltung seiner Geschäfte und, nachdem alle Hoffnung auf Besserung geschwunden war, von der Besetzung seiner Stelle durch einen dritten Prediger, der sein Nachfolger werden solle, die Rede war. Am 16. Januar 1801 ward zu demselben der Pastor Hamelmann in Moskau gewählt. Wenige Tage später, am 24. Jan., starb Pastor Wolff. Außer vielen Gedichten und geistlichen Liedern, so wie einzelnen Reden findet man eine Anzahl Leichenpredigten von ihm in Dingelstädt's nordischer Casualbibliothek, wo unter andern auch die Leichenrede auf den Oberhofmarschall Grafen Carl von Sievers, den ehemaligen Patron unserer Kirche, abgedruckt ist. Er selbst gab eine Sammlung von ihm gehaltener Gelegenheitsreden unter dem Titel: „Predigten und Reden bei besondern Veranlassungen gehalten" 1793 heraus. An der Bearbeitung der St. Petersburgischen Sammlung gottesdienstlicher Lieder nahm er den thätigsten Antheil. Sein Nachfolger Hieronymus Hamelmann war in Hamburg geboren.

Bei seiner großen Gemeinde blieb dem Pastor Lampe kein Grab menschlichen Unglücks und Elends verborgen. Daher faßte er schon bald nach seiner Ankunft den Entschluß, so viel an ihm liege, wenigstens etwas zur Linderung desselben beizutragen. In Verbindung mit seinem Freunde, dem Dr. Guckenberger, entwarf er 1788 einen Plan, armen Kranken Hülfe zu leisten. Er trat mit einer Anzahl tüchtiger, menschenfreundlicher Aerzte zusammen, welche versprachen, in dem Bezirk, in welchem jeder wohne, arme Kranke in ihren Wohnungen regelmäßig zu besuchen und unentgeldlich zu behandeln. Arzneien gaben die Apotheker diesem Verein zu sehr ermäßigten Preisen. Die Pflege der Kranken blieb für gewöhnlich den Verwandten und Freunden überlassen. Wo aber diese fehlten, sorgte der Verein für Pflegerinnen, eben so wie für die Arznei im Falle gänzlicher Armuth. Wer starb und gar keine Mittel hinterließ, erhielt vom Verein einen Sarg und freie Gruft. Um die Geldmittel aufzubringen, erließ Pastor Lampe einen Aufruf zu freiwilligen Beiträgen an alle Menschenfreunde. Die Kaiserin und die ganze Kaiserliche Familie unterstützten den Verein und so kamen denn bald Mittel genug zusammen. Anspruch auf Unterstützung hatte jeder, welcher arm war und einen Schein darüber vom Pastor Lampe erhielt, ohne Rücksicht darauf, zu welcher Nationalität und zu welcher Kirche er gehöre. Wie mancher Fremdling verdankt diesem Verein sein Leben, wie mancher arme Familienvater ist durch ihn den Seinigen erhalten, besonders in den Jahren, in welchen der Typhus so furchtbare Verheerungen anrichtete! Pastor Lampe gab 1789 eine Nachricht von der Stiftung und Einrichtung der wohlthätigen Krankenanstalten in St. Petersburg heraus, in welcher er die Grundsätze des Vereins bekannt machte. Dann erschienen Fortsetzungen dieser Nachricht von ihm in den Jahren 1790, 1791, 1793 und 1795.

Mit seltenem Eifer hatte Pastor Lampe, der inzwischen auch den Titel Propst erhalten hatte, 25 Jahre lang sein Amt verwaltet. Mit Ausnahme einer dreimonatlichen Krankheit, oder wenn einmal eine Ordination, welche gewöhnlich in der Petrikirche vorgenommen wurde, einfiel, hatte er jeden Sonntag selbst gepredigt; nur 10 Mal hatte er in allen diesen Jahren einen fremden Prediger für sich die Kanzel besteigen lassen. Er war nun 60 Jahre alt, erfreute sich aber immer noch einer festen Gesundheit. Um so unerwarteter war es dem Kirchenrath und der Gemeinde, als er plötzlich 14. Nov. 1808 bat, man möge ihm den Pastor Volborth von der Colonie Saratowka, welcher durch einige Predigten bereits den Beifall der Gemeinde gewonnen habe, zum Adjuncten geben, womit ja zugleich die Nachmittagspredigten an den drei hohen Festtagen verbunden werden könnten. Freundliches Zureden aber brachte ihn von seinem Entschluß zurück. Zu seinem Jubiläum schenkte ihm der Kirchenrath einen silbernen Pokal, 7 Pfd. schwer. Pastor Lampe starb 5. Juni 1813. Zu seinem Nachfolger ward einstimmig der Pastor Dr. Friedrich Volborth erwählt, welcher inzwischen im Zwer Hofprediger Sr. Kais. Hoheit, des kürzlich verstorbenen Prinzen Georg von Oldenburg gewesen war.

Als der Baron von Rehbinder alt und kränklich wurde, wählte man auf seinen Wunsch 30. Dec. 1797 den Geh. Rath Grafen Jakob von Sievers zum zweiten Patron, der sich aber nur kurze Zeit in Petersburg aufhielt und sich dann auf seine Besitzungen nach den Ostseeprovinzen zurückzog. Auch abwesend blieb er Patron und verfolgte mit großem Interesse alle Angelegenheiten der Kirche und Schule, über welche er sich regelmäßig schriftlich Bericht abstatten ließ. Er hatte, wie er selbst schreibt, seit 1742 zur Gemeinde gehört und war 1745 in unserer Kirche zum ersten Mal zum Abendmahl gegangen. Es ist dies der unter Catharina II. und Paul I. berühmte Staatsmann, dessen Leben der Professor Blum beschrieben hat. Der Wirkl. Geh. Rath Baron von Rehbinder starb 26. Nov. 1800. Zu seinem Nachfolger wurde der Geh. Rath Baron Ludw. Heinrich von Nicolay, der bekannte Dichter und Präsident der Academie 29. Dec. 1800 erwählt, welcher aber das Patronat schon 14. Sept. 1802 wieder niederlegte. Am 20. Sept. 1802 wählte man den Geh. Rath Joh. Conrad von Gerhard zum Patron der Kirche und Schule. Im Jahre 1808 war die Kirche ganz ohne Patron, da sowohl der Graf von Sievers als der Geh. Rath von Gerhard gestorben waren. Daher wählte man 14. Nov. 1808 Sr. Kais. Hoh. den Prinzen Georg von Oldenburg, welcher aber leider schon 1812 starb und in unserer Kirche beigesetzt wurde, zum ersten, und dem Gen. Lieut. Ferdinand von Gerhard zum zweiten Patron der Kirche, welcher auch von 1812 bis 1817 alleiniger Patron blieb. Am 3. Januar 1817 wählte man den hochgebildeten und tüchtigen Gen. Lieut. Grafen Georg von Sievers zum zweiten Patron, der sich besonders um die Schule und das Waisenhaus große Verdienste erwarb. Ein zu früher Tod, den er sich durch zu angestrengtes Arbeiten zugezogen hatte, raffte ihn leider schon nach 10 Jahren 18. Juni 1827 hinweg. Auf kurze Zeit setzte sein Freund, der General Graf Oppermann, welcher 2. Juli 1827 zum Patron gewählt war, seine Arbeiten fort, bis auch er 2. Juli 1831 starb. Die ganze Gemeinde ward von großer Freude ergriffen, als der Kirchenrath 31. Dec. 1831 den Prinzen Peter von Oldenburg, den Sohn des allverehrten Prinzen Georg, zu seinem Nachfolger erwählte, und Se. Kais. Hoh. geruhten, diese Wahl anzunehmen. Anstatt des 1829 verstorbenen Gen. Lieut. von Gerhard war 7. Sept. 1829 der Geh. Rath Georg von Wllamow, der Sohn des ehemaligen Inspectors unserer Schule, zum Patron erwählt. Dieser legte im Oct. 1833 das Patronat nieder. So blieb denn Se. Kais. Hoh. der Prinz Peter von Oldenburg der alleinige Patron unserer Kirche und Schule.

Die älteste Liedersammlung, deren sich nicht nur unsere, sondern überhaupt alle protestantischen Gemeinden in St. Petersburg bedienten, war das 1664 vom Pastor Breverus herausgegebene rigaische Gesangbuch, welches öfter unverändert wieder abgedruckt wurde. Es war eine ohne System gemachte Sammlung von Liedern¹). Sie enthielt sogar noch lateinische Lieder. Daneben gebrauchte man auch noch andere Liedersammlungen zur häuslichen Andacht, besonders die in Riga 1679 herausgekommene christliche Andachtsflamme. Um die Mitte des 18. Jahrhunderts schlichen sich auch herrnhutische Lieder- und Gebetbücher von Riga aus in St. Petersburg ein. Die Brüdergemeinde wurde unter der Kaiserin Elisabeth nicht geduldet. Daher befahl der dirigirende Senat durch einen Ukas 25. August 1750, welcher ins Deutsche übersetzt 2. und 7. Sept. Vor- und Nachmittags von der Kanzel verlesen und an die Kirchenthüren angeschlagen wurde, alle dergleichen Gesang- und Gebetbücher abzuliefern. Der Protocollist sammelte in der Conventstube 37 solcher Werke, welche er versiegelt dem Senat zuschickte.

Da das rigalische Gesangbuch völlig veraltet war, machte Pastor Grot von der Catharinenkirche 1767 seinen Collegen den Vorschlag, eine neue Liedersammlung zu veranstalten, aber Niemand wollte darauf eingehen. Auch underwärts hatte man das Unpassende in dem Gesangbuch gefühlt und deshalb in Reval 1771 ein neues Gesangbuch herausgegeben. Als nun die Professoren Herold und Wolff, welche beide das neue Gesangbuch von Reval her kannten, als Prediger an unsere Kirche berufen wurden, erneuerte Pastor Grot seinen Vorschlag und beide gingen freudig darauf ein. Um aber ihrer neuen Liedersammlung allmälig Eingang in den Gemeinden zu verschaffen und das rigalische Gesangbuch nicht abzuschaffen, was vielleicht Widerstand hervorgerufen hätte, sondern nach und nach zu verdrängen, beschlossen sie, daß ihre neue Sammlung neben dem alten Gesangbuch gebraucht werden solle. Es ist dies die „Sammlung gottesdienstlicher Lieder für die öffentliche und häusliche Andacht. St. Petersburg bei J. C. Schnoor 1773. 8°. Sie enthält eine von Pastor Wolff geschriebene Vorrede, 204 Lieder und einige Gebete. Diese

---

¹) Welche Lieder in diesem Gesangbuch aufgenommen waren, mögen einige Verse aus Nr. 41 beweisen:

In dulci jubilo	Ubi sunt gaudia?
Nun singet und seid froh,	Nirgend mehr denn da,
Unsers Herzens Wonne	Da die Engel singen
Liegt in praesepio,	Nova cantica,
Und leuchtet als die Sonne,	Und die Schellen klingen
Matris in gremio,	In regis curia,
Alpha es et O.	Eia wären wir da.

Sammlung ward in der Petrikirche und Catharinenkirche neben dem alten Gesangbuch gebraucht, während die Annenkirche dies letztere allein beibehielt. Die Prediger ließen anfangs Lieder sowohl aus dem Gesangbuch als auch aus der Sammlung singen. Nach und nach aber ließen sie die erstern immer mehr weg, so daß die Gemeinde nach einigen Jahren nur noch Lieder aus der Sammlung sang und das rigaische Gesangbuch stillschweigend beseitigt war. Der Convent unserer Kirche trug dadurch sehr viel zur Verbreitung der Sammlung bei, daß er eine bedeutende Anzahl von Exemplaren kaufte und an die ärmeren Glieder der Gemeinde vertheilte. In 10 Jahren war die Sammlung vergriffen. Nun entwarfen die Prediger Grot, Herold, der aber während der Arbeit starb, und Wolff, denen sich auch der Pastor Reinbott von der Annenkirche anschloß, auf Grundlage der Sammlung ein ganz neues Gesangbuch. Dieß ist die „St. Petersburgische Sammlung gottesdienstlicher Lieder für die öffentliche und häusliche Andacht evangelischer Gemeinden. St. Petersburg, gedruckt und verlegt bei J. K. Schnoor 1783. 8." Angehängt war noch eine Sammlung unveränderter Lieder aus dem rigaischen Gesangbuch. Dieses neue Gesangbuch ward in unserer Gemeinde 1. Jan. 1784 eingeführt. Es wurden nach und nach mehrere unveränderte Auflagen von demselben gemacht. Da die letzte Auflage von 1808 völlig vergriffen war, wurde seit 1815 sowohl unter den Predigern als unter den Kirchenräthen der verschiedenen Kirchen vielfach über eine neue verhandelt. Es hatten sich im Laufe der Zeit manche Mängel an dem Gesangbuch herausgestellt. Besonders klagten die aus dem Auslande Kommenden, daß nicht blos viele Lieder Luthers, sondern auch noch manche andere schöne Lieder fehlten; z. B. Wer nur den lieben Gott läßt walten — Was Gott thut, das ist wohlgethan — Nun danket alle Gott u. s. w., von denen nur ein Theil im Anhange zu finden sei. Da nun eine neue Auflage gemacht werden sollte, wollte man dem abhelfen. Bald aber machten sich zwei einander widersprechende Ansichten geltend. Der Pastor Busse von der Catharinenkirche wollte ein ganz neues Gesangbuch haben, welches er auch ausarbeitete, der Pastor Reinbott von der Annenkirche wollte nur eine verbesserte Auflage des alten Gesangbuches. Unser Kirchenrath entschied sich nach vielen vergeblichen Versuchen, eine Vereinigung zu Stande zu bringen, auf den Antrag des Herrn v. Adelung und der beiden Prediger für die Ansicht der Annenkirche. Man kam bald über die Grundsätze, welche bei der Verbesserung angewandt werden sollten, überein. Der alte Titel sollte bleiben, nur mit dem Zusatz „neue, vermehrte Auflage", ebenso die Vorrede von 1783, zu der eine neue hinzuzufügen sei. Der Anhang aus dem rigaischen Gesangbuch solle in die Sammlung selbst aufgenommen werden u. s. w. Die nach dieser Uebereinkunft ausgearbeitete neue Auflage erschien 1818. Sie ward mehrere Male unverändert abgedruckt. In unserer Zeit ist dann von den Predigern ein ganz neues Gesangbuch ausgearbeitet, welches 1855 erschien.

Das dreihundertjährige Jubelfest der Reformation nahte heran. Deshalb ernannte der Kirchenrath auf die Erinnerung des Herrn v. Adelung, um dasselbe würdig zu feiern, 2. Mai 1817 einen Ausschuß, welcher aus den Kirchenältesten, Dr. von Lerche, von Adelung, Severin und den beiden Predigern bestehen und der einen vorläufigen Entwurf wegen der Feier ausarbeiten sollte. Im Kirchenrath selbst machte der Kirchenälteste Rasewig 4. Juli 1817 den Vorschlag, zum Andenken an das bevorstehende große Fest unserer Kirche ein Waisenhaus zu stiften. Der Kirchenrath ging freudig darauf ein und ernannte zur Berathung über diesen Gegenstand einen zweiten Ausschuß, der unter dem Vorsitze des Grafen Sievers aus den Kirchenältesten v. Adelung, Severin und Rasewig bestehen und den Director Weiße zu seinen Sitzungen hinzuziehen sollte. Später wurden auch noch die Prediger und die Kirchenvorsteher Brandt und Dittmar in diesen Ausschuß mit aufgenommen. Als den passendsten Platz zur Aufführung eines Waisenhauses hatte man den leeren Raum an der kleinen Stallhofstraße bezeichnet. In der ersten Sitzung des Waisenhausausschusses 13. Jul. wurde darüber berathschlagt, woher die Mittel zu einem so großen Bau und dann zur Unterhaltung der Waisen genommen werden sollten. Der Director Weiße bot ein Capital an, welches er gesammelt hatte, um von den Zinsen das Schulgeld armer Kinder zu bezahlen, und welches bisher in der Kais. Leihbank belegt war. Dieses Capital, das mit den Zinsen 23,410 R. 95 K. betrug, war auf folgende Weise entstanden. Im J. 1785 war der Zeichnenlehrer Knappe unter der Bedingung angestellt, daß er keinen Gehalt erhielte, aber von jedem Schüler 16 R. jährlich nehmen dürfe. Als die Zahl derselben bis über 200 wuchs, kam der Director Weiße 1799 mit ihm überein, daß er von jedem Schüler 4 R. dem Director zur Verfügung stellen solle. Daraus erwuchs bis zu Knappe's Abgang 1817 die genannte Summe, denn Knappe's Nachfolger ward auf festen Gehalt gestellt und das Geld für die Zeichnenclasse fiel von da an in die Schulcasse. Dieses Capital könne man nach des Directors Ansicht benutzen, um damit die ersten Unkosten des Baus zu decken, vorausgesetzt, daß die Kirche es mit 5 Proc. zum Besten der Armenschüler verwende. Unter denselben Bedingungen übergab der Director auch noch ein Legat des Grafen Jakob Sievers von 5000 R., welches bisher im Lombard gestanden und dessen Zinsen gleichfalls zum Besten armer Schüler bestimmt waren. Im Allgemeinen aber würde man, da die Kirche kein Geld habe, das Gebäude zu errichten, auf milde Beiträge angewiesen sein. Die ersten Waisenkinder könnten aus dem Ueberschuß der Schule erhalten werden, welcher, wie der Director aus den Büchern nachwies, ein ziemlich bedeutender sei, selbst wenn alle Bedürfnisse und Ausgaben wegen der Schule, als Reparaturen, Brennholz, Erleuchtung, Gehalt des Directors gedeckt seien. Diese Beschlüsse des Waisenhausausschusses wurden 14. Juli dem Kirchenrath vorgelegt und von demselben bestätigt. Zu dieser Sitzung war auch der Hofrath von Staubert eingeladen, den der Graf Sievers als Baumeister empfohlen hatte. Der Plan, welchen Staubert später dem Kirchenrath vorlegte, wurde von demselben gebilligt, und die Vorarbeiten zum Bau des Waisenhauses begannen.

In Bezug auf die Feier des Reformationsfestes hatte der Kaiser den Wunsch ausgedrückt, daß alle evangelische Gemeinden der Hauptstadt den ersten Tag des Jubelfestes gemeinschaftlich feiern möchten. Der Senior Busse, dem dieses von der Oberbehörde mitgetheilt war, meinte, dies könne nur in der Petrikirche, als der größten protestantischen Kirche hieselbst, geschehen. Der Kirchenrath erklärte, gerne darauf eingehen zu wollen, obgleich er seine Befürchtung aussprechen müsse, daß unsere Kirche, welche kaum die eigne Gemeinde fasse, zu dem angegebenen Zweck zu klein sein würde. Dies sah auch die Oberbehörde ein und der Wirkl. Staatsr. Turgeniew erklärte dem Pastor Volborth einige Tage später, daß man gänzlich von einer gemeinsamen Feier abstehe.

Am 3. Oft. theilte der Kirchenälteste von Adelung seinen Entwurf zur Feier dem Kirchenrath mit, welcher denselben billigte. „Das Fest soll 3 Tage, am Freitag, Sonnabend und Sonntag d. 19., 20., 21. Okt. gefeiert werden. Der Gottesdienst am Freitag beginnt mit einem von Trompeten und Pauken begleiteten Liede. Bei dem Anfange des letzten Verses treten die Schüler und Schülerinnen der 3 obersten Classen der St. Petri-Schule aus dem Schulsaale, wo sie sich zu diesem Zweck versammelt haben und: wo sie durch eine kurze Anrede des Directors auf die Feierlichkeit vorbereitet sind, von dem Schuldirectorio geführt, in feierlicher Procession in die Kirche und nehmen ihren Platz an einer besonders dazu bestimmten Stelle vor dem Altar ein. Pastor Hamelmann hält die Rede vor dem Altar. Darauf folgt das Lied: Eine feste Burg ist unser Gott, mit Trompeten und Pauken begleitet. Der mittelste Vers dieses Liedes wird von Solostimmen des Sängerchors ausgeführt. Nach geendigtem Gottesdienst begaben sich unter Vortretung der Schüler der obern Classen der Kirchenrath, das Schuldirectorium und die Herrn Prediger in feierlicher Procession aus der Kirche nach der Stelle auf dem Kirchenhofe, wo der Grundstein des neuen Waisenhauses gelegt werden soll. Nach Absingung des ersten Verses des Liedes: Nun danket alle Gott, und nachdem Herr Pastor Hamelmann ein kurzes Gebet gehalten, wird der Grundstein gelegt. Darauf wird ein Gebet von Dr. Volborth gesprochen und der letzte Vers des Liedes: Nun danket alle Gott, gesungen.

„Am zweiten Tage der Reformationsfeier, Sonnabend den 20. Oct., wird nach dem, in einer durch den Herrn Senior Consistorialrath Busse veranstalteten allgemeinen Zusammenkunft der hiesigen evangelischen Prediger gefaßten Entschlusse, von diesen allen ein gemeinschaftlicher Gottesdienst in unserer St. Petri-Kirche gehalten, und zur Feier desselben werden auch die hochlöblichen Kirchenräthe der übrigen hiesigen lutherischen, so wie der reformirten Gemeinden eingeladen werden.

„Da diese religiöse Vereinigung den Zweck hat, sich in brüderlicher Eintracht der unschätzbaren Wohlthaten der Reformation zu erfreuen, und einen öffentlichen Beweis zu geben, wie völlig unvereinbar sie Sektengeist und kirchliche Absonderung mit dem Geiste des großen Werkes halten, für dessen segensreiche Folgen sie in diesen Tagen der religiösen Freude den Allerhöchsten preisen, so haben sämmtliche Prediger für die Feier des heutigen Tages folgende Anordnung einmüthig festgesetzt: a) der Gottesdienst wird in der St. Petrikirche als der größten hiesigen Kirche, und die auch grade in der Mitte der Stadt gelegen ist, gehalten und fängt zur gewöhnlichen Stunde an. b) die durch ihre Prediger zu dieser kirchlichen Feier eingeladenen Kirchenräthe der hiesigen lutherischen und reformirten Gemeinden versammeln sich in der Kirche und nehmen hier besonders für sie bestimmte Plätze ein.. c) die Eröffnung des Gottesdienstes geschieht durch Absingung eines Verses, bei welcher die Herrn Prediger aus dem Conventzimmer, wo sie sich zu diesem Zwecke versammelt haben, in die Kirche treten und sich vor den Altar begeben. d) nach Absingung desselben hält Herr Consistorialrath Busse ein Gebet und eine Anrede an seine versammelten Brüder. e) hierauf werden wieder einige Verse eines Liedes gesungen. f) dann werden die Herrn Prediger zur feierlichen Besiegelung ihrer brüderlichen Liebe und Einigkeit gemeinschaftlich das heilige Abendmahl genießen, dessen Vorbereitung und Austheilung der Herr Consistorialrath Busse übernehmen wird. g) der Gottesdienst wird mit der Absingung einiger Verse beschlossen.

„Am dritten Sonntag, dem 21. Oct., wird der Gottesdienst in gewöhnlicher Weise, jedoch mit beständiger Rücksicht auf die Säkularfeier gehalten."

Ueber die Feier selbst enthält der russische Invalide, Mittwoch 21. Oct. 1817, Nr. 248. folgenden Artikel:

„Das Reformations-Jubiläum in St. Petersburg.

„Am vorigen Freitag, den 19. d. M., wurden hier in sämmtlichen protestantischen Kirchen das 300jährige Reformations-Jubiläum auf das feierlichste begangen; auf Beschluß des Kirchenraths der St. Petri-Gemeinde aber nach beendigtem Gottesdienst, den die Herrn Pastoren Hainelmann und Volborth verrichteten, in Gegenwart der Herrn Patrone, Vorsteher und Aeltesten, wie auch des ganzen Lehrerpersonals, der Schüler und Schülerinnen der St. Petri-Schule und einer unzählbaren Menge von Zuschauern auf dem Kirchenhofe der Grundstein zu einem Waisenhause gelegt und somit der Tag der Feier einer ewig denkwürdigen Epoche in der Geschichte der christlichen Kirche durch die Gründung einer Anstalt bezeichnet, für deren Gedeihen die Segenswünsche und Gebete aller derer bürgen, die von irdischen Mitteln entblößt, sich der Hoffnung erfreuen, daß ihre Kinder, wenn gleich einst Waisen, doch nicht verwaist, in jener menschenfreundlichen Anstalt ihre Eltern und Verwandten wiederfinden werden. Daß diese Stiftung Sache des Herzens des Publicums ist, beweisen die reichlichen Beiträge, die gleich in den ersten Tagen einliefen und, wenn sie mit August-Hermann-Francke'schem Glauben[1]) begonnen ward und fortgesetzt wird, auch nicht fehlen werden, bis

---

[1]) Als nämlich A. H. Francke einige Thaler gesammelt hatte, rief er aus: das ist ein schönes Kapital, damit muß man was Gutes unternehmen und ein Waisenhaus gründen.

vollendet das gute Werk einst dasteht! Der schönste und wichtigste Tag des Jubiläums war aber ohnstreitig der nächstfolgende, wo in der St. Petri=Kirche die Prediger der reformirten deutschen [1]), so wie auch der Brüdergemeinde und die englischen Missionaire mit der hiesigen lutherischen Stadt= und Landgeistlichkeit das heilige Abendmahl, jedoch nicht nach der ältesten Weise mit Brodbrechen, sondern unter Austheilung der Oblaten genossen, und hiermit eine Vereinigung aussprechen, die nur zu lange verschoben, so ganz im Geiste des Evangeliums der Liebe gegründet ist [2]). Das Gebet vor dem Altare, womit der Gottesdienst begann, sprach der Herr Consistorialrath Busse, die treffliche Predigt aber, die an diesem Tage von dem reformirten Prediger, Herrn Pastor Murall, gehalten ward, bewegte innigst die Gemüther aller treuen Verehrer des Einen Herrn und Meisters, den er mit echt apostolischem Feuereifer verkündigte und bekannte, und zu dessen treuer Verehrung und Nachfolge er mit jener Beredsamkeit aufforderte, die nur einem von Ihm bewegten Gemüthe zu Gebote steht. Ebenso wahr als schön sprach er auch aus, was wir dem Reformationswerke zu verdanken haben, und zwar daß die Bibel, das Fundament der christlichen Kirche, wieder Gemeingut aller Christen geworden, und der Schleier, den Menschensatzungen über dieselbe ausgebreitet hatten, zerrissen ist; daß wir den kräftigen, von der Wahrheit, die vom Himmel auf die Erde herniedergebracht durch Christum und offenbaret ward, in der innersten Tiefe ihres Wesens ergriffenen Reformatoren das Recht der freien

---

[1]) Der französische Prediger de la Sansay aus Genf hatte es abgelehnt, an der gemeinschaftlichen Feier des Abendmahls Theil zu nehmen, weil er — der Sprache nicht mächtig sei, auch vorher die Erlaubniß der Mutterkirche zu Genf hätte einholen müssen.

[2]) Der Haß zwischen Lutheranern und Reformirten, welcher sich wie eine finstere Wolke durch die Geschichte der protest. Kirche Deutschlands im 16. und 17. Jahrh. zieht, findet sich in Rußland nicht. Kurz vor Clearius war Mag. Inchenhöffer ref. Prediger in Moskau. Er war früher Lutheraner gewesen. Seine Frau, eine Tochter des Prof. Förster in Wittenberg, blieb auch mit Bewilligung ihres Mannes und der ref. Gemeinde Lutheranerin. Die Gemahlin des Bk.=Adm. Crutz war eine Reformirte. Nicht blos die Kirche auf dem Hofplatz des Bk.=Adm. Crutz war gemeinsam für Lutheraner und Reformirte, sondern sie hatten auch anfangs dieselben Prediger. Als die deutsch= und französ.=reformirte Gemeinde 1769 ohne Kirche war, räumte ihnen der Convent den Schulsaal zum Gottesdienst ein, „denn alle christl. Religionsverwandte sind verbunden, sich einander zur Beförderung ihres öffentlichen Gottesdienstes beizustehen. „Bei der großen Reparatur unserer Kirche 1769 ward der Gottesdienst in der kath. Kirche gehalten.

Prüfung und furchtlosen Verwerfung aller Menschenweisheit, sobald sie nicht mit dem Evangelio übereinstimmt oder ihr gar entgegen ist, verdanken, und daß wir nach dem Vorbilde dieser wahrhaft frommen Männer zu wachen haben über die Erhaltung der Reinheit der Lehre, die uns keine Philosophie weder der Vorzeit noch der Gegenwart zu geben vermochte noch vermag! — Schön und herzerhebend war auch die Anrede an die Amtsbrüder sowohl wie an die christliche Jugend, und was über die Vereinigung der protestantischen Kirchen gesagt ward. Alles athmete ächt-christlichen Sinn, Liebe zu unserm Herrn und Meister, Liebe zu den Brüdern und zu allen Miterlösten. — Auch ward dem Herrn Pastor Murall nach beendigtem Gottesdienst an heiliger Stätte schon der wohlverdiente herzlichste Dank, ein Dank, der um so aufrichtiger war, da ihn niemand gebot, sondern von seiner Predigt tief ergriffenen Herzen ihm denselben darbrachten. Und so ward auch hier das Bild der Vereinigung auf eine eben so rührende als sprechende Weise wiederholt, indem von ihrem Herzen getriebene Lutheraner am Fuße ihres Altares den reformirten Prediger an die bewegte Brust drückten, und geeinigt im Evangelio und in dem Bekenntnisse Christi sortbin kein Unterschied mehr obwaltet unter denen, die alle zu der einen Heerde unter dem einen Hirten berufen sind.

„So stehe denn fest in jedem evangelischen Christen der Entschluß, mit eben der Freimüthigkeit und unerschütterlichen Festigkeit, mit der Luther einst auf dem Reichstage zu Worms gegen die Menschensatzungen, die zu jener Zeit das Wort aus Gott verdunkelten, protestirte, immer fort zu protestiren gegen die Satzungen einer, noch immer vor dem philosophischen Richterstuhle im Streite liegenden Menschenweisheit und Irrlehre, deren Schüler unter dem Deckmantel der bloß menschlichen Moral mitten in das Christenthum hinein ihr Heidenthum zu legen streben. So stehe aber auch fest in jedem evangelischen Christen die Ueberzeugung, daß ihm das Recht der Prüfung und Verwerfung gegen alle und jede Lehren zusteht, die das Wort des Lebens durch ihre Todtenlehre ihm verdunkeln und entrücken möchten; sie stehe fest die Ueberzeugung, daß uns hierin Luther ein eben so hohes Vorbild sei, als in den Felsenglauben an Alles, was aus der Tiefe Gottes, Christus; was von dem Vater, den Niemand kennet, denn der Sohn, der Sohn uns offenbaret! Aber auch die gewisse Zuversicht stehe fest in uns allen, so fest wie in unserem Luther, als er sagte:

„Das Wort sie sollen lassen stahn
„Und keinen Dank dazu ha'n, —
daß über die Lehre, deren Text und Commentar beide aus Gott kommen, auch seine Hand stets ausgestreckt bleiben und er immer zu rechter Zeit Arbeiter und Wächter berufen wird, zu denen es heißt: gehet hin und sprechet zu diesem Volke! — und daß, trotz Welt und ihrer Weisheit, doch siegen wird — das Wort aus Gott!"

Reiche Gaben flossen von nun an dem Waisenhause, theils als Geschenke theils als Vermächtnisse zu. Die erste Gabe von 400 R. erhielt es schon 26. Sept. 1817 vom Inspector Schuberth. Zu den originellsten Mitteln, dem Waisenhause ein Capital zuzuwenden, gehört eine Wette, deren Bedingungen in folgendem Schreiben an den Kirchenrath enthalten sind: „Der Kirchenrath der St. Petri-Gemeinde wird die Güte haben, die hiebei folgenden 10,000 R. in Empfang zu nehmen, über diese Summe zwei Obligationen zu geben, eine auf den Namen des Herrn Baron Ludwig von Stieglitz und die andere auf den Namen des Herrn Wirkl. Staatsr. und Ritters von Weisse, und jede dieser Obligationen mit gesetzlichen Procenten jährlich zu verzinsen. Dabei bittet man Folgendes zu bemerken:

„Erlebt der Herr Baron von Stieglitz den 11. Jul. 1849, so fällt die ihm gegebene Obligation von 5000 R. dem Herrn Wirkl. Staatsr. von Weisse zu, der aber oder dessen Erben diese Summe nicht ausgezahlt erhalten, sondern sie im Namen des W. St. von Weisse dem Waisenhause schenken müssen. Sollte aber der Herr Baron von Stieglitz vor dem 11. Jul. 1849 sterben — was Gott verhüten wolle — so gehört die dem Herrn W. St. von Weisse gegebene Obligation von 5000 R. den Erben des Herrn Baron von Stieglitz, die aber ebenfalls die Summe nicht ausgezahlt erhalten, sondern im Namen des Herrn Baron von Stieglitz dem Waisenhause schenken müssen.

„Der Kirchenrath wird aus dem angeführten Bericht ersehen, daß der Herr Baron von Stieglitz und der Herr W. St. von Weisse am 11. Jul. dieses Jahres mit einander eine Wette abgeschlossen und zwar in Gegenwart der beiden Zeugen, die sich, nach Unterschrift der Wettenden, mit vollem Namen gütigst unterschrieben haben.

„Obgleich der Gewinner das Recht behält, seine dem Kirchenrath abgegebenen 5000 R. nach Auflösung der Wette zurückzufordern, so wird doch das Waisenhaus in jedem Falle zu seinem Besten einst 5000 R. erhalten, und es ist wohl ein gerechter Wunsch, daß mehr solcher uneigennützigen und bloß zum Wohl armer verlassener Waisen abzweckenden Wetten geschlossen werden mögen."

„St. Petersburg d. 31. Jul. 1829."

„Baron Ludwig Stieglitz.

Wirkl. Staatsr. und Ritter J. Ph. von Weisse."

„Sollte es der Wille des Allmächtigen sein, daß ich den 11. Jul. 1849 erlebe, diese Wette also verliere, so werde ich an dem Tage, wenn es dann meine Vermögensumstände erlauben, dem Waisenhause noch 5000 R. B. schenken."

„Baron Ludwig Stieglitz."

„Als Zeuge: Joh. v. Muralt."

„Als Zeuge: L. v. Harder.

Keiner der Wettenden erlebte den Tag, die 10000 R. fielen also dem Waisenhause zu.

Am 2. Jan. 1818 ward über das Verhältniß des neu zu erbauenden Waisenhauses zur Kirche berathen. Es ward festgesetzt, daß dasselbe, ebenso wie das Schulgebäude, als alleiniges Eigenthum der Kirche anzusehen sei, da sie die Kosten des Baus allein bestreite und die fernere Unterhaltung übernehme, ohne die Casse des Waisenhauses dafür zu belasten, daher solle es auch im Namen der Kirche verwaltet werden. Alle zum Besten des Waisenhauses einkommende Gelder sollten in die allgemeine Kirchencasse fließen, welche diese Summen als Darlehn annehme und verzinse. Ueber dieselben solle ein besonderes Buch geführt werden.

Mit dem Ende des Jahres 1819 war der Bau des Waisenhauses vollendet. Es hatte 42,850 R. S. gekostet. Am Neujahrstage 1820 ward von der Kanzel für die Mildthätigkeit gedankt, mit der die Gemeinde und auch Andere (die englische Factorei z. B. hatte 5700 R. S. unter sich collectirt) die Anstalt bedacht, und zugleich wurde angezeigt, daß man die ersten 6 Waisen aufnehmen wolle. Wer daher gesunde vater- und mutterlose Knaben aus der Gemeinde von 8—12 Jahren kenne, möge dieselben bei dem Director der Schule anmelden und zugleich deren Taufschein und den Todtenschein der Eltern beilegen. Nachdem ein Waisenvater in der Person des ehemaligen Schneiders Beyer ernannt, vom Wirkl. Staatsr. von Weisse ein Reglement für das Waisenhaus und eine Instruction für den Waisenvater ausgearbeitet und vom Kirchenrath bestätigt war, ward die Waisenanstalt Ostern 1820 eröffnet und wurden die Knaben der Gemeinde vorgestellt. Mit dem Wachsen des Waisencapitals theils durch Vermächtnisse und milde Gaben¹), theils durch die nicht völlig verbrauchten Zinsen vermehrte man nach und nach auch die Zahl der Waisenknaben. Wenn der Raum es erlaubt, nimmt das Waisenhaus auch Pensionäre, wobei 170 R. S. für jedes Kind bezahlt werden. Seit Errichtung der Elementar- oder Armenschule besuchen alle Waisenknaben dieselbe. Sobald sie sich aber durch Anlagen, gutes Betragen und Fleiß auszeichnen, werden sie in die eigentliche Schule versetzt. Während die ersten Waisenknaben nur zu Handwerkern erzogen wurden, gelingt es jetzt einer nicht geringen Anzahl, sich zu höhern Ständen auszubilden, wie zum Kaufmannsstande, zur Pharmacie oder auch zum Studiren. Diesem Fortschritt verdankt die Anstalt dem jetzigen, seit 1833 angestellten Waisenvater J. Spörer. Unentgeltliche Behandlung der Kranken ist von jeher der Anstalt durch Aerzte aus unserer Gemeinde zu Theil geworden, anfangs durch Dr. Thiele, dann durch Dr. Henning, seit 1832 durch den W. St. Dr. Person.

Im J. 1838 vermachte Fräul. Christina Janssen dem Waisenhause 100,000 R. S. Dadurch ward der Kirchenrath in den Stand gesetzt, einen längst gehegten und von vielen Seiten ausgesprochenen Wunsch zu erfüllen, neben dem Waisenhause für Knaben eine ähnliche Anstalt für Mädchen zu gründen. Er that dies zum Andenken an die Einweihung der neuen Kirche 12. Oft. 1838. Um Raum für dasselbe zu gewinnen, mußte ein Umbau des Waisenhauses vorgenommen werden, welcher 1840 vollendet wurde. Nachdem Fräul. Amalie Jung zur Waisenmutter ernannt war, wurde das Mädchen-Waisenhaus 1841 eröffnet.

Die Waisenhäuser werden verwaltet von dem Waisen=Comité, in welchem der Präsident des Kirchenraths, die Prediger, der Director der Schule und 2 Mitglieder des Kirchenraths Sitz und Stimme haben.

Das Waisencapital betrug 1859 nach der Abrechnung auf der letzten Gemeindeversammlung 147,756. 83 R. S.

Die männliche Abtheilung des Waisenhauses hat 27 Waisenknaben und 5 Pensionäre, die weibliche 15 Waisenmädchen und 4 Pensionärinnen. Die Kirche vergütet für jedes Kind 72 R. Kostgeld im Jahr. Im Jahr 1861 kostete das Knabenwaisenhaus

¹) Die Büchsengelder am 2. Osterlage gehören dem Waisenhaus. Außerdem wird für dasselbe bei der Gemeinde u. besonders bei der Kaufmannschaft collectirt.

5542. 89 R. S., das Mädchenwaisenhaus 1784. 81 R. S., wobei die Kirche die Wohnung und deren Remonte nebst Feuerung und Wasser umsonst giebt.

Die Kirche war im Laufe fast eines Jahrhunderts ungeachtet mehrerer Hauptreparaturen so baufällig geworden, daß man sich schon seit 1827 ernstlich mit derselben beschäftigte. Nicht besser ging es mit den beiden Häusern an der Ecke der Perspective und der beiden Stallhofstraßen, dem früher so genannten alten Schul- und Priesterhause, welche gleichfalls jetzt an die 80 Jahre standen, und bei denen der untere Stock, welcher früher noch etwas höher als die Straße gewesen, durch Aufschüttung rings herum fast zu einem Kellergeschoß geworden war[1]). Da eine große Kirchenfeier bevorstand, in dem vor 100 Jahren, nämlich am 29. Juni 1728, der Grundstein zur Kirche gelegt war, und der Kirchenrath diesen Tag festlich begehen wollte, ward auf den Vorschlag des Grafen Oppermann der Baumeister Glinka beauftragt, die Kirche, besonders die Chöre und Säulen, gründlich zu untersuchen, ob sie auch stark genug seien, die zur Jubelfeier voraussichtlich herbeiströmende Menschenmenge zu tragen. Er fand die Säulen, auf denen die Chöre ruhten, fast gänzlich vermodert, so daß sie einer starken Reparatur bedurften, um die nöthige Sicherheit zu gewähren. Der Tag der Grundsteinlegung ward gefeiert[2]).

Nach demselben beschäftigte sich der Kirchenrath nun auf das ernstlichste mit der Frage, ob man die alte Kirche gründlich ausbessern, oder ob man eine neue erbauen solle. Wolle man die alte Kirche stehen lassen, so müsse sie sehr erweitert werden, weil sie für die Gemeinde, welche über 10,000 Seelen betrage, und sich von Jahr zu Jahr vergrößere, zu klein sei. Da der Kirchenrath diese Frage nicht allein entscheiden wollte, so beschloß er 3. Juli, die Gemeinde aufzufordern, Deputirte zu ernennen, welche den Berathungen und Beschlüssen des Kirchenraths beiwohnen sollten. Er schlug zu denselben die Assistenten des Kirchenraths bei der Jubelfeier vor, welche auch angenommen wurden, nämlich der Wirkl. Staatsr. von Block, der Staatsrath Baron von Stackelberg, der Baron von Stieglitz, der Commerzienrath Ben. Cramer, die Kaufleute Chr. Dav.

---
[1]) S. 116.
[2]) (Adelung) Nachricht an die evangel. St. Petri-Gemeinde in St. Petersburg über die am 29. Juni 1828 vollzogene Feier des hundertjährigen Jubelfestes der Gründung ihrer Kirche. St. Petersburg 1829. 4.

Thal und Ludwig Müller, der Kupferstecher Vanderfour, der Tischler Hagemann, der Tapezier Schacht und der Magazinhalter Gercke. Nach reiflicher Ueberlegung entschieden sich nun der Kirchenrath und die Deputirten 7. Juli 1828 einstimmig für den Bau einer neuen Kirche. Da dieser aber mehrere Jahre dauern würde und unser Schulsaal viel zu klein sei, um die ganze Zeit hindurch in demselben Gottesdienst zu halten, so wollte man die alte Kirche nicht abbrechen, sondern stehen lassen, und die neue Kirche vor dieselbe bauen, ein Plan, der erst 1830 aufgegeben wurde.

Zugleich sprach sich allgemein die Ansicht aus, ehe man mit der Kirche beginne, erst die Häuser an der Perspective und den Stallhofstraßen neu aufzubauen, weil die Kirche aus denselben bedeutende Einkünfte und so eine wesentliche Hülfe zu erwarten habe. Das ganze Jahr 1829 verging unter Verhandlungen, theils woher man das Geld zu den Bauten nehmen, theils welchem Bauplan man folgen solle. Denn außer Glinka waren noch andere Baumeister mit ihren Plänen und Vorschlägen hervorgetreten, unter denen besonders der Baumeister Zollikofer durch die Empfehlung des Pastor's Murali viele Freunde fand. Am 16. März 1830 entschieden sich der Kirchenrath und die Deputirten in Bezug auf die beiden Wohnhäuser für den Plan Zollikofers und beschlossen: 1) noch in diesem Jahr das Gebäude an der Ecke der Perspective und der großen Stallhofstraße anzufangen und dasselbe so einzurichten, daß der 2. und 3. Stock als Nothkirche während des Baus der neuen Kirche diene; 2) im Jahr 1831 das Gebäude an der Ecke der Perspective und der kleinen Stallhofstraße zu errichten; 3) die neue Kirche auf der Stelle zu bauen, wo jetzt die alte stehe, über den Bauplan derselben aber noch nichts zu entscheiden.

In Bezug auf die Geldmittel beschloß man sich an die Regierung um ein Anlehn von 600,000 R. aus der Bank zu wenden. Graf Oppermann hatte dem Kaiser schon früher die Pläne und Façaden des Neubaus vorgelegt, welche den Beifall Sr. Majestät erlangt hatten. Darauf hin versprach der Graf Oppermann, die Bitte des Kirchenraths dem Kaiser persönlich vorzutragen. Da er durch Krankheit verhindert wurde, mußte dies der Geh. Rath von Willamow, 14. Apr., anstatt seiner thun. Der Kaiser fragte, ob die Kirche groß genug für die Gemeinde sein werde, sprach sich in Bezug auf die innere Ausschmückung für die ganz weißen oder mit einer Farbe schattirten Malerornamente statt der bunten aus und gab seine Zustimmung zu der Anleihe, wenn der Finanzminister die Möglichkeit sähe, sie zu erfüllen, weshalb sich Graf Oppermann mit demselben verständigen möchte. Der Finanzminister Graf Cancrin zeigte dem Grafen Oppermann 26. April an, er sei nach einem am gestrigen Tage vom Kaiser erhaltenen Befehle bereit, der Kirche nach und nach, je nach dem Bedürfniß, 600,000 R. B. aus der Reichs-Leihbank auf Grundlage der Regeln für die Darlehn auf 37 Jahre, ohne Prämie, mit Zahlung der Zinsen bis 1. Jan. 1834 von den Ueberschußsummen der Leihbank, vorzustrecken[1]). So erhielt denn der Kirchenrath die gewünschte Summe, deren Rückzahlung und Verzinsung mit 1. Jan. 1834 beginnen und in 37 Jahren vollendet sein sollte. Die Bürgschaft für die Schuld übernahm der Kaiser selbst.

Graf Oppermann hatte die günstige Antwort des Kaisers dem General-Gouverneur v. Essen, 23. April, mitgetheilt, welcher noch an demselben Tage dem stellvertretenden Oberpolizeimeister Befehl gab, die Vorbereitungen zum Bau nicht zu hindern. So begann man denn mit dem Niederreißen des Hauses an der Ecke der Perspective und der großen Stallhofstraße.

Der 13 Juni 1830 ward von allen protest. Kirchen Rußlands als der Tag der Uebergabe des Augsburgischen Glaubensbekenntnisses gefeiert. Vor 100 Jahren war an diesem Tage unsere Kirche eingeweiht. Auch jetzt ward an demselben eine besondere Feierlichkeit vorgenommen. „Die Kirche war, wie das Kirchenprotocoll diesen Tag beschreibt, auf das festlichste geschmückt, und die doppelte Beleuchtung verherrlichte den erhebenden Anblick derselben. Um 10 Uhr beim Anfang des Gottesdienstes trat der Kirchenrath in einer feierlichen Procession, an deren Spitze sich das Lehrerpersonal unserer Schule befand, mit den Deputirten der Gemeinde und den Predigern in seiner Mitte in die ungewöhnlich angefüllte Kirche, und nahm an der linken Seite des Altars Platz. Bald darauf erschien auch der Oberverwalter der geistlichen Angelegenheiten fremder Confessionen, Geh. Rath Bludow und mehrere ausgezeichnete Beamte seines Ministeriums. Nach dem ersten Liede, welches wie die folgenden mit Posaunenschall begleitet wurde, trat der Consistorialrath Dr. Hamelmann vor den Altar und drückte in einem herzlichen Gebete die Empfindungen des Dankes aus, die grade an dem Tage jedes Glied der evangelischen Kirche beseelen mußten. Darauf stimmte

---

[1]) 1838 erhielt die Kirche noch eine Anleihe von 250,000 R. B. von der Regierung.

der Gesangverein, der auch dieses Mal unsere kirchliche Feier so herrlich verschönerte, einen Chor von der Composition des Musikdirectors Behling an und führte denselben mit gewohnter Meisterschaft aus. Nach Beendigung desselben hielt Dr. Volborth die Jubelpredigt über den vorgeschriebenen Text, 1 Cor. 3, 10—13, entwickelte mit herzerhebender Beredsamkeit die geschichtlichen Umstände und die großen Wirkungen, unter welchen und durch welche die Ueberreichung der Augsburgischen Confession für die Freiheit des evangelischen Glaubens so segensreich wurde und schloß seinen Vortrag mit dem für die Feier dieses Tages vorgeschriebenen Gebete. Nach der Predigt führte der Gesangverein die vortreffliche Composition des 100sten Psalms von Schicht und nach dem, von Dr. Hamelmann gesprochenen, Segen den erhabenen Chor aus der Schöpfung von Haydn: „die Himmel erzählen die Ehre Gottes", auf das vollkommenste und hinreißendste aus. Hierauf wurde das heil. Abendmahl ausgetheilt, zu dessen würdigem Genusse Dr. Hamelmann mit hoher Würde einlud, und an welchem die Prediger, ein Theil des Kirchenrathes und zahlreiche Glieder unserer Gemeinde Theil nahmen. Nach völlig beendigtem Gottesdienst begab sich der Kirchenrath mit den Predigern, den Deputirten und dem Lehrerpersonal im feierlichen Zuge, welchem sich auch der Geh. Rath Bludow anschloß, an die Stelle, wo der Grundstein zu dem neu aufzuführenden Kirchengebäude gelegt werden sollte. Hier eröffnete Dr. Volborth die Feierlichkeit mit einem inbrünstigen Gebet, um den Segen des Allerhöchsten zu dem wichtigen Vorhaben. Darauf erfolgte die Grundsteinlegung mit den herkömmlichen Gebräuchen, an welchen der Geh. Rath Bludow, der Kirchenrath, die Prediger, die Deputirten, der Director und die Lehrer unserer Schule freudig Theil nahmen, und ein Schlußgebet des Dr. Hamelmann enthielt den herzlichsten Dank und die freudigsten Hoffnungen für die Vollendung dieser merkwürdigen Feierlichkeit, deren Andenken gewiß lange in der Erinnerung der vielen Tausende fortleben wird, welche gerührte Zeugen derselben waren."

Im Aug. 1830 machte der Baumeister Zollikofer darauf aufmerksam, daß die Durchführung des ursprünglichen Planes, aus dem 2. und 3. Stockwerk des neuen Hauses eine Nothkirche zu machen, abgesehen von den Unkosten des spätern Umbaus, wenn die Nothkirche in Wohnungen umgewandelt werden solle, manche Unannehmlichkeiten verursachen würde. Vermiethen könne man z. B. den untern Stock nicht, weil sich keine Schornsteine ziehen ließen.

Er schlüge daher vor, mit der finnischen Gemeinde wegen Ueberlassung ihrer Kirche zu unterhandeln, welche, wie er wisse, dazu sehr bereitwillig sei. Die finnische Gemeinde erklärte auch auf die Anfrage unsers Kirchenraths, sie wolle uns aus christlicher Liebe und Freundschaft gerne den Gebrauch ihrer Kirche während des Neubau's überlassen. Sie sei mit dem zufrieden, was die Petri = Gemeinde dafür gebe, und bestimme das Geld zum Fond einer zu gründenden Armenkasse. Der Kirchenrath schickte ihr sogleich zu diesem Zweck 1000 R. und versprach für die Benutzung der Kirche jährlich 2000 zu zahlen. Der deutsche Gottesdienst solle um 9, der finnische um 11 Uhr anfangen.

Das Haus A an der Ecke der Perspective und großen Stallhofstraße ward 1830 vollendet und man begann im Januar folgenden Jahres mit dem Vermiethen. Bald war keine Wohnung mehr in demselben zu haben. Im Jahre 1831 begann nun das Abreißen und dann das Aufbauen des Hauses B an der Ecke der Perspective und der kleinen Stallhofstraße, zu welchem der Grundstein 13. Juni gelegt wurde. Mit dem Bau desselben ging es etwas langsamer, so daß es im Aug. 1832 wohl ziemlich vollendet, aber noch nicht bewohnbar war. Das Drängen nach Quartieren in den neuen Häusern war so groß, daß man auch in dem zweiten Hause alle Wohnungen vermiethet hatte, ehe das Haus selbst noch fertig war. In der großen Stallhofstraße war nun die ganze Seite des Kirchenplatzes bis auf die kleine Ecke an der Grenze der finnischen Kirche mit Wohnhäusern besetzt, da die einstöckigen Häuser zur Seite der Kirche an den beiden Stallhofstraßen schon früher bei den Bauten Ferrari's und Staubert's aufgeführt waren. Die beiden Häuser A und B schlossen sich an diese beiden niedrigen Häuser an. An der kleinen Stallhofstraße war aber zwischen dem niedrigen Hause und dem Waisenhause, welches nur bis zum jetzigen Thorwege ging, ein Raum, auf welchem Ställe und Schuppen für die Leichenwagen standen. Diese wurden abgerissen und an der Stelle gleichzeitig mit dem Hause B das Haus C errichtet, so daß nun auch an der kleinen Stallhofstraße die ganze Seite des Kirchenplatzes mit Gebäuden besetzt war. Das von Ferrari an der großen Stallhofstraße erbaute Haus, an welches nur, wie wir gleich sehen werden, ein kleiner Anbau von 3 Fach=Fenstern durch alle Etagen an der Grenze der finnischen Kirche kam, das von Staubert erbaute Waisenhaus und die von Zollikofer erbauten Häuser A, B, C stehen noch.

Schon im August 1831 hatte der Kirchenälteste Severin geäußert, daß es bei Miethe tragenden Gebäuden, welche eine so günstige Lage, wie unsere Kirchenhäuser hätten, wenig darauf ankomme, ob man etwas kostbarer baue oder nicht. Als nun aber diese 3 Häuser statt 696,600 R. B., wie der erste Anschlag gemacht war, 857,283 R. kosteten (244,930 R. S.), wie sich auch nach der 13. Mai 1839 ausgestellten Quittung des Revisions-Comités, welches alle Baurechnungen geprüft hatte, erwies, wurden manche doch bedenklich und es ward von mehreren Seiten der Antrag gemacht, noch einmal genau zu untersuchen, ob man nicht lieber die alte Kirche gründlich ausbessern und erweitern, als eine neue bauen wolle. Das erstere würde 200,000 R. B., das letztere wenigstens 600,000 R. kosten. Es schien aber nothwendig, eine neue Kirche zu bauen. Zu derselben lagen mehrere Pläne von den Baumeistern Jacot, Pascal, Zollikofer, Brülow und Krich vor. Jeder derselben hatte seine Vorzüge; daher berathschlagte der Kirchenrath lange, welchen er annehmen solle, ohne sich für einen zu entscheiden. Diesem Schwanken ward durch den Vorsitzer v. Adelung ein Ende gemacht, welcher dem Kirchenrath 16. März 1833 anzeigte, er habe aus guter Quelle erfahren, daß der Kaiser sich genau nach dem Stande der Bauangelegenheit unserer Kirche erkundigt und sich sehr anerkennend über den Plan des Baumeisters Brülow ausgesprochen habe. Der Geh. Rath v. Willamow erklärte sich bereit, einige der Pläne, unter andern den von Brülow, Sr. Majestät zur Ansicht vorzulegen. Er that dies 26. April. Der Kaiser sprach sich auf das entschiedenste für den Plan Brülows aus, welcher deshalb 1. Mai vom Kirchenrath angenommen und auf den Vorschlag des Ministers Bludow vom Kaiser 14. Juli förmlich bestätigt wurde. Der Baumeister Zollikofer führte den Plan aus. Am 5. Mai besprachen der Kirchenrath und die Prediger die Feierlichkeiten, welche bei dem letzten Gottesdienst in der alten Kirche am 11. Mai, dem Himmelfahrtstage, stattfinden sollen, und zu denen man den Minister Bludow und das Consistorium einladen wollte. Während des Baus ward der Gottesdienst in der finnischen Kirche gehalten. Am 21. Aug. 1833 wurde der Grundstein gelegt. Die neue Kirche war 1838 beendigt, so daß sie am 31. Oct. unter großen Feierlichkeiten eingeweiht werden konnte[1]). Nach der 22. Jan. 1840

---

[1]) Eine kurze Beschreibung der Einweihung findet man in der deutschen St. Petersb. Zeit. 1838, Nr. 294. Die bei dieser Feierlichkeit vorgetragenen Gesänge wurden besonders gedruckt.

ausgestellten Specialquittung der Deputirten kostete sie 773,021 R. B., wozu denn noch die erst später vollendete innere Ausschmückung kam, so daß die Kosten des ganzen Baus sich auf 239,540 R. S. beliefen. Die Orgel ist von dem Orgelbauer Friedr. Walcker in Ludwigsburg in Würtemberg verfertigt. Sie kostet 52,350 R. B., von denen die Familie Thal 6000 R. schenkte. Mit dem Leichengewölbe steht eine 1813 eingerichtete Anstalt zur Rettung von Scheintodten in Verbindung.

Gleichzeitig mit der neuen Kirche ward noch ein anderer Bau hinter der Schule aufgeführt. Wie bei den alten Wohnhäusern an der Perspective war auch das untere Stockwerk des Schulhauses, in welchem die Classen gehalten wurden, durch Erhöhung des Bodens rings herum kellerartig geworden. Eine Folge davon war, daß die Luft feucht und dumpfig wurde. Schon 1833 hatte man im Schuldirectorium darüber berathen, wie diesem Uebelstande abzuhelfen sei. Der Baumeister Zollikofer, welcher zu diesen Berathungen hinzugezogen wurde, wollte den Fußboden um 1 Arschine erhöhen. Dadurch würde wohl die Feuchtigkeit gehoben, aber auch der Luftraum ungemein beschränkt. Der Geh. Rath v. Willamow wollte die obern Classen nach dem mittlern Stock verlegen, den untern Stock nach dem Vorschlage Zollikofers auffüllen, die Räume der Schulzimmer vergrößern und dann die untern Classen dort lassen. Dagegen ward die große Schwierigkeit eingewandt, die Classen zu beaufsichtigen. Der Director war für die Verlegung aller Classen in den mittlern Stock. Dadurch aber würden große Ausgaben verursacht werden. Im mittlern Stock lagen die Wohnungen der Lehrer Behse, Luetry und Bulanowsky. Diese mußten zu Classen umgebaut werden und die Lehrer mußten andere Wohnungen erhalten. Während des Baus wurden außerdem die Wohnungen der Lehrer Richter und Langsdorff unbewohnbar, welche also wenigstens für diese Zeit entschädigt werden mußten. Nicht unbedeutende Kosten würde auch der Umbau des unteren Stocks zu Wohnungen und die Einrichtung von Waterclosets verursachen. Nachdem der Kirchenrath im Anfang des Jahres 1835 erklärt hatte, er sei bereit, um den Bedürfnissen der Schule zu genügen, noch in diesem Sommer ein neues, in unmittelbarer Verbindung mit dem Schulhause stehendes Gebäude auf dem kleinen Schulhofe aufzuführen, hielt das Directorium 19. Jan. wegen dieser Angelegenheit eine außerordentliche Sitzung, welcher auch der

Prinz von Oldenburg und Herr Dittmar, Mitglied des Baucomité's beiwohnten. Nachdem der Director Collins eine Uebersicht der verschiedenen Meinungen hinsichtlich der Verlegung der Classen gegeben und man sich über die Zweckmäßigkeit derselben berathschlagt hatte, erklärten der Wirkl. Staatsr. v. Abelung als Vorsitzer des Kirchenraths und die Kirchenältesten Severin und Dittmar, daß das Wohl der Schule, welche sich in jeder Hinsicht der vorzüglichsten Aufmerksamkeit und Sorge des Kirchenraths verdient gemacht habe, demselben von der höchsten Wichtigkeit sei und daß man fest beschlossen habe, alle Mittel aufzubieten, um den gerechten Anforderungen dieser Anstalt Genüge zu leisten, auch selbst dann, wenn die Ausführung der vorzunehmenden Verbesserungen manche Opfer erheischen sollte. Nach dieser erfreulichen Erklärung sprach zuerst der Prinz von Oldenburg und dann das Directorium sich für die Verlegung der Classen in das mittlere Stock aus. Der Director erhielt den Auftrag, in Verbindung mit dem Baumeister Zollikofer einen Plan der neuen Klasseneintheilung zu machen. Am 20. Febr. legte er denselben dem Directorium vor. Als leitenden Grundsatz stellte er die Ansicht auf, daß der neue Bau und die Umgestaltung des Schullokals keinen andern Zweck habe, als den, sämmtliche Classen der deutschen Hauptschule auf eine, einer solchen Anstalt vollkommen würdige, allen Ansprüchen, die man an dieselbe in Bezug auf Salubrität, Disciplin, Geräumigkeit und Eleganz machen dürfe, durchaus genügende Weise einzurichten und zugleich diese Schule mit der erforderlichen Anzahl ostensibler, eine freundliche Aufstellung und sichernde Aufbewahrung wissenschaftlicher Collectionen gestattender Säle zu versehen. Das Directorium nahm den Plan des Directors an und der Prinz v. Oldenburg bestätigte als Patron denselben 2. März mit folgenden Worten: „Indem ich dasselbe (das Project) genehmige, bin ich vollkommen überzeugt, daß der Kirchenrath der St. Petri-Gemeinde, als treuer Pfleger dieser Anstalt, die Ansichten des Schuldirectoriums theilend, nach erhaltener formgemäßer Vorstellung desselben mit Bereitwilligkeit zur Ausführung desselben schreiten wird. Möge also diese, der besondern Achtung des Staats gewürdigte Anstalt sich recht bald in ihrem Aeußern derjenigen Gestaltung erfreuen, auf die sie vermöge ihrer gesegneten Wirksamkeit mit Recht Anspruch machen darf, und möge der Kirchenrath in dem Bewußtsein, das Wohl derselben wesentlich befördert zu haben, künftig in ihr ein würdiges, den

Nachkommen einst zu übergebendes Denkmal seiner väterlichen und gewissenhaften Fürsorge erkennen." Der Kirchenrath berathschlagte 9. und 20. März über den vom Directorium eingesandten Plan und beschloß, den Neubau sobald als möglich zu beginnen, vorher aber die Deputirten, welche schon früher den Baron Küster bevollmächtigt hatten, als ihr Repräsentant in dieser Angelegenheit den Sitzungen des Baucomité's beizuwohnen, zu einer außerordentlichen Sitzung einzuladen, da der Bau seiner großen Kosten wegen nach dem Kirchengesetz die Einwilligung derselben erfordere. Diese Sitzung fand 23. März Statt. Die Deputirten gaben mit folgenden Worten ihre Einwilligung: "Nachdem sie sich durch Beprüfung der vorgelegten Pläne, Baurisse und Anschläge von dem Nutzen der projectirten Bauten und der Mäßigkeit der darüber eingereichten Veranschlagungen sowohl persönlich in den deshalb gehaltenen Sitzungen des Kirchenraths als auch aus der Mittheilung des Herrn Baron Küster überzeugt haben, ermächtigen die Deputirten im Namen der Gemeinde den hochlöblichen Kirchenrath zur Ausführung der gedachten Bauten zu schreiten, wenn derselbe die dazu erforderlichen Summen aus den Kirchen Mitteln zu beschaffen vermag." Die Ausführung des Bau's ward dem Baumeister Zollikofer übertragen. Zuerst ward das neue Haus auf dem kleinen Schulhofe hinter der Schule aufgeführt, damit während des Umbaus des Schulhauses die Classen provisorisch in dasselbe verlegt werden könnten. Zum Herbst 1838 war nicht blos der Neubau, sondern auch der Umbau fertig, so daß die Schule 6. Okt. feierlich in ihr neues Lokal übergeführt werden konnte, wobei Pastor Taubenheim die Einweihungsrede hielt. Am 22. Jan. 1840 stellten die Deputirten dem Kirchenrath eine Specialquittung über den Umbau der Schule, den neuen Anbau von 3 Fach Fenster 3 Stock hoch an das Hauptgebäude in der großen Stallhofstraße, den neuen Flügel hinter dem Schulgebäude, die Veränderung der Demoisellenclassen und Verbindung des Waisenhauses mit dem neuen Flügel, die Erbauung der steinernen Remisen zu beiden Seiten des Hofes zwischen Kirche und Schule aus, welches zusammen 209,790 R. B. (59,940 R. S.) kostete.

Damit waren die großen Bauten dieser Zeit beendigt. Die Kirche zog aus den zum Vermiethen bestimmten Häusern große Einkünfte, hatte sich aber auch eine ungeheure Schuldenlast aufgeladen. Diese betrug 1. Jan. 1841, als schon ein kleiner Theil der ursprünglich 850,000 R. B. betragenden Kronsschuld abbezahlt war:

an ungetilgter Kronsschuld . . . . 230,813 R. S.
an Schulden an Privatleute . . . 122,467 „ „
an verbrauchtem Wohlthätigkeitsfond¹) 110,671 „ „
463,951 R. S.

Die Aufgabe des Kirchenraths für die nächste Zeit war es nun, diese Schuldenlast zu verringern, und es gelang ihm theils durch die Gunst der Umstände, indem die Miethen in der ganzen Stadt sich steigerten, besonders aber durch strenge Ordnung und weise Sparsamkeit bei Verwaltung des Kirchenvermögens. Allen Herren, welche sich der seit Erbauung der neuen Häuser sehr vergrößerten Mühe unterzogen, das Kirchenvermögen zu verwalten, ist die Gemeinde zu großem Dank verpflichtet, besonders aber bewahrt sie in dieser Hinsicht dem verstorbenen Mitgliede des Kirchenraths, Herrn A. Gütschow ein dankbares Andenken.

Den letzten Bau hat die Kirche im J. 1839 unternommen, indem die beiden niedrigen Häuser zur Seite der Kirche abgerissen und an deren Stelle vierstöckige Gebäude errichtet wurden, welche 146,049 R. S. kosteten. Dieser Bau ward von dem Baumeister Pochl ausgeführt.

Die Bauten des vorigen Jahrhunderts wurden von einem Kirchenältesten und 2 Kirchenvorstehern, welche man die Bauherrn nannte und für jeden Bau erwählte, in Verbindung mit einem Baumeister geleitet. Die Bauherren kauften das Material, schlossen die Contracte mit den Unternehmern und beaufsichtigten den Bau selbst, damit theils kein Material entwandt, theils die Arbeit dauerhaft und ordentlich gemacht würde. Seit Erbauung der steinernen Schul- und Priesterhäuser wurden beständig einige Mitglieder des Kirchenraths zu Bauherren bestimmt, um, wenn auch keine neuen Bauten Statt fanden, doch die jährlich vorkommenden Reparaturen zu besorgen und die Wohnungen zu vermiethen. Durchgehends war das Bauwesen, so wie die ganze Oekonomie Sache der Kirchenvorsteher.

Als der Kirchenrath das Waisenhaus zu bauen beschloß, errichtete er aus seiner Mitte 14. Juli 1817 ein eigenes Bau-Comité. Für dasselbe ward ein Reglement ausgearbeitet, welches der Kirchenrath 8. Mai 1818 bestätigte. Nach demselben sollte es aus 2 Kirchenältesten, 2 Kirchenvorstehern und dem Cassier des Kirchenraths bestehen. Wenn es nothwendig sei, könne ein Baumeister zu Rathe

---

¹) Capital des Waisenhauses und der Armencasse.

gezogen werden. Wenn einer der Kirchenpatrone die Sitzungen des Bau-Comités besuche, habe er den Vorsitz. Zur Führung des Protocolls wurde ein Secretär angenommen, welche Stelle meistens der Secretär des Kirchenraths übernahm. Der Zweck des Bau-Comités besteht darin, alle zur Kirche und Schule gehörige Gebäude im besten Zustande zu erhalten, für Ordnung und Reinlichkeit im Bezirke derselben zu sorgen, jede erforderliche Reparatur zu veranstalten, im Falle eines neuen Baues denselben zu leiten, alle Contracte zu entwerfen und nach Bestätigung des Kirchenraths sie abzuschließen, die Miethcontracte abzuschließen und die Miethgelder eincassiren zu lassen, die erforderlichen Zahlungen zu leisten, über alle Einnahmen und Ausgaben Buch zu halten, endlich streng darauf zu sehen, daß die zur Erhaltung der Ordnung und Reinlichkeit Verpflichteten ihre Schuldigkeit thun. Bei großen Bauten pflegte das Comité sich einige tüchtige und dazu geeignete Männer aus der Gemeinde als Hülfe bei der Beaufsichtigung zu erbitten. Das Bau-Comité hielt anfangs 2 mal im Monat Sitzungen, seit 1821 wöchentlich. Obgleich mit Vollendung des Waisenhauses eigentlich der Zweck erreicht war, dessetwegen man das Bau-Comité errichtet hatte, beschloß der Kirchenrath dennoch 21. April 1821 es wegen des großen Nutzens, den es leistete, fortbestehen zu lassen und ihm die Verwaltung alles Kircheneigenthums zu übertragen. Seitdem heißt es das ökonomische und Bau-Comité, jetzt das Oekonomie-Comité.

Seit 1710 wird regelmäßig mit der größten Genauigkeit über die Einnahmen und Ausgaben der Kirche von den Kirchenvorstehern Buch geführt. Das älteste Cassabuch hat folgenden Titel:

„Matthaei VI v. 3. 4.

Wenn du Almosen giebst, so laß deine linke Hand nicht wissen, was die rechte thut. Auf daß dein Almosen verborgen sei, und dein Vater, der in das Verborgene siehet, wird dieß vergelten öffentlich.

ad Romanos XII v. 8.

Giebt jemand, so gebe er einfältiglich. Uebt jemand Barmherzigkeit, so thue er es mit Lust.

II ad Corinthios IX v. 7.

Ein jeglicher nach seiner Willkühr, nicht mit Unwillen oder aus Zwang, denn einen fröhlichen Geber hat Gott lieb.

Luc. II. v. 38.

Gebet denn, so wird euch gegeben.

Kirchen-Buch

darinnen die Namen derjenigen Personen und Wohlthäter eingezeichnet werden, welche zum Bau und Unterhalt der evangelischen Kirche und Schule auf dem Admiralitäts Eylande bey St. Petersburg und zum Unterhalte der Armen dieses Orths etwas aus freiem Willen geschenket, beigetragen oder gestiftet haben,

autorisiret

durch die Unterzeichneten

P. Sivers. H. Wessel. C. Hauch. J. Valch."

Das Buch ist in gr. f. Bis zum Jahre 1714 sind die Rechnungen in holländischer, von da in deutscher Sprache geführt. Auf der letzten Seite ist folgende Inschrift: „In diesem Buche von der Kirchen auf dem Admiralitäts Eylande sind befindlich und numeriret 158 ganze Blätter, welches zu einer stets währenden Nachricht hiemit melde auf dem Admiralitäts Eylande bey S. Petersburg im Heil Jahre Jesu Christi 1710 den 8. Decembris / 27. Novembris

Johann Arnold Pauli

bey Sr. Groß-Zaarischen Maj. Armee-General-Stabs-Prediger und vorjetzo vacante Pastoratu loci extraordinarius Pastor.

m. p."

Zu den ältesten regelmäßigen Einnahmen der Kirche gehören:

1) das Tellergeld, welches vor den Kirchenthüren bald auf Becken, bald in Büchsen zu verschiedenen, von der Kanzel bekannt gemachten Zwecken gesammelt wurde. Von 149. 58 R. im J. 1718 stieg es auf 533. 74 R. im J. 1731, auf 1039 R. im J. 1755. Jetzt fällt alles Büchsengeld, mit Ausnahme des am Confirmationstage und am 2. Ostertage gesammelten, der Armencasse zu. Dies betrug im J. 1861 die Summe von 2283 R.

2) die Einnahme für Leichendecken und Trauermäntel, welche gegen eine feste Abgabe nicht nur Mitgliedern unserer Gemeinde, sondern auch Fremden vermiethet wurden. Die ersten Leichenwagen und Leichenschlitten hielt der Küster Kreuz, nach dessen Tode die Kirche dieselben ankaufte und für Kirchenrechnung abgab. Das Trauerinventar brachte 1861 die Summe von 1989. 17 R. S., der Kirchhof 1175. 70 R. S. nach Abzug der Unkosten ein.

3) Das Stuhlgeld, welches in der ersten Zeit die bedeutendste Einnahme der Kirche bildete. Seit 1727 heißt es Contingent oder Kirchencontingent oder Abgabe zum ordinairen Unterhalt der Kirche. Es ist eine freiwillige Abgabe, welche nach vorhergegangener Abkündigung von der Kanzel gewöhnlich gleich nach Neujahr durch die Kirchenvorsteher für das verflossene Jahr eingesammelt wurde. Wer diesen Beitrag zur Unterhaltung der Kirche leistete, sicherte sich und den Seinigen dadurch einen Platz in derselben. Obgleich der Beitrag ein freiwilliger war, stand er doch im Verhältniß zu der Lage des Sitzes in der Kirche, den man wünschte. Außerdem richtete er sich nach dem Range und Vermögen des Gebers. So z. B. gab 1730 der Graf Münnich 16 R., der Apotheker Durup 10 R., im Jahr 1740 der Graf Münnich 50 R., der Prinz Anton Ulrich von Braunschweig 50 R., die Herzogin von Kurland 100 R. Das Contingent brachte 1717 nur 386 R. ein, es steigerte sich 1730 auf 700 R., 1745 auf 1140 R., 1755 auf 2287 R. Nach dem großen Brande 1736 forderte man alle Mitglieder der Gemeinde, welche ihr Contingent noch nicht bezahlt hätten, von der Kanzel auf, dasselbe zum 1. Mai 1737 mit in die Kirche zu bringen, um entweder versiegelt in die Becken zu legen oder auch den Kirchenvorstehern in der Conventsstube abzugeben, da die letztern nicht umhergehen könnten, weil die Wohnungen vieler Mitglieder der Gemeinde ihnen unbekannt wären. Die freiwilligen Beiträge gingen oft sehr schlecht ein, weshalb der Convent schon früh darauf bedacht war, der Kirche auf irgend eine Weise feste Einkünfte zu verschaffen. Der Kirchenvorsteher Schröter schlug 7. April 1736 als das geeignetste Mittel dazu vor, wenn die Gemeinde sich verpflichten wollte, für jeden Platz in der Kirche eine bestimmte Abgabe zu bezahlen. Der Convent nahm den Plan an, rief die angesehensten Mitglieder der Gemeinde zusammen und legte ihnen denselben vor. Er ward gebilligt und von 111 Personen unterschrieben. Nun entwarf der Convent Stuhlbücher, in denen jeder Platz in der Kirche zu einer bestimmten jährlichen Abgabe angesetzt war. Dies Geld sollte nicht durch die Kirchenvorsteher eingesammelt werden, sondern jeder sollte seinen übernommenen Beitrag an einem bestimmten Tage in der Kirchenstube bezahlen. Dies sollte nach Bekanntmachung von der Kanzel am 24. und 27. August geschehen. Allein nur wenige kamen. Eine neue Aufforderung von der Kanzel im September half auch nichts. Auf Verlangen des Convents wiederholte Pastor Razzlus 27. Nov. die Aufforderung

zum dritten Mal. Er sagte bei dieser Gelegenheit, „daß es ihm sehr empfindlich falle, dergleichen Erinnerungen so öfters öffentlich zu thun, ja um so viel mehr höchst sensible sei, als zu vermuthen stünde, daß ein und anderes Glied von der Gemeine sich nicht entblöden möchte, sie, Geistliche, als öffentliche Bettler anzugeben und auszuschreien." Eben so vergeblich als die Aufforderungen von der Kanzel war ein Anschlag des Convents an die Kirchenthüren. So war denn August 1738 kaum Geld genug in der Kirchencasse, um den Gehalt der Prediger zu zahlen. Da die schlechte Zahlung größtentheils von der Art der Erhebung herrührte, so mußten die Kirchenvorsteher sich entschließen, das Contingent wieder durch persönliches Herumgehen bei den einzelnen Gemeindemitgliedern einzusammeln. Zur Zeit Büschings brachte es bedeutende Summen ein, da weder er noch auf seinen Antrieb der Graf Münnich irgend eine Gelegenheit vorübergehen ließen, zum Besten der Kirche und Schule zu collectiren. Je größer aber die Gemeinde wurde und je mehr die Stadt sich ausdehnte, desto mehr häuften sich die Schwierigkeiten des Einsammelns. Die Kirchenvorsteher mußten Monate lang in der rauhesten Jahreszeit gleich nach Neujahr herumfahren, um diesen Beitrag, den man seit der Mitte des 18ten Jahrhunderts Collecte nannte, für die Kirche einzufordern. Der Hofrath Abelung hatte schon 1806 darüber gesprochen, eine andere Art der Erhebung möglich zu machen. Am Ende des Jahres 1811 entschloß sich der Kirchenrath zu folgender, 1. Jan. von der Kanzel zu verlesender und gedruckt an die Gemeinde zu vertheilender Erklärung: „Da die diesjährigen Umgänge der Herren Kirchenvorsteher zur Einsammlung der milden Beiträge mit für diesmal unüberwindlichen Unbequemlichkeiten verbunden sind, so läßt der Kirchenrath hiemit an alle, die bisher so wohlthätig zu der Collecte beigetragen haben, die Bitte ergehen, daß ein jeder innerhalb der ersten Wochen des neuen Jahres an jedem beliebigen Sonntage seinen gewöhnlichen Beitrag nach Endigung des Gottesdienstes in dem am Eingang der St. Petri-Kirche rechter Hand befindlichen Convents-Zimmer abgeben oder einschicken möge.

„Da es allgemein bekannt ist, daß unsere Kirche und Schule ihre Stiftung und Erhaltung nur der Wohlthätigkeit und dem echt christlichen Sinne unserer Voreltern verdanken, so dürfen wir mit Recht die Herzen aller Mitglieder unserer Gemeinde, die so oft an diese heil. Stätte Nahrung und Stärkung für ihre Seelen, Kraft zur Tugend und Trost in den Leiden und Widerwärtigkeiten dieses Lebens erhielten, zu gleichen wohlthätigen Gesinnungen auffordern und erwarten, daß sie das, was unsere guten Vorfahren zur Ehre Gottes und zum Segen der Gemeindeglieder und ihrer Kinder mit Mühe und Anstrengung stifteten, auch unaufgefordert mit Treue und Gewissenhaftigkeit durch kräftige Beiträge zu erhalten suchen werden."

Der Erfolg war ein so schlechter, daß die Kirchenvorsteher sich schon nach einem Jahre wieder zum Herumfahren entschlossen. Noch einmal versuchte man es 1816 mit der 1812 befolgten Art des Einsammelns. Einige Jahre ging es auch recht gut; die am 22. März 1816 beendigte Collecte für das Jahr 1815 brachte sogar 3491 R. ein. Nach einigen Jahren aber ward der Ausfall so stark, daß man sich wieder zum Einsammeln entschloß. Jetzt wird theils für die Kirche, theils für das Waisenhaus, theils für die Armen collectirt, und zwar von den Mitgliedern des Kirchenraths selbst oder von den Kirchendienern. Im J. 1861 brachte die Collecte für die Kirche bei der Kaufmannschaft 139. 50 R. S., für das Waisenhaus bei der Gemeinde 338. 80 R. S., bei der Kaufmannschaft 274 R., für die Armen bei der Kaufmannschaft 285 R. ein. Außerdem nahm die Kirche für Kirchenbänke und Guerldons 366. 43. R. S. ein.

4) die Schiffsgelder. Das ganze 17. Jahrh. ging der größte Theil des russ. Handels über Archangel. Viele ausländische Kaufleute ließen sich an diesem Orte nieder, der dadurch zu einer blühenden Stadt wurde. Einen noch größern Aufschwung erhielt die Schifffahrt in den ersten Jahren des 18. Jahrh., weils damals wegen des nordischen Krieges der Verkehr mit Narwa und Nyenschanz völlig aufhörte. Während 1693 nur 49 fremde Schiffe den Hafen von Archangel besuchten, liefen 1708 nicht weniger als 206 ausländische Schiffe in denselben ein[1]). Um die Ansiedlung der Ausländer und damit das Aufblühen des Handels zu befördern, hatte die Regierung denselben schon zur Zeit des Zaaren Joann Grosny völlige Religionsfreiheit gewährt. Die erste ausländische Kirche, welche dort stand, war eine reformirte, von der schon Kilburger 1674 spricht. Bald darauf wurde, wahrscheinlich 1686, auch eine lutherische Kirche gebaut, welche, weil die dortigen Lutheraner meist Hamburger waren und ihre Prediger aus ihrer Vaterstadt beriefen, auch im Sommer zum Zeichen, daß die Kirche angehen solle, die hamburger Flagge an einer hohen

---

[1]) Busse Journal von Rußland 1793. Bd. 1. p. 304 giebt die Liste der 1683—1718 in den Hafen von Archangel eingelaufenen fremden Schiffe.

Stange auf dem Kirchenhofe aufzogen, im Munde des Volkes die hamburger Kirche hieß. Daneben hatten auch die Engländer ein Bethaus. Die Kaufleute theilten sich in die englische und in die deutsche Factorei, zu welcher letztern die Holländer, Hamburger, Bremer, Norweger und andern Protestanten gehörten. Alle ausländischen Kaufleute hatten unter sich die Vereinbarung getroffen, daß jedes fremde Schiff, welches in den Hafen einliefe, an das Comtoir, an welches es adressirt war, 5 R. zur Unterhaltung der Kirche, Prediger und Kirchenbediente bezahlen mußte. Am Ende des Jahres zahlten die Kaufleute dies Schiffsgeld an ihre Kirchen aus, die englischen an ihre Kapelle, die reformirten an die reformirte, die lutherischen an die lutherische Kirche.

Es war der sehnlichste Wunsch Peters d. Gr., seine neu erbaute Residenz zum Mittelpunkt des russ. Seehandels zu machen. Doch ward es ihm sehr schwer, den Handel von seiner gewohnten Bahn, die über Archangel ging, wegzulenken, selbst als die russ. Flotte in den letzten Jahren des nordischen Krieges eine solche Uebermacht erlangt hatte, daß die Schweden nicht mehr im Stande waren, die Schifffahrt auf dem finnischen Meerbusen zu hindern. Als es nichts half, daß er den Zoll für alle Waaren, welche über St. Petersburg gingen, herabsetzte, verbot er 1722 geradezu den Transport aller Waaren nach Archangel, welche nicht im Umfange dieses Gouvernements erzeugt seien. Nun verließen die meisten fremden Kaufleute Archangel und zogen nach St. Petersburg. Dennoch ging es mit dem Aufblühen des Handels und der Schifffahrt langsam. Im J. 1736 liefen erst 100, im J. 1737 nur 117 Schiffe in Kronstadt ein. Nach 1750 hob sich die Zahl bis über 200, nach 1760 bis über 300 Schiffe. Im Jahre 1762 liefen in Kronstadt 387, in Riga 957, in Reval 223, in Narwa 112, in Archangel 42 Seeschiffe ein. Im J. 1749 hatten die in St. Petersburg eingeführten Waaren einen Werth von 2,943,000 R., die ausgeführten von 3,185,000 R.[1]

Nach dem Vorgange Archangels führten auch in St. Petersburg die fremden Kaufleute die Schiffsgelder zum Unterhalt ihrer Kirchen ein. Der Vice-Admiral Cruys bestimmte die Art der Vertheilung. Die englischen Comtoirs zahlten an ihre Kapelle. Was von den übrigen protestantischen Comtoirs einkam, ward zur Hälfte der holländisch-reformirten, zur Hälfte der evangelisch-lutherischen Gemeinde auf der

---

[1] Büsch. Magaz. IV. 342.

Admiralitätsinsel gegeben, so lange beide gemeinschaftlich sich der Kirche auf dem Hofe des Vice-Admirals Cruys bedienten. Nach der Trennung zahlten die reformirten Comtoirs an die holländisch-reformirte, die lutherischen an die neue St. Peterskirche. Im Jahr 1737 gab es hieselbst 18 lutherische und 5 reformirte Comtoirs, an welche Schiffe kamen. Die Schiffsgelder wurden gewöhnlich zugleich mit dem Contingent durch die Kirchenvorsteher eingesammelt. Diese Abgabe beruhte auf keinem Gesetz, sondern auf der freiwilligen Abgabe der Kaufleute. Daher entzog sich auch mancher derselben. Der Kirchenälteste Stelling klagte, daß 1756 von 121 Schiffen, welche die Abgabe an unsere Kirche hätten zahlen sollen, nur 55 dieselbe wirklich entrichtet hätten. Das erste Schiffsgeld ward von unserer Kirche 1723 für die beiden Jahre 1722 und 1723 eingesammelt und betrug 167. 50 R. Im J. 1725 war es auf 222. 50 R. gestiegen, dagegen sank es 1727 wieder auf 100 R.

Im J. 1736 und 1737 machte der deutsche Kaufmann Brunnberg ein großes Holzgeschäft in Balken und Planken nach Holland. Viele holländische Schiffe kamen hieher, um das Holz abzuholen. Daher gab der holländische Resident hieselbst, um seiner Kirche einen größern Vortheil zuzuwenden, 1737 den Befehl, daß künftighin die holländischen Schiffer reformirter Religion ihre Schiffsgelder an die holländisch-reformirte Kirche bezahlen sollten, ohne Rücksicht, an welches Comtoir sie adressirt seien. Ungeachtet aller Mühe, welche unser Kirchenconvent sich gab, diese Neuerung rückgängig zu machen, blieb sie doch, da die Staaten von Holland 1738 den Befehl ihres Residenten bestätigten.

Bald darauf drohte unserer Kirche wiederum ein großer Verlust in den Schiffsgeldern. Um die Mitte des 18. Jahrh. machte das Haus Kremplen und Eschenbach das größte Import- und Exportgeschäft hieselbst. Im J. 1748 kamen 28, 1749 sogar 40, 1750 nur 24, 1751 wieder 32 Schiffe an ihre Adresse, durchschnittlich in 4 Jahren ein Zehntheil aller in Kronstadt einlaufenden Schiffe. Diese Kaufleute wohnten auf Wassily Ostrow und hielten sich zur dortigen evangelisch-lutherischen Kirche. Bei Einsammlung der Schiffsgelder für 1744 weigerten sie sich, diese Abgabe der Petri-Kirche zu bezahlen, und suchten dieselbe unter verschiedenen Vorwänden ihrer Pfarrkirche zuzuwenden. Auf den Antrag der Aeltesten und Vorsteher der Petri-Kirche versammelten sich die Kaufleute der deutschen und holländischen Gemeinde 1. Mai 1745 und gelobten als Männer von Wort und Ehre folgende Artikel zu halten: „Artikel 9. Ein jedes

Schiff von ausländischen Nationen, die englischen ausgenommen, es sei ein großes oder kleines Schiff, soll zum Unterhalt der Kirchen und Kirchenbedienten für jede Reise, in welcher es in Kronstadt oder hier ankommt, beim Ausgehen in die See 5 R. bezahlen und zwar an den Spediteur daselbst. Der Spediteur soll seinem Schiff seinen Paß zum Auslaufen geben, ehe diese 5 R. Kirchengelder bezahlt sind. Dieses Geld soll der Spediteur an die Aeltesten und Vorsteher der Kirchen bezahlen und zwar von allen Schiffen, die unter der holländischen Flagge kommen, an die holländisch-reformirte Kirche, von allen übrigen (die russischen, englischen und französischen ausgenommen) an die Petri-Kirche." Die Urkunde ist in holländischer Sprache abgefaßt und von 49 Kaufleuten unterschrieben, unter denen auch Krempien und Eschenbach sind. Dessen ungeachtet bezahlten sie die Schiffsgelder nicht, unter dem Vorwande, die Besatzungen der an sie adressirten Schiffe besuchten die lutherische Kirche auf Wassily Ostrow. Daher kamen 8. Jun. 1748 die Kaufleute der deutschen und holländischen Gemeinde nochmals zusammen und beschlossen: „Weil die meisten Rostocker und auch einige andere Schiffer unwillig sind wegen des Kirchengeldes von 5 R., welches sie von jedem Schiffe an die Petri-Kirche zu bezahlen haben, hat man beschlossen, um solchem zuvorzukommen, nur in solchen Schiffen zu verladen, welche das Kirchengeld laut Quittung bezahlt haben." Diese gleichfalls in holländischer Sprache abgefaßte Urkunde ist von 28 Kaufleuten unterschrieben. Obgleich sich wiederum Krempien und Eschenbach unter diesen befinden, weigerten sie sich dennoch, die Schiffsgelder zu zahlen. Ja sie brachten sogar in einer von nur wenigen Kaufleuten besuchten Versammlung der deutschen und holländischen Gemeinde 23. Jun. 1740 einige andere Kaufleute auf ihre Seite und erwirkten folgenden Beschluß: „daß sowohl für das abgelaufene Jahr 1748 als alle nachfolgende Jahre die Kirchengelder derer an ihre Adresse kommenden Schiffe, zu wissen 5 R. von jedem Schiffe, die eine Hälfte an die Wassily Ostrowsche als ein Gratial und die andere Hälfte an die Petri-Kirche abgetragen und bezahlt werden solle." Das in deutscher Sprache abgefaßte Document ist von 13 Kaufleuten unterschrieben. Durch diesen Erfolg ermuthigt, machte die protestantische Kirche auf Wassily Ostrow 1751 geradezu auf die Hälfte aller Schiffsgelder Anspruch. Der Convent der Petri-Kirche widerlegte die Gründe, welche für eine solche Forderung aufgestellt wurden und überließ die Entscheidung des Streites der Versammlung der ausländischen Kaufleute. Am 16. Dec. 1751 theilte der Kirchenälteste Stelling dem Convente mit¹), „daß durch Vermittelung der Herrn Bürgermeister ausländischer Kaufleute Gemeinden der mit den Herrn Kremplen und Eschenbach wegen der Schiffsgelder bis anhero gewesene Streit dahin regulirt und abgemacht worden, daß von nun an von allen an die St. Petri-Kirche von Alters her allein gehörenden Schiffsgeldern aus Gefälligkeit und Liebe gegen die Glaubensbrüder ⸸ an die Kirche auf Wassily Ostrow jährlich verabfolget und bezahlet werden möchte. So viel Schiffsgelder aber die Herren Kremplen und Eschenbach (dieses Jahr incl.) eigenmächtig zurückbehalten, darüber sind sie gehalten, zu liquidiren und an diese Kirche allein zu bezahlen."

Am 25. Jan. wandte sich der schwedische Prediger Hougberg im Namen seiner Gemeinde an den hiesigen schwedischen Gesandten, Baron Posse, und bat denselben bei der schwedischen Regierung zu vermitteln, daß die hierher kommenden schwedischen, dänischen und norwegischen Schiffe ihre Schiffsgelder, welche sie bis dahin der Petri-Kirche bezahlt hätten, von nun an der schwedischen Kirche entrichteten, weil die Mannschaften der Schiffe aller drei Nationen diese Kirche besuchten. Der schwedische Gesandte berichtete über diese Bittschrift nach Stockholm und erhielt von da die Weisung, sich deßwegen an das Kais. Reichs-Collegium in St. Petersburg zu wenden. Dieses übertrug die Sache dem Justizcollegium. Unser Kirchenconvent verzichtete freiwillig auf die Abgabe von den schwedischen Schiffen, welche seitdem die schwedische Kirche bezieht.

In Verhältniß zu der früheren Zeit ist das Schiffsgeld zu einer unbedeutenden Einnahme herabgesunken, besonders da es jetzt zu gleichen Theilen unter die Petri-, Annen-, Catharinen- und deutsch- und französisch-reformirte Kirche getheilt wird. Der Antheil unserer Kirche betrug 1860 die Summe von 339. 73 R. S.

5) die Miethgelder. Es finden sich solche schon aus der ersten Zeit, seitdem auf dem jetzigen Kirchenplatz hölzerne Häuser erbaut wurden. Sie sind damals aber höchst unbedeutend, da man ein Zimmer mit Einrichtung zum Kochen gewöhnlich für 1½ bis 2 R. monatlich vermiethete und überhaupt auch nur wenige solcher Wohnungen vorhanden waren. Seit Erbauung der ersten steinernen Häuser an der Perspective sind sie immer bedeutender geworden, theils weil

---

¹) Weber Jungblut seine p. 95 mitgetheilte Nachricht hat, daß die Schiffsgelder getheilt werden sollten, weiß ich nicht; actenmäßig ist sie nicht.

man Wohnungen zum Vermiethen errichtet hatte, theils weil die Miethen selbst sich mit der Zeit steigerten. Im Jahre 1755 betrugen die sämmtlichen Miethgelder 1170 R. Erst seit Errichtung der jetzigen Häuser wurden die Miethgelder die Haupteinnahme der Kirche. Im Jahre 1866 betrugen dieselben 63,979. 86 R. S. bei einer Gesammteinnahme von 86,586. 50 R. S., wobei aber ein Saldo des vorhergehenden Jahres von 1029. 65 R. S., ein Darlehnconto von 3500 R., ein zufällig sehr hoher Saldo der Schule von 3839. 03 R. S., welche Höhe derselbe wohl nur in sehr seltenen Fällen wieder erreichen wird, und 7000 R. Legate hineingerechnet sind. Die Einnahmen würden sich noch bedeutend höher herausstellen, wenn die Gemeinde nicht eine Anzahl von Gebäuden besäße, welche sie auf ihre Kosten errichtet hat, von denen sie aber nicht bloß keine Einnahmen bezieht, sondern deren Unterhalt ihr sogar jährlich noch bedeutende Kosten verursacht. Dahin gehören außer der Kirche das Schulhaus, das Waisenhaus, das Haus hinter der Schule und das jetzt ganz von Predigern, Lehrern und Kirchenbeamten eingenommene Ferrari'sche Haus in der großen Stallhofstraße. Durch die Vergrößerung der Schule, durch den letzten großen Bau und durch die Anstellung des dritten Predigers ist die Kirche außerdem genöthigt, dem dritten Prediger, dem Organisten und 5 Lehrern, welche insgesammt Anspruch auf freie Wohnung haben, aber dieselbe in den oben angeführten Häusern entweder gar nicht oder nicht in der entsprechenden Ausdehnung finden, eine jährliche Vergütung von 3500 R. zu geben.

Den so großen Einnahmen unserer Kirche entsprechen eben so bedeutende Ausgaben, welche 1861 die Summe von 86375. 30 R. S. betrugen. Als die wichtigsten Posten derselben erscheinen 1861: Capital-Abzahlung von der Reichsbank-Anleihe 9419. 12 R. S.; Zinsen-Conto 10004. 15 R. S.; Kirchen-Conto 5709. 70 R. S.; Gehalt-Conto 11026. 16 R. S.; Pensions-Conto 455 R.; Pensions-Conto der Schule 4846. 32 R. S.; Oekonomie-Conto, wohin der Unterhalt sämmtlicher Gebäude, die Reinigung der Höfe und Straßen, die Feuerung für die Kirche, die Schule und das Waisenhaus, das Laternengeld, die Unterhaltung der Trottoire und des Straßenpflasters, die Reinigung und Erneuerung der unterirdischen Wasserabzugsröhren und Brunnen gehören, 26,583. 48 R. S. Für die Schule und die Lehrerwohnungen sind in diesem letzten Conto außer dem Brennholze für den Director, die Schule und die Schuldiener

643. 95 R. S., für das Waisenhaus außer dem Brennholze und dem Wasser 111. 40 R. S. angesetzt.

Bei diesem Verhältniß der Einnahme zur Ausgabe kann jeder ermessen, wie viel Wahres an dem Gerede vom großen Reichthum unserer Kirche ist. Die Ausgaben lassen sich nicht beschränken, sie wachsen im Gegentheil von Jahr zu Jahr. Die Schulden müssen getilgt, die Zinsen berichtigt, die Gehalte bezahlt, die Gebäude unterhalten, die Unkosten für den Gottesdienst geleistet werden. Wo soll man Ersparnisse machen, etwa an der Schule, an den Waisenhäusern, bei den Armen? Das wird kein Vernünftiger billigen. Daher mußte man die Einkünfte erhöhen und das ließ sich nur durch Steigerung der Miethen bewirken. Keine Parteilichkeit zeigte sich bei dieser Maßregel. Das Mitglied des Kirchenraths, der Lehrer der Schule mußte sich derselben eben so gut unterwerfen, wie der unserer Kirche und Gemeinde ganz Fremde. Der Beweis dafür, daß nichts Unbilliges verlangt wurde, liegt darin, daß kein Miether seine Wohnung wegen Steigerung des Preises aufgab.

Nach 33jährigem Dienst bat der Consistorialrath Dr. Hamelmann wegen Kränklichkeit und Abnahme seiner Kräfte den Kirchenrath 18. Oft. 1833 um seinen Abschied. Die Bitte, ihm seinen Gehalt von 4500 R. B. (1285. 72 R. S.), denn bis so weit war der Gehalt der Prediger nach und nach erhöht, und die 2000 R. B., welche er nach zwanzigjährigem Dienst als Zulage erhalten hatte, als Pension bis an seinen Tod zu lassen, wurde ihm vom Kirchenrath und der 6. Nov. gehaltenen ersten Gemeindeversammlung bewilligt. Nachdem auch das Consistorium seine Entlassung bestätigt hatte, legte er sein Amt nieder und hielt am Sonntag nach Ostern 1834 seine Abschiedspredigt. Er starb 1845. Am 28. Mai 1834 ward Pastor Ernst in Narwa zu seinem Nachfolger gewählt. Allein gegen diese Wahl erhoben sowohl einzelne Gemeindemitglieder, besonders aus dem Stande des Adels und der Gewerke, als auch das Consistorium manche Einwendungen, so daß der Kirchenrath, weil auch mehrfach Fehler bei derselben begangen waren, dieselbe für ungültig erklärte. Pastor Ernst trat von der Bewerbung zurück. Nachdem andere Deputirte aus dem Stande der Gewerke gewählt waren, da die Wahl der früheren angefochten wurde, ward Pastor Taubenheim aus Riga 15. Oft. 1834 zum Prediger an unserer Kirche erwählt. Gustav Reinhold Taubenheim ist in Esthland geboren und hat in Dorpat studirt.

Im Frühjahr 1839 bat auch der Pastor Dr. Volborth, Vice-

Präsident des General-Consistoriums, wegen seines zunehmenden Asthma's um seinen Abschied. Er erhielt dieselbe Pension, welche dem Pastor Hamelmann gegeben war. Er starb August 1840. Am 10. Dec. 1839 ward Dr. Frommann, Professor der Theologie in Jena, welcher der Gemeinde durch einige Predigten bekannt war, zu seinem Nachfolger erwählt. Da Pastor Frommann ein Ausländer war, mußte seine Wahl vom Minister der innern Angelegenheiten bestätigt werden, was 17. Febr. 1840 geschah. Georg Carl Ludwig Gottlieb Frommann ist im Herzogthum Coburg geboren und hat in Jena, Bonn und Berlin studirt.

Ein großes Verdienst haben sich diese beiden Prediger um die Gemeinde dadurch erworben, daß sie 1843 durch Stiftung des Vereins zur Unterstützung der Armen in der St. Petri-Gemeinde die Armenpflege nach festen Grundsätzen einrichteten. Der Verein ward 1844 obrigkeitlich bestätigt. Er bestand aus den beiden Predigern; einem Secretär, einem Cassirer und 8 Damen, welche die Beaufsichtigung der Armen übernahmen. Dazu kamen später noch die Armenpfleger. Der Kirchenrath ging von Anfang an sehr genau auf die Vorschläge des Vereins ein, ließ die beiden Mitglieder, welche bisher die Vertheilung des Armengeldes besorgt hatten, an den Versammlungen desselben Theil nehmen und zahlte einen mit der Zeit sich vergrößernden Beitrag, bis er seit dem vorigen Jahre die Leitung des ganzen Armenwesens und den Ertrag der Collecten an der Kirchenthür und bei sämmtlichen häuslichen Amtshandlungen dem Verein übergeben hat. Die Mittel, über welche der Verein verfügt, kommen außer der Unterstützung von Seiten der Kirche durch freiwillige Beiträge zusammen. Mit Hülfe des Kirchenraths hat der Verein ein Haus angekauft, in welchem er gegenwärtig 37 alte Frauen unterhält. Außerdem hat er ein Asyl angelegt, in welchem sich 15 Knaben befinden. Die Statuten des Vereins sind 1849 Allerhöchst bestätigt.

Nach vielen Verhandlungen theils mit der geistlichen Behörde, theils im Kirchenrath selbst wurde 1846 folgendes Pensionsreglement für die Prediger unserer Kirche und deren Wittwen und Waisen angenommen. Wenn ein Prediger wegen Krankheit, Schwäche oder Alter sein Amt nicht mehr verwalten kann, so hat er bei einer Dienstzeit von weniger als 15 Jahren Anspruch auf ⅔ seines Gehalts, für eine Dienstzeit von 15 Jahren und darüber auf seinen vollen Gehalt als Pension. Nach 25jähriger Dienstzeit hat jeder

Prediger, auch wenn er noch kräftig zur Fortsetzung seines Amtes
wäre, das Recht, seine Entlassung zu fordern und für den Rest seines Lebens seinen Gehalt als Pension zu beziehen. Die nachgelassene Wittwe und die Kinder eines verstorbenen Predigers haben Anspruch auf Pension und zwar bei einem Dienst von weniger als
5 Jahren auf 100 R., bei einem Dienst von mehr als 5 Jahren
auf 200 R., bei einem Dienst von mehr als 10 Jahren auf 300 R.,
bei einem Dienst von mehr als 15 Jahren auf 500 R., bei einem
Dienst von mehr als 20 Jahren auf die Hälfte des Gehalts und
bei einem Dienst von 25 Jahren auf den ganzen Gehalt. Die Pension beginnt mit dem Tage, an welchem nach § 227 des Kirchengesetzes das Trauerjahr abgelaufen ist. Die Wittwe genießt die Pension bis an ihren Tod oder bis zu ihrer Wiederverheirathung. Die
Kinder genießen die Pension bis zu ihrer Volljährigkeit oder bis zum
Eintritt in eine Anstalt, wo sie auf Kosten der Krone erzogen werden. Bei Töchtern erlischt die Pension, auch wenn sie noch nicht
volljährig sind, mit ihrer Verheirathung. Wenn eine Wittwe mit
Kindern im Genuß der Pension concurrirt und eine Theilung der
Pension nöthig wird, gehört die eine Hälfte der Pension der
Wittwe, die andere dem Kinde oder den Kindern, jedem der letztern
aber zu gleichen Theilen.

Die Arbeiten unserer beiden Prediger waren nicht gering. Abwechselnd hielten sie jeden Sonntag und an den drei hohen Kirchenfesten, welche im 18. Jahrh. 3 Tage gefeiert wurden, so wie an
den übrigen Kirchenfesten die Vormittags- und die Nachmittagspre-
digt. Ob an den der protestantischen Kirche eigenthümlichen Festen
z. B. am Reformationsfeste auch am Nachmittag Gottesdienst gehalten wurde, ist aus den Acten nicht ersichtlich. Wer die Vormittagspredigt am Sonntag gehalten hatte, mußte auch die Wochenpredigt,
anfangs am Donnerstag, später am Mittwoch verrichten, doch fiel
dieselbe aus, wenn in der Woche irgend ein anderer Festtag gefeiert
wurde.

Am schwächsten besucht waren die Wochenpredigten, weshalb
man sie auch während der Vacanz einer Predigerstelle gewöhnlich
ausfallen ließ. Während der häufigen und langen Vacanzen nach
Büschings Abgang kamen sie gänzlich in Verfall, was sich besonders
in den Sommermonaten sehr bemerklich machte. Da am Ende in
dieser Zeit die Zuhörer ganz ausblieben, wurden sie auf die Winter-
monate beschränkt. Aber auch während des Winters wurden der

Zuhörer immer weniger, so daß man sich am Ende des 18. Jahrh., (das Jahr läßt sich nicht so genau angeben), genöthigt sah, nur noch in der Fastenzeit Wochengottesdienst zu halten. So ist es schon in der Vocation des Pastors Hamelmann 1801 angegeben, und so ist es bis auf den heutigen Tag geblieben.

Seit dem Ende des 18. Jahrh. klagte man in allen Gemeinden, daß die Theilnahme am Nachmittagsgottesdienste von Jahr zu Jahr schwächer werde. Am wenigsten soll dies noch in unserer Gemeinde bemerkt worden sein. Seit dem Anfang unseres Jahrh. wurden die Nachmittagspredigten auch in unserer Kirche nur noch sehr schwach besucht, und obgleich von ihnen in der Vocation des Pastors Hamelmann noch als von regelmäßigen Predigten die Rede ist, scheinen sie doch einige Jahre später nach und nach aus Mangel an Zuhörern aufgehört zu haben, ohne förmlich abgeschafft zu sein. Nach einem Bericht an das Justizcollegium wurden 1806 Nachmittagspredigten nur noch an den 3 großen Kirchenfesten gehalten und sie waren nicht Sache unserer Prediger, sondern für dieselben war der Pastor Hirschfeld vom Cadettencorps als Hülfsprediger mit einem Gehalt von 100 R. angestellt. Bei Auszahlung der Gagen kommt Pastor Hirschfeld bis 1821 vor. In diesem Jahre machte der Kirchenrath einen Versuch, die Nachmittagspredigten wenigstens im Winter wiederherzustellen. Am 21. Dec. befahl er, daß sie am nächsten Sonntag um 2 Uhr beginnen und von unsern beiden Predigern abwechselnd gehalten werden sollten. Sie dauerten eine Zeitlang, dann aber gingen sie aus Mangel an Zuhörern wieder ein.

Am 4. Febr. 1737 hatte der Kirchenconvent beschlossen, die Festtage der Kais. Familie durch Gottesdienst am Vormittage zu feiern. Anfangs ward auf solche Weise nur der Geburtstag, der Thronbesteigungs- und Krönungstag der Kaiserin Anna feierlich begangen. Später ward die Zahl dieser Tage sehr ausgedehnt, indem noch der Namenstag hinzukam und man nicht allein diese Festtage des regierenden Kais. Paars beging, sondern auch die Geburts- und Namenstage der etwa lebenden Kaiserin Mutter und aller Großfürsten und Großfürstinnen hinzuzog. So wuchs die Zahl dieser Feiertage besonders am Ende des 18. Jahrh. ungemein. Deshalb ward sie in späterer Zeit auf den Thronbesteigungs- und Krönungstag, auf die Geburts- und Namenstage des Kaisers, der Kaiserin, der Kaiserin Mutter und des Thronfolgers beschränkt.

Das sogenannte Zeitalter der Aufklärung richtete seine Aufmerksamtsell unter anderm auch auf die vielen Feiertage, in denen es nicht ein Mittel zur Erbauung der Gemeinden sah, sondern vielmehr eine Beförderung des Müßiggangs und ein Hinderniß für den fleißigen Arbeiter erblickte. Daher wurden sowohl in protestantischen als in katholischen Ländern, in denen die Regierungen diesen Grundsätzen huldigten, viele Feiertage aufgehoben. Dies geschah auch in Schweden und Finnland durch die Verordnung vom 4. Nov. 1772. Auf den Antrag des Gen. Maj. von Engelhardt, Gouverneurs von Wiburg, und des dortigen Consistoriums führte das Justizcollegium die Bestimmungen dieses Gesetzes auch im russischen Finnland und in den protestantischen Kirchen Ingermannlands und St. Petersburgs ein. Die wenigsten der durch dieses Gesetz aufgehobenen Festtage wurden von den Protestanten St. Petersburgs gefeiert, doch wurden hierdurch auch bei uns der 3. Tag an den 3 großen Kirchenfesten und der Michaelistag von der Zahl der bei uns kirchlich zu feiernden Tage gestrichen. Vergebens protestirte der Convent gegen dieses Gesetz, weil er in demselben einen Eingriff in die Rechte unserer Kirche zu sehen glaubte.

So also hatte jeder Prediger unserer Kirche in 2 Wochen regelmäßig 3 Predigten zu halten. Dazu kamen die Katechisationen in der Kirche, welche bis zum Jahr 1762 regelmäßig gehalten wurden. Seitdem der Religionsunterricht in diesem Jahr durch Eröffnung der neuen Schule bedeutend verbessert war, wurden öffentliche Katechisationen nur noch mit den Confirmanden kurz vor Ostern gehalten. Auch diese hörten allmälig mit dem Ende des 18. Jahrh. auf, und die Versuche, dieselben wiederherzustellen, gaben kein erwünschtes Resultat. Weit mehr aber noch als durch die Predigten und Katechisationen wurde die Zeit der Prediger durch die vielen Amtshandlungen in der weitläuftigen Stadt in Anspruch genommen. Klagte schon Pastor Büsching, welcher nur den kleineren Theil der Gemeinde zu seinen Beichtkindern zählte, bei einer Stärke der ganzen Gemeinde von etwa 3500 Seelen über die viele Zeit, welche durch diese Amtshandlungen in Anspruch genommen wurde, was sollten dann die Prediger am Ende des Jahrhunderts sagen, wo die Gemeinde auf 7—8000 Seelen angewachsen war, oder die Prediger im Anfang des 19. Jahrh., als man 1810 die Petrigemeinde auf 10,000 Seelen schätzte. Zeit und Kräfte der beiden Prediger würden schwerlich ausgereicht haben, wenn nicht in anderer Weise eine

Erleichterung durch die oben erzählte Abnahme der regelmäßigen Predigten eingetreten wäre.

Schon früher war der Convent auf eine Hülfe, besonders bei einer Krankheit oder dem Tode eines Predigers, bedacht gewesen. Dies war um so nothwendiger, da sich in der ersten Zeit fast gar keine Candidaten der Theologie hieselbst aufhielten. Erst Büsching zog dieselben durch Erweiterung der Schule hieher. Deßhalb legte der Kirchenconvent seit der Berufung Bosse's aus Halle 1726 allen Cantoren unserer Kirche bis zum Abgange Schleußner's 1781 die Verpflichtung auf, im Nothfalle zu predigen¹). Diese Cantoren waren keine Candidaten, sondern entweder Theologen, welche kein Examen gemacht, oder auch Lehrer, welche durch den Besuch eines Gymnasiums sich etwas größere Kenntnisse als die gewöhnlichen Seminaristen, besonders in der lateinischen Sprache, erworben hatten. Wenn sie zum Predigen verpflichtet waren, so ist auch wohl nicht von dem Halten eigner Predigten, sondern vom ordentlichen Vortrag einer gedruckten Predigt die Rede. Und doch ging wenigstens einer von ihnen, der Cantor Schleußner, als Prediger ins Innere. Nach dem Abgange des Cantors Schleußner ging die Verpflichtung, im Nothfalle zu predigen, auf die Religionslehrer unserer Schule über, welche dafür 100 R. jährlich aus der Kirchencasse erhielten. Sie waren examinirte Candidaten. Ihre Hülfe ward auch nicht selten für die Nachmittagspredigten in Anspruch genommen, z. B. der Lehrer Gruber mußte dieselben für die ganze Zeit nach dem Tode des Pastors Herold übernehmen. Im Jahr 1794 beschwerte sich der Religionslehrer Sievers, daß ihm gar zu häufig Nachmittagspredigten auferlegt würden, er berechnet, daß er in dem genannten Jahr deren 30 habe halten müssen. Diese Verpflichtung des Religionslehrers, Hülfsprediger zu sein, hörte mit der Anstellung des Lehrers Tappe 1810 auf.

Während die Hülfe des Cantors und des Religionslehrers nur im Falle der Noth gefordert wurde, dachte man zuerst 1766 an eine regelmäßige Unterstützung der geistlichen Kräfte an unserer Kirche

---

¹) Ein merkwürdiges Beispiel, wohin zuweilen Documente kommen, liefert die Vocation Bosse's. Das St. Petersburgische Consistorium schickte dieselbe 6. Dec. 1848 unserm Kirchenrath mit der Anfrage zu, ob Bosse nicht auch Prediger bei der Petrikirche gewesen oder sonst ein geistliches Amt bei derselben versehen habe, weil in der Vocation die Verpflichtung zum Predigen angeführt sei. Der Kirchenrath berichtete, daß das Archiv darüber nichts enthalte, das Document aber unzweifelhaft echt sei.

durch Berufung eines dritten Predigers in der Person des Professors Lindner. Die Bedingungen, unter denen er angestellt werden sollte, sind oben mitgetheilt¹). Ein ähnlicher Gedanke, die dritte Predigerstelle mit der Schule zu verbinden, lag dem Vorschlage des Directoriums vom 4. Oct. 1854 zum Grunde, welchen dasselbe auf den schon 1852 geäußerten Wunsch des Patrons der Kirche, Sr. Kaiſ. Hoheit des Prinzen von Oldenburg, machte, daß der Religionsunterricht an der Schule einem ordinirten Geistlichen, namentlich einem für die St. Petri-Gemeinde zu berufenden dritten Prediger übertragen werden möchte. Nach beiden Plänen, sowohl dem von 1766 als dem von 1854, sollte der dritte Prediger, um einen Theil seiner Zeit der Schule zu bewahren, keine Gemeinde haben, sondern nur zum Predigen verpflichtet sein, weshalb man ihn durch einen erhöhten Gehalt entschädigen müsse. Dieser Kostenpunkt war es auch, an welchem beide Male der Plan scheiterte.

Die erste Andeutung, einen dritten Prediger allein für die Kirche und ohne Verbindung mit der Schule anzustellen, findet sich 26. Febr. 1840, als der Wirkl. Staatsr. von Lerche bei der Anstellung des Pastor's Frommann und dem Aufhören des Alternirens der beiden Prediger im Kirchenrath darauf hinwies, daß es billig sei, bei entsprechender Vergrößerung der Gemeinde einen dritten Prediger anzustellen. Bei beiden Kirchenvisitationen 1844 und 1852 sprach die kirchliche Behörde gleichfalls den Wunsch nach einer Vermehrung des Gottesdienstes in einer so großen Gemeinde aus und die Prediger hatten ihr vollkommen beigepflichtet. Daß ein solches Bedürfniß wirklich vorhanden sei, bewies der starke Besuch des von Pastor Frommann am Dienstag Abend gehaltenen Wochengottesdienstes. Rücksicht auf die Geldverhältnisse der Kirche erlaubten dem Kirchenrath damals noch nicht, auf jene Vorschläge einzugehen. Am 6. Aug. 1857 machten die ordentlichen Deputirten der Gemeinde einstimmig eine Eingabe beim Kirchenrath, in welcher sie die Ansicht aussprachen, „daß wenn die Erfüllung der Berufspflichten bei der zahlreichen St. Petrigemeinde²) schon an und für sich die Kräfte zweier Prediger beinahe übersteige, die Last besonders zu schwer werde, wenn Krankheit einen oder gar beide, wie solches in den letzten Jahren der Fall gewesen, heimsuche." Daher schlugen sie

---
¹) S. 191.
²) Man schätzte dieselbe 1857 auf 13—17,000 Seelen.

die Anstellung eines dritten Predigers vor und baten im Namen eines großen Theils der Gemeinde bei der Besetzung dieser Stelle auf den Professor, Dr. theol. Adolf Stieren besondere Rücksicht zu nehmen, welcher durch 2 Predigten bereits den Beifall der Gemeinde gewonnen habe. Die beiden Prediger, denen der Vorsitzer des Kirchenraths diese Eingabe zuerst mitgetheilt hatte, erklärten sich mit derselben einverstanden, und „zwar in der Art, daß der dritte Prediger ganz gleiche Rechte und Pflichten mit den beiden älteren Predigern habe und sich, gleich ihnen, seinen Beichtkreis (oder Gemeinde) bilden könne." Am 12. Aug. ward diese Eingabe dem Kirchenrath, zu welchem sowohl die ordentlichen, als die außerordentlichen Deputirten hinzugezogen waren", (der Plenarsitzung des Kirchenraths) vorgelegt. Alle sprachen sich einstimmig für die Errichtung der dritten Predigerstelle aus, wenn die Finanzen der Kirche es erlaubten. In diesem Falle soll „der desfallsige Beschluß, obgleich kein Gesetz dies vorschreibt, der Bestätigung der vollen Gemeinde in einer dazu zu berufenden allgemeinen Versammlung derselben vorgelegt werden." Die Wahl des Predigers selbst aber solle in der gewöhnlichen Weise vom Kirchenrath und den Deputirten geschehen. Am 26. Sept. entschied sich die Plenarsitzung für die Errichtung der dritten Predigerstelle, obgleich sich die Finanzen für das laufende und das folgende Jahr wegen mehrerer starker Ausgaben nicht sehr günstig herausstellten. Da einzelne Stimmen sich erhoben hatten, welche keinen mit den beiden älteren Pastoren gleich berechtigten dritten Prediger, sondern entweder einen Diakonus (Nachmittagsprediger), oder zwei Adjuncten (Hülfsprediger), oder auch einen Oberprediger (Pastor primarius) mit zwei Diakonen angestellt wünschten, so beschloß der Kirchenrath 16. Okt., auf einem gleich berechtigten Prediger zu bestehen. Die Gemeindeversammlung, welche 20. Okt. gehalten wurde, nahm die ihr von dem Vorsitzer, Wirkl. Staatsr. von Lerche, vorgelegte Frage, „ob sie den vom Kirchenrath in Gemeinschaft mit den Deputirten gefaßten Beschluß wegen Anstellung eines dritten, mit den beiden schon bestehenden Pastoren gleiche Rechte und Obliegenheiten habenden, Predigers mit gleicher Besoldung und Wohnung bestätige oder nicht", mit großer Majorität an. Da Se. Kaisl. Hoheit, der Prinz von Oldenburg, als Patron der Kirche die Anstellung des dritten Predigers unter den vom Kirchenrath und der Gemeindeversammlung ausgesprochenen Bedingungen bestätigte, wandte sich der Kirchenrath 29. Okt. 1857 mit einer Unterlegung an das Consistorium, in welcher er den Hergang der Sache erzählt. Sie schließt mit folgenden Worten: „Obwohl nun das Allerhöchst bestätigte Kirchengesetz nicht vorschreibt, daß zur Errichtung der Stelle eines dritten Predigers, — wenn die Gemeinde das Bedürfniß nach einem solchen fühlt, und wenn sie, wie es bei der St. Petri-Gemeinde der Fall ist, aus eignen Mitteln für dessen Besoldung sorgt, — die Genehmigung des Consistorii nachzusuchen sei, so hat der St. Petri-Kirchenrath dennoch geglaubt, um seinem von der Gemeinde bestätigten Beschlusse noch mehr Gesetzlichkeit und Bestand zu geben, ein Hochwürdiges Kais. Consistorium — als die vorgesetzte Behörde sämmtlicher Prediger — um geneigte Bestätigung desselben bitten zu sollen." An demselben Tage bat der Kirchenrath das General-Consistorium um die Erlaubniß, die Summe von 1285. 72 R. S. als Gehalt und 1350 R. als Wohnungsgeld für den dritten Prediger jährlich aus den Mitteln der Kirche zu verausgaben. Am 7. Dec. zeigte das Consistorium dem Kirchenrath an, daß es die von demselben gemachte Vorlage wegen Anstellung eines dritten, gleichberechtigten Predigers mit seinem — wie sich ergab, der Anstellung eines dritten gleichberechtigten Predigers ungünstigen — Gutachten dem General-Consistorium zur Entscheidung vorgestellt habe. Diese erfolgte 18. Febr. 1858 in gleichem Sinne. Unter mehreren vom General-Consistorium gemachten Vorschlägen wegen Anstellung des dritten Predigers wählte die Plenarsitzung des Kirchenraths 5. März denjenigen, daß der dritte Prediger nur Nachmittagsprediger ohne den Namen Diaconus, sonst aber völlig gleichberechtigt mit den beiden andern Predigern sein solle. Darauf hin erfolgte 16. Mai 1858 die Bestätigung der Fundirung der dritten Predigerstelle durch das General-Consistorium.

Zur Besetzung der dritten Predigerstelle schritt die Plenarsitzung 18. Okt. 1858. Bei der Wahl war dem Kirchengesetz gemäß der General-Superintendent, Dr. von Flittner, als Delegirter des Consistoriums, dessen Vice-Präsident er war, anwesend. Durch Majorität der Stimmen ward der Professor Dr. Adolf Stieren erwählt. Diese Wahl wurde sogleich dem St. Petersburgischen Consistorium angezeigt. Klagen einiger Gemeindemitglieder über einen bei der Wahl vorgefallenen Formfehler veranlaßten folgenden 26. Jan. 1859 gefällten Bescheid des General-Consistoriums: „Es ist die am 18. Okt. u. pr. stattgehabte Wahl eines dritten oder Nachmittagspredigers an der St. Petri-Kirche hierselbst als eine nicht ordnungsgemäß vollzogene für ungültig zu erklären und mit allen ihren Folgen aufzuheben." Als Gründe dieses Urtheils wurden angegeben: 1) daß der Wahlkörper nicht vollständig gewesen sei, indem im eigentlichen Kirchenrath Eine Stelle, die des im Mai ins Ausland gezogenen Kaufmanns Friedr. Krohn, und unter den ordentlichen Deputirten gleichfalls Eine Stelle, die des im Februar verstorbenen Oberberghauptmanns von Kämmerer, vacant gewesen und vor der Wahl¹) nicht besetzt seien. Ferner habe die Zahl der Deputirten wohl factisch bei der Wahl den Bestand des Kirchenraths um das gesetzliche ⅓ überstiegen, wie es der Vorschlag des Ministers 18. Dec. 1839 (Allerhöchst bestätigt 4. Jan. 1840), vorschreibe, dieß sei aber nur zufällig gewesen, weil die beiden Prediger sich ihrer Stimmen enthalten hätten. "Es müsse aber das Wahlorgan, aller Zufälligkeiten überhoben, stets so zusammengesetzt sein, daß mindestens ⅓ mehr Gemeindedeputirte als Kirchenrathsmitglieder da seien. Ob dann bei der wirklichen Wahl jemand durch Krankheit abgehalten oder aus anderen Gründen fehlt oder sich seiner Stimme aus eigenem Antriebe enthält, sei nicht in Anschlag zu bringen." 2) daß ein Allerhöchst 2. Dec. 1834 bestätigtes Reichsrathgutachten nicht beobachtet sei, "welches vorschreibt, daß bei Wahl von Candidaten zu irgend welchem Amt nur diejenigen als gewählt anzusehen seien, welche mehr wählende als nicht wählende Bälle für sich haben." Bei der Wahl 18. Oct. aber sei keine absolute Majorität erzielt worden. — Der Erwählte hatte 15 Stimmen erhalten, während 16 Stimmen zwischen einigen andern zersplitterten.

Zu den oben angeführten Vacanzen im Wahlkörper kam bald noch eine neue, indem der ordentliche Deputirte Gen. Arj. von Grünwald 23. April 1859 sein Mandat niederlegte. Um nun nicht bei jeder Predigerwahl der Gefahr ausgesetzt zu sein, dieselbe wegen der einen oder der andern Vacanz, welche sich im Laufe eines Trienniums bei einem Wahlkörper von 30 Personen leicht ereignen könnte, verworfen zu sehen, ward ein Reglement über die Besetzung aller im Kirchenrath oder bei den Deputirten eintretenden Vacanzen ausgearbeitet, am 18. März 1859 von der Plenarsitzung angenommen und 8. April von Sr. Kaiserl. Hoheit dem Prinzen von Oldenburg als Kirchenpatron genehmigt. Am 26. April rief der Kirchenrath die Gemeinde

---

¹) Die Glieder des Kirchenraths und die Deputirten werden in der alle 3 Jahre stattfindenden Gemeindeversammlung erwählt, wie später bei der Verfassung der Kirche erzählt werden wird.

zusammen. Dieselbe bestätigte das Reglement vom 18. März, besetzte die beiden vor der Wahl schon erledigten Stellen und wählte 3 extraordinäre oder Predigerwahl-Deputirte, um die Zahl der Deputirten so weit zu verstärken, daß sie die der Mitglieder des Kirchenraths um ⅓ überstiege. In einer andern darauf 17. Mai gehaltenen Gemeindeversammlung ward auch an die Stelle des Gen. Abf. von Grünwald ein anderer ordentlicher Deputirter aus dem Stande des Adels und der Beamten in der Person des Geh. Raths Baron von der Osten-Sacken gewählt. Denn da diese 3 Vacanzen im Kirchenrath und unter den Deputirten vor Ausarbeitung und Bestätigung des Reglements vom 18. März geworfen waren, mußten sie auch nach dem früheren Gesetz durch Wahl der Gemeinde besetzt werden. Alle nach dem 26. April aber eintretende Vacanzen wurden nach den Bestimmungen des Reglements vom 18. März wieder besetzt. Die so nach den Forderungen des Gesetzes vollzählig gemachte Plenarsitzung bestimmte 20. Mai, welche Ordnung bei der vorzunehmenden Predigerwahl zu beobachten sei.

Das ganze Jahr aber verstrich mit Unterhandlungen. Bei der im Dec. 1859 in der St. Petri-Gemeinde abgehaltenen dritten Kirchenvisitation machte der General-Superintendent darauf aufmerksam, wie wünschenswerth bei der zahlreichen Gemeinde eine baldige Besetzung der dritten Predigerstelle sei. Am 27. Jan. 1860 beschäftigte sich die Plenarsitzung wieder ernstlich mit dieser Sache und beschloß, nicht blos bei dem Modus der Berufung einer theologischen Notabilität zu bleiben, sondern stellte auch 5 Prediger als Candidaten auf. Der Wahltag ward auf 3. Febr. festgesetzt. An demselben waren alle Mitglieder der Plenarsitzung, 33 an der Zahl, versammelt. Da die beiden Prediger sich aber ihres Stimmrechts begeben hatten, so erforderte eine absolute Majorität wenigstens 16 Stimmen. Als Delegirter des Consistoriums war der General-Superintendent Dr. von Ellittner anwesend. Nach einem kurzen Gebet des Pastors Taubenheim wurden der Beschluß der Plenarsitzung vom 27. Juni 1860 nebst 2 beigelegten Separatvotis, die betreffenden Gesetzesstellen, nämlich §§ 157, 161, 162, 163 des Kirchengesetzes, der Artikel aus dem Kirchenraths-Protocoll vom 11. Oct. 1858 betreffend die Berufung, und das 26. Oct. 1859 Allerhöchst bestätigte Reichsrathsgutachten über Abgabe von Stimmen bei einer Predigerwahl, welches dem § 163 des Kirchengesetzes zur Ergänzung dient, vorgelesen. „Auf diese Grundlage also, fuhr der Vorsitzer, Wirkl. Staatsrath Dr. von Lerche fort, wird dieses Mal die Wahl bewerkstelligt werden und ist, meines Erachtens, die ganze Procedur so genau vorgezeichnet, daß kein Mißverständniß oder Einwendung gegen die Form mehr obwalten kann." Nachdem er das ganze zu beobachtende Verfahren erklärt hatte, wandte er sich zu dem General-Superintendenten Dr. von Flittner mit der Frage: „ob gegen die vorgeschriebene Procedur etwas einzuwenden sei? Se. Hochwürden, der Herr General-Superintendent Dr. von Flittner erklärte darauf, daß er die angegebene Art der Ausführung der Wahl als den Gesetzen gemäß anerkennen und bestätigen müsse." Durch eine Majorität von 19 Stimmen ward der russ. Unterthan, Dr. theol. et phil. Adolph Stieren, welcher inzwischen als Prediger an der hiesigen St. Michaelskirche berufen war, zum dritten Prediger erwählt. Er nahm die Berufung an und ward 20. März introducirt. Adolf Stieren ist im Herzogthum Braunschweig geboren und hat in Göttingen studirt.

Gemäß der Resolution des General-Consistoriums vom 16. Mai 1858 bilden die 3 Prediger seitdem ein geistliches Ministerium, welches 8. April 1860 zum ersten Mal zusammentrat und seine Beschlüsse in Betreff des Gottesdienstes und der Vertheilung der amtlichen Verrichtungen dem Kirchenrath vorlegte, welcher dieselben bestätigte.

Die Verfassung der Kirche.

Wegen der Streitigkeiten, welche unter den Predigern der neuen lutherischen Kirche in Moskau entstanden und welche 1709 ihren Höhepunkt erreichten, beschloß Peter d. Gr., den ausländischen Predigern, so wie es in andern protestantischen Ländern der Fall sei, einen Superintendenten zum Oberhaupt zu geben. Er berieth sich deshalb mit dem Vice-Canzler, Baron Schaffirow und mit dem Viceabmiral Cruys und ernannte auf den Vorschlag des ersteren den Prediger Barthold Vagetius an der alten luth. Kirche in Moskau zum Superintendenten aller evangelisch-lutherischen Kirchen in Rußland, denen es damals 11 gab. Am 18. Febr. 1711 wurde diese Ernennung den Predigern, Aeltesten und Vorstehern der luther., reform. und kathol. Kirchen in der Reichs- und Gesandtschaftscanzlei in St. Petersburg bekannt gemacht. Vagetius, der sich nun Generalsuperintendent nannte, begann sein Amt damit, daß er den Präses, die Aeltesten und Vorsteher der neuen evangel.-luth. Kirche 13. Mai 1711 zusammenrief und ihnen die von ihm verfaßte Kirchenordnung vorlas. Diese enthielt folgende Vorschriften[1]). 1) Der Kirchenrath besteht aus den Predigern, Aeltesten und Vorstehern der Gemeinde. 2) In diesem Kirchenrath haben die Prediger und Aeltesten, einer nach dem andern, ein Jahr lang den Vorsitz und der Präses beruft die übrigen Mitglieder. 3) Von diesem Kirchenrath werden nebst 6 Mitgliedern der Gemeinde, die sie selbst dazu bestimmt, die Prediger erwählt, ihre Wahl der ganzen Gemeinde bekannt gemacht und dadurch die Einwilligung derselben erhalten. Die Wahl eines Aeltesten, eines Vorstehers, der Schullehrer, des Organisten, des Küsters, und der übrigen Kirchendiener steht allein bei dem Kirchenrath, nur wird die Wahl der vier erstern der Gemeinde durch den Prediger von der

---
[1]) Gros I., 273.

Kanzel kund gethan. 4) Der Präses trägt die Berathschlagungspunkte vor, einer nach dem andern giebt, ohne darin gestört zu werden, seine Stimme. Die Mehrheit entscheidet. Bei gleichen Stimmen giebt das Loos den Ausschlag. 5) Bei allen Conventen wird ein ordentliches Kirchenprotocoll gehalten und beigelegt. 6) Wenn ein Schluß von den meisten Mitgliedern gefaßt ist, so müssen ihn alle zum Kirchenrath gehörige Mitglieder unterzeichnen. Stimmt jemand für das Gegentheil, so wird solches auf sein Begehren im Kirchenprotocoll angezeigt. 7) Wenn jemand wichtiger Ursachen halber im Collegio nicht gegenwärtig sein kann, so soll er sich den Schluß des Collegii gefallen lassen und mit unterschreiben, doch nur mit der vorhin angeführten Ausnahme. 8) Zwei von den Vorstehern führen zugleich ihr Amt, doch so, wie bisher, daß einer ein Jahr durch die ganze Verwaltung beim Bauen, bei der Einnahme und den Ausgaben haben möge, wenn es aber die Noth erfordert, seinen Collegen zu Hülfe nehme. 8) Die jährliche Sammlung nehmen die beiden Vorsteher zur bestimmten Zeit wahr, und ersuchen die Leute, daß sie mit eigener Hand, was und wie viel sie zur Kirche geben, ins Kirchenbuch einschreiben. 10) Die Gelder, die in Klingsack und Becken kommen, werden in der Kirche von beiden Vorstehern, oder in Ermangelung des einen, in Gegenwart eines andern Mitgliedes aus dem Kirchenrathe, wer nur zugegen, gezählt und stracks angeschrieben. 11) Die Armen, so bei der Kirche zu verpflegen sind, sollen vom ganzen Kirchenrath in die Armenordnung eingenommen, und, wenn die Sammlung an den Feiertagen geschehen, den Tag nach dem Feste in die Kirche kommen, und daselbst das Ihrige vom Kirchenrath empfangen. 12) Nach zwei Jahren legen die beiden Vorsteher ihre Rechnung vor dem ganzen Kirchenrath ab, und werden gehörig quittirt, darauf zwei andere die Verwaltung antreten. 13) Wenn ein neues Mitglied in den Kirchenrath aufzunehmen ist, soll derselbe diese Punkte auch unterschreiben.

Diese Verordnung wurde von dem Superintendenten, dem Prediger, den beiden Kirchenältesten, den 4 Kirchenvorstehern der neuen luth. Kirche, dem preußischen Gesandten Kayserling und dem dänischen Gesandten Juell unterschrieben.

Die förmliche Bestellung zu seinem Amte erhielt Vagetius erst 1715. Büsching theilt dieselbe mit[1]. „Von Gottes Gnaden Wir

---

[1] Büsching Gesch. der evangel.-luth. Gem. I., 14.

Peter 1., Zar und Selbsthalter von ganz Rußland u. s. w. u. s. w.
Nachdem wir aus erheblichen Ursachen zu' Stiftung und Erhaltung
des Friedens und guter Ordnung, auch Verhütung und Abschaffung
aller Desordres und Irrungen bei denen in unserm Reich befindlichen
evangelisch-lutherischen Kirchen vor gut befunden, selbigen ihres Glaubens und Mittels einen Superintendenten zu verordnen und vorzustellen, als haben wir den ehrwürdigen und hochgelahrten Bartholdum
Vagetium, der heil. Schrift Licentiaten, bisherigen Pastorem bei der
alten evangel.-luth. Gemeinde vor Moskau, vor andern in Consi-
deration gezogen und selbigen in Ansehung der ihm beiwohnenden
guten Qualitäten und Erudition und Treue gegen uns, zum Superintendenten aller in Rußland befindlichen lutherischen Kirchen und
Gemeinden bereits 1711 den 18. Februar verordnet und angestellet,
gleichwie wir ihn hiemit darinnen confirmiren: Wollen auch befehlen, daß er von gedachten Gemeinden nach der bei den evangel.-luth.
Kirchen üblichen Gewohnheit dafür gebürlich erkannt, respectiret und
gehalten werde. Ihm aber, dem Superintendenten Vagetio, befehlen
wir allergnädigst, daß er aufs fleißigste dahin sehe, damit bei gedachten Kirchen und Gemeinden alles ordentlich zugehe, die bei selbigen
verordneten Prediger ihre Gemeinen absonderlich zur Gottseligkeit
und Treue gegen uns und unser Kaiserliches Haus anführen,
sich absonderlich in ihren Predigten aller verdächtigen Zank und
Zerrüttung erweckenden Reden und Ausdrücken, insonderheit aber
derer, so etwa unserem oder unserer hohen Alliirten hohen Respect
und Interesse präjudicirlich sein, enthalten und in allem sich also
aufführen, als es Christen und getreuen Unterthanen gebühret und
zukommt, damit wir veranlasset werden mögen, ihnen sämmtlich mit
unserer Kais. Gnade weiter zugethan zu verbleiben. Zu mehrerer
Befestigung ist dieses unser Patent unter unserm Reichsinsiegel ausgefertigt worden. Gegeben zu St. Petersburg den 7. Okt. 1715."

(L. S.)   Graf Golowkin.

Der Superintendent Vagetius gab dann ein kleines Werk heraus,
welches außer einigen historischen Angaben über die protestantischen
Gemeinden in Moskau und im Innern des Reichs theils die Geschichte seiner Wahl und das Patent von 1715, theils ein Kirchen-
und Schulreglement enthält, welches, so weit es die Kirche anging,
in seinen Grundzügen mit der für die neue Kirche in Moskau 1711
erlassenen Verordnung übereinstimmend war. Dieses Werk, welches

24 S. in 8. enthielt und 1717 in Reval gedruckt wurde, hatte folgenden Titel:

„Revidirtes Instrumentum pacis ecclesiasticum, oder evangelisch-lutherisches geistliches Kriegesrecht und Friedensartickel, oder Kirchen- und Schulreglement und Ordnung, wie es darinnen auf Ihro Großzarischen Maj. allergnädigsten Commission und Vollmacht in allem regulirt und gehalten werden soll."

Leider scheint dieses kleine, aber wichtige Werk bis auf die wenigen Bruchstücke, welche ich mitgetheilt habe, völlig verloren zu sein. Daß es auf die älteste Verfassung unserer Kirche einen großen Einfluß hatte, unterliegt keinem Zweifel. Es geht dies deutlich aus der großen Aehnlichkeit hervor, welche die von Bagetius der neuen Kirche in Moskau gegebene Kirchenordnung mit unserm ältesten Kirchen-Reglement von 1718 hat. Wenn man die einzelnen Paragraphen des letzteren mit den Acten und Protocollen unseres Kirchenrathes aus den vorhergehenden Jahren vergleicht, so zeigt sich klar und deutlich, daß das Kirchen-Reglement keine neue Gesetze, sondern nur Bestimmungen enthält, welche man längst befolgt hatte, die man aber der größeren Genauigkeit und Sicherheit wegen 1748 nach nochmaliger Berathung im Kirchenconvent aufschrieb und der Gemeinde zur Bestätigung vorlegte. Dieses Kirchen-Reglement lautet, wie folgt:

„I. N. S. s. T. A.

„Es ist zwar der Kirchenconvent bei der St. Petersburgischen Petri-Kirche, vom Anfange der Allerhöchsten Kayserlichen Concession und Tolerance der evangelisch-lutherischen Glaubensverwandten Gottesdienst allezeit bemühet gewesen, die innern und öffentlichen Angelegenheiten ihres Gotteshauses aufs fleißigste zu besorgen, als da sind Pastores zu vociren, und salariren, Schul und Schul-Collegen anzuordnen, berufen und unterhalten, Bau und Besserung der Kirchen und derselben Gebäude zu bestellen, Ordnung und Zucht bei der Gemeine zu befördern, und allen Zwiespalten und Aergernissen nach Möglichkeit zu wahren. Doch findet sich, daß bis jetzt niemalen schriftliche Statuta angenommen, die so generaliter als specialiter pro Norma seu Regula dienen möchten, und wonach man sich sowohl im Convente selbst, als auch in Betreibung und Untersuchung der Angelegenheiten zu richten hätte. Es ist also die Gemeine zusammenberufen worden, welche aus ihren Mitteln ehrbare und wohlbekannte Glieder deputirt, so aus den vorgeschlagenen Subjectis, die von jedermann unbescholtenen Namens und Wandels geachtet sein,

4 Personen erwählet und erkennt, die in Zukunft als Aeltesten dem Kirchenconvent beständig beizuwohnen haben. Durch diesen versammelten Kirchenconvent sind nachfolgende Constitutiones, welche in Zukunft pro Norma in allen Sessionen angenommen sein, reiflich überleget, einmüthig gebilliget, und durch eigenhändige Subscription bestätiget worden.

§ 1.

"Der Kirchenconvent der evangelisch-lutherischen Gemeine bei der St. Petri-Kirche soll bestehen aus nachfolgenden 12 Personen: 2 Patroni, 2 Pastores, 4 Aeltesten und 4 Vorsteher, so der Kirchen Sachen und Angelegenheiten besorgen. Diese 12 Personen formiren den Kirchenconvent in repraesentatione der ganzen Gemeine, halten Conventa, so oft die Nothdurft und Angelegenheiten es erfordern. Sollte es sich aber fügen, daß die Kirche nur einen Patronum hätte, so wird die 12te Zahl interim durch einen Aeltesten supplirt, so durch Vota majora des Kirchenconvents erwählet worden, aus denen durch Patronum Praesidem in Vorschlag gebrachten Subjectis, und bereits dem Gotteshause als Vorsteher vorgestanden, oder etwa von besonderm Ansehen, Gelehrsamkeit oder Ehren-Amte in der Gemeine sich befinden.

§ 2.

Das Praesidium führen wechselweise die beiden Herrn Patroni, ist aber nur ein Patronus, so ist er Praeses continuus; desgleichen wenn der zu praesidirende Patronus aus gewissen Ursachen den Kirchenconvent nicht versammeln, noch selbst erscheinen könnte, so vertritt der Andere dessen Stelle. Falls dieselben aber beide nicht gegenwärtig sein könnten, so soll von ihnen ein Pastor und ein Aeltester ernannt werden, welche beide conjunctim die Stelle Praesidis vertreten, den Kirchenconvent berufen, Angelegenheiten vortragen, die Stimmen sammeln, sowohl Praesidis und des zweiten abwesenden Patroni, als auch selbst eigene Vota abgeben, und daß das per majora erhellende Conclusum ordentlich ad Protocollum niedergeschrieben werde, beschaffen. Das Votum decisivum aber, wovon unterm § 3 gehandelt wird, kann Praeses substitutus im Fall Vota paria sein möchten, keinesweges abgeben, denn solches Praeses juxta ordinem bis zur nähern Untersuchung Causae Quaestionis ausgestellet sein lässet. Uebrigens werden Substituti Praesidis die Gefälligkeit haben, Patronis durch Briefe Nachricht zu ertheilen, wenn im Kirchenconvent hauptwichtige Angelegenheiten vorgenommen werden müßten.

§ 3.

„Wenn nach Beschaffenheit der Zeit und Umstände nöthig geachtet würde, den Kirchenconvent zu versammeln, so läßt Praeses-Sessionis die Glieder convociren. Die Propositiones, welche in Ueberlegung zu ziehen sind, werden schriftlich auf Ordre des Praesidis abgelesen, hierauf eröffnet ein Jeder nach der Ordnung von denen Membris seine Meinung, ohne dem Andern vorzugreifen, noch zu widersprechen, und erkläret sein Votum kurz und deutlich, welche praeses sammlet, und hiernächst majora aufzählet, nach welchem conclusum ad Protocollum niedergeschrieben wird. Sind Vota paria, so bedienet sich Praeses eines Voti decretorii und supplirt in diese Weise majora. Alle per vota majora abgefaßte Conclusa müssen ohnweigerlich und ohne weitern Einwendens von allen Membris des Kirchenconvents, sie mögen pro oder contra votirt haben, angenommen, eigenhändig unterschrieben und befolget werden. Die Einigkeit, als das wahre Merkzeichen der christlichen Kirchen, wird also denen Gliedern des Kirchenconvents jederzeit zum Zweck dienen, damit der Sinn der heiligen Apostel wie 2 Corinth. 13, 11 befolget, und die Zeichen der ersten Kirche nach deutlicher Beschreibung Actor. 1. 2. 5. et sequent. überall bei diesem Convent wahrgenommen werde.

§ 4.

„Es soll kein Kirchenconvent gehalten werden, falls nicht Protocollum dabei geführt wird, ansonsten Conclusa nicht wohl gültig anzusehen sind. Zu dem Ende ist es wohl am sichersten, daß dazu eine gewisse, und so viel möglich capable Person mit einem geringen Gehalte angenommen und autorisirt werde, dem zugleich ein Ort anzuweisen ist, wo er die gehaltenen Protocolla, welche von denen Gliedern des Kirchenconvents unterschrieben, mithin auctoritatem Decreti wirklich haben, desgleichen Briefschaften oder was sonsten unter seiner Bewahrung anvertrauet würde, und der Kirche zuständige Papiere sind, verwahrlich beibehalte und ordentlich aufhebe.

§ 5.

„Durch den Convent werden mit Zuziehung von 6 Deputirten aus der Gemeine, wie weiter unten bemerket wird, die Pastores erwählet, und dabei folgende Ordnung in Acht genommen.

„a) Ist nothwendig, daß Candidati praesentandi von erforderlicher Gelehrsamkeit, guten Gaben, reiner Lehre, unsträflichen und feinen Wandels und guten Namens sein müssen.

„b) Sowohl diejenigen, so in loco, als auch so sich aus andern

Orten melden, werden ad Praesentationem admittirt, falls sie sich nach Anweisung der oberwähnten Beschaffenheit sattsam legitimiren können.

„c) Sollten sich solche Subjecta nicht finden, müssen sie allenfalls verschrieben werden.

„d) Sind Candidati gehalten, eine oder mehrere Probepredigten zu halten, wovon auch diejenigen, so in loco und bereits genugsam bekannt sein, dennoch keinesweges excipiret.

„e) Zu dem Ende, wenn sie zu einer Probepredigt verschrieben würden, die Reisekosten zu erstatten wären.

„f) Welche nun durch den Kirchenconvent untersucht und als geschickt angesehen worden, erkläret Patronus Praeses zur Wahl praesentiret; und werden der Gemeine namentlich bekannt gemacht.

„g) Die Gemeine erwählet aus ihren Mitteln 6 unbescholtene Deputirte, welche ad hunc actum zum Kirchenconvent admittirt werden. Diese 18 Personen erwählen per Vota majora den Pastorem.

„h) Die Wahl wird hierauf der ganzen Gemeine durch ihre 6 Deputirten bekannt gemacht, und Neoelectus als Pastor der Kirche von ihnen gesämmtlich erkannt und angenommen.

„i) Der Kirchenconvent nebst denen 6 Deputirten der Gemeine fertigen an den neuerwählten und unterschreiben seine Vocation.

„k) Hiernächst sorget der Kirchenconvent, zu sagen ohne die vorhergehende 6 Deputirten, für des neoelecti ordination und Einrichtung.

„l) Der Kirchenconvent beschaffet seine Instruction, weiset ihm an sein Amt, und fordert die Subscription dieses Kirchen-Reglements, desgleichen aller zum Nutzen der Kirche, Schulen, auch heilsamer Ordnung der Gemeine halber per majora in der Kirchenversammlung ergangenen Conclusa.

„m) Der Kirchenconvent bestimmet seinen jährlichen Gehalt, weiset ihm seine Wohnung an, und was sonsten nothwendig erachtet wird.

„n) Bei diesem Punkt ist noch zu erinnern, daß wenn Patroni und Kirchenconvent etwa auf einen bereits ordinirten Pastoren reflectirten, so ist erforderlich, daß in dieser Absicht der Kirchenconvent, angehend seine Vocation, in obiger Ordnung ein und andere Veränderung mache, so mit reifer Ueberlegung zu machen sein wird.

„Der Kirchenconvent bestellet und berufet die Schul-Collegen, soviel als deren bei der Schule nöthig sein sollten. Ein solches Subjectum wird vorher im Kirchenconvent examinirt, damit von seiner Capacité und Wissenschaft Ueberzeugung genommen werde. Hiernächst schreitet Kirchenconvent zur Wahl, welches wie gewöhnlich per vota majora geschieht. Es wird hiernächst dem Erwählten seine Vocation, mit Benennung seines jährlichen Gehalts durch den Kirchenconvent unterschrieben, ausgefertigt, nebst einer beigefügten schriftlichen Instruction, wie er sich in seinem Amte zu verhalten hat. Der Kirchenconvent bestellet und vociret den Organisten, und verfähret gleich also, wie mit Erwählung eines Schul-Collegen verfahren werden soll. Der Kirchenconvent bestellt den Küster der Kirchen, und weiset ihn durch schriftliche Instruction zur Verrichtung seines Dienstes. Wenn außer diesen noch andere oder mehrere Bediente der Kirche oder Schulen nöthig sein sollten; so hat der Kirchenconvent dafür zu sorgen, daß tüchtige und ehrliche Leute angestellt werden.

§ 6.

„Es wird allhier zu erwähnen noch nöthig erachtet, daß wenn Patronus Praeses den Kirchenconvent zusammenberufen läßt, um wegen § praecedenti gemeldete, oder sonst der Kirche angehende Affairen zu deliberiren, so müssen alle Glieder desselben, außer wichtigen Ursachen, zu erscheinen sich keinesweges entziehen. Sollte es sich aber fügen, daß Jemand nicht erscheinen könnte, so versammlen sich die Uebrigen diesem ungeachtet, und formiren den vollen Kirchenconvent, überlegen und beschließen per vota majora alle proponirte Sachen, welche abgefaßte Conclusa mithin von ihnen, den Abwesenden, gleich als wären sie gegenwärtig gewesen, angenommen, und erkannt werden. Nur bleiben Patronis ihre Vota bevor, wenn dieselben etwa nicht sollten erscheinen können, als solches bereits sub § 2 deutlich bemerkt worden. Doch muß Patronus niemals verabsäumen, seine Vollmacht einen mitsitzenden Membro des Kirchenconvents aufzutragen, ansonsten ist er gleichfalls seines Voti verlustig, und Conclusum allzeit gültig anzusehen.

§ 7.

Wenn ferner notorisch, wie nothwendig und einer Christlichen Gemeine nützlich es ist, wenn die Jugend wohl unterrichtet, und zu der Furcht Gottes von Jugend auf angewiesen wird: so ist zwar § praecedenti von Bestellung der Schul-Collegen Erwähnung geschehen, doch allhie soll besonders von der Schule gehandelt werden.

„Nachdem die Schule mit tüchtigen Subjectis bestellt worden, so ist weiter nöthig, daß der Kirchenconvent Acht habe, daß die Schul-Collegen laut der Ihnen ertheilten Instruction fleißig und emsig ihres Amtes wahrnehmen. Zu dem Ende wird Kirchenconvent beständig einem Pastori und einem Vorsteher auftragen, daß sie wechselweise, monatlich wenigstens einmal, die Schule besuchen, die Jugend untersuchen, catechisiren und befragen, damit sowohl Lehrende ihre Pflicht wahrnehmen, als auch Lernende aufgemuntert, und zum Guten angehalten werden. Diese 2 Deputati werden bei Gelegenheit des versammleten Kirchenconvents, wie und in was Zustand sie den einen oder andern Theil vorgefunden, gewissenhaft Bericht erstatten. Im Fall nun dieselben Mangel, Nachlässigkeit, oder was etwa sonsten sein möchte, berichten, wird Kirchenconvent bei Zeiten Remedia vorkehren, und allen bösen Folgen abhelfen. Auch ist wohl nöthig, daß Pastores wenigstens des Jahrs 4 Mal von der Kanzel die Gemeine erinnern, daß sie ihre Kinder sein fleißig und bei Zeiten zur Schule anhalten. Alles, was zur Verbesserung des Schulwesens oder zu besserer Ordnung und Aufnahme gereichen kann, hat der Kirchenconvent mit allem Fleiß zu überlegen, und heilsame Verordnung ergehen zu lassen, damit die Furcht Gottes befördert, und das Publicum gebessert werde.

§ 8.

„Wenn etwa ein Aeltester der Kirche mit Tode abgehen sollte, oder von selbst freiwillig abbauen wollte, welches ihm aus legitimen Ursachen, die notorisch sein müssen, nicht wohl widersprochen werden kann: so soll Patronus Praeses 2 Personen, die solche Subjecta sein müssen, als bereits oben sub § 1 angezeigt worden, in Vorschlag bringen, und von diesen 2 erwählt Kirchenconvent einen per Vota majora, und bestellt die erledigte Stelle.

§ 9.

„So oft von den Vorstehern einer oder mehrere abgehen, es sei durch Sterbefall oder daß sie wirklich der Kirchen drei Jahre mit Dienst vorgestanden, sollen die erledigten Stellen durch die Wahl des Kirchenconvents wiederum besetzt werden. Zu dem Ende Patronus Praeses, so viel Stellen als zu besetzen nöthig sein möchten, noch einmal so viel Subjecta in Vorschlag bringen, und sehet so viel möglich auf Personen, die fixam sedem oder domicilium haben, eines feinen Nameus, ehrbaren Wandels, guter Treue, redlichen Glaubens und Ansehens bei der Gemeine gehalten sein. Hievon erwählet Kirchenconvent ein oder mehr nöthig seiende Personen, in Form als § praecendenti bemerket.

§ 10.

„Die 4 Vorsteher der Kirchen übernehmen die Administration des Baues, der Einnahme und Ausgabe, theilen sich hierin nach Ordnung und Billigkeit, damit nicht einem zu viel aufgelegt werde. Die Austheilung der Kirchenstühle berathen sie untereinander und repartiren selbige. Weil wie bewußt die Kirche keine Capitalia noch liegende Gründe hat, und also aus dem, was von den Gliedern der Gemeine gesammlet wird, unterhalten werden muß, so verrichten die 4 Vorsteher der Kirche die Sammlung des Contingents jährlich beim Schluß des alten oder Anfang des neuen Jahres. Die Bücher nehmen Vorsteher mit sich, damit ein jedes Glied der Gemeine nach seinem Vermögen, Willen und Beschaffenheit seines Standes soviel einschreibe, als ihm gefällig sein mag. Was wie gewöhnlich nach gehaltenem Gottesdienst oder bei andern Gelegenheiten gesammlet wird, zählen Vorsteher, annotiren, wie viel es gewesen, und legen es in die Kiste, so dazu verordnet. Was aber an hohen Festtagen zum Besten der Hausarmen in den Becken gesammlet wird, solches haben Vorsteher an meritirende Personen auszutheilen, doch so daß auch auf solche, die ihre Noth nicht gerne einem Jeden, sondern ihrem Beichtvater etwa allein entdecken, reflection gemacht werde. Falls nun eine solche Person sich durch ein Attestat ihres Beichtvaters eröffnet, können Vorsteher nach Gutbefinden ihr gleichfalls hievon etwas mittheilen.

§ 11.

„Wenn ein Vorsteher nach abgelaufener Zeit abgelassen zu werden verlangt, kann der Kirchenconvent ihn wohl ersuchen, um annoch 1 oder 2 Jahr sich zum Dienst des Gotteshauses zu widmen. So er aber demunerachtet erlassen zu werden verlangt, muß er zuförderst, was unter seinen Händen gewesen, abliefern, noch nicht justificirte Rechnungen und etwanige Quittancen abgeben; wenn nun der Kirchenconvent diese richtig befunden, quittirt man ihm, und wird wegen seiner gehabten Mühwaltung bedanket, und also seines Dienstes völlig erlassen.

§ 12.

„Endlich und zum Schluß, sind diese Puncta als ein wahres Kirchen-Reglement von allen Membris desselben dafür erkannt, angenommen und durch eigenhändige Subscription beträftigt worden.

Es kann solches in Zukunft durch des Kirchenconvents Conclusa vermehret, das Roths seiende in ein oder andern Punkt verändert, niemalen aber gänzlich aufgehoben werden. Zu dem Ende beschließet der in fine unterschriebene Kirchenconvent: daß ein jedes Membrum, er sei Patronus, Pastor, Aeltester oder Vorsteher, ersucht oder erwählet, niemalen ad Sessionem admittirt werden könne, er habe dann dieses Kirchen-Reglement ohne Restriction noch Reservation unterschrieben, auch posito, es würde ein Aeltester erwählet, welcher als Vorsteher bereits unterschrieben hätte, muß er solches als Aeltester noch einmal unterschreiben, damit die während seiner Erlaßung als Vorsteher ergangenen Conclusa, wodurch dieses Reglement könnte vermehrt worden sein, gleichfalls von ihm erkannt, und per Subscriptionem angenommen werde.

„Urkundlich ist dieses Kirchen-Reglement im Namen der Hochheiligen Dreifaltigkeit durch nachstehende Membra unterschrieben worden.

„So geschehen St. Petersburg den 18. Nov. 1748.
    Carl Frey Herr von Sievers.
    Henr. Gottl. Razzius, Pastor.
    Rudolph Otto Trefurt, Pastor.
    Jacob Stelling.
    Gottfried Hofer.
    Christian Wilh. Cornelius.
    Joh. Christoph Richter.
    Joh. Joach. Lietzmann.
    Lieut. Friedr. Jak. Wonnenberg, Vorst.
    Joh. Pahl.
    Joh. Middendorff.
    Joh. Nagel.

In der Sitzung des Kirchenconvents am 18. Nov. 1748, in welcher dieses Reglement vorgelesen, angenommen und unterschrieben wurde, hatte man zugleich auch beschlossen, am nächsten Sonntag den 20. Nov. die stimmfähigen Glieder der Gemeinde von der Kanzel auffordern zu lassen, nach gehaltenem Gottesdienst in der Kirche zu bleiben, sich um den Altar zu versammeln und eine Gemeindeversammlung zu halten. Es wurde ihr das Reglement vorgelesen und sie ward gebeten, aus 8 ihr vom Kirchenpatron vorgeschlagenen Personen die 4 Kirchenältesten zu erwählen. Sie that dies und wählte die Herren Stelling, Hofer, Richter und Lietzmann. Am nächsten

Sonntag ward diese Wahl der ganzen Gemeinde von der Kanzel angezeigt, und von dieser Zeit an wurde jede Veränderung im Kirchenconvent in gleicher Weise bekannt gemacht.

Jede Veränderung, welche am Kirchen-Reglement gemacht, oder jeder Zusatz, welcher zu demselben hinzugefügt werden sollte, wurde im Kirchenconvent berathen, erhielt aber erst dann gesetzliche Kraft, wenn die Gemeinde durch ihre Deputirten den Beschluß des Convents bestätigt hatte. Gewöhnlich legte man solche Sachen denjenigen Deputirten zur Bestätigung vor, welche zu der nächsten Predigerwahl ernannt wurden. Es konnten zuweilen Jahre vergehen, ehe ein solcher Fall eintrat, dann hatte das neue Gesetz in der Zwischenzeit nur eine interimistische Gültigkeit, bis es die Bestätigung der Gemeinde durch ihre Deputirten erhielt. Mehrere solche Fälle werden in der Folge vorkommen.

Die Mitglieder des Kirchenconvents betrachteten ihr Amt als ein Ehrenamt, welches ihnen keinerlei Vortheile bringen solle, obgleich manche Zeit raubende Arbeiten, oft auch baare Auslagen mit demselben verbunden waren. Deshalb beschloß der Kirchenconvent am 27. Okt. 1763, jedem neu eintretenden Mitgliede außer dem abgesonderten Platz in der Kirche, der für den ganzen Convent vorbehalten war, eine außerordentliche Ehre zu erzeigen. „Weil es billig und nützlich ist, die Mitglieder des Kirchen-Convents vor der ganzen Gemeinde zu ehren, so soll ein jedes neues Mitglied desselben von den alten Mitgliedern an einem Sonntag beim Anfang des Gottesdienstes feierlich in die Kirche geführt werden. Nämlich einen neuen Patron soll der ganze Convent bis an desselben Kirchenstuhl begleiten; ein neuer Pastor soll von denen gesammten Aeltesten und Vorstehern bis an die Sacristei, ein neuer Aeltester und Vorsteher aber von den Pastoren und übrigen Aeltesten und Vorstehern bis an den Stuhl, in welchem die Aeltesten und Vorsteher sitzen, begleitet werden. Die Versammlung der Mitglieder des Convents zu dieser feierlichen Einführung in die Kirche soll eine Viertelstunde vorher in der gewöhnlichen Conventsstube geschehen." Auch die Beerdigung eines während seiner Amtsdauer verstorbenen Kirchenältesten oder Kirchenvorstehers ward mit besonderer Feierlichkeit begangen.

Bemerkungen über obenstehendes Kirchen-Reglement von 1748, so wie Ergänzungen zu demselben. Zu § 1. In der ersten Zeit hatte die Kirche nur einen Patron. Als das Kirchen-Reglement entstand, hatte sie deren zwei, den Baron (später Grafen) Carl von

Sievers und den Baron von Korff, von denen der letztere aber abwesend war und deshalb das Kirchen-Reglement nicht unterzeichnete. Der Baron Korff legte das Patronat 1758 nieder. Dasselbe that der Graf von Sievers, als der Graf Münnich seit seiner Rückkehr aus Sibirien das Patronat wieder übernahm. Graf Münnich führte dasselbe allein, eben so sein Nachfolger der Geh. Rath von Osterwald 1767—1785. Als dessen Nachfolger, der Baron von Rehbinder, alt und kränklich wurde, wählte man 1797 einen zweiten Kirchenpatron in dem Grafen Jakob von Sievers. Seitdem hat unsere Kirche, wie in der Geschichte desselben erzählt ist, fast immer zwei Patrone bis zum Abgange des Geh. Raths v. Willamow 1833 gehabt. — Ein Fall, wo die Zahl der Conventsmitglieder, wenn die Kirche nur einen Patron hatte, durch einen interimistisch hinzugezogenen Aeltesten auf 12 gebracht wurde, kommt in den Acten nicht vor. — Dagegen wurden, als die Kirche durch den kurz nach einander folgenden Tod beider Prediger, des Pastors Großkreutz und des Pastors Trefurt, ganz verwaist dastand, auf den Vorschlag der von der Gemeinde zur Erwählung der Prediger ernannten Deputirten die neuen Prediger theilweise von dem Kirchenconvent ausgeschlossen. Kirchenprotocoll 20. Febr. 1766. „Zuletzt trugen noch die Herren Deputirten von der Gemeinde dem Convent vor, daß die Gemeinde es für gut finde, wenn die Herren Prediger künftighin nicht mehr als ordentliche Glieder zum Kirchenconvent gezogen würden. Es wurde hierüber mit vieler Ueberzeugung deliberiret und beschlossen, daß weil es die Erfahrung gezeiget, daß die Herren Pastoren durch die Geschäfte im Convent, welche oft sehr häufig vorfielen, in ihren Amtsverrichtungen gehindert werden, so sollen sie künftig nicht anders, als wenn Ministerialsachen und die den Gottesdienst beträfen, vorfielen, in den Convent gebeten und mit ihnen berathschlagt werden. Und dieser Schluß soll als ein besonderer Anhang dem Kirchen-Reglement zugefüget und sowohl vom Kirchen-Convent, als auch von den diesmaligen Herren Deputirten der Gemeinde durch ihre Unterschriften auf einem besondern Bogen bestätigt werden." Diese Ausschließung der Prediger dauerte bis 1833. Zu § 2. Ueber den Vorsitz im Kirchenconvent. Wenn der Kirchenpatron nicht selbst den Vorsitz führen kann, so soll derselbe entweder einem Pastor und einem Aeltesten gemeinschaftlich übertragen, oder dazu ein Substitut ernannt werden. Der erste Fall kam 1752 vor, als der Vorsitz während der Abwesenheit des Barons von Sievers am 27. Nov. dem Pastor

Trefurt und dem Kirchenältesten Stelling übertragen wurde. Der letztere Fall ist mehrere Male vorgekommen. Am 20. Nov. 1748 zeigte Pastor Nazzius in der Gemeindeversammlung an, daß, da der Baron von Korff schon längere Zeit abwesend sei und der Baron von Sievers nun auch verreisen müsse, der Archiater Joh. Deodat Blumentrost zu dessen Stellvertreter und Praeses vicarius im Kirchenconvent ernannt sei. Derselbe unterschrieb auch die Protocolle im Jahre 1749. Als der Kirchenpatron Geh. Rath von Osterwald 1778 auf längere Zeit verreisen wollte, fragte er am 20. Dec. beim Kirchenconvent an, ob man das Patronat interimistisch besetzen wolle. Als dies bejaht ward, schlug er den Gen. Lieut. Baron v. Rehbinder vor, allein die Gemeinde wünschte lieber den Geh. Rath Grafen von Münnich. Wer gewählt ward, läßt sich aus den Acten nicht ersehen.

Zu § 4. Der erste Protocollist, welcher mit 1. Jan. 1748 sein Amt antrat, war Herm. Ant. Schaub, Secretair beim Baron von Sievers. Ihm folgten der Candidat Carl Gust. Couper 1755—1757, der Rector Joh. Gust. Luther 1757—1767, Georg Friedr. Friesell 1767—Aug. 1768, interimistisch der Kirchenvorsteher Gottl. Friedr. Krug 1768—Dec. 1769, der Organist Haas 1770—1813, der Organist Otto Leopold Czerlitzky 1813—1831, der Organist Otto Czerlitzky 1831—1840, der Colleg. Ass. von Lenz 1840—1843, der Collegienrath von Hartmann 1843—1847, der Colleg. Ass. von Gerlach 1847—1854, der Hofrath Hörschelmann 1854—Dec. 1861, der Titulairrath Dobbert.

Wegen der Papiere, welche in einem dazu verfertigten Kasten lagen, verfügt das Protocoll vom 3. Jan. 1750 Folgendes: „Wann sich auch befunden, daß, in dem Bücher und Papiere aus der Kirchenstube zu Hause genommen, der Kirche Nachtheil und Irrung zuwachsen möchte, so hat Conventus hiedurch nöthig erachtet, solches überall abzusagen." Leider ist dieser Befehl in Bezug auf Drucksachen nicht gehalten, und der Verlust ein ganz unersetzlicher.

Zu § 5. Eine Veranlassung zu vielen Streitigkeiten zwischen dem Kirchen-Convent und der Gemeinde geben die Predigerwahlen, da die letzten sich an denselben meistens durch eine größere Anzahl von Deputirten mehr zu betheiligen wünschte. Schon 1730, als man vorläufig wegen der Anstellung eines zweiten Predigers verhandelte, äußerte der Postdirector Asch: „Die Erwählung oder Vocirung eines zweiten Predigers selbst betreffend, meine ich, ob es nicht rathsam, daß solches vorhero der Gemeine notificiret und von derselben, nämlich durch einen aus jeder Zunft hiezu Bevollmächtigten, deren Meinung eingeholt werde." Ueber die Wahl des Pastors Severin, welche bald nachher erfolgte, finden sich keine Papiere, wohl aber über die seines Nachfolgers, des Pastors Trefurt, dessen am 23. Mai 1710 ausgefertigte Vocation von 6 Kirchenältesten und Kirchenvorstehern und außerdem noch von 8 Mitgliedern aus der Gemeinde, welche bei der Wahl unstreitig als Deputirte derselben mitgestimmt hatten, unterschrieben ist. Diese 8 Deputirten gehören zu den angesehensten und ältesten Mitgliedern der Gemeinde, es sind der Postdirector Friedr. Asch, der Apotheker Christian Durup, der Bibliothekar Joh. Schumacher, ein Schwiegersohn des Oberküchenmeisters Velten; Georg Wolfgang Krafft, ordentlicher Professor am academischen Gymnasium, und die Kaufleute Heinr. Nic. Sander, Ernst Bardewick, D. Lapehn und Franz Ludw. Poppe. — Das Kirchenreglement schränkte die Zahl der Deputirten auf 6 ein. Doch mochte es wohl einen guten Grund haben, daß schon 3 Jahre nach Erlassung desselben der Kirchenpatron Baron von Sievers, der in der Kirche am 5. Jan. 1752 gehaltenen Gemeindeversammlung erklärte, sie möge „salvo jure et tenore des Reglements" aus ihrer Mitte 9 Männer als Deputirte erwählen. Der Kirchenconvent und diese Deputirten wählten dann am 10. Jan. 1752 den Pastor Bützow zum zweiten Prediger.

Förmliche Streitigkeiten brachen 1754 bei der Wahl seines Nachfolgers aus. Die Verhandlungen sind höchst lehrreich, weil sie uns zugleich zeigen, auf welche Weise die Deputirten gewählt wurden. Am 4. Juni hielt der Kirchenconvent, in welchem der Kirchenpatron Baron von Sievers, der Senior Trefurt, die Aeltesten Stelling, Stegelmann, Lietzmann, Richter, die Vorsteher Michaelis, Bagge und Höserr anwesend waren, eine Sitzung, um zu berathen, welche Männer der Gemeinde in der auf den folgenden Tag zusammenberufenen Gemeindeversammlung vorzuschlagen seien, um aus denselben ihre Deputirten zur Predigerwahl zu ernennen. Es wurden aufgestellt: der Archiater Blumentrost oder an dessen Stelle, wenn er wegen Schwachheit nicht könne, Professor Schreiber, Maitre d'Hotel v. Fuchs, Stallmeister zum Felden, Capellmeister Strauß, die Kaufleute Schwellengrebel, Middendorf, Mahs, Lietzmann jun., Baumeister Fecht, Uhrmacher Druckmüller, Metzger Scheurmann, Schneider Schlicht. Aus diesen 12 Candidaten solle die Gemeinde ihre 6 Deputirten erwählen. Die Gemeindeversammlung ward am

5. Juni, wie gewöhnlich, in der Kirche gehalten, indem die stimmfähigen Männer sich nach dem Gottesdienst um den Altar versammelten. Man wählte die durch das Kirchen-Reglement festgesetzte Zahl der 6 Deputirten aus den vom Kirchenconvent vorgeschlagenen Candidaten, 2 Beamte, den Prof. Schreiber und den Stallmeister zum Felden, 2 Kaufleute, Schwellengrebel und Ließmann jun., 2 Handwerker, den Uhrmacher Trunckmüller und den Schneider Schlicht. „Wann aber, fährt das Kirchenprotocoll vom 5. Juni 1754 fort, während der Wahl obbenannter Männer sich in ohngefähr 4 oder 5 Personen für allen andern hervorthaten, theils mit Widerspruch, theils Einwendungen (die so wenig des Orts, als der Gestaltheit der Sachen nach gegründet waren), theils mit einer solchen Anforderung, die denen so wenig an- als zuständlich war, so wurde denenselben zwar per praesentem Dominum Patronum et totum Conventum Ecclesiae hierauf mit aller Liebe geantwortet, doch diesem ohngeachtet mußten dieselben keinesweges sich wieder in die ihnen wohlanständliche Grenzen christlicher Ordnung einzufinden, mithin also ganz deutlich und vor der ganzen Gemeine öffentlich zu Tage legten, daß derselben Widerspruch und Verwendungen so wenig heilsame Ordnung und Absichten zu einer Gemeine Besten zum Grunde führeten, vielmehr legte derselben Gesinnung zu Tage, daß sie nur von menschlichen Leidenschaften regieret und aus eben derselben Quelle auch ihre Worte belebet wurden. Wann sie sich aber auch darauf beriefen, es wären bei voriger Wahl 9 Deputirte ad Conventum zugelassen worden, so geruhete Dominus Patronus denenselben öffentlich zu erklären, sie möchten sogar 12 Deputirten erwählen, solche sollten vor dieses Mal alle zugelassen sein, jedoch sub expressa reservatione et salvo jure et tenore eines Kirchen-Reglements, worüber Kirchen-Convent stets mit allem Eyfer zu halten verbunden sei, auch in Zukunft sein würde. Hierauf erwählete die Gemeine noch aus ihren Mitteln nachfolgende 3 Männer: den Capellmeister Strauß, den Notarius Cornelius und den Gürtler Graß." Diese 9 Deputirten erwählten dann den Pastor Lange¹). Bei der Wahl Zuchmantels und Büschings waren 6 Deputirte, und die Wahlen verliefen ohne weitere Störungen. Die Auftritte, welche bei der Abdankung des Pastors Büsching und nach dem Tode des Pastors Großkreutz in den Gemeindeversammlungen vorfielen, gehören nicht

---

¹) S. 103. 128.

hieher, da sie ihren Grund nicht in dem Streben der Gemeinde nach größerer Betheiligung an der Predigerwahl, sondern in einem inneren Zwiespalt hatten. Die folgenden Predigerwahlen seit 1767 wurden in großer Einigkeit ausgeführt. Die Gemeinde war durch 6 Deputirte vertreten, von denen 3 aus der Kaufmannschaft, 3 aus den Gewerken gewählt wurden. Die Einigkeit in der Gemeinde war dadurch wieder hergestellt, daß den Gewerken gleiche Berechtigung mit der Kaufmannschaft nicht nur in der Verwaltung der Gemeindeangelegenheiten, wie wir später sehen werden, sondern auch bei den Predigerwahlen eingeräumt wurde. Ihr Wunsch, dies letztere Recht durch einen förmlichen Beschluß des Kirchenconvents bestätigt und gesichert zu sehen, ward am 27. Okt. 1800 erfüllt. „Da die Herren Deputirten der Künstler und Zünfte den Wunsch hegten, daß in Zukunft bei einer Predigerwahl aus ihren Ständen eben so viele Glieder zugegen sein möchten, als von der Kaufmannschaft, aus dem Grunde, weil seit der Errichtung des Kirchen-Reglements die St. Petri-Gemeinde sich ansehnlich verstärkt habe und dieses selbst eine Veränderung bei vorfallenden Gelegenheiten erlaube, so wurde beschlossen: daß diesem Gesuche billig zu willfahren wäre und daß von beiden Seiten 18 Personen, nämlich 9 von der löblichen Kaufmannschaft und 9 von den löblichen Zünften inclusive derjenigen Personen, die schon Sitz und Stimme im Kirchenrath haben, bei einer Predigerwahl zugegen sein sollen." Als der Propst Lampe 1813 starb, waren außer den Kaufleuten und Gewerken auch die Beamten im Kirchenrathe vertreten. Daher wurden auch sie damals zum ersten Mal aufgefordert, aus 8 ihnen vom Kirchenrath vorgeschlagenen Personen 3 Deputirte ihres Standes zu der bevorstehenden Predigerwahl zu ernennen, so daß also bei der Wahl des Pastors Volborth 9 Deputirte, 3 aus jedem Stande, waren.

Schon bei der Wahl des Pastors Hamelmann hatte das Justizcollegium angefragt, woher es käme, daß der Kirchenrath und nicht die Gemeinde den Prediger wähle. Der Kirchenrath hatte in seiner Antwort 18. Febr. 1801 den Grund seines Verfahrens angegeben und die Gesetzmäßigkeit desselben nachgewiesen, indem er sich auf das von der Gemeinde angenommene und bestätigte Kirchen-Reglement berief. Es scheint aber eine Partei in der Gemeinde gegeben zu haben, welche mit dieser Wahlart nicht zufrieden war. Denn nach dem Tode des Pastors Lampe hatte der Consulent Gerland 13. Aug. 1813 für sich und als Bevollmächtigter mehrerer bei der Petrikirche

Eingepfarrter eine Schrift beim Justizcollegium eingegeben, in welcher er theils gegen das Verfahren des Kirchenraths, als gegen „eine usurpirte Anmaßung", protestirte, theils die Bitte an das Justizcollegium richtete, dasselbe möge „eine gesetzmäßige Wahl der Prediger durch die sämmtlichen Mitglieder der Gemeinde in Gemäßheit der (schwedischen) Kirchenordnung verordnen." Als hierauf keine Antwort erfolgte und Pastor Volborth am 16. Aug. nach alter Weise gewählt wurde, machte Gerland 10. Septbr. eine zweite Eingabe, in welcher er sich zwar mit der Person des gewählten Predigers zufrieden erklärte, das Justizcollegium aber bat, das allgemeine Wahlrecht der Gemeinde für künftige Fälle zu sichern. Der Kirchenrath übergab die Vertheidigung seiner Rechte dem Staatsrath von Adelung, welcher nachwies, daß die Besetzung der Predigerstellen in der Petrikirche sich nach dem Kirchen-Reglement von 1748, nicht aber nach der schwedischen Kirchenordnung richte.

Die Wahl der ersten Prediger unserer Kirche bedurfte keiner Bestätigung. Seitdem das Justizcollegium 1734 in gewissen Fällen die Rechte eines Consistoriums erhalten hatte, wurde jede neue Predigerwahl demselben angezeigt. „Als ich," sagt Büsching[1], „als ihr Prediger zu ihr (der Petri-Gemeinde) kam, fuhr einer der Kirchen-Aeltesten mit mir zu dem Vice-Präsidenten des Justiz-Collegiums der Liv-, esth- und finnländischen Sachen, stellte mich demselben vor und sagte, das ist unser neuer Pastor. Er wünschte der Gemeine und mir Glück und mehr war nicht nöthig." Seit dem Anfange des 19. Jahrh. verwandelte sich die einfache Anzeige der Wahl in eine förmliche Bestätigung. Eben so war es mit der Introduction, welche nach dem Kirchen-Reglement vom Kirchenconvent angeordnet und besorgt werden sollte. So geschah es auch im 18. Jahrh. Ohne eine Behörde darum zu fragen, oder auch nur eine Anzeige darüber zu machen, trug der Kirchenconvent beliebig einem Prediger die Einführung des neu erwählten Geistlichen in sein Amt auf. Bei Pastor Hamelmann erfolgte die Introduction auf Befehl des Justizcollegiums. Die Bestätigung des Pastors Volborth und die Anordnung, denselben zu introduciren, liegt in folgendem Befehl des Justizcollegiums an den Kirchenrath der St. Petri-Kirche vom 28. Aug. 1813. „Wann Se. Erl. der Herr Geh. Rath, Mitglied des Reichsraths, Oberverwalter der geistlichen Angelegenheiten fremder Confession, Fürst Alexan-

---

[1] Eigene Lebensgesch. p. 370.

der Nicolajewitsch Galizin auf geschehene Unterlegung dieses Collegii den vom Kirchenrath der hiesigen. evangel.-luth. St. Petri-Gemeinde zum Prediger derselben an Stelle des verstorbenen Herrn Propsten Lampe gewählten zeitherigen Herrn Hofpredigers Sr. Kais. Hoheit des verstorbenen Prinzen Georg von Holstein-Oldenburg, Dr. der Theol., Joh. Friedr. August Volborth zum Pastor bei der gedachten St. Petri-Gemeinde verordnet und diesem Collegio aufgetragen haben, die gehörige Verfügung wegen der Introduction desselben bei seiner nunmehrigen Gemeinde zu treffen, das Collegium dem zu folge auch für den Herrn Pastor Dr. Volborth das gehörige Constitutorium anfertigen lassen, den Termin zu der von dem Herrn Senior und Consistorialrath Busse zu geschehenden feierlichen Introduction desselben bei der St. Petri-Gemeinde aber auf 7. Sept. anberaumet, auch dem Herrn Pastor Hamelmann mittelst Befehls aufgetragen hat, solches am künftigen Sonntag als den 31. Aug. der St. Petri-Gemeinde von der Kanzel bekannt zu machen. Als wird solches dem Kirchenrath der St. Petri-Gemeinde bekannt gemacht."

Zu § 8 und 9. Zu unserer Gemeinde gehörten seit der Zeit ihrer Entstehung theils Officiere und Beamte, theils Kaufleute, theils Handwerker. Alle drei Stände finden wir in den ersten Kirchen-Conferenzen vertreten. Obgleich der Adel gewiß nur einen unbedeutenden Bruchtheil der Gemeinde ausmachte, wie wir dies aus den ältesten Kirchenbüchern unserer Prediger, den Tauf-, Copulations-, Communicanten- und Todtenregistern ersehen, wo bei jedem Namen der Stand angegeben ist, so bildete er doch wegen der hervorragenden Stellung seiner Mitglieder in den ersten Kirchen-Conferenzen nicht bloß die größere Anzahl, sondern hatte auch ganz entscheidenden Einfluß. Welchem Leser der Kirchenacten fallen nicht in den Jahren 1728 bis 1730 die Namen eines Herrn von Wolf, Vice-Präsidenten des Justizcollegiums, eines Etatsraths von Fick, Vice-Präsidenten des Commerzcollegiums, eines Post-Directors Asch, eines Kammerraths Glück in die Augen, Namen, welche nicht nur mit den Schöpfungen Peters d. Gr., sondern auch mit dem Entstehen und dem Wachsthum der protestantischen Kirche in Petersburg untrennlich verbunden sind. Neben diesen Männern, welche als Kirchenräthe unter der Leitung des Grafen Münnich die Kirche nach Außen vertraten, verwalteten Vorsteher aus dem Kaufmannsstande und aus den Gewerken die inneren Angelegenheiten, besonders die Geldgeschäfte. Im J. 1717 führte der Juwelier (Aurifaber) J. Gottfr. Rodentin die

Kirchenrechnungen. Die Namen der Kaufleute Peter Böhtlingk und Werner Wulffert kommen zuerst 1724 und dann noch viele Jahre lang bei der Verwaltung des Kirchenvermögens vor. Die Söhne traten in die Fußstapfen ihrer Väter. Selbst nach der großartigen Wirksamkeit und Freigebigkeit eines Stelling und eines Stegelmann, welche in der Geschichte unserer Gemeinde geradezu Epoche machend waren, werden die Namen Levin Fabian Böhtlingk, † 1800, und Werner Wulffert d. J., † 1784, als Säulen der Kirche genannt. Ueberhaupt aber hat unsere Gemeinde das Glück gehabt, eine Menge der tüchtigsten Männer aus dem Kaufmannsstande unter ihren Vertretern zu sehen, welche gerade dann ihre segensreiche Wirksamkeit entfalteten, wenn die Kirche durch große Bauten in eine scheinbar unüberwindliche Schuldenlast gestürzt schien. Das Beispiel der Wulffert und der Böhtlingk, der Stelling und der Stegelmann hat viele Nacheiferer bis in unsere Zeiten gefunden. Wer erinnert sich nicht Joh. Arn. Severin's, des Pflegesohns der Kirche, wer gedenkt nicht in unsern Tagen Anton Gütschow's, und von den Lebenden nicht zu sprechen? Diese Männer sind es, welche durch ihre Sparsamkeit und ihre Sorgfalt den öden sumpfigen Platz mit den großartigsten Gebäuden der Residenz bedeckt, welche die kleine unscheinbare Peterskirche zur ersten protestantischen Kirche Rußlands gemacht haben.

Die Beamten verschwinden seit 1730 allmälig aus dem Kirchenconvent, ihr Platz wird von den Kaufleuten besetzt, welche nun als Kirchenälteste die erste Stelle nach dem Kirchenpatron einnahmen. Kirchenvorsteher gab es noch immer aus den Gewerken, doch wurden auch sie nach und nach zurückgedrängt und seit der Mitte des 18. Jahrhunderts stillschweigend, man sagt durch den Einfluß Stegelmann's, aus dem Convent ausgeschlossen¹). Das gab böses Blut in der Gemeinde; die Gewerke, welche vieles für dieselbe gethan hatten, fühlten diese Zurücksetzung tief. Daher ihre Theilnahme für Büsching, als der nur noch aus Kaufleuten bestehende Convent zu der eigenmächtigen Behandlung desselben durch den Grafen Münnich still schwieg. Nur mit Mühe war es Pastor Büsching, der seine Sache nicht den Schwankungen von Parteiumtrieben anheim stellen wollte, bei seinem Abgang gelungen, die Ruhe für den Augenblick wieder herzustellen. Nach seiner Abreise brachen die Streitigkeiten wieder aus und erneuerte sich in höchst bedenklicher Weise, wie ich

¹) Die beiden letzten Vorsteher aus den Gewerken waren der Sattler Volgt, gewählt 1750, und nach dessen Abgang der Kuchenmeister Häfer 1753.

das oben in der Geschichte der Kirche erzählt habe¹), als der Pastor Großkreutz schon nach wenigen Monaten starb. Auf den 6. Jan. 1766 war eine Gemeindeversammlung berufen, um die Deputirten zu der bevorstehenden Predigerwahl zu ernennen. „Nachdem dieses vorgelesen worden, ermahnten Se. Erl. der Herr Gen.-Feldmarschall die anwesende Gemeine zur Ruhe und Einigkeit zu dieser wichtigen Sache und begaben sich darauf mit den Gliedern des Convents in die Kirchenstube." Sie waren kaum daselbst angekommen, als die „Professionisten" dem Convente eine Schrift zusandten, welche von dem Sattler Schönfelder, dem Uhrmacher Schloßhauer, dem Sattler Bühler, dem Gürtler Thum und dem Kürschner Schimmelpfennig (den 5 Deputirten der Gewerke bei der Wahl des Pastors Großkreutz) unterzeichnet war, und welche Folgendes enthielt. Der Kirchenconvent habe jetzt von den Professionisten die Wahl 3 neuer Deputirten verlangt, um an der Erwählung eines neuen Predigers Theil zu nehmen. Vermuthlich sei dies nach dem alten Gebrauch. „Allein da man hierin nach altem Gebrauch verfahren will, so bitten wir einen hochl. Kirchen-Convent zu überlegen, daß man auch anderweitig nach altem Gebrauche verfahren müsse, da es einem hochl. Kirchen-Convente bekannt sein wird, daß schon vom Jahr 1712 Professionisten im Kirchen-Convent einen Sitz gehabt und zu Kirchen-Vorstehern angenommen worden, bis Anno 1750 (da der sel. Herr Stegelmann Kirchenältester geworden), da es noch geblieben und zwar aus unbekannten Ursachen, worüber man billige Klagen führen muß, denn eine Gemeinde niemalen aus Kaufleuten allein bestehet. Ist es aber, daß ein hochl. Kirchen-Convent darauf bestehet, den Professionisten keinen Sitz im Kirchen-Convent einzuräumen, so wird er auch zufrieden sein müssen, was der Petri Kirche von ihnen zufließen wird, welches die wahre Ursache schon seit einigen Jahren gewesen, daß so wenig von den Professionisten eingekommen, weil man keine Reflection auf sie gemacht. Man hat gehofft bei der neuen Wahl der Kirchen-Vorsteher, daß es nach vorigem Gebrauch wieder eingerichtet werden würde, allein vergeblich, da man schon neue Vorsteher aus der Kaufmannschaft gewählt. Da nun die vorige Einrichtung wegfällt, so wußte man nicht, warum die Professionisten aus der Gemeinde ersucht werden, 3 Deputirte zu wählen, um einer neuen Predigerwahl beizutreten."

---

¹) S. 190.

Die Herren Thum und Schimmelpfennig, welche die Schrift dem Kirchen-Convent übergeben hatten, brachten ihren in der Kirche harrenden Anhängern die Antwort zurück, daß man in diesem Augenblick keinen Entscheid darüber geben könne, „1) weil dieses nicht die Absicht der heutigen Zusammenkunft wäre, sondern daß man Deputirte zur Predigerwahl ernennen wolle, 2) weil auch der ganze Convent nicht beisammen wäre und solche Sache bis zu einer andern Zusammenkunft müßte verschoben werden, und Convent verlange nur, daß die Gemeine ihre Deputirten möchte feststellen." Nach langem Ueberlegen wählten endlich die Zünfte 3 Deputirte, welche an der Sitzung des Convents 14. Jan. 1766 Theil nahmen. Man beschloß, da auch der Senior Pastor Trefurt gestorben war, die Wahl noch einige Wochen aufzuschieben. „Darauf trugen, fährt das Protocoll fort, die 3 Herren Deputirten von den Professionisten im Namen der sämmtlichen Zünfte unserer Gemeinde dem Kirchen-Convent vor: daß der jetzt versammelte Convent ihnen die versprochene Resolution auf ihre am Sonntag übergebene schriftliche Vorstellung geneigt ertheilen möchte, nämlich ob künftig aus ihnen Männer zu Kirchen-Vorstehern sollten genommen werden. Der Convent wiederholte die Versicherung, welche derselbe ihnen schon durch den Hrn. Isaack mündlich geben lassen, daß nämlich bei der künftigen Wahl neuer Vorsteher mit auf die Professionisten sollte gesehen werden." Das Versprechen des Kirchen-Convents ward in den folgenden Jahren erfüllt, wie wir aus den folgenden Actenstücken sehen. Die nächste Vacanz einer Vorsteherstelle trat am Ende des Jahres 1767 ein, als der Kaufmann Strahlborn sein Amt niederlegte. „Der Convent erinnerte sich, sagt das Protocoll 23. Dec. 1767, der Versicherung, welche vor einiger Zeit denen Gewerken von der St. Petri-Gemeinde gegeben war, daß nämlich bei sich ereignender Vorsteher-Vacanz Personen aus ihren Mitteln sollten genommen werden, und erwählete einmüthig den Maler Herrn Franz Ludwig Voigt zum neuen Kirchenvorsteher." Am 5. Jan. 1768 ward derselbe introducirt. „Die sämmtlichen Mitglieder wünschten ihm Glück und Segen, — — übertrugen ihm auch zum Zeichen ihres vollkommenen Zutrauens die Sorge und Aufsicht über das bei der Schule und Kirche vorfallende Bauwesen." Am Ende des Jahres 1768 legten wiederum 2 Kaufleute, Harber und Sievers, ihr Vorsteheramt nieder. An ihre Stelle wurden gewählt, wie das Protocoll 20. Dec. 1768 zeigt:

aus der Kaufmannschaft Joh. Friedr. Meißner,

von den Künstlern und Gewerken Joh. Forsch, ein Goldsticker.

Von da an waren nun regelmäßig von den 4 Vorstehern 2 aus dem Kaufmannsstande, 2 aus den Gewerken.

Handwerk hat einen goldenen Boden, ist ein Sprüchwort, dessen Wahrheit sich auch bei uns bewährt hat. Die deutschen Handwerker St. Petersburgs hatten sich durch Geschicklichkeit und durch Redlichkeit einen solchen Ruf erworben, daß der Russe, wenn er die Vortrefflichkeit einer Sache rühmen will, bis auf den heutigen Tag dies nicht besser auszudrücken weiß, als wenn er sagt, „es ist deutsche Arbeit." Wie mancher geschickte deutsche Handwerker, den das Glück begünstigte, dem der Ruf der Rechtlichkeit folgte, hat sein Geschäft so weit ausgedehnt, daß die engen Wände der Werkstätte sich nach und nach zu den weiten Räumen einer Fabrik erweiterten, daß er, der anfangs von seiner Hände Arbeit lebte, später Dutzende von Arbeitern beschäftigte! Die Folge der Wohlhabenheit war das Streben nach größerer Bildung für ihre Kinder, zu deren Erwerbung unsere Schule die beste Gelegenheit darbot. Wie mancher tüchtige Kaufmann, wie mancher brauchbare Beamter, dessen Eltern dem Handwerkerstande angehörten, ist nicht aus den Classen derselben hervorgegangen! Je wohlhabender und gebildeter aber die Handwerker, Künstler und Fabrikanten wurden, je mehr sie sich zur Schule und Kirche hingezogen fühlten, desto schmerzlicher empfanden sie es, daß sie nicht als Gleichberechtigte mit den Kaufleuten an der Verwaltung der Gemeindeangelegenheiten Theil nehmen, daß sie durch ihren Stand von dem ehrenvollen Amt der Kirchenältesten ausgeschlossen waren. Daher wandte sich Gottfr. Simon Günther, das Haupt der deutschen Aemter, am 7. Nov. 1800 mit folgendem Schreiben an den Kirchenrath. „Die Mitglieder der St. Petri-Gemeinde zeichnen sich seit langer Zeit durch Liebe und Eintracht aus, und gewiß gelang es ihr dahero vorzüglich, große und allgemein nützliche Unternehmungen muthvoll zu unternehmen und glücklich zu Stande zu bringen. — — Um für kommende Zeiten und Vorfälle die ganze Gemeinde noch sicherer und fester an einander zu knüpfen, wünschen sämmtliche Mitglieder dieser Gemeinde von den Künstlern und Zünften, daß auch aus ihren Gliedern, eben so wie aus der Kaufmannschaft, 4 Personen als Aelteste im Kirchenrath Sitz und Stimme haben mögen, da gewiß der zahlreichste Theil der St. Petri-Gemeinde aus Gliedern der Gewerke besteht und zur Unterhaltung der Kirche und Schule jederzeit das Ihrige treu beigetragen, und bei allen Diensten der Gemeinde als Vorsteher besonders gebraucht worden. Die Glieder der Zünfte, die sich zu den übrigen luth. Gemeinden bekennen, haben dieses Recht schon lange mit der Kaufmannschaft und andern Ständen gemeinschaftlich. Sollten die Glieder der Gewerke bei der St. Petri-Gemeinde also wohl nöthig haben, ein gleiches Recht erst durch einen harten Kampf sich zu erringen? Unser vielgeliebter Herr Pastor Lampe prägte in der vergangenen Sonntagspredigt der Gemeinde die Worte ein, „zanket nicht auf dem Wege des Lebens zur Ewigkeit," und um so mehr hoffen alle Glieder dieser Gemeinde von den Künstlern und Aemtern, daß auch sie bei gleichen Lasten gleiche Rechte in dieser Gemeinde erwarten dürfen, und gewiß wird dadurch, daß eben so viele Personen aus den Zünften als aus der Kaufmannschaft im Kirchenrathe sich befinden, manchen unanständigen Reden glücklich vorgebeugt, und das gemeinschaftliche Beste der Kirche und Schule einmüthiger betrieben und eifriger erhalten werden."

Der Kirchenrath versprach, den Vorschlag in der ersten Sitzung in Ueberlegung zu ziehen und seinen Entschluß schriftlich mitzutheilen. Am 6. Dec. 1800 beschloß er, „dem Herrn Günther die Proposition zu machen, daß der Kirchenrath dadurch seine Bitte zu erfüllen hoffe, wenn zwei tüchtige Subjecta zu Kirchenältesten gewählt wurden, die schon als Kirchen-Vorsteher der Kirche ihren patriotischen Eifer bewiesen." Am 11. Jan. 1801 faßte der Kirchenrath den förmlichen Beschluß, daß, obgleich die Zahl der Personen des Kirchenraths (nach Ausschließung der Prediger) auf 10 bestimmt sei, man doch darüber hinaus noch 2 Kirchenälteste aus den Künstlern und Gewerken annehmen und deßhalb einen Zusatz zum Kirchen-Reglement machen wolle. Ob und wann der Kirchenrath diesen Zusatz gesetzlich gemacht habe, findet sich nicht, denn derselbe mußte von der Gemeinde durch ihre in Urwahlen ernannten Vertreter, die Deputirten, bestätigt werden, um als Grundgesetz Kraft zu erhalten. Wahrscheinlich ist dies nach dem Tode des Pastors Wolff von den zur Wahl seines Nachfolgers ernannten Deputirten geschehen. Die Zünfte, denen es eben so sehr um Anerkennung ihrer Rechte als um Aufrechterhaltung des Friedens in der Gemeinde zu thun war, nahmen diesen Vorschlag an und so wurden denn am 2. May 1801 aus den vom Amtspatron vorgeschlagenen 4 Personen der Maler Voigt und der Sattler Stuhlmann zu Kirchenältesten erwählt.

Zugleich aber glaubte der Kirchenrath noch gegen einen andern

Stand die Pflicht der Billigkeit erfüllen zu müssen, gegen den Civilstand, der mit den Jahren immer zahlreicher in unserer Gemeinde geworden war. Es sollten 2 Kirchenälteste aus demselben ernannt werden. Um aber die Zahl der Kirchenältesten nicht noch weiter zu vermehren, beschloß man, daß die ersten beiden erledigten, bisher mit Kaufleuten besetzten, Stellen an Civilbeamte gegeben werden sollten. Der erste Kirchenälteste aus diesem Stande ist der Director Hofrath Weiße, welcher 12. März 1801 die Stelle des zur Catharinengemeinde übergegangenen Kirchenältesten Bach erhielt, und dessen Nachfolger 1805 der Akademiker v. Adelung war, der zweite ist der Staatsrath und Doctor med. von Lerche, welcher an die Stelle des verstorbenen Joh. Arn. Severin 8. Okt. 1802 erwählt wurde. Die Theilnahme der Beamten am Kirchenrath wurde von der Gemeinde 1813 bestätigt. „Da der Kirchenrath den Zeitumständen gemäß und der Natur seiner Geschäfte zuträglich gefunden, außerdem nach dem Kirchenreglement bestimmten Gliedern auch noch zwei Mitglieder aus dem Civilstande zu wählen, und diese Wahl auch dem darüber gefaßten Beschlusse zufolge seit dem 12. März 1801 regelmäßig Statt gefunden, als bis jetzt noch nicht die feierliche Bestätigung der Gemeinde gefunden hat, so wurde die Gelegenheit der zu einer Predigerwahl (nach dem Tode des Pastors Lampe) versammelten Deputirten benutzt, um dieser, dem Wohl der Gemeinde ersprießlichen Einrichtung eine gesetzliche Sanction zu ertheilen, welches die genannten Deputirten hiedurch mit ihrer Namensunterschrift thun. Den 16. Aug. 1813." So saßen denn im Kirchenrath 6 Kirchenälteste, 2 aus dem Civilstande oder Adel, 2 aus dem Kaufmannsstande, 2 aus den Zünften.

Es waren nun im Laufe der Zeit an dem Kirchen-Reglement von 1748 so viele Verbesserungen und Umänderungen gemacht, daß der Kirchenrath am Ende des Jahres 1802 eine förmliche Umarbeitung desselben beschloß. Abschriften des Reglements circulirten, und jedes Mitglied des Kirchenraths sollte auf einem besonderen Papier seine Bemerkungen machen. Es haben sich die Bemerkungen des Kirchenpatrons Geh. Raths v. Gerhard erhalten, welche, wie folgt, lauten:

„Unmaßgebliche Zusätze für das Reglement der St. Petri Kirche und Schule.

„ad § 1 a) Ist nun schon festgesetzt, daß der gewöhnliche Kirchenconvent jeden ersten Mittwoch des folgenden Monats zusammenkomme, aber auch extra, so oft es die Nothwendigkeit erforderte.

„b) Ob Conventus nicht für gut finde, mit dem noch existirenden

Kirchen-Patron in der Person des wirklichen Herrn Geheimen Raths Grafen von Sievers in dieser Angelegenheit zu correspondiren; ihm eine Copie des gegenwärtigen Reglements zu überschicken und ihn um sein Gutachten über jeden § zu bitten?

„c) Ich sehe die Ursache nicht für so wichtig ein, warum die Herrn Pastores von der Versammlung des Kirchenconvents ferner sollten ausgeschlossen sein, da ihr Amt eine so nahe Verbindung mit der Kirche und den Schulangelegenheiten hat. Ob ihre Vota positive oder negative betrachtet werden sollen, überlasse ich dem Convent.

„ad § 2. Was ich zuvor sub articulo b) angeführet, gehöret meines Erachtens auch zu diesem §.

„ad § 3. Da der Herr Director und Hofrath Weisse von der Petri-Schule das Protocoll in dem Convent bisher geführet hat, so fragt sich, ob er noch fernerhin diese Function beibehalten wolle?

„ad § 4. Ob über dies, was der vorige § enthält, und wenn der Herr Hofrath diese Mühe nicht beibehalten will, nicht ein oder Andere von den dermaligen Mitgliedern des Convents, weil es wenige Mühe erfordert, diese übernehmen, und zu dem Ende ihm ein zuschließender Kasten angeschafft werden sollte?

„ad § 5. a & b.) Sie sollen über ihre Geburt und Vaterstadt wegen, und wo sie studirt haben, sich legitimiren, damit man kein Subjectum bekommet, wie die Königin in Portugal zu ihrem Beichtvater hatte.

„c) Hierzu ist wohl die Versammlung des Convents anfangs nöthig.

„d. e & f.) Der Tag der Probepredigten wird zuvor von der Kanzel bekannt gemacht werden müssen.

„k) Die Ordination, glaube ich, sollte in diesem Fall in der Petri-Kirche vollzogen werden.

„n) Im Fall einer Vocation eines schon ordinirten Subjecti, so wird der Punkt wohl größtentheils in Ansehung der Veränderung dessen von den personal und local-Umständen abhängen.

„Was die Schul-Collegen und andere nöthige personale und ihre Pflicht und Schuldigkeit betrifft, dazu wird der Herr Hofrath Weisse die besten Vorschläge geben können; er, der schon so lange die Schule dirigiret, die Mängel am besten kennet, und wo Verbesserungen nöthig sind, wann und wie solche eingeführt und vorgenommen werden sollten.

„ad § 6. Kann meines Erachtens ohne Veränderung oder Zusatz verbleiben.

„ad § 7. Es sollte, so wie ich denke, die Pflicht des ganzen Convents, doch wenigstens der 4 Aeltesten, Vorsteher, die Kirchen-Patrone und Geistlichkeit nicht ausgenommen sein, nicht nur monatweise, sondern öfters die Schule zu besuchen, doch ohne gewisse Tage zu bestimmen; so daß wahrscheinlich wenige Tage vergehen könnten, wo nicht Lehrer und Lernende vermuthen müßten, überrascht zu werden. Die Herrn Pastores würden zumal am wenigsten dadurch belästiget, weil Sie so nahe wohnen; denn hier gilt das Sprichwort: des Herrn Auge macht das Pferd fett! Entdecket Ein oder Anderer Unordnung oder Mängel, so thut man wohl, wenn man sie nicht in der Classe rüget, wohl aber dem Convent monatlich mittheilet. Dieser § aber gehet wohl ins besondere den neu angestellten Herrn Inspector an, dessen tägliche Aufsicht ein Beruf mit sich bringet.

„ad § 8. Es kann sich der Fall ereignen, daß das Kirchen-Patronat nicht genugsame Bekanntschaft unter der Gemeine hat; in solchem Falle müssen die Glieder des Convents mit zu Rath gezogen werden, um würdige Mitglieder statt der Abgehenden zu erwählen.

„ad § 10. Dieser § scheinet mir hinlänglich bestimmt zu sein? und da man an der Rechtschaffenheit dieser 4 Glieder nicht zweifelt, so kann er auch ohne Zusatz bleiben. Der einzige Umstand, wegen der Unterstützung der Hausarmen, könnte vielleicht, neben den Attestaten der Herrn Pastoren, von jenen noch eine anderweitige Nachricht ihrer wirklichen Bedürftigkeit wegen, zu sammeln nicht unschädlich sein.

„ad § 11. Da dieser § alles enthält, was vor Abgang eines Mitgliedes, welche das Rechnungswesen unter Händen hatte, von ihnen verlanget und erfüllt werden wird, so ist auch meines Erachtens allhier weiter nichts zu erinnern oder beizufügen.

„ad § 12. Die Gerechtsame und das Ansehen, so sich der Kirchenconvent in diesem letzten § vorbehält, stimmet mit der Billig- und Nothwendigkeit völlig überein. Nur allein wegen des schon vor so vielen Jahren resolvirten Ausschlusses unserer Geistlichkeit aus dem Kirchenconvent ist die Frage, ob es dabei sein Verbleiben haben solle, und bin der Meinung, die ich in § primo angeführet habe. Es ist wohl möglich, daß zu jener Zeit eine andere Ursache mag obgewaltet haben?

„Ueber dasjenige, was ich bereits angemerkt habe, muß ich noch eines Umstandes gedenken, welchen ich jedesmal bei dem Ausgang aus dem Gotteshause wahrgenommen habe, wie nämlich die größte

Anzahl der Ausgehenden, ja manche eben nicht so Dürftige, das Gedränge benutzen, und die Opferbüchse kaltblütig vorbeigehen. Ich überlasse es dem Gutachten des Convents, welches das beste Mittel wäre, den Zufluß der Opferbüchse zu vermehren, ohne es sonderlich auffallend zu machen, oder uns einer unbekannten Neuerung schuldig zu machen. Ein in so vielen Orten eingeführter Klingebeutel sollte meines Erachtens gute Dienste thun. Ja wenn auch der Convent in etwas dabei critisiret werden sollte, so könnten wir dabei denken, wie derrinßen Einer predigte: Gebt Ihr nur die Pfennige her, Gott wird die Welt schon strafen."

Der Director, Hofrath v. Weiße unterzog sich 1802 der Mühe, den Entwurf zu einem neuen Reglement mit Zugrundlegung des alten und Hineinfügung der Supplemente zu machen. Ich theile denselben, obgleich er eigentlich nie gesetzliche Kraft erhalten, hier mit.

Kurze Geschichte der Kirche.

„Die St. Petri-Gemeinde hat mit der Kaiserstadt St. Petersburg fast ein gleiches Alter. Denn schon im Jahre 1704 erhielten die Lutheraner, die sich bei der Erbauung der Stadt niedergelassen hatten, durch die Gnade des Kaisers, Peter des Ersten, in einer der vier Häuserreihen an dem mitten durch die Festung geführten Kanale eine kleine hölzerne Kirche, die auch eine Glocke zum Geläute hatte. Doch weil an diesem Orte keine Wohnhäuser mehr stehen sollten, wurde auch diese Kirche bald wieder abgebrochen. Nun versammelte sich die noch immer sehr kleine Gemeine, zur öffentlichen Gottesverehrung in der neu angelegten Vorstadt auf der Admiralitätsinsel, in dem Hause des Viceadmirals, Herrn Cornelius Cruys, bis zum Jahr 1708, zu welcher Zeit dieser erste Patron der Gemeine auf dem zu seinem Hause gehörigen geräumigen Hofe eine hölzerne Kirche bauen ließ. Die Zeit des Gottesdienstes wurde durch Aufziehen der gewöhnlichen weißen Flagge des Viceadmirals mit einem blauen Kreuze den Mitgliedern der Gemeine angezeigt. Lutheraner und Reformirte besuchten diese Kirche, oder vielmehr die Letztern wohnten der Gottesverehrung der Lutheraner bei und trugen auch die sie betreffenden kirchlichen Geschäfte dem lutherischen Prediger auf, doch durch den schnellen Zuwachs der Bewohner der neuen Stadt, besonders nach dem Jahre 1721, wurde der Bezirk der Kirche für die Mitglieder der lutherischen Gemeine zu eng und es wurde daher beschlossen, eine neue größere Kirche von Stein zu bauen. Der damalige Admiral Crupe, der zum Besten dieser Gemeine schon so viel gethan hatte, war 1726 auch bereit, den zu dieser Kirche erforderlichen Platz auf seinem geräumigen Hofe abzutreten; allein sein Tod, der 1727 erfolgte, verhinderte die Gemeine, von seiner Bereitwilligkeit Gebrauch zu machen.

„Die Gemeine erwählte nun zu ihrem Patron, den damaligen kaiserlichen General en Chef, Grafen Burchard Christoph von Münnich, und durch seine Vorsorge erhielt sie von dem Kaiser Peter dem Zweiten den Platz, den sie gegenwärtig besitzt und der ihr 1728 auf Seinen Befehl von der Canzlei des General-Polizeimeisters angewiesen wurde. Man fing auch schon in diesem Jahre den Bau an, und der Grundstein wurde am 29. Juni, am Petri- und Pauls-Tage gelegt, und nach diesem Tage nannte man die Kirche die St. Petri- und Paulskirche. Der letzte Name verlor sich indessen nach und nach, und jetzt nennt man sie seit vielen Jahren bloß die St. Petrikirche. Diese Kirche wurde im Jahr 1730 eingeweiht.

„Die beiden Predigerhäuser nebst den daran stoßenden Gebäuden in der großen Perspective sind in den Jahren 1747 bis 1752 aufgeführt worden. Der Grundbrief oder die Dannaja über den ganzen Kirchenplatz wurde von der Polizei erst im Jahre 1756 den 27. August ausgefertigt.

„Im Jahre 1760 den 11. Mai, wurde der Grundstein zu dem großen Schulgebäude gelegt und 1762 den 16. November wurden die Klassen der Schule durch den damaligen Director, Pastor Büsching, eröffnet. Mit diesem Schulgebäude wurden zu gleicher Zeit die kleinen steinernen Häuser in den beiden Stallstraßen, wie auch die steinernen Thore und Mauern, durch welche man aus der Perspective den Hauptgang zu der Kirche hat, erbaut; auch legte man die neuen Steinwege auf beiden Seiten nach der Länge des Kirchenplatzes an.

„Im Jahre 1764 den 31. Januar wurde die Kirche und Schule mit einem Privilegio von der Kaiserin Catharina der Zweiten glorreichen Andenkens huldreichst beschenkt.

„Im Jahre 1793 fing man an, das große steinerne Gebäude in der neuen Stallstraße aufzuführen, und 1799 wurde auf dem Hauptschulgebäude ein drittes Stockwerk und nach der Seite der alten Stallstraße die Reihe der Remisen aufgeführt.

„Der Weg nach dem Brodtfeldschen Gottesacker wurde im Jahre 1800 gepflastert und im folgenden Jahre 1801 wurde eine große

Reparatur sowohl mit der Wohnung des Kuhlengräbers als mit dem Platze des Gottesackers unternommen und beendigt.

„Anmerkung. Die besondern Umstände von allem vorhergehenden findet man in Büsching's Geschichte der evangelisch-lutherischen Gemeine im russischen Reiche und in Grot's Bemerkungen über die Religionsfreiheit der Ausländer im russischen Reiche. Auch können die Protocolle der Kirche und andre im Archiv der Kirche befindliche Schriften zu Rathe gezogen werden.

„Alle Mühwaltung, sowohl bei dem Bau der Kirche als bei andern Verrichtungen zum allgemeinen Besten der Gemeine, ist von jeher einem Convente, welcher die ganze Gemeine vorstellt, überlassen und von ihm besorgt worden. Doch hat dieser Convent bis zum Jahre 1748 keine schriftliche Vorschrift für seine innere Einrichtung und seine Handlungsweise gehabt. Erst in diesem so ebgenannten Jahre wurde die Gemeine zusammenberufen, aus derselben einige ansehnliche Glieder deputirt und von ihnen gemeinschaftlich ein schriftliches Kirchenreglement festgesetzt und durch eigenhändige Unterschrift als eine Norm für die Zukunft bestätigt. Doch wurde in den letzten Paragraphen dieses Kirchenreglements gesagt: „daß der Kirchenconvent in der folgenden Zeit nach Umständen zwar einen und den andern Punkt verändern, oder neue Punkte hinzufügen, aber nie dieses entworfene Kirchenreglement ganz aufheben könne."

„Diesem Paragraphe zufolge wurden daher in den Jahren 1766 und 1801 Supplemente zu dem Kirchenreglement gemacht. Da durch die Länge der Zeit aber die Angelegenheiten der Gemeine, sowohl durch die starke Vermehrung der Kirchengebäude, als durch die Vergrößerung der Schule, mehrere Sorgfalt und Mühwaltung erfordern, als ehedem, so fühlte man schon lange, daß im Ganzen ein bestimmtes Kirchenreglement nothwendig sei. So sehr man auch die gute Absicht und den redlichen Eifer der ersten Verfasser desselben schätzt und so sehr man überzeugt ist, daß der Hauptinhalt desselben unwandelbar sein müsse; so fand man es doch für unsere Zeiten zweckmäßig, das ganze Kirchenreglement umzuarbeiten und die folgenden Paragraphe nicht nur von allen Gliedern des Kirchenraths (der Name Convent wurde aus Besorgniß einer Mißdeutung vor einigen Jahren gegen die Benennung Kirchenrath vertauscht) sondern auch von den Deputirten der Gemeine, nachdem alles reiflich überlegt worden ist, als eine Vorschrift, nach welcher die Angelegenheiten der St.

Petri-Gemeine zu besorgen sind, zu bestätigen und eigenhändig zu unterschreiben.

Personal des Kirchenraths.
§ 1.

„Der Kirchenrath der evangelisch-lutherischen Gemeine der St. Petri-Kirche soll aus nachfolgenden zwölf Personen bestehen: Zwei Patronen, sechs Aeltesten und vier Vorstehern.

Hauptzweck des Kirchenraths.
§ 2.

„Die zwölf Personen stellen die ganze Gemeine vor und ihnen gemeinschaftlich liegt es ob, alle kirchliche Angelegenheiten, als Besetzung und Besoldung aller Kirchen- und Schulämter, Bau und Unterhalt der Kirche, der Schule und sämmtlicher anderer Gebäude mit Einschluß des der Kirche gehörigen Begräbnißplatzes, ferner die Quelle und Verwaltung aller Einkünfte mit unverdrossenem Eifer und der strengsten Gewissenhaftigkeit zu besorgen, alles Nachtheilige, so viel nur immer möglich, zu entfernen, und Ordnung und Wohlstand der Gemeine zu erhalten und zu vermehren.

§ 3.

„Wenn irgend eine Stelle von diesen zwölf Personen, es sei nun durch Niederlegung des Amts oder durch einen Todesfall leer wird, so werden von den Gliedern des Kirchenraths mehrere Personen in Vorschlag gebracht. Doch können nur drei von diesen Vorgeschlagenen auf die Wahl kommen, und der Person, welche die Mehrheit der Stimmen enthält, wird das erledigte Amt angetragen.

Von den Patronen.
§ 4.

„Zum Patrone der Gemeine soll man einen Mann wählen, der sich zu der Gemeine der St. Petri-Kirche hält, der durch seine Verdienste um den Staat, wie durch seine Religiosität gleich ehrwürdig ist, und der wenigstens den Rang eines Generalmajors oder wirklichen Etatsraths hat. Ist er von einem höheren Range und folglich von mehrem Ansehen bei Hofe, so ist es für die Gemeine um so vortheilhafter, weil er dann im nöthigen Falle die Angelegenheiten der Gemeine unmittelbar vor den Thron bringen kann.

§ 5.

„Wenn beide Patrone gegenwärtig sind, so hat der, welcher der Wahl nach der Aelteste ist, den Vorsitz. In Abwesenheit oder Krankheit des Einen von ihnen präsidirt der Andere. Sollte aber der Fall eintreten, daß beide fehlten, so übernimmt der gegenwärtige älteste Aeltester den Vorsitz. Jedoch muß in diesem letztern Falle, den abwesenden Patronen mündlich oder schriftlich Nachricht ertheilt werden, sobald sehr wichtige Angelegenheiten verhandelt oder beschlossen worden sind.

§ 6.

„Die Würde eines Kirchenpatrons ist auf Lebenszeit. Sollten aber beide Patrone den Ort ihrer Wohnung außerhalb St. Petersburg auf immer genommen haben, so muß ein neuer Patron, der gegenwärtig sein kann, gewählt werden. Die Abwesenden bleiben aber Patrone der Gemeine, so lange sie leben, oder bis sie ihr Amt niederzulegen für gut finden.

§ 7.

„Zu den sechs Aeltesten der Gemeine, sollen ein für allemal zwei aus dem Civilstande, zwei aus der Handlung und zwei aus den Gewerken gewählt werden.

§ 8.

„Da die Aeltesten der Gemeine auf ihre ganze Lebenszeit (es sei denn, daß sie den Ort ihres Aufenthalts veränderten, oder eine andere wichtige Ursache hätten, ihr Amt niederzulegen) angestellt werden, so soll man mit aller Vorsicht und Behutsamkeit bei ihrer Wahl zu Werke gehen." Es müssen Männer von unbescholtenem Namen und Wandel sein; Männer, welche in der Gemeine und im Publicum Liebe und Achtung besitzen und allgemein als großmüthige und für jedes Gute und Edle als eifrige und betriebsame Bürger anerkannt werden.

§ 9.

Damit der in § 2 bestimmte Zweck des Kirchenraths leichter und sicherer erreicht werden möge, und nie durch Krankheit oder Tod einer Stockung bei irgend einer Angelegenheit entstehen könne, wie dieses leicht der Fall da ist, wo nur Eine Person die Verwaltung hat: so hat man die besondere Besorgung einzelner Angelegenheiten unter sämmtliche Aelteste und Vorsteher zu vertheilen für gut erachtet.

§ 10.

„Es sollen daher zwei Aelteste, die durch ihre Kenntnisse in Sprachen und Wissenschaften bekannt sind, die Schule als ihre besondere Angelegenheit ansehn, wenigstens einmal im Monate sie besuchen und ihre Bemerkungen dem versammelten Kirchenrathe mittheilen.

„Ein dritter Aeltester soll mit dem Protocollisten gemeinschaftlich die Anordnung und Aufsicht des Kirchenarchivs übernehmen und dafür Sorge tragen, daß alle Bücher, Schriften und was sonst im Archiv zu verwahren sein sollte, in guter Ordnung und in einem solchen Zustande sich befinden, daß jedes Stück leicht zu finden sei.

„Ein vierter Aeltester soll mit einem Vorsteher gemeinschaftlich die Bücher über die Einnahme und Ausgabe zu seiner besondern Angelegenheit machen, und obgleich der Vorsteher allein diese Bücher führen wird, so soll doch der Aelteste so genau mit ihnen bekannt sein, als der Vorsteher.

„Ein fünfter Aeltester soll ebenfalls mit einem Vorsteher gemeinschaftlich die Einnahme der Gelder aus den Büchsen und die Vertheilung derselben unter die Armen zu besorgen haben. Ihnen gemeinschaftlich liegt es besonders ob, darauf zu sehen, daß kein Unwürdiger in die Zahl der Armen aufgenommen oder geduldet werde.

„Ein sechster Aeltester soll mit zwei Vorstehern die Aufsicht über alle der Kirche gehörigen Gebäude führen und zwar nach der Vorschrift, wie es weiter unter § 13 wird gesagt werden.

Von den Vorstehern.
§ 11.

„Zu den vier Vorstehern der Gemeine sollen zwei aus der Handlung und zwei aus den Gewerken gewählt werden. Bei der Wahl derselben soll man mit gleicher Vorsicht und gleicher Rücksicht, als § 8 bei der Wahl der Aeltesten angemerkt worden, zu Werke gehen.

§ 12.

„Jeder Vorsteher soll wenigstens drei Jahre sein Amt verwalten, und bei der Niederlegung seines Amts muß er alles, was er unter Händen gehabt hat, im Kirchenrathe abgeben. Der Kirchenrath wird aber im Namen der Gemeine es dankvoll erkennen, wenn ein eifriger und thätiger Vorsteher fünf Jahre oder noch länger in seiner ihm bestimmten Stelle bleibt, und bei der Besetzung der Stelle eines Aeltesten soll auf einen solchen um die Gemeine verdienten Vorsteher besondere Rücksicht genommen werden.

§ 13.

„Obgleich § 10 schon im Allgemeinen von den Pflichten der Vorsteher geredet worden ist, so soll doch hier insbesondere gehandelt werden.

„Ein Vorsteher, der wohl am besten aus der Handlung gewählt werden kann, soll alle Einnahme und Ausgabe (die Einnahme und Ausgabe der Armengelder abgerechnet) unter besondern Rubriken zu Buch bringen mit Zuziehung des dazu bestimmten Aeltesten. Bei jedesmaliger Versammlung des Kirchenraths soll das Cassebuch auf dem Tische liegen, damit man im erforderlichen Falle gleich nachschlagen, oder auch jedes Glied des Kirchenraths nach seinem Gutbefinden etwas nachsehen könne.

„Ein zweiter Vorsteher, der ebenfalls am besten aus der Handlung sein wird, soll gemeinschaftlich mit einem Aeltesten, Rechnung über die Einnahme und Ausgabe der Armengelder führen. Gemeinschaftlich eröffnen sie die für Arme bestimmten Geldbüchsen, zählen die darin enthaltenen Summen, und sorgen dafür, daß jede Summe ins gehörige Buch eingetragen werde. Jede Person, die an der Armencasse Theil zu nehmen wünscht, muß mit dem von irgend einem Prediger erhaltenen Zeugnisse der Armuth bei diesem Vorsteher sich melden, der sie, nachdem er mit dem Aeltesten sich genau nach ihrer Lebensart erkundigt hat, in der Versammlung des Kirchenraths zur Aufnahme vorschlägt, oder noch besser sie gleich persönlich vorstellt, damit jedes Glied sie kennen lerne.

„Ein dritter und vierter Vorsteher haben in Verbindung mit Einem Aeltesten die Aufsicht über alle der Kirche gehörigen Gebäude. Sie wachen über den Oekonomen, damit er alles, was ihm nach seiner Instruction obliegt, pünktlich erfülle. Sie werden daher von Zeit zu Zeit, sowie der ihnen zugesellte Aelteste, alle Gebäude mit Einschluß des Gottesackers besuchen, um hernach aus eigner Ansicht im Kirchenrathe berichten zu können, ob etwas zu repariren oder neu zu bauen nothwendig sei. Alle Reparaturen oder neu anzulegenden Gebäude aber können nie eher unternommen und angefangen werden, als bis der versammelte Kirchenrath seine Einwilligung dazu gegeben hat.

„Jeder Bau und jede Reparatur wird nach der Wichtigkeit entweder der speciellen Aufsicht des Oeconomen oder eines Architecten übergeben. Während des Baues kommen diese beiden Vorsteher mit ihrem Aeltesten an einem bestimmten Tage jede Woche zusammen, wozu sie auch den Architecten und Oeconomen ziehen können, um alles gleich zu reguliren und die gehörigen Geldausgaben in Ordnung zu bringen.

§ 14.

„An den hohen Festtagen, wo von der versammelten Gemeine zum Besten der Armen etwas gegeben wird, erwartet man von den vier Vorstehern, daß sie gleich nach gesprochenem Segen am Altar, entweder in den Vorhäusern der Kirche, oder innerhalb der Kirche in den Gängen zu den drei Thüren das, was die Freigebigkeit den Armen bestimmt, auf Tellern in Empfang nehmen und hernach in dazu bestimmte Büchsen verwahren werden. An den gewöhnlichen Tagen der öffentlichen Gottesverehrung stehen vor den Kirchthüren bloß Büchsen mit der Ueberschrift: Zur Unterhaltung des Gotteshauses und der Schule.

§ 15.

„Die vier Vorsteher theilen sich am Schlusse eines jeden Jahres in zwei Theile, und jeder Theil fährt im Anfange eines Jahres nach der von ihm übernommenen Gegend der Stadt um die jährlichen Beiträge zu den Einkünften der Kirche zu sammeln. Sie nehmen dazu eigene zu dieser Collecte bestimmte Bücher mit, in welche jeder Geber seinen Beitrag einschreiben kann.

„Wenn die Vorsteher keine eigene Pferde halten oder sie in dieser Angelegenheit nicht gebrauchen wollen, so wird ihnen die Equipage, so wie sie es der Kirche berechnen, wieder erstattet.

Allgemeine Gesetze.

§ 16.

„Alle Glieder des Kirchenraths müssen, des guten Beispiels wegen, es sich zur vorzüglichen Pflicht machen, den öffentlichen Gottesdienst nie ohne Noth zu verabsäumen, besonders an hohen Festtagen oder an besonderen feierlichen Tagen, wo die Gemeine zur öffentlichen Gottesverehrung sich versammelt.

§ 17.

„Jede Veränderung im Personale des Kirchenraths wird den beiden Herrn Predigern gemeldet, damit sie am nächsten Sonntage der versammelten Gemeine von der Kanzel bekannt machen können sowohl die Person, welche abgegangen, als die, welche durch die Wahl des Kirchenraths wieder in die Stelle getreten ist.

§ 18.

„Ehe die Vorsteher im Anfange des Jahres die milden Beiträge einzusammeln anfangen, werden die Prediger ersucht, von der Kanzel die Gemeine zur Freigebigkeit zu ermahnen. Dieses muß von den Predigern auch an hohen Festtagen geschehn, wo man bei dem Ausgange aus der Kirche für die Armen der Gemeine sammelt.

§ 19.

„Der zweite Mittwoch in jedem Monate wird für die gewöhnliche Versammlung des Kirchenraths bestimmt. Außerordentliche Versammlungen können und müssen so oft gehalten werden, als die kirchlichen Angelegenheiten es erfordern. Doch soll vor jeder Versammlung, wenigstens den Tag vorher, jedem Gliede durch einen Boten schriftlich angezeigt werden, ob eine Versammlung und zu welcher Stunde statt haben werde, oder ob Hindernisse in den Weg getreten sind, und jedes Glied ist verbunden, schriftlich zu melden, ob es erscheinen könne oder nicht. Im letztern Falle wird es immer gut sein, wenn es seine Stimme irgend einem andern gegenwärtigen Gliede aufträgt.

§ 20.

„Die Vorschläge oder Berichte, die in der Versammlung bekannt zu machen und zu überlegen sind, werden dem vorsitzenden Gliede entweder vor der Versammlung schriftlich zugestellt, oder das vorsitzende Glied nimmt sie von jedem Mitgliede während der Versammlung mündlich an. Doch damit nicht Einer dem Andern vorgreife, wodurch Unordnung und Zeitverlust entsteht, so frägt das vorsitzende Glied, nachdem es das Seinige vorgetragen, erst den zweiten Patron, dann die Aeltesten und endlich die Vorsteher und zwar nach ihrem Alter im Amte, ob sie etwas vorzutragen haben.

§ 21.

„Derjenige, der etwas vorzutragen hat, faßt sich kurz und deutlich, und die übrigen Glieder hören zu und vermeiden sorgfältig alles, wodurch die Aufmerksamkeit gestört werden könnte. Bevor nicht ein Vorschlag oder Bericht so weit beendigt ist, daß das Protocoll darüber geführt werden kann, darf nichts anderes vorgenommen werden. Sollten aber der Vorschläge oder Berichte so viel sein, daß sie aus Mangel der Zeit nicht alle in einer Versammlung vorkommen könnten, so müssen sie bis zur nächsten Versammlung ausgesetzt bleiben. Sind sie aber so wichtig, daß sie keinen Aufschub leiden, so muß der, welcher sie zu machen hat, am Ende der Versammlung auf eine außerordentliche Zusammenkunft antragen.

§ 22.

„Jeder Vorschlag kann erst dann als ein Beschluß des Kirchenraths angesehen werden, wenn er von allen, oder doch den mehrsten Gliedern genehmigt worden ist. In dieser Absicht läßt sich das vorsitzende Glied die Stimmen einzeln entweder mündlich oder in wichtigen Angelegenheiten durch's Ballotement geben, und fügt dann seine eigne Stimme hinzu. Das, wofür die mehrsten Glieder gestimmt haben, wird als Beschluß ins Protocoll niedergeschrieben, und alle Glieder des Kirchenraths, sie mögen gegenwärtig oder abwesend sein, sind verbunden, diesen Beschluß anzunehmen, ihn zu befolgen und eben deshalb das Protocoll mit ihrem Namen eigenhändig zu unterschreiben. Doch bleibt es jedem Gliede unverwehrt, seine entgegengesetzte Meinung, als eine Clausel, bei dem Protocoll hinzufügen zu lassen.

§ 23.

„Um eine gewisse Ordnung bei allen Unterschriften sowohl des Protocolls als ausgestellter Obligationen u. s. w. zu beobachten, so unterschreiben zuerst die Patrone, dann die Aeltesten und zuletzt die Vorsteher, und zwar alle nach dem Alter, wie sie ihre Stellen im Kirchenrathe erhalten und angenommen haben.

Vorzüge der Patrone, Aeltesten und Vorsteher.

§ 24.

„Da sämmtliche Glieder des Kirchenraths unentgeltlich bloß aus Eifer und Liebe für ihre Religionsverwandten ihre Stellen übernehmen und so manche Stunde ihren anderweitigen Geschäften entziehn, um für das Wohl der Gemeine zu sorgen, so ist es recht und billig, daß ihnen von der Gemeine irgend eine Auszeichnung zugestanden werde.

§ 25.

„Die Patrone der Gemeine sollen daher ihren eignen Sitz in der Kirche haben und bei dem Tode eines Patrons soll dieser Stuhl und die Stühle der Aeltesten und Vorsteher mit schwarzem Boi einen Monat lang oder vier auf einander folgende Sonntage beschlagen oder behangen sein.

§ 26.

„Die Aeltesten und Vorsteher sollen auch ihre eignen Sitze haben und bei dem Tode eines Aeltesten sollen diese Stühle drei auf einander folgende Sonntage und bei dem Tode eines Vorstehers zwei auf einander folgende Sonntage mit schwarzem Bol beschlagen oder behangen sein.

§ 27.

„Wenn ihr Tod von der Kanzel bekannt gemacht wird, so soll der Prediger dabei die Gemeine an ihre Verdienste um die Kirche und ihre Angelegenheiten erinnern.

§ 28.

„Bei ihrem Begräbnisse, oder wenn ihre Gattinnen oder unmündigen und unversorgten Kinder während ihrer Amtszeit sterben, soll zu ihrem Leichenbegängnisse alles das unentgeltlich zugestanden werden, was die Kirche ohne baare Auszahlung geben kann. Wenn im Sterbehause es nicht anders verordnet ist, so wird bloß die Erleuchtung, das Fuhrwerk und die Besorgung der Grabstätte bezahlt.

Verfahren bei der Wahl eines Predigers.

§ 29.

„Wenn der Fall eintritt, daß die Gemeine einen ihrer Prediger verliert, so soll dieses gleich von der Kanzel der Gemeine bekannt gemacht und sie aufgefordert werden, aus ihren Gliedern sechs unbescholtene, angesehene, verständige und unpartheiische Männer, nämlich zwei aus dem Civiletat, zwei aus der Handlung und zwei aus den Gewerken zu wählen, damit sie als Deputirte der ganzen Gemeine gemeinschaftlich mit den Gliedern des Kirchenraths, so bald als möglich, zur Wahl eines neuen Predigers gehen können. Zu gleicher Zeit werden aus dem Kirchenrathe an die vorgenannten drei Stände Briefe ausgefertigt, in welchen man nun diese Deputirte bittet.

§ 30.

„Sobald diese sechs Deputirte in dem Kirchenrathe sich eingefunden haben, fangen die Berathschlagungen zur Besetzung der vacant gewordenen Predigerstelle an. Diese versammelten achtzehn Personen sollen aber darauf genau achten, daß nur solche Männer auf die Wahl kommen, die durch Gelehrsamkeit, reine Lehre, guten Vortrag und einen ehrbaren und vorzüglich einem Prediger geziemenden Wandel sich auszeichnen und allgemein einen guten Namen haben.

§ 31.

"Ein Jeder, (er sei nun schon wirklicher Prediger oder nur Candidat des Predigeramts, er sei hier an Ort und Stelle, oder an einem entfernten Orte) welcher die vorbenannten Eigenschaften besitzt, kann sich zu der vacanten Stelle melden, oder von dem Kirchenrathe zu einer Probepredigt eingeladen werden.

§ 32.

"Den Entfernteren, die zu einer Probepredigt verschrieben werden, müssen die Reisekosten ersetzt werden.

§ 33.

"Ehe eine solche Probepredigt gehalten wird, muß die Gemeine davon unterrichtet sein, damit ein Jeder aus derselben eine solche Predigt anhöre und der Kirchenrath um so sicherer die einzelnen Urtheile darüber erfahren könne.

§ 34.

"Die Personen, welche nun in den Berathschlagungen als Wahlfähige anerkannt worden sind, werden namentlich mit Anzeige ihres bisherigen Amts und des Orts ihres Aufenthalts aufgeschrieben, und dieses Verzeichniß wird dem lebenden Prediger der Gemeine zugestellt, mit der ernsten Aufforderung, offenherzig und ohne alle Zurückhaltung dem Kirchenrathe mit Einschluß der sechs Deputirten schriftlich zu melden, ob er etwas Gegründetes gegen diese Personen einzuwenden habe, und ob er mit Jedem von ihnen in christlicher Einigkeit und collegialischer Uebereinstimmung zu leben hoffe.

§ 35.

"Alle die aufgesetzten Personen, gegen welche von Seite des Predigers keine Einwendung gemacht worden, kommen nun auf die wirkliche Wahl. Man bittet den lebenden Prediger der Gemeine, die versammelten achtzehn Personen vor der vorzunehmenden Wahl durch eine zweckmäßige Rede zur gewissenhaftesten Unpartheilichkeit zu ermahnen. Ist dieses geschehen, so geht nun die Wahl vor sich, in der die Mehrheit der Stimmen der schon oft erwähnten achtzehn Personen den neuen Prediger bestimmt und festsetzt.

§ 36.

"Nach geschehener Wahl wird eine von den Gliedern des Kirchenraths, den sechs Deputirten und dem noch lebenden Prediger der Gemeine unterschriebene Vocation an den Neuerwählten abgefertigt, in welcher Vocation ihm alle Forderungen und Erwartungen der

Gemeine nebst seinem Gehalte und anderen Vortheilen auf das ge-
nauste und deutlichste bekannt gemacht werden.

§ 37.

„Sobald von dem Neuerwählten die Antwort kommt, daß er
die Vocation angenommen habe, so wird durch die sechs Deputirte
die Wahl der ganzen Gemeine bekannt gemacht und der Neuerwählte
als Prediger der St. Petri=Gemeine allgemein anerkannt und angenommen.

§ 38.

„Der Kirchenrath allein, ohne die sechs Deputirte, sorgt für die
baldige Ordination des Neuerwählten, wenn er bis jetzt blos Candidat des Predigeramts war, oder für die baldige Uebernahme seines
Amts, wenn er schon ordinirter Prediger ist; ordnet und möblirt
seine Wohnung nach hergebrachter Gewohnheit und läßt sie ihm mit
einer Instruction vom Oekonomen anzeigen und übergeben; läßt,
ehe er sein Amt antritt, die Vocation in dem Protocoll, die mit der
an ihn ergangenen gleichlautend ist, von ihm unterschreiben und bestimmt endlich den Tag seiner öffentlichen Einführung in die Gemeine,
von welchem Tage auch sein Amt anfängt. Jedoch fängt sein Gehalt von der Zeit an, da er die Vocation angenommen hat.

Von der St. Petri=Schule.

§ 39.

„Da bei der St. Petri=Schule seit dem Jahre 1783 ein auf
Allerhöchsten namentlichen Befehl errichtetes Schul=Directorium vorhanden ist, dessen Glieder, die Herrn Patrone, die beiden Prediger,
ein Aeltester der Gemeine und der jedesmalige Director der Schule
ausmachen: so ist diese Schule in scientifischer Hinsicht mehr ein Gegenstand dieses Schuldirectoriums als des Kirchenraths. Doch da
diese Schule von jeher als eine äußerst wichtige Angelegenheit der
Gemeine angesehen worden ist, da man zu ihrer Gründung und
Vervollkommnung sehr viel verwandt hat. Da sie noch beständig in
ökonomischer Hinsicht die Sorgfalt, Mühwaltung und Kostenaufwand der Gemeine erfordert und das im Jahr 1764 Allergnädigst
verliehene Schulprivilegium in dem Jahr 1783 auf's neue in seiner
ganzen Kraft bestätigt worden ist, so bleibt auch die Schule ein Gegenstand der Beschäftigungen des Kirchenraths.

§ 40.

„Vorzüglich haben die beiden Aeltesten, denen nach § 10 die

Schule insbesondere unter Aufsicht gegeben worden, zu sehen, daß dort alles in gehöriger Ordnung geschehe. Sobald sie irgend eine Unordnung bemerken, haben sie es in der ersten Versammlung des Kirchenraths zu melden, damit der Kirchenrath, wenn es ökonomische Sachen betrifft, es selbst abändere, sind es aber scientifische Gegenstände, durch einen Bericht an das Schuldirectorium abzuändern suche.

§ 41.

„Der Director, Inspector und sämmtliche Lehrer der Schule, werden, nach gehöriger Prüfung, von dem Schuldirectorium, jedoch mit Einwilligung des Kirchenraths, gewählt und angestellt, und von dem Schuldirectorium mit einer eignen Instruction versehen.

§ 42.

„Wohnung und Gehalt der vorbenannten Personen, wird vom Kirchenrath bestimmt und verbessert, je nachdem das Directorium sie als würdige und um die Schule verdienstvolle Personen anerkennt.

§ 43.

„Die Schuldiener werden von dem Director der Schule angenommen, und nach seinem Gutbefinden wird ihr Gehalt oder andre Emolumente bestimmt, und aus der Schulkasse bestritten.

Von den Beamten der Schule.

§ 44.

„Die übrigen Beamten bei der Kirche und in ihren Angelegenheiten, als Organist, Küster, Architect, Oekonom, Kuhlengräber auf dem Gottesacker und was sonst noch für Aemter und Personen nöthig sein sollten, werden von dem Kirchenrathe mit Vorsicht, gehöriger Prüfung und guter Ueberlegung gewählt und bei der Anstellung zu ihrem Amte mit einer deutlichen und genau abgefaßten schriftlichen Instruction versehn, wovon eine Abschrift mit der Namensunterschrift des Angestellten im Kirchenarchiv verwahrt werden muß.

§ 45.

„Obgleich die im vorhergehenden § genannten Beamte, die von ihnen abhängenden Dienstboten bei der Kirche, als Kirchenknechte, Dwornik u. s. w. vorzüglich in Vorschlag bringen oder mit Erlaubniß des Kirchenraths selbst anstellen können, so bleibt es doch Pflicht eines jeden Gliedes des Kirchenraths darauf zu sehen, daß nie andere, als arbeitsame, nüchterne und ehrliche Leute in den niedern Stellen zugelassen werden.

Schluß-Paragraph des Kirchenreglements.
§ 46.

„Zum Beweise, daß alle vorhergehende Paragraphen, als ein wahres und gültiges Kirchenreglement der St. Petri-Gemeine anerkannt und angenommen worden sind, haben alle Glieder des gegenwärtigen Kirchenraths und die erwählten Deputirten der Gemeine sie eigenhändig unterschrieben. Nach Zeitumständen kann wohl Ein oder anderer Paragraph verändert, aufgehoben, oder ein neuer hinzugefügt werden; nie aber kann und soll dieses ganze Kirchenreglement für null und nichtig angesehen und erklärt werden. Jeder neuerwählte Patron, Aelteste und Vorsteher soll daher verpflichtet sein, ehe er noch einer Versammlung des Kirchenraths beiwohnt, dieses Reglement ohne alle Einschränkung und Vorbehalt anzunehmen und mit seinem vollen Namen zu unterschreiben."

Dieser Entwurf war 1802 ausgearbeitet. Man hatte freilich am 13. Dec. 1802 im Kirchenrath beschlossen, die Beurtheilung desselben am 20. Dec. zu beginnen, da aber grade an dem Tage sehr wenige Mitglieder erschienen waren, so wurde die Berathung vorläufig aufgeschoben, und die ganze Sache blieb bis 1804 liegen. In diesem Jahr ward in den Sitzungen des Kirchenraths am 21. Juni und 13. Juli der Entwurf vorgelesen und angenommen, wobei man nur eine kleine Aenderung in Bezug auf die Predigerwahl machte. Deshalb arbeitete der Director Weisse dieses Capitel um. Ob dieses Capitel in vorstehendem Entwurf nach der ursprünglichen Fassung oder nach der Umänderung lautet, erhellt aus dem Protocoll nicht. Am 10. Aug. 1804 beschloß der Kirchenrath, „nach diesem neu entworfenen Reglement in Zukunft wenigstens in einigem zu handeln, besonders in Vertheilung der Geschäfte und in der Ordnung der vorzutragenden Materien nach der bestimmten und vorgeschriebenen Ordnung, bis dermaleinst das Ganze von sämmtlichen Gliedern des Kirchenraths und den von der Gemeinde erwählten Deputirten unterschrieben und als gültiges Kirchenreglement anerkannt und festgesetzt worden ist." Daher übernahmen nach § 10 und 13 des Entwurfs das besondere Geschäft für die Sorgfalt der Schule die beiden Kirchenältesten Sievers und Weisse, die Aufsicht über das Archiv der Kirchenälteste Lerche, der auch alsbald einen Schrank für die Kirchenpapiere machen ließ, die Hauptbücher der Einnahmen und Ausgaben der Kirchenälteste Häseler und der Kirchenvorsteher Severin, die Bücher der Armengelder der Kirchenälteste Günther mit dem Kirchenvorsteher Thal, das Bauwesen der Kirchenälteste Stuhlmann mit den Kirchenvorstehern Krüger und Oesterreich. Auch in vielen andern Dingen scheint man sich stillschweigend nach diesem Entwurf gerichtet zu haben, obgleich derselbe der Gemeinde nicht zur Bestätigung vorgelegt wurde. Man that dies um so eher, da der Kirchenpatron Graf Jakob v. Sievers dem Director Weisse seine volle Billigung des ihm mitgetheilten Entwurfs schriftlich ausgedrückt hatte, welchen Brief der Director dem Kirchenrath 14. Dec. 1804 übergab.

Im Jahre 1806 berieth man wieder den Entwurf des Directors Weisse in den Sitzungen am 26. Apr., 3. und 11. Mai. Zu einer Vorlage an die Deputirten kam es aber wieder nicht.

Am 7. Nov. 1817 ward auf den Vorschlag des Kirchenpatrons Grafen G. Sievers der Beschluß gefaßt, die im Laufe der Zeit nöthig gewordenen Zusätze zu unserm Kirchenreglement aufs neue in Erwägung zu ziehen und zu diesem Zweck einen Ausschuß zu erwählen, welcher sich mit Untersuchung und Abfassung dahin gehöriger Vorschläge beschäftigen und dem Kirchenrathe Bericht darüber erstatten solle. Zu Mitgliedern desselben wurden der Graf Sievers und die Kirchenältesten v. Adelung, v. Lerche, Rasewig und Mahs erwählt. Nachdem der Protocollist Ezerlizki alle dahin gehörigen Verhandlungen aus dem Protocollbuch gezogen, verfaßte Adelung einen Entwurf eines Nachtrages zum Kirchenreglement. Derselbe war im Nov. 1818 vollendet und enthält außer einer kurzen Einleitung 43 §§. Der Entwurf ward vom Ausschuß berathen und mit einigen Aenderungen angenommen. Am 5. Mai 1820 übergab der Graf Sievers denselben dem Kirchenrath, welcher dessen Vorlesung und Berathung auch alsbald begann und am 7. Mai beendigte. In der letzten Versammlung beschloß der Kirchenrath, „die nöthigen Deputirten sobald wie möglich aus der Gemeinde zusammenzuberufen, um ihnen diesen Nachtrag zur Bestätigung vorlegen zu können." Am 1. Dec. 1820 beschloß der Kirchenrath, daß die Glieder des Convents aus ihren Ständen, die Civilisten 8, die Kaufleute und Handwerker jeder 12 Männer ernennen möchten, welche aus ihrer Mitte je 3 Deputirte erwählen sollten, um einer Versammlung des Kirchenraths am 16. Decbr. um 11 Uhr beizuwohnen, und in derselben gemeinschaftlich die Prüfung des Nachtrages zum Kirchenreglement vorzunehmen, und wenn dieser angenommen würde, zu bestätigen.

Daher erließ der Kirchenrath am 2. Dec. 1820 eine Bekanntmachung an die Gemeinde. „Der Kirchenrath der St. Petri-Gemeinde hat bei der starken Vermehrung derselben, bei der Erweiterung ihrer Schule und dem starken Wachsthum der Gebäude und übrigen Besitzungen der Kirche seit langer Zeit das im Jahre 1748 für die damaligen Bedürfnisse entworfene Kirchenreglement nicht mehr zulänglich gefunden und deswegen die Nothwendigkeit lebhaft gefühlt, unserem Kirchenreglement mehr Ausdehnung und Bestimmtheit zu geben und dasselbe so, wie es bereits in den Jahren 1766, 1801 und 1813 geschehn ist, durch Nachträge zu erweitern. Um diesen für das Wohl unserer Gemeinde so wichtigen Zweck desto sicherer zu erreichen, ernannte der Kirchenrath aus seiner Mitte eine Comität, die sich mit Entwerfung dieser Nachträge beschäftigen sollte, und nachdem dieselbe ihre Arbeit beendigt hatte, machte er die Prüfung derselben zum Gegenstand seiner reiflichsten Berathschlagungen. Jetzt glaubt er diese Nachträge der Gemeinde zur Kenntniß und zur Bestätigung vorlegen zu können, welches dem durch unser Kirchenreglement festgesetzten Herkommen gemäß nicht anders als durch Deputirte geschehen kann, die aus den verschiedenen Ständen der Gemeinde erwählt worden."

Aus nicht ersichtlichen Gründen ward sowohl die Wahl der Deputirten als auch überhaupt die Berathung über das ganze Kirchenreglement am 10. Dec. 1820 vorläufig vertagt. Erst am 8. Jan. 1827 forderte der Kirchenrath zur Wahl von Deputirten auf. „Da die bereits vor mehreren Jahren von einer dazu ernannten Comität entworfenen und von dem Kirchenrath genehmigten Zusätze zu unserem Kirchenreglement mehrerer Umstände und Rücksichten wegen bis jetzt der St. Petri-Gemeinde noch nicht zur Bestätigung vorgelegt worden sind, und die Erfahrung doch ihre Zweckmäßigkeit und Nothwendigkeit täglich mehr zeigt, so beschloß der Kirchenrath sämmtliche Glieder unserer Gemeinde nach den verschiedenen Ständen durch ein Circular aufzufordern, Deputirte aus ihrer Mitte zu wählen, und zwar, unserem Herkommen nach, 3 aus jedem Stande, damit diese gemeinschaftlich mit den Gliedern des Kirchenraths die ihnen vorzulegenden Zusätze prüfen und bestätigen."

Als Deputirte wurden gewählt, vom Adel der Wirkl. Staatsr. v. Weisse, v. Müller, v. Block, von der Kaufmannschaft die Herren

Christ. Dan. Thal, Bened. Cramer, Herm. Bock, aus den Gewerken die Herren J. G. Güttinger, Christ. Friedr. Döring, C. Fr. Vonderfour. Diese Deputirte hielten am 27. März 1827 mit dem Kirchenrath eine Sitzung im Schulsaal. Die Herren v. Müller und von Block waren durch Dienstgeschäfte verhindert, zu kommen. Herr v. Block hatte sich durch Hrn. v. Küster vertreten lassen, so daß also nur 2 Deputirte vom Adel waren. Der Entwurf ward sorgsam geprüft und dann von den Deputirten bestätigt.

Entwurf eines dem Kirchen-Reglement der St. Petri-Gemeine beizufügenden Nachtrags.

„Veranlassung und Nothwendigkeit dieser Erweiterung des Kirchen-Reglements.

„Die Pflichten und Rechte des Kirchenraths der St. Petri-Gemeinde wurden zuerst im Jahre 1748 schriftlich bestimmt und zu dem Ende von den aus den Gliedern der Gemeinde zu diesem Geschäfte gewählten Deputirten ein Reglement entworfen, das für die Zukunft als Vorschrift und Richtschnur gelten sollte, und durch die Unterschrift sämmtlicher Repräsentanten der St. Petri-Gemeinde bekräftigt wurde.

„Natürlicher Weise mußte man schon damals die Möglichkeit vorhersehen, daß Zeit und Umstände in der Folge manche Veränderungen und Zusätze nöthig machen würden, und daher wurde festgesetzt, daß von Zeit zu Zeit neue Punkte hinzugefügt werden könnten, das Reglement aber im Ganzen immer seine Kraft beibehalte und nie gegen ein völlig neues vertauscht werden solle.

„Dergleichen Zusätze sind denn auch über einzelne Punkte im Jahre 1766, 1801 und 1813 wirklich erfolgt, und jetzt, da durch die starke Vermehrung der Gemeine, die Erweiterung der Schule und das zunehmende Wachsthum der Gebäude und übrigen Besitzungen unserer Kirche, jene alten Verordnungen in vielen Stücken nicht mehr zulänglich befunden werden können, hat der Kirchenrath aufs neue das Bedürfniß, unserem Kirchen-Reglement durch neue Zusammenstellung der bisher sanctionirten Zusätze und abermaligen Supplemente mehr Ausdehnung und Bestimmtheit zu geben, lebhaft gefühlt und daher folgende Zusätze entworfen, um sie unserer Gemeine zur Bestätigung vorzulegen und sodann nach erhaltener Billigung den schon bestehenden Verwaltungsgesetzen unserer Kirche als sanctionirte Nachträge beizufügen.

„Diese Zusätze zerfallen ihren Gegenständen nach, in 4 Abschnitte, welche

1) Die Glieder des Kirchenraths,
2) Die Versammlungen,
3) Die allgemeinen Geschäfte, und
4) Die besonderen Geschäfte desselben betreffen."

Erster Abschnitt.
Von den Gliedern des Kirchenraths.

§ 1.

„Der Kirchenrath der evangelischen Gemeinde der St. Petri=Kirche besteht aus 12 Mitgliedern, nämlich 2 Patronen, 6 Aeltesten und 4 Vorstehern.

§ 2.

„Wenn eine von diesen 12 Stellen, es sei durch Niederlegung des Amtes oder durch Todesfall im Kirchenrathe erledigt wird, schreitet derselbe, so bald wie möglich, wieder zu ihrer Besetzung. Zu diesem Ende schlägt jedes Mitglied einen Candidaten vor, aus diesen werden dann die drei von den meisten Vorgeschlagenen, auf die Wahl gebracht und aus diesen durch Stimmenmehrheit einer gewählt.

§ 3.

„Die Wahl geschieht durch Zettel, auf welche der Protocollist die Namen der drei vorgeschlagenen Candidaten, jeden besonders, geschrieben hat, und von welchen jedes Glied denjenigen Namen, für den es sich erklärt, in ein für diesen Zweck auf dem Tische stehendes Kästchen legt. Diese Namen werden sodann von demjenigen, welcher den Vorsitz führt, herausgenommen und abgelesen.

§ 4.

„Zu Patronen der Gemeine, welche ihr Amt auf ihre ganze Lebenszeit verwalten, sollen aus ihrer Mitte Männer gewählt werden, die, durch ihre Verdienste um den Staat und durch ihre Religiösität gleich ehrwürdig, und durch ihren Rang im Stande sind, die Angelegenheiten der Kirche überall zu vertreten und nöthigenfalls zur Kenntniß des Monarchen zu bringen.

§ 5.

„Zu den 6 Aeltesten, welche ihr Amt ebenfalls auf Lebenszeit führen, es sei denn, daß Entfernung oder andere wichtige Ursachen sie nöthigten, dasselbe niederzulegen, sollen 2 aus dem Civilstande,

2 aus den Kaufleuten, 2 aus den Gewerken gewählt und dabei besondere Rücksicht darauf genommen werden, daß die Wahl auf Männer falle, welche von der Gemeinde als unbescholtene, einsichtsvolle, wohlwollende und thätige Mitbürger allgemein anerkannt und geachtet sind.

§ 6.

„Zu den 4 Vorstehern, welche in der Regel ihr Amt 3 Jahre verwalten, sollen 2 aus den Kaufleuten und 2 aus den Gewerken gewählt und bei ihrer Wahl dieselbe Vorsicht und Absicht auf ihren Character und ihre Eigenschaften wie bei den Aeltesten beobachtet werden.

§ 7.

„Jede Veränderung im Personal des Kirchenraths und Schuldirectoriums wird den beiden Predigern gemeldet, damit sie am nächsten Sonntage der versammelten Gemeinde, sowohl den Namen des abgegangenen, als auch des an seine Stelle gewählten Mitgliedes von der Kanzel bekannt machen. Dasselbe gilt auch von allen bei unsrer Schule angestellten Lehrern.

§ 8.

„Da sämmtliche Mitglieder des Kirchenraths nicht nur unentgeltlich und aus bloßem Eifer für das Beste unserer Kirche und Gemeinde ihre Stellen übernehmen, sondern auch den damit verbundenen Geschäften einen großen Theil ihrer Zeit und manche beschwerliche Arbeit widmen, so hat die Gemeinde es für billig gefunden, ihnen zum Beweise der öffentlichen Anerkennung ihrer Bemühung, folgende Auszeichnungen zu zuerkennen.

„1) Die Patrone, Aeltesten und Vorsteher sollen eigene und abgesonderte Sitze in der Kirche und zwar der Kanzel gegenüber haben.

„2) Bei dem Tode eines jeden Gliedes des Kirchenraths soll der Sitz seiner Classe schwarz behangen werden, und zwar bei dem Ableben eines Patrones 4, bei dem eines Aeltesten 2 aufeinander folgende Sonntage, und bei dem Tode eines Vorstehers einmal an einem Sonntage.

„3) Der Tod eines jeden Gliedes des Kirchenraths soll von der Kanzel bekannt gemacht und die Gemeine dabei an seine Verdienste um die Kirche erinnert werden.

„4) Bei ihrem Begräbnisse oder wenn ihre Gattinnen und unversorgte Kinder während ihrer Amtsführung sterben, soll zu ihrer

Leichenbestattung alles das unentgeltlich zugestanden werden, was die Kirche ohne baare Auslagen dabei zu haben, gewähren kann.

„5) Die nämlichen öffentlichen Beweise von Achtung und Treue werden ebenfalls bei dem Tode eines der Herren Prediger unserer Gemeinde, sowohl bei der Beerdigung als 2 Sonntage hinter einander nach derselben durch schwarze Bekleidung der Kanzel an den Tag gelegt."

Zweiter Abschnitt.
Von den Versammlungen des Kirchenraths.

§ 9.

„Der Kirchenrath versammelt sich regelmäßig einmal in jedem Monat, und zwar am ersten Sonnabend in demselben. Bei nothwendigen Geschäften und dringenden Ursachen kann indessen auch jedes Glied desselben eine außerordentliche Zusammenkunft vorschlagen. Zu jeder Versammlung werden alle Glieder durch den Protocollisten des Kirchenraths schriftlich eingeladen und sie bemerken dabei auf der Umlaufsschrift, ob sie erscheinen können oder nicht. Bei Einladungen zu außerordentlichen Versammlungen, wird die Veranlassung derselben jedes Mal mit angezeigt.

§ 10.

„Um dem Beschlusse einer Versammlung Gültigkeit zu verschaffen, müssen wenigstens zwei Drittheile anwesend sein.

§ 11.

„Die beiden Herren Patrone führen wechselsweise jeder einen Monat lang den Vorsitz in den Versammlungen; ist aber einer von ihnen abwesend, so präsidirt der Anwesende, und alle laufende und weniger bedeutende Geschäfte können auf diese Art ohne die Stimme des abwesenden Patrons entschieden werden. Bei wichtigen Geschäften aber, die aufgeschoben werden können, muß vor ihrer Entscheidung die Stimme des abwesenden Patrons eingeholt werden. Ist aber keiner der beiden Patrone zugegen, so geht der Vorsitz auf das älteste Glied des Kirchenraths über.

§ 12.

„Alle Geschäfte werden nach Mehrheit der Stimmen entschieden. Bei völliger Gleichheit der Meinung entscheidet die Stimme des vorsitzenden Patrons mit Beobachtung der im vorhergehenden § festgesetzten Bestimmung.

„Sollte ein Mitglied besondere Ursachen haben, von der Ansicht seiner Collegen abzuweichen, so steht ihm das Recht zu, seine Meinung nebst den Gründen derselben in dem Protocolle anschreiben zu lassen.

§ 13.

„Glieder, welche durch Geschäfte oder Krankheit verhindert sind, den Sitzungen beizuwohnen, können ihre Stimmen schriftlich an den präsidirenden Patron einsenden.

§ 14.

„Ueber alle in jeder Sitzung abgemachten Geschäfte wird von einem Gliede des Kirchenraths ein genaues Protocoll geführt, das am Schlusse desselben verlesen und von allen gegenwärtigen, im Eingange des Protocolls jedesmal namentlich angeführten Mitgliedern unterschrieben wird.

„Selbst abwesend gewesene Mitglieder unterzeichnen die Protocolle zum Beweise, daß sie durch deren Durchlesung von allen Beschlüssen des Kirchenraths hinlänglich unterrichtet worden sind. Dabei bleibt es ihnen jedoch unbenommen, im Falle sie über die, in ihrer Abwesenheit abgemachten Sachen anderer Meinung sein sollten, ihre Protestation in das Protocoll zu schreiben, ohne daß jedoch, so wenig hier wie bei dem in § 13 angeführten Falle dadurch der Lauf der einmal abgemachten Sachen unterbrochen werden könnte.

Dritter Abschnitt.
Von den allgemeinen Geschäften des Kirchenraths.

§ 15.

„Der Kirchenrath stellt die ganze Gemeine vor, und alle Glieder desselben übernehmen die Verpflichtung, alle Angelegenheiten der Kirche, sowohl die gewöhnlichen als die außerordentlichen mit unverdrossenem Eifer und der strengsten Gewissenhaftigkeit zu besorgen, allen Nachtheil, soviel nur immer möglich ist vom Kircheneigenthum zu entfernen, so wie die Ordnung in dessen Verwaltung zu erhalten und den Wohlstand desselben zu vermehren.

§ 16.

„Zu den gewöhnlichen Geschäften des Kirchenraths gehören:

„1) die Verwaltung und Unterhaltung der Kirche und aller zu derselben gehörenden Gebäude mit Einschluß des der Kirche gehörigen Begräbnißplatzes.

„2) Die Aufsicht über die Schule und das Waisenhaus.

„3) Die Verwaltung der Kirchencasse.
„4) Die Aufsicht über das Kirchenarchiv.

§ 17.

„Diese Geschäfte werden unter sämmtliche Glieder des Kirchenraths dergestalt vertheilt, daß wo möglich immer ein Aeltester und ein Vorsteher einen Zweig derselben gemeinschaftlich übernehmen, und auf diese Art nie durch Geschäfte, Krankheit oder Tod eines Einzelnen in dem Gange der Angelegenheiten Störung oder Stockung entstehen können.

§ 18.

„Zwei Aelteste haben daher erstlich gemeinschaftlich mit wenigstens 2 Vorstehern die Aufsicht über alle der Kirche gehörigen Gebäude und diese 4 Glieder zusammen, von denen 2, nämlich ein Aeltester und ein Vorsteher, die Casse verwalten, bilden die Baucomität, deren Pflichten und Bedürfnisse der Kirchenrath in einem besondern Reglement bestimmt hat.

§ 19.

„Es werden ferner 2 Aelteste, die sich durch Kenntnisse in Wissenschaften und Sprachen auszeichnen, die Schule und das Waisenhaus als eine ihrer Vorsorge besonders empfohlene Angelegenheit betrachten, sie wenigstens einmal im Monat besuchen, und ihre dabei gesammelten Bemerkungen dem Kirchenrathe mittheilen.

§ 20.

„Die von der Petri-Gemeinde gestifteten und von dem Kirchenrathe unterhaltenen Lehranstalten stehen außerdem unter einem besondern Schuldirectorium, welches gegenwärtig aus den beiden Herren Patronen der Kirche, den Predigern derselben, einem von dem Schuldirectorium gewählten Gliede aus dem gelehrten Stande, dem Director der Schule, und einem Kirchenältesten besteht, welcher Letzter die Geschäfte des Casseführers übernimmt.

§ 21.

„Das von unserer Kirche im Jahre 1817 bei Gelegenheit der dritten Jubelfeier der Reformation gestiftete Waisenhaus wird in Ansehung der wissenschaftlichen Gegenstände, von dem oben erwähnten Schuldirectorium, in Ansehung seiner ökonomischen Angelegenheiten aber von einem, von dem Kirchenrathe aus seinen Gliedern ernannten Waisenhaus-Directorium verwaltet, welches letztere ein besonderes Reglement zu seiner Richtschnur erhalten hat.

§ 22.

„Die Casse des Kirchenraths wird gebildet:

„1) aus den jährlichen Collecten zur Unterhaltung der Kirche, deren Einsammlung sich 2 Vorsteher unterziehen.

„2) aus den an den Kirchenthüren eingesammelten Gaben.

„3) aus dem Ueberschusse des Schulgeldes.

„4) aus den Zinsen, der von der Kirche in die Reichsbanken gelegten Gelder, da es festgesetzt ist, daß so wenig baares Geld wie möglich in der Casse unbenutzt sein soll, so wie auch, daß nie etwas von dem Vermögen der Kirche an Privatpersonen ausgeliehen werden könne.

„5) aus den von den Schiffsgeldern einfließenden Beiträgen.

„6) aus dem Ertrage von Miethen der Wohnungen in den Kirchengebäuden.

„7) aus dem Begräbnißplatz nebst seinen Gebäuden.

„8) aus der Vermiethung der Leichengeräthschaften und

„9) aus Vermächtnissen und milden Gaben.

§ 23.

„Ein Aeltester gemeinschaftlich mit einem Vorsteher, die hiezu beide am besten aus der Kaufmannschaft gewählt werden, wird die Verwaltung der Casse mit Ausschluß der Armengelder, die Besorgung der allgemeinen Einnahme und Ausgabe, und die Führung der Bücher über selbige zum Gegenstand besonderer Aufmerksamkeit machen, wobei der Vorsteher das Geschäft des Cassirers und Buchführers übernimmt.

„Diese Glieder sorgen dafür, daß bei jeder Versammlung des Kirchenraths das Cassabuch auf dem Tische liege, daß der Cassabestand am Schlusse einer jeden ordentlichen Sitzung im Protocoll verzeichnet werden könne.

„Jedesmal aber im Anfange des Jahres und zwar spätestens im März sollen dem Kirchenrath alle Bücher über das verflossene Jahr abgeschlossen vorgelegt werden.

§ 24.

„Ein Aeltester soll ebenfalls gemeinschaftlich mit einem Vorsteher die Armengelder überhaupt und besonders die Einnahme der Gaben aus den an den Kirchenthüren zum Besten der Armen ausgesetzten Büchsen zu besorgen haben, dieselben, so oft es für nöthig befunden wird, öffnen und den Ertrag in das Buch eintragen, und die Vertheilung derselben unter die Armen nach erfolgter Bestätigung des Kirchenraths übernehmen.

„Der hiermit beauftragte Aelteste tritt zugleich mit als Mitglied in die § 18 erwähnte Bau-Comität.

§ 25.

„Die Zahl der zu einer jährlichen bestimmten Unterstützung als Kirchenarme aufzunehmende dürftigen Glieder unserer Gemeine kann nicht genau bestimmt werden, sondern richtet sich nach den Mitteln der Armencasse, wobei es den Herrn Verwaltern der Armengelder zur besondern Aufmerksamkeit empfohlen wird, genau darauf zu sehen, daß kein Unwürdiger unter dieselbe aufgenommen, oder in ihrer Zahl geduldet werde.

„Zu diesem Behufe ist es unerläßlich, daß jedes Glied unserer Gemeinde, welches an dieser Unterstützung Theil zu nehmen wünscht, ein von einem unserer Prediger ausgestelltes Zeugniß über seine Armuth und gute Aufführung vorzeige.

§ 26.

„Ein Aeltester endlich übernimmt, die Anordnung und Aufsicht des Kirchenarchiv's, und unterzieht sich der Sorge, daß der dazu angestellte Protocollist alle Bücher, Schriften und was sonst im Archiv verwahrt werden soll, in guter Ordnung halte und alles sich in einem solchen Zustande befinde, daß jedes Stück leicht aufzusuchen sei.

§ 27.

„Es bleibt übrigens dem Kirchenrathe überlassen diese Stellen und Beschäftigungen unter seine Glieder zu vertheilen, zu verändern, einem Gliede mit seiner Zustimmung mehrere Functionen zu übertragen, u. s. w. je nachdem die Umstände und das Wohl der Kirche dieß nothwendig zu machen scheinen.

Vierter Abschnitt.
Von den besonderen Geschäften des Kirchenraths.

§ 28.

„Zu den besondern Geschäften des Kirchenraths gehören diejenigen, deren Eintreffen zwar vorhergesehen aber nicht auf eine bestimmte Zeit angegeben werden kann.

„Unter diesen sind die wichtigsten die Besetzung der Kirchen= und Schulämter, von denen also hier vorzüglich die Rede sein wird.

§ 29.

„Wenn der Fall eintritt, daß die Kirche einen ihrer Prediger verliert, so soll dies sogleich der Gemeinde von der Kanzel bekannt gemacht und sie aufgefordert werden, aus ihrer Mitte 12 unbeschollene angesehene, verständige und unpartheiische Männer, nämlich 2 aus dem Militair- und Civilstande, 5 aus dem Kaufmannsstande, 5 aus den Gewerken als Deputirte zu ernennen.

„Diese Wahl wird unverzüglich nach dem Ableben des Predigers vorgenommen, damit die Deputirten schon als solche den Probepredigten der auf die Wahlliste zu bringenden Candidaten beiwohnen können.

§ 30.

„Jedes Glied des Kirchenraths schlägt in der deshalb zu veranstaltenden außerordentlichen Versammlung desselben, 3 durch Gelehrsamkeit, reine Lehre, guten Vortrag und exemplarischen Lebenswandel ausgezeichnete Theologen als Candidaten vor, wobei sie der Wichtigkeit der Sache wegen, nicht blos auf diejenigen, welche gerade in der Hauptstadt gegenwärtig oder in der Nähe befindlich sind, sondern auch auf ausgezeichnete Gottesgelehrte anderer Provinzen und selbst des Auslandes Rücksicht nehmen werden.

„Aus diesen gemeinschaftlich vorgeschlagenen Candidaten wählt der Kirchenrath durch Stimmenmehrheit 3, welchen er diese Auszeichnung bekannt macht und die nun, mit Ausnahme der im Auslande oder in weiter Entfernung befindlichen, zu einer der Gemeinde vorher besonders anzuzeigenden Probepredigt eingeladen werden, wobei denselben das dadurch veranlaßte Reisegeld vom Kirchenrathe ersetzt wird.

§ 31.

„Sobald jeder der 3 Candidaten seine Probepredigt gehalten, schreitet der Kirchenrath gemeinschaftlich mit den 12 Deputirten der Gemeine zu der Wahl des neuen Predigers. Die zu diesem Ende in dem großen Schulsaal veranstaltete feierliche Versammlung wird durch eine Rede des Predigers über die Wichtigkeit der bevorstehenden Handlung und der dabei nöthigen strengen Unpartheilichkeit eröffnet, und hierauf aus den drei vorgeschlagenen Candidaten die Wahl durch schriftlich abgegebene Stimmen vorgenommen.

„Dem durch die Mehrheit Erwählten wird nun unverzüglich Nachricht von der auf ihn gefallenen Wahl gegeben und er zur Annahme der neuen Stelle durch eine aus der Wahlversammlung zu ernennende Deputation eingeladen.

„Sobald die Einwilligung erfolgt ist, wird der Gemeine von der Kanzel die Anzeige von der vollzogenen Wahl gemacht und dieselbe ebenfalls durch den Kirchenrath so bald wie möglich der geistlichen Oberbehörde zur Bestätigung vorgestellt.

§ 32.

"Unmittelbar nach erfolgter Ernennung wird für den Neuerwählten die von den Gliedern des Kirchenraths und den sämmtlichen Deputirten der Gemeinde unterschriebene Vocation ausgefertigt, in welcher ihm alle Forderungen und Erwartungen der Gemeine, so wie der für unsern Prediger bestimmte und von dem Tage der Unterzeichnung des an ihn erlassenen Rufs zu rechnende Gehalt und andere mit der Stelle verknüpften Vortheile auf das genaueste und deutlichste ausgedrückt werden.

§ 33.

"Der Kirchenrath trägt Sorge für die baldige Ordinirung des Neuerwählten, wenn derselbe bis dahin blos noch ein Candidat des Priesteramts war, oder für die ungesäumte Uebertragung des Amtes, wenn er schon ordinirter Prediger ist, möblirt ihm seine Wohnung nach hergebrachter Gewohnheit und richtet sie ihm ein und läßt ihm dieselbe nebst einem vollständigen Inventarium durch den Oeconomen übergeben.

§ 34.

"Da der Kirchenrath es für eine ebenso angenehme als heilige Pflicht hält, die Verdienste eines gewissenhaften und treuen Seelsorgers sowohl während seines Lebens als auch noch nach seinem Tode fortzuehren und ihm durch die Aussicht, demnächst die Seinigen nicht unversorgt zu hinterlassen, mehr Heiterkeit zu gewähren und seine Besorgnisse zu vermindern, so glaubt er ganz in dem Geiste unserer Gemeine zu handeln, wenn er hiedurch festsetzt, daß jedem Prediger nach 20jährigem Dienste, im Falle daß er sein Amt nicht länger verwalten könne oder wolle eine lebenslängliche Pension von 2000 R. B. A. ertheilt werden und daß die Wittwe eines Predigers, der seinem Amte wenigstens 10 Jahre lang vorgestanden hat, eine lebenslängliche Pension von 1000 R. B. A. jährlich erhalten solle und diese nach Beschaffenheit der Umstände auch noch vergrößert werden könne.

"Sobald sich indessen die Wittwe wieder verheirathet, hört diese Pension natürlicher Weise wieder auf.

"Ebenso behält sich der Kirchenrath vor, den elternlosen Waisen unserer Prediger, so lange eine verhältnißmäßige Pension zu gewähren, bis sie im Stande sind, selbst für ihren Unterhalt zu sorgen.

§ 35.

"Die St. Petri-Schule hat zwar seit dem Jahre 1783 ein

Allerhöchst verordnetes Directorium, welches die wissenschaftlichen Angelegenheiten derselben verwaltet; da sie aber von jeher als ein äußerst wichtiger Gegenstand der Gemeinde angesehen worden ist, welche zu ihrer Gründung und Vervollkommnung viel verwandt hat, und da sie noch fortwährend Mühwaltung, Sorgfalt und Kostenaufwand der Gemeine erfordert, da ferner nicht allein durch das im Jahre 1764 Allergnädigst verliehene und im Jahre 1783 in seiner ganzen Kraft bestätigte Schulprivilegium, sondern auch durch die von der Ober-Schuldirection im Okt. 1818 erlassene Anzeige und vorzüglich durch das von Seiner Majestät dem Kaiser Nicolaus an den Herrn Minister der Aufklärung unterm 6. März 1826 erlassene Rescript, das genaue Verhältniß der Schule zu dem Kirchenrath anerkannt ist, so bleibt dieselbe ein Gegenstand der Beschäftigungen des Kirchenraths und ist deswegen schon oben § 19 und 20 unter den allgemeinen Zweigen seiner Geschäfte erwähnt worden.

§ 36.

„Der Director, sämmtliche Lehrer der Schule und der Secretair des Directoriums werden von dem letztern erwählt, mit Instructionen versehen, und hierauf von dem Kirchenrathe bestätigt. Diesem theilt das Directorium auch alle über die Wohnung und das Gehalt der neu anzustellenden Lehrer, so wie über die in diesen Gegenständen vorzunehmenden Veränderungen genommenen Beschlüsse mit, da alle Verfügungen dieser Art der unmittelbaren Vollziehung des Kirchenraths bedürfen.

§ 37.

„Der Kirchenrath erhält alle halbe Jahre von dem Schuldirectorium eine tabellarische Uebersicht von dem Bestande der Schule, der Zahl und den Namen der Lehrer und Schüler, den Lehrgegenständen jeder Classe, dem Gehalte der Lehrer und den Fortschritten der Zöglinge, und wird dabei auch noch besonders von den außerordentlichen Veränderungen unterrichtet, welche in den letzt vergangenen 6 Monaten in allen diesen verschiedenen Hinsichten stattgefunden haben.

§ 38.

„Die Annahme der Schuldiener hängt von dem Director ab, der sie und das ihnen bestimmte Gehalt dem Schuldirectorium zur Bestätigung vorstellt.

§ 39.

„Alle Verhältnisse der Schule zu dem Kirchenrathe, so wie die Gegenstände und Art der innern Verwaltung derselben sollen übrigens sobald wie möglich durch ein besonders von dem Schuldirectorium zu entwerfendes und dem Kirchenrathe zur Genehmigung mitzutheilendes Schulreglement genauer bestimmt werden.

§ 40.

„Die Beamten bei der Kirche und den von ihr abhängenden Angelegenheiten, als der Organist, Protocollist, Küster, Architekt, Oekonom, Todtengräber und was sonst noch für Aemter und Personen dabei nöthig sein sollten, werden von dem Kirchenrathe mit Vorsicht, gehöriger Prüfung und guter Ueberlegung gewählt, und bei der Anstellung zu ihrem Amte mit einer genauen und deutlich abgefaßten Instruction versehen, wovon eine mit der Namensunterschrift versehene Abschrift im Kirchenarchiv niedergelegt wird.

§ 41.

„Diejenigen Beamten der Kirche, welche in den Geschäften derselben Geld einzunehmen haben, müssen dem laut § 23 die Verwaltung der Casse führenden Aeltesten alle Monate Rechnung ablegen, welcher den Empfang quittirt und dem Kirchenrathe Bericht darüber erstattet.

§ 42.

„Obgleich die in § 40 erwähnten Beamten, die von ihnen abhängenden Dienstboten bei der Kirche, als Kirchendiener, Dwornik's u. s. w. vorzüglich in Vorschlag bringen, oder mit Erlaubniß des Kirchenraths selbst anstellen können, so wird sich doch jedes Glied des Kirchenraths der Pflicht gern unterziehen, darauf zu sehen, daß nie andere als arbeitsame, nüchterne und ehrliche Leute in diesen Stellen zugelassen werden und sich nach Beschaffenheit der Umstände selbst von ihrem Eifer und Treue in der Verwaltung ihres Amts zu überzeugen.

„Dies sind die Punkte, welche der Kirchenrath sich durch Zeit und Umstände veranlaßt sieht, dem ursprünglichen, hier zugleich seinem wesentlichen Inhalte nach wiederholten Kirchenreglement als Nachsatz beizufügen und die er sich die Befugniß vorbehält, in Zukunft, nachdem es nöthig sein könnte, zu verändern, aufzuheben oder zu vermehren.

„Zur Anerkennung der Annahme und zur Bekräftigung derselben haben alle Glieder des gegenwärtigen Kirchenraths und die zu diesem Zweck erwählten Deputirten unserer Gemeinde eigenhändig unterschrieben.

„Auch soll jeder neu erwählte Patron, Aelteste und Vorsteher verpflichtet sein, ehe er noch einer Versammlung des Kirchenraths beiwohnt, dieselben zugleich mit dem allen, der Hauptsache nach immer in seiner Kraft bestehenden Kirchenreglement ohne alle Einschränkung und Vorbehalt als Richtschnur anzuerkennen und mit seinem vollen Namen zu unterschreiben.

So geschehen St. Petersburg am 19. März 1827.

F. v. Gerhard. C. G. Ritter, Kirchen-Aeltester.
Gr. v. Sievers. Dittmar, Kirchen-Vorsteher.
Friedr. Adelung. Robert Ritter, Kirchen-Vorsteher.
M. G. v. Fock. M. Büchner, Kirchen-Vorsteher.
Severin, Kirchen-Aeltester. J. Cramer, Kirchen-Vorsteher.
J. Rasewig, Kirchen-Aeltester.

Wie frei und unabhängig sich die Verfassung unserer Kirche entwickelte, sieht man daraus, daß die vorstehende Umarbeitung des Kirchen-Reglements, eben so wenig wie dieses selbst zu seiner Zeit, irgend einer Bestätigung durch eine höhere geistliche Behörde bedurfte, weder der von der St. Petersburgischen Consistorialsitzung im Justiz-Collegium, noch der von der Oberverwaltung der geistlichen Angelegenheiten fremder Confessionen im Ministerium der innern Angelegenheiten. Dieser völligen Unabhängigkeit unserer Kirchenverwaltung in allen innern Verhältnissen der Gemeinde ward ein Ende gemacht durch das neue Kirchengesetz. Zur Ausarbeitung desselben ernannte der Kaiser Nicolaus einen Ausschuß durch folgenden Ukas an den Wirkl. Staatsr. Bludow, stellvertretenden Minister des Innern und Oberverwalter der geistlichen Angelegenheiten fremder Confessionen.

„Nachdem Ich mit besonderer Aufmerksamkeit das Mir von dem protestantisch-evangelischen Bischof Cygnäus und den Pastoren Reinbott und Volborth überreichte Gesuch, gleich wie auch die in Folge dessen von der Oberverwaltung der geistlichen Angelegenheiten fremder Confessionen unterlegten umständlichen Nachrichten über den Zustand der lutherischen Kirche in Rußland geprüft, finde Ich, daß zur besseren Organisation dieser Kirche es unumgänglich nothwendig ist, die jetzt in derselben bestehenden Verordnungen genauer mit ihren ursprünglichen Grundregeln in Uebereinstimmung zu bringen, und zugleich mit großer Klarheit und Gleichförmigkeit sowohl die Einrichtung der Consistorien und andern geistlichen protestantischen Obrigseiten, als auch deren gegenseitige Verhältnisse zu sonstigen Administrations- und Gerichtsbehörden und zu Corporationen, welche an den Kirchenangelegenheiten Theil haben, zu bestimmen. Um in vollem Maaße dieses für das Wohl der protestantischen Kirche so wichtige Ziel zu erreichen, sind Berathungen und vereinte Anstrengungen dazu erwählter, der Gesetze dieser Kirche ganz vorzüglich kundiger Mitglieder derselben erforderlich. Indem Ich daher die von dem gewesenen Oberverwalter der geistlichen Angelegenheiten fremder Confessionen im Vortrage vom 1. März unterlegte Meinung bestätige, befehle Ich Ihnen folgende Verfügungen zu treffen:

I. „Den protestantischen Consistorien Livlands, Esthlands und Kurlands und der St. Petersburgischen Consistorialsitzung aufzutragen, die allergenauesten und umständlichsten Nachrichten über alle, im Laufe der Zeit eingeführte, oder durch Gewohnheit zugelassene, Abweichungen von den Vorschriften der lutherischen Kirchenordnung und der Consistorialverordnung zu sammeln, und der Oberverwaltung der geistlichen Angelegenheiten fremder Confessionen vorzustellen. Die Consistorien der Ostseeprovinzen und die St. Petersburgische Consistorialsitzung sollen zu gleicher Zeit diese Nachrichten mit ihren Bemerkungen allen Behörden und Corporationen mittheilen, welche mehr oder minder an der Kirchenverwaltung Theil haben; die Erklärungen dieser letztern sollen ihnen gleichfalls in dem hiezu nach ihrem Ermessen bestimmten Termine vorgestellt werden.

II. „Nach Einziehung dieser Nachrichten soll in St. Petersburg unter dem Vorsitz des Senators, Geh. Raths Grafen Tiesenhausen eine besondere Comité zur Entwerfung eines Projects zu einem allgemeinen Reglement für die protestantisch-evangelische Kirche in Rußland errichtet werden. In dieser Comité sollen Sitz haben als geistliche Mitglieder: der evangelisch protestantische Bischof Cygnäus, der livländische General-Superintendent Berg, der Professor der Theologie an der Dörptschen Universität Lenz, und das Mitglied der Consistorialsitzung Pastor Ehrström, und als weltliche Mitglieder: der Oberkirchenvorsteher in Livland, Landrath Baron v. Campenhausen, der Präsident des Esthländischen Provinzialconsistoriums v. Maydell, ein Mitglied vom kurländischen Adel, welches vom dortigen Oberhofgericht zu wählen ist, und ein Deputirter aus der Mitte der St. Petersburgischen lutherischen Gemeinden. Zur Wahl dieses Deputirten haben die Kirchen-Convente besondere Bevollmächtigte zu bestimmen, der von der Petri-Pauls-Gemeinde 3, die von der Annen-

und Catharinen-Gemeinde je 2. Außerdem wird nach Verhandlung mit der preußischen Regierung ein Mitglied der dortigen Geistlichkeit zu den Sitzungen der Comité eingeladen werden, um derselben umständliche Aufschlüsse über die Verordnungen und die Verwaltung der evangelischen Kirchen in Deutschland mitzutheilen. Der Comité liegt ob, bei Erfüllung des derselben ertheilten Auftrages darnach zu streben:

„1) Daß alle Feststellungen im Projecte des neuen Reglements im genauen Einklange mit den Grundsätzen der protestantisch-evangelischen Kirche seien, nicht nur in Hinsicht der Lehre, der Glaubensdogmen in ihrer ganzen Vollständigkeit und Unabänderlichkeit, sondern auch den Hauptgrundlagen der kirchlichen Verwaltung, und selbst in den Regeln, welche die wichtigsten gottesdienstlichen Gebräuche bestimmen.

„2) Daß hiemit zugleich diese Vorschriften in vollem Maaße dem jetzigen Standpunkte der protestantisch-evangelischen Kirchen in Rußland, den Bedürfnissen derselben und der Art ihrer Beziehungen zur obersten Gewalt und zu allen Administrations- und Gerichtsbehörden im Reich entsprechen.

„Bei der Entwerfung dieser Vorschriften nach der am zweckmäßigsten befundenen Ordnung werden Sie der Comité auftragen, die bereits vom Bischofe Cygnäus und dem Superintendenten Feßler gleichfalls entworfenen Projekte a) einer allgemeinen Verordnung über das evangelische Kirchenwesen, b) einer allgemeinen Kirchenordnung und Liturgie in Erwägung zu nehmen. Wegen der hiebei nöthigen Erläuterungen kann der Superintendent Feßler zu den Sitzungen der Comité gezogen werden."

Dorf Belgrad in Bessarabien, 22. Mai 1828.

Von Seiten der preuß. Regierung ward der Bisch. Ritschl nach St. Petersburg geschickt. Die drei Gemeinden der Hauptstadt wählten den Wirkl. Staatsr. von Adelung zu ihrem Deputirten. Als Secretär sowohl bei den Vorarbeiten als auch während der ganzen Dauer des Comités fungirte der Dr. jur. Hofrath Gustav von Lerche.

Den Fortgang der Arbeit theilt Adelung dem Kirchenrathe in folgendem Schreiben am 24. Mai 1830 mit.

„Als ich am 24. Aug. 1828 die Ehre hatte, von den Repräsentanten des hochachtbaren Kirchenraths der St. Petri-Gemeinde, vereint mit den Stellvertretern der Kirchenräthe der St. Annen- und der St. Catharinen-Gemeinden zum Deputirten derselben bei der am 22. Mai desselben Jahres zur Entwerfung eines neuen Reglements für die evangelischen Kirchen im russischen Reich Allerhöchst ernannten Comité erwählt zu werden, übernahm ich mit diesem ausgezeichneten Beweise des ehrenvollsten Vertrauens zugleich die heilige Pflicht, mich desselben durch die gewissenhafteste Beobachtung der mir übertragenen Obliegenheit zum Wohle unserer Kirche nach meinen Kräften würdig zu beweisen.

„Durch die Verspätung einiger nöthigen Vorarbeiten verzögert, konnten die Sitzungen der genannten Comité erst am 25. September 1829 eröffnet werden, von welchem Tage an sie dieselben mit der angestrengtesten Thätigkeit bis zum 8. Mai 1830 in 112 Sitzungen fortgesetzt und so den ersten Abschnitt ihrer Arbeit erreicht hat, über welche ich es nun für meine Schuldigkeit halte, Einem hochachtbaren Kirchenrath einen ergebensten Bericht abzustatten.

„Laut dem Allerhöchsten Befehle sollte diese Comité eine neue Kirchen-Ordnung entwerfen, welche in genauer Uebereinstimmung mit den Lehrsätzen der evangelisch-protestantischen Kirche die wichtigsten Ceremonien des Gottesdienstes, so wie die Hauptgrundlage der Kirchenverwaltung feststellte, und dabei zugleich darauf sehen, daß die zu treffenden Bestimmungen dem gegenwärtigen Zustande und den Bedürfnissen der evangelischen Kirche in Rußland, so wie ihren Verhältnissen zu der obersten Gewalt und zu allen Regierungs- und Gerichts-Behörden im Reiche angemessen wären.

„Um dieser so wichtigen Aufgabe zu genügen, hat die Comité nach Anleitung der alten schwedischen Kirchenordnung und mit gewissenhafter Benutzung der von der Oberverwaltung der geistlichen Angelegenheiten fremder Confessionen gelieferten Materialien und aller übrigen, ihr zu Gebote stehenden und erreichbaren, Hülfsmittel eine neue Kirchenordnung entworfen, deren einzelne Theile schon während der Arbeit des Allerhöchsten Beifalls gewürdigt wurden, und bei deren vorläufiger Beendigung am 8. dieses die Comité das Glück hatte, die officielle Zusicherung von der Allerhöchsten Zufriedenheit und dem Wohlwollen Sr. Majestät des Kaisers zu erhalten.

„Die auf diese Art gewonnenen Vorarbeiten, werden nun einer systematischen Redaction und Verschmelzung zu einem organischen Ganzen unterworfen, eine Arbeit, welche 4—5 Monate erfordern wird, während welcher Zeit die zu der Comité berufenen Deputirten der Ostseeprovinzen mit Allerhöchster Genehmigung in ihr Vaterland zurückkehren. Nach Beendigung dieser Redaction wird sie der im Herbst aufs Neue versammelten Comité zur Prüfung und Bestäti-

gung vorgelegt und dann, als das völlig beendigte Resultat der
Allerhöchst übertragenen Aufgabe, durch den Herrn Oberverwalter
der geistlichen Angelegenheiten fremder Confessionen Seiner Majestät
dem Kaiser zur Allerhöchsten Bestätigung und Sanction vorgelegt
werden.

„Diesen Bericht über den bisherigen Gang der Arbeiten zur
Entwerfung einer neuen Kirchenordnung glaubte ich dem mir von
Einem hochachtbaren Kirchenrathe bewiesenen schmeichelhaften Zutrauen
schuldig zu sein."

Am 6. Jan. 1832 ward das neue Kirchengesetz dem Kaiser
unterlegt, der seine hohe Zufriedenheit darüber aussprach und dasselbe
zur Prüfung dem Reichsrathe zusenden ließ. Nachdem es hier einige
Abänderungen erfahren hatte, ward es durch einen Allerhöchsten Ukas
von dem Dirigirenden Senat vom 28. Dec. 1832 bestätigt und nachdem es unter dem Titel „Gesetz für die evangelisch-lutherische Kirche
in Rußland" in Druck erschienen war, 1833 als Gesetz bekannt
gemacht.

Adelung schrieb am 21. Jan. 1832 dem Kirchenrath, er könne
die Versicherung geben, daß in dem neu entworfenen Reglement
nichts vernachläßigt worden, um den von ihm repräsentirten Gemeinden alle von ihnen bis jetzt genossene Vorrechte zu erhalten. Von
den 3 Gemeinden erhielt er als Zeichen der Anerkennung eine silberne
Vase im Werth von 1500 R.

Der Kirchenrath fand sich anfangs schwer in diese neuen Verhältnisse, besonders was die Verwaltung des Kirchenvermögens betraf.
Das war auch sehr natürlich.

Denn während das neue Gesetz dem Kirchenrath nur die Verwendung von Summen unter 500 R. ließ, war derselbe in Bau-
unternehmungen verwickelt, welche weit über eine Million kosteten.
Der Kirchenpatron Geh.-Rath v. Willamow wandte sich deshalb am
12. Sept. 1833 an den Minister des Innern als den Oberwalter
geistlicher Angelegenheiten fremder Confessionen, und erbat sich von
demselben Auskunft über einige Punkte. Er erhielt folgende Antwort.

Hochverehrter Herr Geheimerath!

„In Beantwortung der Zuschrift Ew. Exc. vom 12. Sept., -
durch welche Sie mir zu meiner Beurtheilung verschiedene im Kirchenrath der hiesigen evangel. St. Petri-Gemeinde vorgefallene Miß-

verständniſſe bei Erfüllung der in den §§ 467, 474, 480 und 482 enthaltenen Verordnungen des neuen Kirchengeſetzes vorlegen, eile ich Ihnen folgendes mitzutheilen.

„1) Auf die wahren Worte des § 467 des neuen Reglements mich ſtützend, laut welchen die Kirchenräthe die Verantwortung für die Unumgänglichkeit und den Nutzen der Geldauszahlungen von Kirchenſummen bis 500 R. auferlegt wird (und dieſe Verantwortung kann, wie es ſich von ſelbſt verſteht, in dem Falle nicht auferlegt werden, wenn ſolche Auszahlungen von hoher Obrigkeit zugeſtanden ſind), finde ich mit Ew. Exc. übereinſtimmend, daß Alles, was im § 467 feſtgeſetzt iſt¹), die erwähnten Auszahlungen betreffend, ſich bloß auf diejenigen Auszahlungen beziehn, welche auf geſetzliche Art nicht zugeſtanden ſind, ohne daſſelbe auf diejenigen Zahlungen auszudehnen, die ſchon vorläufig beſtimmt ſind, als z. B. Auszahlungen des Gehalts, Vertheilung der Penſionen, Ausgaben bei Unterhalt verſchiedener Gott gefälliger Einrichtungen oder auch zur Zahlung der Zinſen für die geliehenen Capitalien, Unkoſten bei dem vorzunehmenden Bau der Kirche mit Erlaubniß der hohen Obrigkeit u. d. gl. Solche Ausgaben müſſen natürlich unaufhaltſam und ohne Erbittung der neuen Erlaubniß beſorgt werden.

„2) Das im § 474 benannte Verbot²), im Namen der Kirche Schulden zu machen, kann ſich ohne Zweifel auf diejenigen Capita-

---

¹) Dieſer § 467 lautet: Geldauszahlungen für Bedürfniſſe der Kirche bis zum Betrage von 500 R. können durch die Kirchenvorſteher gemacht werden, jedoch nehmen ſie auch die Verantwortlichkeit für die Nothwendigkeit oder den Nutzen dieſer Ausgabe auf ſich. Zur Auszahlung von 500 bis 2000 R. iſt die Zuſtimmung der Gemeinde oder der von ihr dazu Bevollmächtigten und die Erlaubniß der Oberkirchenvorſteher-Aemter oder der ihnen in der Verwaltung der kirchlichen öfonomiſchen Angelegenheiten gleich ſtehenden Behörden erforderlich. Die Stadt-Kirchenräthe, Collegien oder Convente haben ebenfalls das Recht, Zahlungen bis 500 R. von ſich aus zu machen, von 500 bis 2000 R. aber mit Zuſtimmung der Gemeinde oder der von ihr dazu Bevollmächtigten. Zu Geldzahlungen von 2000 bis 5000 R. iſt die Erlaubniß des General-Conſiſtoriums nöthig, für die Ausgaben über 5000 R. aber holt das Miniſterium der innern Angelegenheiten die Allerhöchſte Genehmigung ein.

²) Der § 474 lautet: Im Namen einer Kirche Schulden zu machen, iſt in keinem Falle erlaubt; alle durch das Geſetz oder die Oberbehörde geſtatteten Kirchen-Ausgaben werden mit baarem Gelde beſtritten, für das ohne Zahlung genommene hingegen verantworten die Kirchen-Vorſteher, wie für ihre eigne Schuld, und daher kann gegen die Kirche oder ihr Eigenthum und ihre Einkünfte keine Klage geführt oder von den Gerichtsbehörden zugelaſſen werden.

lien nicht beziehen, welche die Kirche vor Bestätigung des neuen
Reglements geliehen hat, indem das Gesetz keine Zurückwirkung haben kann. Dem Kirchenrath bleibt nur übrig sich zu bestreben, die
Kirchenschulden nach Möglichkeit schnell zu tilgen.

„3) Die mir von Ew. Exc. in der Zuschrift zum § 480 des
neuen Reglements¹) gegebene Auskunft hinsichtlich der Ordnung
der Verwaltung der ökonomischen Kirchen-Sachen in der St. Petri-
Gemeinde, daß der Rath jener Kirche die in besagtem § vorgeschriebene Regel der Erwählung der Vorsitzer und Mitglieder in allgemeiner Versammlung der Gemeinde beschwerlich finde, — war der Comität vorgetragen, die beauftragt wurde, einen Entwurf des neuen
Reglements für die evangelischen Kirchen in Rußland zu machen;
allein die Comität, in welcher auch ein Mitglied des erwähnten
Kirchenrathes und ein Prediger der Petri-Kirche mit präsidirt haben,
hat es nicht für gut befunden, für die Gemeinde dieser Kirche in
dieser Hinsicht eine Ausnahme zu machen. Die erwähnte Beschwerlichkeit wird nicht so groß erscheinen, wenn man nach dem Inhalt
des § 480 in Beurtheilung nimmt, daß zu Versammlungen bei der
Wahl der Vorsitzer und Mitglieder der Kirchenräthe nicht alle ohne
Ausnahme von der Gemeinde eingeladen werden dürfen, sondern nur
die zur Gemeinde gehörigen Personen vom Militair- und Civilstande,
die Gutsbesitzer, Gelehrten, Künstler, Capitalisten, Kaufleute, Fabrikanten und Handwerksmeister. Die Erwählungen der Prediger in
den evangelischen Gemeinden geschehen gewöhnlich in voller Versammlung der Gemeinde ohne besondere Erschwernisse, ungeachtet,
daß mehrere Gemeinden sind, wo die Zahl der Mitglieder größer ist,
als bei der St. Petri-Gemeinde. Nach diesen Vergleichungen wäre
es beinahe unmöglich, diese Festsetzungen des neuen Reglements für
die evangelisch-lutherische Kirche in Rußland umzuändern, da dasselbe
erst vor kurzer Zeit der Allerhöchsten Bestätigung gewürdigt worden ist.

---

¹) Der § 480 lautet: Die Wahl der Vorsitzer und Glieder geschieht in voller
Versammlung der Gemeindeglieder durch Mehrheit der Stimmen der Anwesenden.
Zu diesen Versammlungen werden eingeladen alle zur Gemeinde gehörige Militair-
und Civil-Beamte, Gutsbesitzer, Gelehrte, Künstler, Capitalisten, Kaufleute, Fabrikanten und Handwerksmeister. Bei der Wahl ist zur Aufsicht über die Ordnung
ein von der Orts-Civil-Obrigkeit ernannter Beamter zugegen. Von der Zeit und
dem Orte der Wahl wird die Gemeinde durch dreimalige Ankündigung von der
Kanzel an Sonntagen und, wo es angeht, auch durch dreimalige Anzeige in den
öffentlichen Blättern in Kenntniß gesetzt.

„4) Was das in der Anmerkung zu § 482¹) enthaltene Verbot anbetrifft, Veränderungen in der Bestimmung zum Unterhalte des Predigers und der Kirchendiener ohne die Einwilligung der Gemeinde und die Erlaubniß des General-Consistoriums zu machen,- so bin ich völlig der Meinung Ew. Exc., daß diese Festsetzung sich bloß auf die Veränderungen in den Bestimmungen beziehen muß, welche in der Art der Etats-Festsetzungen gemacht wurden, nicht aber auf die Veränderung im Unterhalt frei gemietheter Leute, die nicht zu der Zahl der Kirchenbeamten gehören, indem der Unterhalt jener, verhältnißmäßig der Bedingungen, sehr oft einer Veränderung unterworfen werden kann.

„Zum Schlusse halte ich es nicht für überflüssig zuzufügen, daß meiner Meinung nach der Kirchenrath verschiedene Erschwernisse, die entstehen könnten, abwenden würde, wenn derselbe in den durch § 484²) alljährlich bestimmten Versammlungen der Gemeinde zugleich mit der vorzustellenden Rechenschaft über die Verwaltung der ökonomischen Sachen auch den Ueberschlag der Ausgaben, die in künftigen Jahren muthmaßlich geschehen werden, vorstellen sollte, wobei auch jedes Mal eine Summe bestimmt werden könnte: zu unvorhergesehenen Ausgaben der Kirche."

Das russische Original dieser am 16. Septbr. 1833 ertheilten Antwort ist vom Minister D. Bludow eigenhändig unterzeichnet.

Durch das neue Kirchengesetz wurde die St. Petersburgische Consistorialsitzung im Justizcollegium aufgehoben, dagegen wurden 2 neue geistliche Behörden geschaffen, das Consistorium und das General-Consistorium, unter denen der Kirchenrath stand, während die

---

¹) Die Anmerkung zu § 482 lautet: Die Kirchenräthe, Collegien oder Convente haben nicht das Recht, rücksichtlich der Besoldung des Predigers oder der Kirchenbeamten, Aenderungen zu treffen, ohne vorher: 1) die Zustimmung der Gemeinde und 2) die Genehmigung des General-Consistoriums eingeholt zu haben.

²) Der § 484 lautet: Nach Verlauf des Jahres müssen die Kirchenräthe, Collegien oder Convente vor der allgemeinen Versammlung der Gemeindeglieder über alle ihre Anordnungen in der Verwaltung der ökonomischen Angelegenheiten der Kirche, besonders aber über den Zustand ihrer Casse, vollständige Rechenschaft ablegen. Zur Revision der Rechnungen und Inventare, sowie zur Besichtigung der Kirchengebäude kann die Gemeinde besondere Bevollmächtigte ernennen, denen die Glieder des Kirchenraths, Collegiums oder Convents verpflichtet sind alle von ihnen verlangte Auskunft zu geben. Im Anfange eines jeden Jahres reichen die Kirchenräthe, Collegien oder Convente dem General-Consistorium einen Auszug aus der Generalrechnung und ein Verzeichniß aller in ihrer Verwaltung befindlichen Geldsummen ein.

Verwaltung der geistlichen Angelegenheiten fremder Confessionen im Ministerium des Innern als höchste Instanz blieb.

Die Veränderungen, welche durch das neue Gesetz in der Verfassung unserer Kirche hervorgerufen wurden, und welche meistens Beschränkungen des Kirchenraths in seiner früheren Amtsthätigkeit enthielten, bezogen sich hauptsächlich auf folgende 3 Punkte.

1) Auf die Verwaltung des Kircheneigenthums, welches nach wie vor dem Kirchenrathe, als dem Bevollmächtigten der Gemeinde, nach § 482 überlassen blieb. Früher hatte er durchaus freie Hand in den Ausgaben für die Kirche gehabt, er brauchte niemals irgend Jemandes Genehmigung einzuholen. Hierin ward er durch den oben S. 310 angeführten § 482 beschränkt. Diese Beschränkung war nicht etwa die Folge eines Mißtrauens. Bis dahin hatte Niemand dem Kirchenrath den Vorwurf machen können, daß er sich leichtsinnig auf Geldausgaben eingelassen habe. Im Gegentheil, oft ist ihm der Vorwurf gemacht, daß er zu ängstlich bei Ausgaben sei. Wer aber genau die Mittel kennt, über die er zu verfügen hatte, wer die eigenthümliche Lage bedenkt, in der er sich bis 1833 als Verwalter des Kirchenvermögens ohne gesetzlich vorgeschriebene Rechenschaftsablage befand, der wird gewiß sein Verhalten nicht anders als wohlüberlegte Vorsicht und weise Sparsamkeit bezeichnen können. Und der Augenschein lehrt uns auch ja dieses; wer sich auf dem Kirchenhofe hinstellt, sieht rings um sich die Folgen der Verfahrungsart des Kirchenraths.

Als unsere Gemeinde noch klein war, und ohne Hilfsmittel an den Bau einer steinernen Kirche dachte, erließ sie Aufrufe zu milden Beiträgen an jedes christlich gesinnte Herz. Kaiser und Kaiserinnen unseres erhabenen Herrscherhauses haben bedeutende Summen zur Erbauung und Einrichtung der Kirche und Schule geschenkt, auswärtige Fürsten und Städte haben ihre Glaubensgenossen im fernen Norden reich bedacht. In den Jahren der besten Lebenskraft hat manches wohlhabende Mitglied unserer Gemeinde die Kirche und ihre Anstalten beschenkt, manche ansehnliche Gabe ist aus Vermächtnissen der Armencasse, dem Waisenhause zugewiesen. Und das Geld ist gut angewandt, bis zum letzten Kopeken geben die Bücher unserer Kirche Rechenschaft über die Verwendung desselben. In der Annahme von Schenkungen, milden Gaben und Vermächtnissen ward der Kirchenrath durch' § 464 des neuen Gesetzes beschränkt. Schenkungen über 5000 R. zum Besten der Kirche durfte er nach diesem § nicht ohne Erlaubniß des General-Consistoriums annehmen. Als Fräulein Christina Janßen der Kirche zum Besten des Waisenhauses 100,000 R. vermachte, mußte der Kirchenrath 5. Dec. 1839 das General-Consistorium ersuchen, ihm die Allerhöchste Erlaubniß zur Annahme des Vermächtnisses gütigst auswirken zu wollen.

Schon in den ersten Zeiten unserer Gemeinde finden sich Spuren, daß der Kirchenrath sich verpflichtet fühlte, Rechnung über die Einnahmen und Ausgaben der Kirche abzulegen. In einem Gutachten des Postdirectors Asch vom 7. Nov. 1730 heißt es: „die Kirchenrechnungen müssen stets in Ordnung gehalten und alle Einkünfte und Ausgaben müssen sogleich eingetragen werden. Es ist ferner nöthig, daß die Kirchenrechnungen mit Ausgange des Jahres geschlossen, von den bisherigen Vorstehern in einem Buche unterschrieben und den künftigen Vorstehern nebst der Casse, so wie die zur Kirche gehörigen Documente in gehöriger Ordnung übergeben werden." Am 20. Oct. 1730 hatte der Graf Münnich schon dasselbe gesagt. Damals also sahen die neuen Vorsteher die Rechnungen ihrer Vorgänger durch und übernahmen Bücher und Casse, wenn sie dieselben richtig fanden. Einige Jahre später findet sich eine andere Art Controle durch einige angesehene Mitglieder der Gemeinde, welche der Kirchenrath zur Prüfung der Kirchenrechnungen hatte einladen lassen. Das Protocoll vom 8. Februar 1738 erzählt darüber Folgendes. „Man (die anwesenden Mitglieder des Kirchenconvents) erwartete einige, durch den Küster eingeladene, angesehene Mitglieder der Gemeinde, und es erschienen die Herren Cap. Reinstorp, Stelling, Ensmann und Kühlberger. Man sagte ihnen, sie seien eingeladen, um sich zu überzeugen, in welcher Verfassung das Kirchen- und Schulwesen gegenwärtig stehe, welche Bücher hierüber seit 1730 von den Kirchenvorstehern geführt worden, und welche Einnahmen und Ausgaben die Kirche seit 1730, die Schule seit 1736 jährlich gehabt und annoch habe. Nach Durchsicht der Bücher erklärten die Herren die Rechnungen für vollkommen richtig, und sprachen ihre Anerkennung über die Ordnung aus, mit der die Bücher geführt seien.

„Ferner beschloß der Kirchenrath einen kurzen Auszug aus den Rechnungsbüchern machen zu lassen, aus denen man in kurzer Zeit eine Uebersicht über den Stand des Kirchen- und Schulvermögens von 1730 und 1736 an gewinnen könne."

Das neue Kirchengesetz führte eine doppelte Art ein, wie der Kirchenrath Rechenschaft über seine Verwaltung ablegen solle. Nach

§ 478 erhielt das General-Consistorium die Oberaufsicht über die Verwaltung des Vermögens der evang.-luth. Kirchen, welchem deßhalb nach § 484 der Kirchenrath im Anfange jedes Jahres einen Auszug aus der Generalrechnung und ein Verzeichniß aller in seiner Verwaltung befindlichen Geldsummen einreicht. Eine genauere und umfassendere Rechenschaft muß der Kirchenrath nach § 481 jedes Jahr den ordentlichen Deputirten ablegen, welche als die Vertrauensmänner der Gemeinde auftreten, nicht bloß die Rechnungen und die Casse revidiren, sondern auch eine Inspection über alles Eigenthum der Kirche, als das Inventar, die Schule, das Waisenhaus, die Kirchenhäuser halten, und demselben eine General-Quittung für das verflossene Jahr ausstellen. Wegen ihres großen Einflusses wurden sie von Anfang an bei wichtigen Fragen gewöhnlich zu den Sitzungen des Kirchenraths gezogen. Es sind ihrer 6, indem in den Gemeindeversammlungen 2 aus jedem Stande, aus dem Adel, aus der Kaufmannschaft und aus den Gewerken auf 3 Jahre gewählt werden. Die ersten ordentlichen Deputirten wurden in der Gemeindeversammlung 6. Nov. 1833 gewählt. Als der 2. ordentliche Deputirte aus dem Adel, der Baron von Stackelberg, sein Amt niederlegte, berief der 1. ordentliche Deputirte, der Herr v. Götze, durch dreimalige Abkündigung von der Kanzel und durch die Zeitungen die zur Gemeinde gehörigen Herren vom Adel, die Militair- und Civil-Beamten und die Literaten zu einer Versammlung im Schulsaal am 8. Mai 1834; wo nicht bloß die ordentliche Deputirtenstelle durch den Baron v. Küster wieder besetzt wurde, sondern man auch den Beschluß faßte, daß, wenn einer der ordentlichen Deputirten vor Ablauf der 3 Jahre abginge, derjenige, welcher nach ihm die meisten Stimmen gehabt habe, ohne Weiteres in seine Stelle rücken solle[1]. Als der Baron Küster 1839 ins Ausland reiste, übertrug er seine Stelle und Rechte als Deputirter unserer Gemeinde dem temporären Deputirten Herrn Staatsrath v. Lerche. Für ähnliche Fälle ward dasselbe durch die später am 22. Nov. 1839 angenommene Ordnung über die Wahl und den Bestand des Kirchenraths § 11 und 12 verordnet.

2) Auf die Wahl und Entlassung der Prediger. Bis zur Einführung des neuen Kirchengesetzes war der Kirchenrath in dieser Hin-

---

[1] Vergleiche die Beschlüsse der Gemeindeversammlung 30. Nov. 1836 § 4 und der Gemeindeversammlung 25. Dec. 1839 § 3., so wie den von der Gemeinde bestätigten Beschluß vom 18. März 1839.

sicht durch keine einzige Bestimmung beschränkt, er konnte wählen, wen er wollte. Unsere früheren Prediger sind alle geborne Ausländer. Man nahm bei ihrer Erwählung weniger auf Gelehrsamkeit, als vielmehr auf Kanzelberedtsamkeit Rücksicht. Alle kamen schon als ordinirte Prediger hierher, indem selbst die wenigen, welche noch keine Predigerstelle gehabt hatten, sich vor ihrer Herreise im Auslande ordiniren ließen. Wegen der schwierigen und langweiligen Verbindung mit Deutschland konnte natürlich von Wahlpredigten nicht die Rede sein, die neuen Prediger wurden berufen und die Gemeinde lernte die meisten erst kennen, wenn sie ihr Amt antraten. Doch hat unsere Gemeinde darin viel Glück gehabt, was man wohl den vorhergegangenen sorgfältigen Erkundigungen von Seiten des Kirchenraths zuzuschreiben hat. Durch das neue Kirchengesetz wurden mehrere Vorschriften aufgestellt, welche der Kirchenrath bei der Predigerwahl zu beobachten hat. Die geistliche Behörde, mit der es der Kirchenrath in dieser Hinsicht zu thun hat, ist das Consistorium. Nur russische Unterthanen, welche die vorgeschriebenen Examina gemacht haben, dürfen ein geistliches Amt annehmen. Der inländische Candidat muß nicht allein bei Beendigung seines Cursus das Abgangsexamen auf der Universität, sei es in Dorpat oder in Helsingfors gemacht haben, sondern er muß sich auch noch später einem zweimaligen Examen beim Consistorium unterwerfen, dem ersten, um die Erlaubniß zum Predigen zu erhalten (pro venia concionandi), dem zweiten, um das Recht zu erlangen, bei einer Gemeinde als Prediger angestellt zu werden (pro ministerio). In Betreff ausländischer Theologen ist seit einigen Jahren festgesetzt, daß Candidaten nur dann die Erlaubniß, zu predigen, erhalten, wenn sie ein Examen auf einer inländischen protestantischen Universität gemacht haben, ordinirte Prediger aber sich dieses Recht durch ein Colloquium bei dem betreffenden Consistorium erwerben können. Ein geistliches Amt aber kann nur ein solcher übernehmen, der russischer Unterthan geworden ist. Da das Consistorium über die Erfüllung dieser Gesetze zu wachen hat, muß demselben jede erledigte Predigerstelle und jeder Bewerber um dieselbe sogleich angezeigt werden. Sobald die Wahl, bei der ein Abgeordneter des Consistoriums zugegen sein muß, beendigt ist, wird der Gewählte dem Consistorium mit der Bitte, ihn in sein Amt einzuführen, vorgestellt. Die Introduction erfolgt auf Anordnung des Consistoriums durch den General-Superintendenten, wobei dem neuen Prediger die vom Consistorium ausgefertigte Bestätigungsurkunde (Constituto-

rium) eingehändigt wird. Eben solche Vorschriften giebt es über
die Entlassung eines Predigers. Wenn derselbe seine Stelle freiwillig niederlegen will, so hat er dazu vorher die Genehmigung des
Consistoriums nachzusuchen. Entschließt er sich zu diesem Schritte
wegen Alter, Krankheit und Schwachheit, so muß ihm sein Nachfolger ⅓ aller Pfarreinkünfte bis an seinen Tod überlassen. Will er aus
demselben Grunde einen Adjuncten annehmen, so muß er nach vorläufig eingeholter Zustimmung seiner Gemeinde, das Consistorium um
Bestätigung desselben bitten.

Der § 157 des Kirchengesetzes lautet: „Die Ordnung bei Besetzung der erledigten Predigerstellen bleibt in jeder Gemeinde dieselbe, wie sie bisher bestanden hat." Sie richtete sich also bei der
ersten, seit Einführung des Kirchengesetzes in unserer Gemeinde eintretenden Vacanz, beim Abgange des Pastors Hamelmann, nach
§ 30 des Kirchen-Reglements und nach dem Verfahren, welches
1813 bei dem Tode des Pastors Lampe und der Wahl des Pastors
Volborth beobachtet war, und welches oben angegeben ist. Der § 30
des Kirchen-Reglements bestimmte, daß bei einer Predigerwahl der
Kirchenrath durch 12 Deputirte der Gemeinde verstärkt werden solle.
Da man nun schon seit dem 6. Nov. 1833 sechs ordentliche Deputirte hatte, so ersuchte der Kirchenrath 1. Febr. 1834 die ordentlichen
Deputirten aus der Kaufmannschaft und den Gewerken, aus jedem
Stande noch 3 temporäre (außerordentliche) Deputirte zur Predigerwahl von ihren Standesgenossen ernennen zu lassen. Die Kaufmannschaft erwählte ihre 3 Deputirte alsbald in einer Versammlung,
welche sie in der Börse hielt. „Die Deputirten des Adels willigten
für die bevorstehende Predigerwahl in die Vermehrung der Deputirten aus dem Handelsstande und den Gewerken, sich vorbehaltend,
künftig eine gleichmäßigere Repräsentation der verschiedenen Stände
zu beantragen. Ungeachtet dieser Erklärung wurden bei der oben
angeführten Versammlung des Adels im Schulsaal, 8. Mai 1834,
auch drei Deputirte vom Adel gewählt, so daß der Kirchenrath, verstärkt durch 6 ordentliche und 9 temporäre (außerordentliche) Deputirte, am 28. Mai 1834 den Pastor Ernst aus Narwa, und als dessen
Wahl für ungültig erklärt wurde, am 15. Okt. 1834 den Pastor
Taubenheim aus Riga zum Prediger an unserer Kirche wählte.
Diese 9 Deputirte nannte man damals temporäre. Ueber die Wahl
derselben genehmigte die Gemeindeversammlung 30. Nov. 1836, in
welcher auch zum ersten Mal die temporären Deputirten erwählt

wurden, da die 1834 erwählten nicht in der Gemeindeverfammlung, fondern in Verfammlungen jedes Standes ernannt waren, folgenden Vorfchlag des erften ordentlichen Deputirten, Wirkl. Staatsr. von Götze: „Es werden aus jedem Stande 3 temporäre Deputirte erwählt, um zu den Sitzungen des Kirchenraths im Fall einer Predigerwahl oder auch in andern außerordentlichen Fällen, wo der Kirchenrath und die ordentlichen Deputirten dies für zweckmäßig erachten, zugezogen zu werden. Falls einer der ordentlichen oder temporären Deputirten die auf ihn gefallene Wahl ablehnen follte, wird feine Stelle durch den auf ihn, der Stimmenmehrheit nach, folgenden Candidaten erfetzt." Die in der Gemeindeverfammlung, 30. Nov. 1836, ernannten Mitglieder des Kirchenraths, ordentlichen Deputirten und temporären (außerordentlichen) Deputirten erwählten 16. Dec. 1839 den Prof. und Dr. E. Frommann aus Jena zum Prediger an unferer Kirche. Eine Sitzung des Kirchenraths mit Hinzuziehung der ordentlichen und temporären Deputirten heißt eine Plenarfitzung, welcher Ausdruck auch dann gebraucht wird, wenn die extraordinären Deputirten mit hinzugezogen werden. Seit 1860 nannte man fowohl die 9 temporären als die 3 Predigerwahl-Deputirten die extraordinären Deputirten. Jeder Stand wählte fowohl die ordentlichen als die temporären Deputirten aus feinen Standesgenoffen.

Am 7. März 1840 theilte das Confiftorium dem Kirchenrath die am 4. Jan. Allerhöchft beftätigte Prediger-Wahlordnung für die ev.-luther. Gemeinden der beiden Hauptftädte des Reichs mit. Die Prediger follten vom Kirchenrath und den von der Gemeinde beftimmten Deputirten erwählt werden, „jedoch mit der Beftimmung, daß, um der Gemeinde einen größern Einfluß auf die Wahl zu bewahren, die Zahl der Deputirten, welche aus der Mitte der Gemeinde zu der mit dem Kirchenrath gemeinfchaftlich zu bewerkftelligenden Predigerwahl erwählt werden, die Zahl der Glieder des Kirchenraths um ⅓ und bis zur doppelten Anzahl überfteige." Dann folgen die Beftimmungen über die Wahl der Deputirten. Die in Folge diefes Gefetzes bei der Befetzung der dritten Predigerftelle gewählten Deputirten heißen die extraordinären (außerordentlichen) oder Predigerwahl-Deputirten. Es find ihrer 3, einer aus dem Adel, einer aus der Kaufmannfchaft, einer aus den Gewerken. Sie werden nach denfelben Regeln wie die andern Deputirten erwählt. Sie haben nur bei der Wahl von Predigern eine Stimme. Die erften wurden 26. April 1859 erwählt. Das General-Consistorium führte unter den Gründen, weshalb es die 18. Okt. 1858 vollzogene Wahl eines dritten oder Nachmittagspredigers annullirte, auch den an, daß bei der Wahl keine Rücksicht auf das 2. Dec. 1834 Allerhöchst bestätigte Reichsrathgutachten genommen sei, „welches vorschreibt, daß bei Wahl von Candidaten zu irgend welchem Amt nur diejenigen als gewählt anzusehen seien, welche mehr wählende als nicht wählende Stimmen für sich haben." Das 26. Okt. 1859 Allerhöchst bestätigte Reichsrathgutachten setzte folgende Bestimmung in Betreff der Abgabe von Stimmen bei den Wahlen von evangel.-luther. Predigern fest: „Wenn mehr als zwei Wahlcandidaten vorhanden sind, so wird über jeden einzeln abgestimmt, um zu erfahren, wie viel wählende und nicht wählende Stimmen jeder von ihnen erhalten hat; wenn aber keiner der Candidaten die absolute Majorität erhalten hat, d. i. mehr als die Hälfte sämmtlicher Stimmen, so wird über diejenigen zwei Candidaten, welche die meisten Stimmen haben, zugleich abgestimmt, um zu erfahren, wer von ihnen die meisten Stimmen hat; wenn hiebei jedoch die Stimmen gleich vertheilt sind, so steht die Wahl des Einen von ihnen zum Prediger dem Patrone zu, und wo kein Patron ist, dem Consistorio." Die Ordnung bei der Wahl selbst bestimmt der später mitzutheilende Beschluß der Plenarsitzung vom 20. Mai 1859.

3) Auf die Wahl und Stellung des Kirchenraths. Ein Hauptzweck, den das neue Kirchengesetz in's Auge faßte, war der, die Gemeinde zu größerer Theilnahme an den Kirchenangelegenheiten heranzuziehen. Deshalb nahm es die Prediger, denen doch wohl am meisten am Gedeihen der Kirche gelegen sein mußte, wieder in den Kirchenrath auf, von welchem sie seit 1766 ausgeschlossen gewesen waren, und dem sie nun vom 3. Okt. 1833 wieder als durch ihr Amt berufene Mitglieder angehörten. Deshalb verordnete es zu bestimmten Zeiten regelmäßig wiederkehrende Gemeindeversammlungen, und gab ein zweckmäßigeres, den Forderungen der Neuzeit angemesseneres Wahlgesetz für die Erwählung des Kirchenraths, indem es die frühere Selbstergänzung desselben aufhob. Gemeindeversammlungen müssen wenigstens alle 3 Jahr gehalten werden, während sie früher durchgehends nur bei den Predigerwahlen vorkommen. Aber sie können auch öfter berufen werden, sobald der Kirchenrath das Bedürfniß fühlt, sich über wichtige Angelegenheiten mit der Gemeinde zu berathen. Wer an demselben Theil nehmen dürfe, ist in dem

oben mitgetheilten § 480 gesagt. In denselben wurden allgemeine Angelegenheiten besprochen, besonders aber wurden in ihnen der Vorsitzer und die ordentlichen Mitglieder des Kirchenraths, so wie die Deputirten erwählt. Mit Ausnahme des Kirchenpatrons, der auf Lebenszeit blieb, sollten alle diese Aemter laut § 479 nach Ablauf von 3 Jahren durch Wahl der Gemeindemitglieder wieder besetzt werden, wobei aber ausdrücklich hervorgehoben wird, daß die früheren Mitglieder wieder gewählt werden können. Der Kirchenpatron, Geh. Rath v. Willamow, der bisher gewöhnlich den Vorsitz im Kirchenrath und im Schuldirectorium geführt hatte, bat 15. Okt. 1833 wegen vieler anderweitiger Geschäfte um seine Entlassung. Es scheint nicht, daß man an Wiederbesetzung des dadurch erledigten zweiten Patronats gedacht habe, besonders da das Amt eines Vorsitzers (Präsidenten) im Kirchenrath nicht mehr mit dem Patronat vereinigt bleiben konnte, sondern von der Gemeinde durch Wahl besetzt werden sollte. Da nun außerdem auch noch die Stelle eines Kirchenältesten und eines Kirchenvorstehers zu besetzen waren, beschloß der Kirchenrath 19. Okt. am Ende des Jahres 1833 die erste Gemeindeversammlung im Schulsaal zu halten, die stimmberechtigten Mitglieder der Gemeinde durch dreimalige Abkündigung von der Kanzel und durch dreimalige Anzeige in der deutschen Zeitung dazu einzuladen, und den General-Gouverneur zu ersuchen, einen Beamten zu ernennen, der nach Beistimmung von § 460 der Versammlung beiwohnen müsse. Die Verlegenheit, in welche den Kirchenrath die halbvollendeten Bauten für den Fall setzten, daß er nicht wieder erwählt würde, in welchem Falle er dann augenblicklich Rechenschaft hätte ablegen müssen, spricht der Wirkl. Staatsr. v. Adelung in der Rede aus, mit welcher er 6. Nov. 1833 die Versammlung eröffnete.

„Was unser Kirchenrath längst und lebhaft wünschen mußte, mit den hochachtbaren Gliedern der von ihm repräsentirten St. Petri-Gemeine öfter in nähere Gemeinschaft treten, mit ihnen die wichtigsten Angelegenheiten der Kirche berathen, und ihnen von dem Gange seiner Geschäftsführung Rechenschaft ablegen zu können, das ist ihm jetzt durch das neue Gesetz für die evangelische Kirche in Rußland nicht allein erleichtert, sondern selbst zu einer für ihn sehr angenehmen Pflicht gemacht. Die §§ 460 und 484 dieses neuen Gesetzes schreiben nämlich den Kirchenräthen vor, bei allen wichtigen Angelegenheiten die Gemeine zu versammeln und mit ihr gemeinschaftlich die darauf Bezug habenden Beschlüsse zu fassen. Eine solche Veranlaſſung hat nun unſer Kirchenrath in den Gegenſtänden gefunden, zu deren Berathung er die heutige Verſammlung eingeladen hat.

„Dieſe Punkte, zu deren näherer Entwickelung der Kirchenrath ſich die Erlaubniß und Aufmerkſamkeit der hochachtbaren Glieder unſrer Gemeine erbittet, ſind folgende:

„1. Die bisherige Organiſation des Kirchenraths und die Beſtätigung deſſelben für die, von der Bekanntmachung des neuen Kirchengeſetzes an, laufenden drei Jahre.

„2. Die der Gemeine vorzulegende Rechenſchaft über die Leitung der ökonomiſchen Angelegenheiten unſerer Kirche und der Stand ihrer Caſſe.

„3. Der Entſchluß des Herrn Conſiſtorial-Raths Hamelmann, ſein Amt eines Seelſorgers unſerer Gemeine niederzulegen, und die in dieſer Hinſicht zunächſt zu ergreifenden Maaßregeln.

„4. Die Wahl von Deputirten oder Bevollmächtigten, welche nach § 484 des neuen Kirchengeſetzes im Namen der Gemeine die Rechnungen und Inventare der Kirche von Zeit zu Zeit revidiren, und an welche ſich der Kirchenrath bei allen vorkommenden Gelegenheiten zu gemeinſchaftlicher Berathſchlagung wenden könne.

„Was den erſten Punkt, oder die Organiſation des Kirchenraths betrifft, ſo iſt es

„a) bekannt, daß derſelbe bis jetzt aus 2 Patronen und 6 Aelteſten, welche auf Lebenszeit gewählt wurden, und 4 Vorſtehern beſtand, welche ihr Amt 3 Jahre lang bekleideten. Da nun aber nach dem neuen Kirchengeſetze die Glieder der Kirchenräthe alle 3 Jahre erneuert oder beſtätigt werden ſollen, ſo fordert unſer Kirchenrath die hochachtbaren Glieder der St. Petri-Gemeine auf, hierüber gegenwärtig einen Beſchluß zu faſſen, und erlaubt ſich dabei eine Bemerkung, deren Bewegungsgrund gewiß nicht verkannt werden kann, da er durchaus nur das wahre Intereſſe der Kirche beabſichtigt. In einem Augenblicke nämlich, wie der jetzige, wo der Kirchenrath mit einer ſo wichtigen Angelegenheit, als der Bau einer neuen Kirche, beſchäftigt iſt, wird es der Gemeine, vorausgeſetzt, daß ſie die in dieſer Hinſicht ergriffenen Maaßregeln billigt, wohl wichtig und nothwendig ſcheinen müſſen, das angefangene Werk durch dieſelben Männer fortgeſetzt und beendigt zu ſehen; die ſich dieſer, wie allen bisherigen Unternehmungen für Kirche und Gemeine mit Aufopferung ihrer oft kärglich zugemeſſenen Zeit und mit vieler Mühe bloß in dem belohnenden Bewußtſein unterzogen, zum allgemeinem Wohle nützlich zu sein. Und daß namentlich der gegenwärtige Kirchenrath so glücklich gewesen ist, der Gemeine wahrhafte und nicht unbedeutende Dienste zu leisten, bedürfte es, um dies zu beweisen, wohl etwas Anderes, als eines Blickes auf den vor unsern Augen liegenden Umkreis von prachtvollen Gebäuden, und auf die dem Boden bereits entsteigende neue Kirche, die, wie jene, eine Zierde der Kaiserstadt und der Stolz unserer Nachkommen sein wird? Und doch war vor 25 Jahren noch eine Schuldenlast von 82,000 R. zu tilgen, während jetzt nach einem Viertel-Jahrhundert unsere Gemeine ein schuldenfreies Eigenthum von mehr als 1,250,000 R. in Grundstücken besitzen wird. So fern von aller Anmaaßung dies aber auch hier erwähnt wird, so hält es der Kirchenrath doch für eine heilige Pflicht, bei dieser Gelegenheit der angestrengten Bemühungen zu erwähnen, mit welchen die aus seiner Mitte ernannte ökonomische und Bau-Comität bereits seit mehreren Jahren die großen Bauten der Kirche mit Einsicht und glücklichem Erfolge leitet und sich dadurch ein bleibendes Andenken und die gerechtesten Ansprüche auf dankbare Anerkennung erwirbt.

„Indem hier die Organisation des Kirchenraths erwähnt wird, sieht sich derselbe genöthigt, der hochachtbaren St. Petri-Gemeine noch zwei Gegenstände vorzutragen, welche darauf Bezug haben.

„b) Der erste betrifft die Trennung von zweien um unsere Kirche hochverdienten Männern, die sich wegen ihrer Verhältnisse und Geschäfte veranlaßt gefunden haben, aus ihrer bisherigen Verbindung mit dem Kirchenrathe auszutreten. Unser verehrter Herr Patron, Se. Exc. der Geh. Rath und Ritter von Willamow hat nämlich dem Kirchenrathe angezeigt, daß die zunehmenden Geschäfte der seiner Leitung anvertrauten Wohlthätigkeitsanstalten ihn verhinderten, den Angelegenheiten unserer Gemeine länger vorzustehen, und er sich daher genöthigt sehe, die Stelle eines Patrons der St. Petri-Kirche niederzulegen, ein Verlust, den unsere Gemeine gewiß um so lebhafter fühlen wird, je mehr es ihr im dankbaren Andenken ist und gewiß bleiben wird, wie große Verdienste sich dieser allgemein verehrte Staatsmann um ihr Wohl erworben hat. Ob und wie diese Stelle in der Folge wieder zu besetzen sei, muß wohl einer künftigen Berathung überlassen bleiben. — Eine zweite sehr schmerzhafte Trennung hat der Kirchenrath erlitten, indem der Kirchenälteste, Herr C. G. Ritter, bei seinem vorgerückten Alter und noch neuen ihm übertragenen öffentlichen Stellen sich gezwungen gesehen hat, einen

Verein, an dessen Arbeiten er seit einer Reihe von Jahren so thätigen und wichtigen Antheil genommen, zu verlassen. Der Kirchenrath wird sich bemühen, diese Stelle unverzüglich durch ein würdiges Glied unserer Gemeine zu ersetzen.

„c) Der zweite noch hieher gehörige Gegenstand ist die in dem neuen Kirchen-Gesetze §§ 479 und 480 enthaltene Vorschrift, daß die Wahl des Vorsitzers des Kirchenrathes aus der Mitte desselben von der Gemeine in einer allgemeinen Versammlung vorgenommen werden solle, wozu dieselbe daher ebenfalls aufgefordert wird.

„Der zweite Hauptpunkt der heutigen allgemeinen Versammlung betrifft die der Gemeine vorzulegende Rechenschaft über die Leitung der ökonomischen Angelegenheit unserer Kirche und den Stand unserer Kasse. Ohne hier das bereits oben über diesen Gegenstand Erwähnte zu wiederholen, darf doch wohl bemerkt werden, daß diese Rechenschaft für Kirchenrath und Gemeine nur eine erfreuliche sein kann, und daß die hochachtbare Versammlung, wenn sie die ihr hier vorgelegten Kassa-Bücher und Uebersichten bis zum Abschlusse des verflossenen Jahres, so wie die Erläuterungen, welche der Kirchenvorsteher, Herr Robert Ritter, darüber zu ertheilen die Güte haben wird, mit Aufmerksamkeit prüft, sie dem Kirchenrathe gewiß dieselbe Gerechtigkeit widerfahren lassen wird, mit welcher ihm noch vor einigen Monaten die Deputirten derselben ihre Zufriedenheit und ihren Beifall darüber öffentlich zu erkennen gaben.

„Ein dritter wichtiger Punkt, den der Kirchenrath zur Kenntniß und Genehmigung dieser Versammlung bringen muß, ist der Entschluß des Herrn Consistorial-Raths Hamelmann, sein Amt eines Predigers unserer Gemeine niederzulegen. Nur seine immer zunehmende Schwäche und Kränklichkeit und ein durch angestrengte Arbeit völlig zerrütteter Körper konnten diesen würdigen Seelsorger bestimmen, einer Stelle zu entsagen, die er 33 Jahre lang mit so vieler Liebe und Erfolg bekleidet hat. Der natürliche Wunsch des Herrn Consistorial-Rath Hamelmann's ist, die wenigen ihm übrigen Jahre eines kränklichen Lebens vor Mangel und Nahrungs-Sorgen geschützt zu sehen und er erwartet von der Gerechtigkeit und dem Wohlwollen unserer Gemeine in der heutigen Versammlung durch die Bewilligung seines ganzen Gehalts auf Lebenszeit, mit Beibehaltung der ihm bereits seit seiner 20jährigen Amts-Jubelfeier zugestandenen Pension von 2000 Rbl. über diese ihm so wichtige Angelegenheit völlig beruhigt zu werden. Der Kirchenrath glaubt in seinem Protocolle der Sitzung vom 19. Oktober einen Ausweg gefunden zu haben, wie in Uebereinstimmung mit dem neuen Kirchen-Gesetze die gerechte Erwartung des Herrn Consistorialrath Hamelmann's befriedigt werden könnte, ohne der Kirchenkasse eine ungewöhnliche neue Last aufzubürden, und wird die Ehre haben, diesen Beschluß den hochachtbaren Mitgliedern unserer Gemeinde zur Bestätigung vorzulegen.

„Was endlich den vierten Punkt anbelangt, welcher der Gemeine zur Berathung vorgestellt wird, nämlich die Wahl von Deputirten, mit welchen der Kirchenrath in allen vorkommenden wichtigern Fällen das Wohl unserer Kirche gemeinschaftlich berathschlagen könne, so hat dieser seinen Grund in dem § 484 des neuen Gesetzes, und wird noch besonders durch die Leichtigkeit und Bequemlichkeit empfohlen, in dringenden Fällen diese Stellvertreter der Gemeine schnell zusammenberufen, und durch ihre Einsicht unterstützt und mit ihnen vereint die nöthigen Beschlüsse fassen zu können; — der Kirchenrath glaubt dabei eine Pflicht der Dankbarkeit und des Vertrauens zu erfüllen, wenn er der Versammlung diejenigen Männer zur Bestätigung als Deputirte empfiehlt, welche bereits seit längerer Zeit in allen wichtigen Fällen gemeinschaftlich mit dem Kirchenrathe das Interesse der Gemeine wahrgenommen und befördert haben.

„Schließlich ersucht der Kirchenrath noch die hier anwesenden hochachtbaren Glieder unserer Gemeine die in der heutigen Versammlung gemeinschaftlich gefaßten Beschlüsse durch ihre Unterschrift zu bekräftigen, und ihm ferner ihr Wohlwollen und Vertrauen zu erhalten.

„In der am 6. Nov. 1833 gehaltenen allgemeinen Versammlung der Glieder der St. Petri-Gemeine sind folgende Punkte entschieden und die darüber durch Mehrheit der Stimmen gefaßten Beschlüsse von sämmtlichen anwesenden Theilnehmern an der Berathung unterschrieben worden.

„1) Der jetzt bestehende Kirchenrath wird auf drei Jahre, vom 1. Jan. 1834 an gerechnet, bestätigt. Die Wahl eines Vorsitzers in den Versammlungen ist dem Kirchenrathe überlassen.

„2) Dem Herrn Consistorialrath Hamelmann ist bei der Niederlegung seines 33 Jahre lang geführten Amtes eine lebenslängliche Pension von 6500 Rbl., nämlich 4500 Rbl. als sein bisheriger Gehalt, und 2000 Rbl. als ihm bereits vor 13 Jahren bewilligte Pension, einstimmig und mit allgemeiner Anerkennung seiner großen Verdienste, zugesichert worden.

„3) Zu Deputirten der Gemeinde wurden gewählt: aus dem Adelstande, der Herr Staatsrath Peter von Götze, der Herr Baron von Stackelberg, aus dem Kaufmannsstande Herr Müller und Herr Cramer, und aus den Gewerken Herr Krafau und Herr Hagemann."

In der Sitzung des Kirchenraths 16. Nov. 1833 wurde zum Vorsitzer der Wirkl. Staatsr. v. Adelung, zum Kirchenältesten Herr Robert Ritter, zum Kirchenvorsteher der holländische Consul, Herr D. J. Harder gewählt. Die beiden letzten Stellen wurden auf die bisherige Weise besetzt, indem man im Kirchenrath drei angesehene Mitglieder der Gemeinde aus dem Stande, in welchem die Vacanz war, vorschlug, und unter diesen einen durch Stimmenmehrheit erwählte. Sowohl das Resultat der Gemeindeversammlung, als auch die Wahl des Vorsitzers, des Kirchenältesten und Kirchenvorstehers wurde der Gemeinde von der Kanzel, dem Kirchenpatron und dem Consistorium durch den Vorsitzer angezeigt. Darauf begründete das Consistorium das Recht, dem neu gewählten Kirchenrath ein Constitutorium auszustellen. Das Schreiben des Consistoriums an den Kirchenrath 14. Apr. 1834 lautet, wie folgt. „Wann das evangelisch-lutherische General-Consistorium mittelst Befehls vom 20. Febr. a. c. sub Nr. 229, diesem Consistorio auf Grundlage des § 486 und nach Analogie der §§ 489 und 492 des Allerhöchst bestätigten Kirchengesetzes für die evangelisch-lutherische Kirche in Rußland vorgeschrieben: in-Beziehung auf solche städtische Gemeinden, die nicht unter das Ingermannländische Oberkirchenvorsteher-Amt oder das Versorgungscomité für die Kolonisten im südlichen Rußland sortiren, sondern ihren eigenen Kirchenrath haben, die Bestätigung der neuerwählten Glieder der Verwaltungen des städtischen Kirchenvermögens von sich aus zu verfügen und denselben die herkömmlichen Constitutorien zu ertheilen, — so wird solches dem obgenannten Kirchenrathe desmittelst zu wissen gegeben und ihm zugleich auch eröffnet, wie er nicht nur von nun an bei jeder neuen Wahl seiner Mitglieder diese dem Consistorio vorzustellen habe, damit selbiges ihnen die nöthigen Constitutorien ausfertigen lassen könne, sondern auch zu demselben Zweck jetzt gleich diejenigen seiner Mitglieder, welche noch keine Constitutorien erhalten haben, dieser Behörde namhaft zu machen nicht unterlassen dürfe."

Der Vorsitzer, Wirkl. Staatsr. von Adelung wies in einem Schreiben 28. Mai 1834 diese Forderung des Consistoriums als eine durchaus nicht in den Gesetzen begründete zurück: Es heißt in diesem Schreiben:

„Der Kirchenrath sieht mit Ueberraschung und Bedauern, daß in jenem Schreiben weder das Geschäftsverhältniß, in welchem er zu dem St. Petersburgischen Consistorium zu stehen, noch die Achtung, auf welche er in so vieler Hinsicht Anspruch machen zu dürfen glaubt, stets gehörig berücksichtigt sind, und er ist es sich und der ansehnlichen Gemeine, die er repräsentirt, und deren Rechte er zu vertheidigen hat, er ist es besonders der hohen Stellung seines Durchlauchtigen Patrons und den bürgerlichen Verhältnissen seiner Mitglieder schuldig, sich gegen jede Verletzung der angeführten Art mit aller Bescheidenheit, aber auch im vollen Bewußtsein seines guten Rechtes zu verwahren.

„Der St. Petri-Kirchenrath wird es nie wagen, sich irgend einer Verpflichtung, welche ihm das neue Kirchengesetz auferlegt, entziehen zu wollen; je unbedingter er aber gerade durch dieses Gesetz seine Pflichten und Rechte und sein Verhältniß zu dem St. Petersburgischen Consistorio festgestellt sieht, desto ruhiger und sicherer darf er auch allen Maaßregeln entgegentreten, durch welche dies Verhältniß verrückt und diese Rechte geschmälert werden könnten. Ein solcher Fall trat unter andern ein, als das Consistorium in seinem Communicate am 14. April unter Nr. 1101 dem unterzeichneten Kirchenrathe vorschrieb, sich von demselben für seine gegenwärtigen, wie für seine künftigen Glieder Constitutorien ertheilen zu lassen, und sich dabei auf die §§ 486, 489 und 492 des Gesetzes für die evangelisch-lutherische Kirche in Rußland bezieht, während weder in den angeführten Stellen, noch sonst irgend wo in diesem Gesetze den Kirchenräthen der Stadtgemeine diese Verpflichtung auferlegt wird, und vielmehr im § 487 desselben ausdrücklich gesagt wird: die Pflichten und Verhältnisse der Kirchenvorsteher zu der Gemeinde, zu den Conventen und zu ihrer höhern Behörde bleiben in Allem, was nicht durch die Bestimmungen dieser Kirchenordnung geändert worden ist, dieselben wie bisher. Alle bisherige Mitglieder des St. Petri-Kirchenraths haben in ihrem lediglich auf das Zutrauen der Gemeine und auf ihren uneigennützigen Eifer für das Beste derselben gegründeten Dienste bis hieher nie die Bestätigung irgend einer Behörde bedurft, und schmeicheln sich auch, auf Schutz des Kirchengesetzes gestützt, sich ferner durch die Achtung und das Vertrauen ihrer Gemeine für hinlänglich bestätigt und constituirt halten zu dürfen."

Dieser Streit kam bis an das General-Consistorium, welches 15. Nov. 1834 folgende, vom Vice-Präses Dr. von Volborth unterschriebenen, Entscheidung gab:

„Die bei Gelegenheit der Organisation sämmtlicher, das Vermögen der evangelisch-lutherischen Kirchen in Rußland verwaltenden, Behörden aufgestoßene Frage, ob das Generalconsistorium die Mitglieder der Kirchenräthe, Collegien und Convente zu bestätigen habe, hat der Minister der innern Angelegenheiten in der Predloschenie vom 24. Oktober d. J. sub Nro. 2538 dahin entschieden: daß diese Bestätigung dem wahren Sinne des Kirchengesetzes zufolge, nicht erforderlich sei, sondern daß die gedachten Verwaltungen bloß zu verpflichten wären, über jedes neu angestellte Mitglied derselben dem Generalconsistorio zu berichten, als welches auch der obgedachten Verwaltung zur Kenntnißnahme und respectiven Erfüllung hierdurch eröffnet wird."

Diesem Befehle gemäß wird seitdem jede Veränderung im Kirchenrath dem General-Consistorium angezeigt.

Nach Ablauf der 3 Jahre, auf welche der Kirchenrath 6. Nov. 1833 gewählt war, beschloß derselbe 10. Nov. 1836 gegen Ende des Jahres eine neue Gemeindeversammlung zu berufen. Als Gegenstände, welche derselben zur Kenntniß und Berathung vorgelegt werden sollten, wurden angenommen:

a) Die Rechnungs-Darlegung über die zunächst verflossenen 3 Jahre.

b) Die allgemeine Uebersicht des Kirchen-Vermögens.

c) Der Bau und die Verzierung der neuen Kirche, und namentlich die Verhandlungen über die Orgel und das Altarblatt.

d) Der Zustand unserer Schule in ökonomischer und pädagogischer Hinsicht.

e) Der Zustand unseres Waisenhauses.

f) Die vorzunehmende neue Wahl des Kirchenrathes und der Deputirten der Gemeine.

Das Protocoll über die am 30. Nov. 1836 im Schulsaal gehaltene Gemeindeversammlung lautet:

„Der erste Deputirte Se. Exc. der Herr Wirkl. Staatsr. und Ritter von Götze legte im Namen der Deputirten der Gemeinde folgende Beschlüsse zur Bestätigung vor:

„1) Die Gemeinde erklärt, daß der hochlöbliche Kirchenrath sich um das Beste der Gemeinde verdient gemacht hat, und ihm der Dank der Gemeinde gebührt.

„2) In diesem Betracht sowohl als auch aus dem Grunde, daß die Revision der Rechnungen für den Bau der Kirche und der neuen Häuser bis zur gänzlichen Beendigung dieser Bauten ausgesetzt worden ist, nach welcher Zeit die Baucomité sich einer besonderen Revision zu unterziehen haben wird, bestätigt die Gemeinde den gegenwärtigen Kirchenrath noch auf die drei nächsten Jahre vom 1. Januar 1837 bis 1. Januar 1840.

„3) Die Gemeinde bestätigt die von den Deputirten dem Kirchenrath ertheilten Quittungen und instruirt ihre Deputirten, auch künftighin auf die bisherige Weise die Rechnungen des Kirchenraths und seine Anordnungen in der Verwaltung der ökonomischen Angelegenheiten der Kirche zu revidiren, und darüber als besondere Bevollmächtigte der Gemeinde in deren Namen zu quittiren.

„4) Die Wahl der Deputirten geschieht in der Gemeindeversammlung auf folgende Weise: Jeder anwesende Wähler proponirt auf einem Zettel zu Deputirten zwei Personen aus dem Stande, zu welchem er gehört. — Derjenige Candidat, welcher die meisten Stimmen erhält, wird als erster Deputirter seines Standes, der nach ihm folgende als zweiter Deputirter proklamirt. Außerdem werden aus jedem Stande drei temporäre Deputirte erwählt, um zu den Sitzungen des Kirchenraths im Fall einer Predigerwahl oder auch in andern außerordentlichen Fällen, wo der Kirchenrath und die ordentlichen Deputirten dieß für zweckmäßig erachten, zugezogen zu werden. Falls einer der gewählten ordentlichen oder temporären Deputirten die auf ihn gefallene Wahl ablehnen sollte, wird seine Stelle durch den auf ihn der Stimmenmehrheit nach folgenden Candidaten ersetzt.

„5) Da gegenwärtig der Kirchenrath aus 4 Mitgliedern aus dem Kaufmannsstande, und aus 4 Mitgliedern der Gewerke besteht, und der vielleicht zahlreichste Stand des Adels, der Civil- und Militärbeamten und Literaten in demselben nur durch zwei Personen repräsentirt wird, so soll zur nächsten allgemeinen Wahlversammlung, welche nach drei Jahren stattfinden wird, vom Kirchenrath und den Deputirten gemeinschaftlich ein Project über gleichmäßige Repräsentation der drei Stände im Kirchenrath der Gemeinde zur Bestätigung vorgelegt werden. Alle diese Beschlüsse wurden von der Gemeinde genehmigt.

„Zu den Deputirten wurden erwählt
„vom Adel:
„Herr wirkliche Staatsrath und Ritter von Götze.
„Herr Legationsrath Baron von Küster.
„Von der Kaufmannschaft:
„Herr Clementz.   Herr Constantin Thal.
„Von den Gewerken:
„Herr Poehl.   Herr Ludwig Breitfuß.
„Zu temporären Deputirten vom Adel:
„Herr Staatsrath von Collins. Herr Collegienrath Dr. Fr. Weisse.
„Herr Collegienrath Gust. v. Lerche.
„Zu temporären Deputirten von der Kaufmannschaft:
„Herr Anton Gütschow.   Herr Tunder.   Herr Dierssen.
und von den Gewerken:
„Herr Keibel, Goldarbeiter.   Sattlermeister Friedrich Busse.
„Herr Schmiedemeister Dan. Radicke."

Am 18. Aug. 1837 fragte das General-Consistorium an, ob und wie die Bestimmung des Kirchengesetzes, alle 3 Jahre die Mitglieder des Kirchenraths durch die Gemeinde wählen zu lassen, befolgt worden; es sei darüber keine Anzeige an das General-Consistorium gemacht. Eine solche sei auch dann nothwendig, wenn die früheren Mitglieder des Kirchenraths wieder erwählt würden. Der Herr v. Adelung beantwortete diese Frage dadurch, daß er am 29. Dec. 1837 eine beglaubigte Abschrift des Protocolls der letzten Gemeindeversammlung dem General-Consistorium einsandte, und dabei berichtete, daß seitdem nur durch den Tod des Kirchenältesten Rasewig eine Aenderung eingetreten sei; doch habe man dessen Stelle noch nicht besetzt.

Am 21. Nov. 1839 berieth der Kirchenrath mit Hinzuziehung der Deputirten über einen Vorschlag des Herrn von Götze, und nahm denselben mit einigen Veränderungen in folgender Gestalt an.

„Ordnung betreffend den Bestand und die Wahl des Kirchenraths und der Deputirten der St. Petri-Gemeine.

„§ 1. Der Kirchenrath besteht künftig wie bisher aus 12 auf 3 Jahre erwählten Gliedern und den beiden Predigern.

„§ 2. In Gemäßheit des Gemeine-Beschlusses vom 30. November 1836, wonach die 3 Stände gleichmäßig im Kirchenrathe repräsentirt werden sollen, werden 4 Glieder aus dem Stande des

Adels, der Civil- und Militärbeamten und Literaten erwählt, 4 aus
der Kaufmannschaft und den Ehrenbürgern und 4 aus den Gewerken.

„§ 3. Der Kirchenrath und die Deputirten verfertigen gemeinschaftlich nach Stimmenmehrheit eine Liste von 12 Candidaten für jeden Stand, also für die 3 Stände von 36 Candidaten, aus welchen die 12 Mitglieder des Kirchenrathes zu erwählen sind.

„§ 4. Auf den der Gemeine vorzulegenden Wahllisten befinden sich die abgehenden Kirchenrathsmitglieder und Deputirten und überhaupt vorzugsweise solche Gemeindeglieder, welche früher Deputirte oder Kirchenrathsmitglieder gewesen sind und ihre Tüchtigkeit und ihren Eifer für die Verwaltung des Kirchenvermögens bewährt haben.

„§ 5. Der Kirchenrath und die Deputirten wählen 3 Candidaten zu der Stelle eines Präsidenten, und aus diesen wird in öffentlicher Gemeine-Versammlung der Präsident gewählt.

„§ 6. Niemand kann unter die Zahl der Candidaten zum Vorsitzer des Kirchenrathes aufgenommen werden, der nicht 3 Jahre hindurch Kirchenrathsmitglied oder ordentlicher Deputirter gewesen ist.

„§ 7. Der Präsident oder Vorsitzer des Kirchenraths ist als solcher zugleich Präsident des Schulraths. In beiden Collegien führt er den Vorsitz in Abwesenheit des Kirchenpatrons.

„§ 8. Bei der Wahl der Kirchenrathsmitglieder concurriren die Gemeindeglieder des Standes, zu welchem der zu Erwählende gehört und außerdem sämmtliche Mitglieder des Kirchenraths und die Gemeindeputirten ohne Unterschied des Standes.

„§ 9. Jedes Kirchenrathsmitglied wird vermöge einzusammelnder Wahlzettel durch Stimmenmehrheit erwählt.

„§ 10. Die Wahl der Deputirten geschieht in offener Gemeindeversammlung auf folgende Weise. Jeder der drei Stände schreitet zuerst zur Wahl des ersten ordentlichen Deputirten seines Standes, zu welchem Behufe nur ein Name auf dem Wahlzettel namhaft gemacht wird. Derjenige, welcher die meisten Stimmen erhält, wird als Deputirter seines Standes proklamirt. Auf gleiche Weise wird sodann zur Wahl eines zweiten Deputirten geschritten. Lehnt einer der Deputirten die auf ihn gefallene Wahl ab, so wird zu einer neuen Wahl geschritten; ist jedoch der Deputirte nicht gegenwärtig, und die Ablehnung erfolgt später, so rückt derjenige, welcher nach ihm die meisten Stimmen hatte, in seine Stelle. Außerdem werden nach Gemeindebeschluß vom 30. November 1836 aus jedem Stande

drei temporäre Deputirte erwählt, um zu den Sitzungen des Kirchenraths im Falle einer Predigerwahl oder auch in andern außerordentlichen Fällen, wo der Kirchenrath und die ordentlichen Deputirten
dies für zweckmäßig erachten, zugezogen zu werden.

„§ 11. Wenn nach aufgehobener Wahlversammlung ein Mitglied des Kirchenraths die ihm angetragene Stelle ablehnen, oder
wenn durch andere Umstände in der Zwischenzeit von einer Wahlversammlung zur andern eine Vacanz im Kirchenrathe entstehen sollte,
so besetzen der Kirchenrath und die ordentlichen Deputirten nach gemeinschaftlicher Wahl die vacante Stelle bis zur nächsten Wahlversammlung.

„§ 12. Wenn keine neue Predigerwahl stattfinden soll, ist es
nicht durchaus erforderlich, im Falle des Austrittes eines ordentlichen
Deputirten, zur Besetzung seiner Stelle eine Wahlversammlung zu
berufen. In der Regel vertritt der zweite Deputirte den ersten in
dessen Abwesenheit, und der erste temporäre Deputirte den zweiten
ordentlichen Deputirten."

Der Wirkl. Staatsr. von Adelung eröffnete die Gemeindeversammlung 27. Dec. 1839 mit folgender Rede.

„Die Glieder der St. Petri-Gemeine sind heute zusammenberufen
worden, um, der Vorschrift des Kirchen-Gesetzes gemäß, neue Mitglieder des Kirchenraths und neue Deputirte der Gemeine für die
nächsten drei Jahre zu wählen. Als bisheriger Vorsitzer des heute
seine Verwaltung niederlegenden Kirchen-Raths erlaube ich mir, der
vorzunehmenden neuen Wahl einige Worte voran zu schicken, um
eine kurze Uebersicht seiner Thätigkeit, so wie der Resultate derselben,
der Gemeine vorzulegen.

„Die letztvergangenen drei Jahre bezeichnen in den Jahrbüchern
unserer St. Petri-Schule und Gemeine einen der allerwichtigsten und
glänzendsten Zeitpunkte derselben. In ihnen wurde der vor 6 Jahren
begonnene Bau unserer neuen Kirche vollendet und dieselbe feierlich
eingeweiht; in ihnen das Gebäude unserer Schule den Bedürfnissen der
Zeit und ihrer Besserung gemäß in seinem ganzen Innern umgebaut und
erweitert; in ihnen der Grund zu einer weiblichen Waisenanstalt
gelegt, deren baldige Errichtung und Ausführung durch höchst reiche
Vermächtnisse und Beiträge möglich gemacht ist; in ihnen endlich
wurde die Anstalt zur Rettung von Scheintodten, der ersten in unserer Residenz, in Ausführung gebracht, die unverzüglich eröffnet und
der Benutzung und der Beruhigung unserer Gemeine übergeben

werden wird. Dieß sind die erfreulichen wichtigen Ergebnisse der letzten drei Jahre; dies ist zugleich die Rechenschaftsablegung des Kirchenraths über seine Verwaltung während derselben. Ja, meine Herren, groß und herrlich für unsere Kirche und Gemeine sind die Resultate dieser Uebersicht, und glücklich muß sich der Kirchenrath schätzen, daß ihm durch Ihr Vertrauen und durch die unermüdliche Unterstützung der Herren Gemeine-Deputirten das Loos und die Kraft ward, so wichtige Dinge zu unternehmen, zu leiten und auszuführen.

„So große Leistungen machte aber auch große Mittel nöthig; und diese finden wir in der huldreichen Unterstützung unsers Allergnädigsten Monarchen, und in den reichen Opfern, welche die Gemeine selbst aus ihrer Mitte darbrachte. Die Rechnungsablegung über die Verwaltung des Kirchenvermögens ist jährlich den Deputirten der Gemeine, und nach deren Bestätigung dem Generalconsistorio vorgelegt worden. Die detaillirte Rechenschaft über den Bau der neuen Kirche insbesondere unterliegt in diesem Augenblicke der Durchsicht der Gemeinedeputirten, um nach ihrer Beprüfung ebenfalls der genannten Oberbehörde überreicht zu werden. Was aber die Bücher über die Ausgaben und Einnahmen des laufenden Jahres betrifft, so sind diese der Gemeine hier zur Ansicht vorgelegt, und werden beim Abschluß des Jahres ebenfalls den dazu Bevollmächtigten der Gemeine mitgetheilt werden.

„Mit hoher Freude dürfen wir, bei der Aufzählung der während unserer Geschäftsführung geleiteten wichtigen Erlebnisse, noch der Berufung eines neuen Seelsorgers erwähnen, der seiner ausgezeichneten Eigenschaften und Gaben wegen so eben in diesen letzten Tagen durch einstimmige Wahl der Vertreter der Gemeine derselben geschenkt worden ist, ein Glück, in dessen vollen Genuß wir hoffen dürfen unverzüglich gesetzt zu werden.

„Dies, meine Herren, ist in wenigen Worten die Uebersicht unserer Verwaltung in den verflossenen drei Jahren. In dem Bewußtsein, uns des Zutrauens der Gemeine nicht unwürdig gezeigt, und dem Wohle derselben nicht ohne Erfolg unsre Kräfte und Zeit im reinsten Interesse dargebracht zu haben, legen wir heute das uns übertragen gewesene Amt nieder, danken der verehrten St. Petri-Gemeine innigst für Ihr Vertrauen, und fügen diesem Danke unsere herzlichsten Wünsche für die ununterbrochene Dauer ihrer Wohlfahrt und ihres Glückes hinzu!"

Nach dieser kurzen, aber inhaltsschweren Anrede des würdigen

Greises, welche nach dem Willen Gottes seine letzte in der Gemeindeversammlung sein sollte, ging dieselbe zu ihren besonderen Geschäften
über. Das Protocoll berichtet uns darüber Folgendes.

„Hierauf legte der Deputirte des Adels, Se. Exc. der Herr
Wirkl. Staatsr. und Ritter von Götze der Gemeinde die Protocolle
der Sitzungen, in welchen die Rechnungen des Kirchenrathes für die
letzten 3 Jahre revidirt worden sind, so wie die dem Kirchenrathe ertheilten Quittungen vor und hob zur Kenntniß der Gemeinde noch
einige Stellen aus den Protocollen hervor:

„Protocoll vom 18. März 1838.

„Die Deputirten der Gemeinde drücken dem Herrn Generalconsul Seb. Cramer ihre Achtung und ihre Erkenntlichkeit für den verdienstlichen Eifer aus, mit welchem er sich den Angelegenheiten der
Kirche widmet.

„Protocoll vom 20. Februar 1839.

„Die Herrn Deputirten bemerken mit verdienter Anerkennung
die Deutlichkeit in den Rechnungen, die gute Ordnung in der Buchführung und in der Kasse und überhaupt den angestrengten und rast-
losen Eifer, mit welchem der Herr Vorsitzer und die übrigen Herrn
Mitglieder des Kirchenrathes sich unausgesetzt um das Beste der St.
Petri-Gemeinde verdient machen. Die Deputirten erfüllen eine angenehme Pflicht, indem sie Einem hochlöblichen Kirchenrathe die wärmste
Erkenntlichkeit der Gemeinde ausdrücken. Die Deputirten würden
glauben, eine Pflicht der Dankbarkeit zu verletzen, wenn sie nicht mit
besonderer Erkenntlichkeit des warmen Interesses erwähnen, welches
der Vorsitzer des Kirchenrathes Se. Exc. der Herr Wirkl. Staatsr. und
Ritter von Adelung fortwährend an dem Gedeihen unserer Anstalten nimmt, ein Interesse, das er in diesem Jahre durch die von ihm
vorgeschlagene Errichtung eines weiblichen Waisenhauses, zu dessen
Begründung bereits so viel Erfreuliches geschehen ist, neuerdings be-
thätigt hat. Die Deputirten können nicht umhin, bei dieser Gelegenheit noch des verdienstlichen Eifers zu erwähnen, mit welchem mehrere der Herrn Mitglieder des Kirchenraths sich dem Besten der neuen
Kirche unterzogen haben, für welche von Sr. Exc. dem Kirchenältesten, Geh. Rath und Ritter von Block 1565 R. eingelaufen, und
von den Herrn Robert Ritter und General-Consul Sebastian Cramer 33,100 R. so wie von Herrn Barbe 2720 R. 50 K. collectirt
worden sind. Allen diesen Herrn, so wie auch den Deputirten Herrn

Commerzienrath Carl Clementz und Herrn Consul Constantin Thal, welche bei der Kaufmannschaft 10,675 R. zum Fonds der neuzueröffnenden weiblichen Waisenanstalt collectirt haben, wird hiemit der aufrichtigste und herzlichste Dank der St. Petri-Gemeinde dargebracht. Noch halten die Deputirten sich verpflichtet, Herrn Kirchenältesten Dittmar den Dank und die Anerkennung der Gemeinde für seine Bemühungen um das Beste der Kirche überhaupt und insbesondere des Waisenhauses auszudrücken. Ferner drücken die Deputirten ihrem würdigen Collegen, Herrn Legationsrath und Ritter, Baron von Küster den aufrichtigsten und wärmsten Dank der St. Petri-Gemeinde für den unausgesetzt regen Eifer aus, mit welchem er an den Sitzungen des Baucomités Theil genommen und sich bei den Anstalten zur Einweihung der Kirche thätig bewiesen hat.

„Ferner trug Se. Exc. Herr von Götze der Gemeinde das Protocoll der Sitzung der Deputirten von 26. März 1839, über den Bau der Kirchenhäuser sub litt. A. B. und C. vor, und verlas die dem Kirchenrathe an jenem Tage ertheilte Specialquittung über gedachte Bauten, berichtete über die Maßregeln in Betreff der Revision des neuen Kirchenbaues, des Anbaues in der großen Stallhofstraße und des Ausbaues des Schulhauses, und erwähnte mit gerechter Anerkennung des blühenden Zustandes unserer Schulanstalten. Hierauf legte er der Gemeinde folgende drei Resolutionen zur Bestätigung vor, die sämmtlich genehmigt wurden:

„1) Die Gemeinde bringt Sr. Durchlaucht dem Prinzen von Oldenburg, als Patron der Kirche, durch eine besondere Deputation den Ausdruck ihrer Ehrerbietung und Ergebenheit dar.

„2) Die Gemeinde erklärt, daß der hochlöbliche Kirchenrath sich um das Beste der Gemeinde verdient gemacht hat und ihm der Dank der Gemeinde gebührt.

„3) Die Gemeinde erklärt ihren aufrichtigsten Dank dem hochlöblichen Schulrathe, und spricht ihre volle Anerkennung des erfolgreichen Eifers aus, mit welchem der Herr Schuldirector, Se. Exc. der Herr Wirkl. Staatsr. und Ritter von Collins und der Inspector Herr Titulairrath Römhild ihren Pflichten obliegen. Zugleich ersucht die Gemeinde den hochlöblichen Schulrath, denjenigen Lehrern bei unseren Anstalten, welche sich durch besondern Berufseifer um die Bildung unserer Jugend verdient gemacht haben, die Erkenntlichkeit der Gemeinde auszudrücken, mit dem Wunsche, daß dieselben darin eine Aufmunterung finden möchten, in ihrem achtungswerthen und nützlichen Berufe mit Freudigkeit fortzufahren.

„Se. Exc. der Herr Präsident des Kirchenrathes theilte der Versammlung mit, daß der Kirchenälteste Herr Robert Ritter seine Entlassung von dem Kirchenrathe nehme und nicht wieder erwählt zu werden wünsche. Der persönlich anwesende Herr Robert Ritter wurde hierauf von der Gemeinde ersucht, auch ferner im Kirchenrathe zu bleiben, allein da derselbe wegen überhäufter Geschäfte diesen Wunsch ablehnte, so erklärte die Gemeinde, daß sie ihn mit dem aufrichtigsten Bedauern scheiden sehe und brachte ihm für seine 18jährigen so nützlichen und ersprießlichen Dienste im Kirchenrathe ihren wärmsten Dank dar.

„Alsdann ward der Gemeinde die im Protocoll vom 22. November 1839 festgestellte Ordnung betreffend den Bestand und die Wahl des Kirchenrathes und der Deputirten der St. Petri-Gemeinde mitgetheilt. In der im § 3 bestimmten Aufstellung von Wahllisten schienen mehrere eine Beschränkung des Wahlrechts zu finden, weshalb es für das zweckmäßigste erachtet wurde, diesen Gegenstand, bis zur nächsten Gemeindeversammlung, wo sich die Meinungen darüber fixirt haben würden, unentschieden zu lassen. Die Festsetzungen in Betreff der Deputirtenwahlen, ohnehin schon durch den Gemeindebeschluß vom Jahre 1836 geregelt, wurden genehmigt und darnach auch die Wahlen der Deputirten vorgenommen.

„Se. Exc. der Herr Wirkl. Staatsr. und Ritter von Adelung wurde in Anerkennung seiner Verdienste um das Beste der Kirche und Schule einstimmig wiederum zum Präsidenten des Kirchenrathes, in welchem er nun schon seit 33 Jahren thätig ist, erwählt. Zu Mitgliedern des Kirchenraths wurden erwählt:

„von Seiten des Adels:
Se. Exc. der Herr Geh. Rath und Ritter von Block.
Herr Staatsrath und Ritter Gustav von Lerche.
Herr Legationsrath, Kammerherr und Ritter, Baron von Küster.

„von Seiten der Kaufmannschaft und Ehrenbürger:
Herr Generalconsul Sebastian Cramer.
Herr Consul J. von Harder.
Herr Heyse.
Herr Gütschow.

„von Seiten der Gewerke:

„Das Haupt der deutschen Aemter
  Herr Tittmar.   Herr Barbe.
  Herr L. Breitfuß.   Herr Krakau.

„Zu ersten Deputirten wurden erwählt:
  vom Adel:
Se. Exc. der Herr Wirkl. Staatsr. und Ritter von Götze.

„von der Kaufmannschaft und den Ehrenbürgern:
Herr Commerzienrath Clement.

„von den Gewerken:
  Herr Keibel.

„Zu zweiten Deputirten:
  vom Adel:
Herr Berghauptmann von Kämmerer.

„von der Kaufmannschaft und den Ehrenbürgern:
  Herr Tunder.

„von den Gewerken:
  Herr Busse.

„Zu temporären Deputirten:
  vom Adel:
Se. Exc. der Herr Wirkl. Staatsr. und Ritter von Collins.
Herr Collegienrath und Ritter von Heyne.
Herr Staatsrath und Ritter von Weiße.

„von der Kaufmannschaft und den Ehrenbürgern:
  Herr A. Thal.
  Herr Voigt.
  Herr van Saffen.

„von den Gewerken:
  Herr Poehl sen.
  Herr Ehlers.
  Herr Radicke."

In der ersten Sitzung, welche der neu erwählte Kirchenrath 4. Jan. 1840 hielt, vertheilte derselbe die Geschäfte für die nächsten 3 Jahre unter sich.

a. Se. Exc. der Herr Geh. Rath von Block, der Herr Staatsrath von Lerche und der Herr Baron von Küster versprachen ihre Dienste überall, wo es nöthig ist, die Angelegenheiten und Rechte des Kirchenrathes vor den Behörden oder auch bei Privat-Personen zu führen und zu vertreten.

b. Der Herr Baron von Küster erbot sich zugleich bereit, in dem ökonomischen Comité, wie bisher, eine Stelle einzunehmen und das Protocoll desselben zu führen.

c. Der Herr General-Consul Sebastian Cramer wird die Hauptcasse fortführen.

d. Herr Consul von Harder und Herr Breitfuß übernahmen die Einsammlung der Collecte in den Becken vor der Hauptthüre der Kirche.

e. Herr Gülschow wird Mitglied des Waisen-Directoriums und übernimmt die Führung der Casse desselben.

f. Herr Heyse übernimmt die Führung der Hauptbücher des Kirchen-Raths und tritt zugleich als Mitglied des Kirchenrathes in das Schuldirectorium.

g. Herr Dittmar tritt wieder in die ökonomische Comité und führt in derselben, wie bisher, die Ausgabe-Bücher.

h. Herr Barbe übernimmt die Verwaltung der Armencasse und die Collecten für die Waisenhäuser.

i. Herr Kralau machte sich anheischig, die Ober-Aufsicht über die Ordnung und Reinlichkeit in den Kirchenhäusern zu führen.

Das ökonomische Comité bestand aus dem Herrn Baron von Küster, als Vorsitzer, den Herren Cramer, Heyse, Dittmar und Kralau.

Seit einiger Zeit hatte sich eine gereizte Stimmung zwischen dem Kirchenrathe und den Deputirten gezeigt, indem der erstere behauptete, die letzteren gingen über ihre Befugnisse hinaus und nähmen in den Protocollen ihrer Sitzungen, welche sie zugleich mit der Jahresquittung dem Kirchenrath einsandten, einen Ton an, der nicht zu dem Verhältniß passe, in welchem beide zu einander ständen. Schon bei dem ersten Protocoll, welches die Deputirten 1834 einsandten, schienen sich Stimmen im Kirchenrath gegen die Annahme desselben erhoben zu haben; nur durch die Versöhnlichkeit und Milde des Herrn von Adelung wurden damals Streitigkeiten vermieden, deren Ausbruch mitten unter den großen Bauten um so unangenehmer sein mußte. Besonders verletzt aber fühlte sich der Kirchenrath durch einzelne Theile des Protocolls der Deputirten über ihre Sitzung am 22. März 1841, in welcher sie dem Kirchenrath die Generalquittung für das Jahr 1840 ausstellten. Deßhalb wurde am 28. April 1841 eine Sitzung des Kirchenraths gehalten, in welcher Herr von Adelung ungeachtet seines hohen Alters und seiner großen Kränklichkeit selbst präsidirte, und an welcher außer ihm noch der Geh. R. v. Block, der Baron v. Küster, die Herren Cramer, Günschow, Heyse, Dittmar, Barbe und Breitfuß Theil nahmen. Das Protocoll enthielt Folgendes:

„Der Herr Vorsitzer legte der Versammlung ein Actenstück vor, welches derselbe dem Kirchenrathe zu einer besonderen Erwägung und Berathung empfehlen zu müssen glaubte. Dies ist nämlich das Protocoll der H. H. Deputirten unsrer Gemeine, über eine von ihnen zur Revision der Kirchenrechnungen am 22. März d. J. gehaltenen Zusammenkunft, — ein Document, das der Kirchenrath, als gar nicht in sein Archiv gehörig, mit Stillschweigen übergehen würde, wenn nicht in demselben ein anmaßender Ton von Bevormundung und entscheidender Belehrung herrschte, über welche ihn sein Amt und seine Stellung zu unsrer Gemeine, so wie die Achtung, auf welche er nach beiden Anspruch machen darf, weit erheben müssen.

„Dieser Umstand scheint daher dem Kirchenrathe zu wichtig, um nicht noch einmal, wie er es schon in mehren mit den Deputirten gemeinschaftlich gehaltenen Versammlungen zu thun genöthigt war, die Grundsätze im Allgemeinen aufzustellen, welche das Kirchengesetz über das Verhältniß zwischen den Kirchenräthen und den Gemeinde-Deputirten, so wie über die Befugnisse der letztern festsetzt, da diese allein dem Kirchenrathe zur Richtschnur dienen sollen.

„Der Kirchenrath ist der Vertreter der Gemeinde und der Bewahrer und Verwalter ihres Vermögens. Er übernimmt dieses ehrenvolle und wichtige Amt aus den Händen der Gemeinde, und findet in ihrer Zufriedenheit und ihrem Flor die einzige Belohnung seines mit Mühe und Beschwerden verbundenen Geschäftes. Ueber seine Verwaltung legt derselbe der Gemeinde jährlich Rechenschaft ab, wozu sie Deputirte ernennt, um die vorgelegten Rechnungen, und das Kirchenvermögen sorgfältig zu beprüfen, und erstere, nach Richtigbefindung, im Namen der Gemeinde zu quittiren. Ferner hat der Kirchenrath bei jeder neuen Ausgabe, welche 500 R. B. überschreitet, die Einwilligung der Gemeinde durch ihre Deputirte einzuziehn, und endlich muß derselbe jede Wahl eines neuen Predigers gemeinschaftlich mit den Deputirten vornehmen. Dies ist das wahre Verhältniß zwischen dem Kirchenrathe und den Deputirten, wie es in der neuen Kirchenordnung gesetzlich bestimmt und vorgeschrieben ist. Jeder weitere Anspruch der Deputirten auf Theilnahme an den Geschäften des

Kirchenrathes und Einfluß auf dieselben muß diesem daher als ein unzulässiger Eingriff in seine Befugnisse erscheinen.

„Die H. H. Deputirten begleiten ihre Jahresquittung gewöhnlich mit einem Protocolle über die Zusammenkunft, in welcher sie die Revision des Kirchenvermögens vorgenommen haben. Diese Protocolle gehören ihrer Natur nach keineswegs in das Archiv des Kirchenrathes, und können um so weniger in demselben aufbewahrt werden, da sie in der Regel einen sehr unpassenden Charakter von Belehrung und Zurechtweisung haben, und sich oft anmaßen mit Beiseitesetzung aller Schicklichkeit dem Kirchenrathe in einem vornehmen, schneidenden und höchst verletzenden Tone Bemerkungen und Lehren mitzutheilen, die der Kirchenrath durchaus nicht annehmen und dulden darf. In wie fern dies namentlich in dem letzten, dem Kirchenrathe übersandten Protocolle auf's Neue geschehen ist, wird aus folgender, näherer Beleuchtung desselben erhellen.

„Die H. H. Deputirten äußern sich in ihrem Protocolle vom 22. März 1841 unter andern:

„1.¹) p. 3. daß der Oeconomie-Comité dieses Kirchenraths, die in den früheren Protocollen der H. H. Deputirten getroffenen Anordnungen zur Bewahrung des Gemeinde-Interesses unabweichlich befolgt, und die Grenzen seiner Autorität u. s. w. stets vor Augen gehabt habe. —

„2. ebendaselbst beziehen sie sich auf einen von ihnen ausgegangenen Beschluß vom 24. Febr.²), daß einer aus ihrer Mitte sich persönlich von dem fortwährenden Gedeihen der Schule und des Waisenhauses überzeugen und zugleich

---

¹) Der größern Deutlichkeit wegen setze ich die Stellen aus dem Protocoll der Deputirtensitzung hierher.

„Ueberhaupt bemerken die Deputirten mit Vergnügen, daß — — der Oeconomie-Comité die in den früheren Protocollen der Gemeinde-Deputirten getroffenen Anordnungen zur Bewahrung des Gemeinde-Interesses unabweichlich befolgt und die Grenzen der ihm zustehenden Autorität, so wie die besonderen Verhältnisse unserer Gemeinde-Verfassung, wie sie sich seit Emanirung des Allerhöchst bestätigten Kirchengesetzes gebildet haben, stets vor Augen gehabt hat."

²) „Die Deputirten beschlossen in der Versammlung des 24. Febr., daß, wie im vorigen Jahr, einer aus ihrer Mitte, Sr. Ehr. der Herr B. El. von Götze sich persönlich von dem fortwährenden Gedeihen der Schule und des Waisenhauses überzeugen und zugleich durch seinen Besuch der Schule das warme Interesse darthun möge, welches die Gemeinde an dieser ihr so wichtigen Anstalt nimmt."

I. Band. 22

durch seinen Besuch der Schule das warme Interesse dar-
thue, welches die Gemeinde an dieser wichtigen Anstalt nimmt.

„3. p. 4 geben sie dem Kirchenrath die zurechtweisende Erinnerung, bei seinem Eifer für das Beste der Kirche, durch
weises Zusammenhalten der Kirchenmittel die Bilanz in
Einnahme und Ausgabe künftig wieder auszugleichen¹).

„4. ebendaselbst: formalisiren sie sich in ungeeignetem Tone darüber, daß ihrem ausdrücklichen Beschlusse vom 18. Januar 1840 zuwider ihre Protocolle nicht mit denen des
Kirchenraths gemeinschaftlich asservirt und von 1840
ab chronologisch registrirt seien, weßhalb sie denn wiederholte
Verfügung treffen, und den Secretair des Kirchenraths in willkürlichen Anspruch nehmen²).

„5. p. 6³) vindiciren sie sich eine amtliche Theilnahme an der

---

¹) „Betreffend den Zustand des Kirchenvermögens, so geht aus dem für 1841
aufgestellten Budget hervor, daß, obgleich die Zinsen für die Schuld an das Waisenhaus von 5 auf 4§ herabgesetzt werden, dennoch die Ausgabe die Einnahme
übersteigt. Wenn auch die Einnahmen der Kirche sich durch Vermächtnisse oder
andere unvorhergesehene Glücksfälle etwas höher stellen würden, so kann doch nicht
übersehen werden, daß auch unvorhergesehene Ausgaben eintreten können und höchst
wahrscheinlich eintreten werden. Indem würde sich die Kirche bei Auskündigung ihrer
Privatgläubiger in Verlegenheit befinden, und nach einigen Jahren werden ohne Zweifel
kostspielige Reparaturen an den Häusern vorgenommen werden müssen. Die Deputirten zweifeln nicht, daß ein Hochl. Kirchenrath bei seinem Eifer für das Beste der
Kirche durch weises Zusammenhalten der Kirchenmittel sich bemühen werde, die
Bilanz in den Einnahmen und Ausgaben wieder auszugleichen und ein Reserveca-
pital für unvorhergesehene außerordentliche Ausgaben zu formiren."

²) „Die Deputirten vermissen unter den Protocollen des Kirchenraths ihre
eignen vorigjährigen Protocolle, welche, wie früher, bei den Kirchenrathsprotocollen
hätten asservirt werden müssen, um so mehr, da solches im Protocoll der Deputir-
ten-Versammlung vom 18. Jan. 1840 ausdrücklich festgesetzt war. Die Deputirten
verpflichten ausdrücklich den Secretair des Kirchenraths, die Protocolle der Deputir-
ten-Versammlung mit den Kirchenraths-Protocollen gemeinschaftlich zu asserviren,
und von Anfang des Jahres 1840 an ein chronologisches Register sämmtlicher Protocolle anzufertigen, welches am Jahresschlusse dem einzubindenden Jahrgang der Protocolle beizufügen ist. Sollten aber die Originale der vorigjährigen Deputirten-
Protocolle durch Zufall oder durch Unordnung des vorigen Secretärs abhanden gekommen sein, so sind dieselben jedenfalls durch beglaubigte Copien im Jahrgang
der Protocolle vom Secretär zu ersetzen."

³) „Schließlich zogen die Deputirten in Erwägung, daß schon in früheren
Plenarsitzungen des Kirchenraths und der Deputirten allgemein der Wunsch ausgesprochen worden ist, die Verfassung des Schul-Directoriums, als einer Unter-Instanz

Verfassung und Revision des Reglements des Schuldirectoriums, gedenken gemeinschaftlich mit dem Kirchenrathe, ein neues Reglement zu entwerfen, und geben nicht undeutlich zu verstehen, daß sie entscheidenden Antheil an dessen Bestätigung haben wollen.

„Es leidet keinen Zweifel, daß das Urtheil über die amtliche Stellung des Kirchenraths, und über die Wirksamkeit der H. H. Deputirten, in dem Allerhöchsten Kirchengesetz, seine eigenste Basis habe. Nun, aber, bestimmt § 482 dieses Gesetzes ausführlich den Umfang alles dessen, was dem Kirchenrathe, als solchem, amtlich obliegt, so wie andrerseits § 484 sich mit gleicher Vollständigkeit und Deutlichkeit darüber ausspricht, was in Ansehung der Verwaltung der ökonomischen Kirchenangelegenheiten, die H. H. Deputirten, als besondere Bevollmächtigte der Gemeinde zu beobachten haben. Namentlich heißt es in § 482: Die Aufsicht darüber, daß das Kirchenvermögen nicht gefährdet werde, die Verwaltung der Einkünfte der Kirche, die Unterhaltung des Predigers und der Kirchenbeamten, wo dieselbe von der Gemeinde bestritten wird, die Betreibung der Kirchenangelegenheiten bei den competenten Behörden, die Erbauung der Kirchengebäude, alle Ausbesserungen an denselben, die Vermiethung derselben, die Anstellung und Entlassung des Secretairs und Notairs des Kirchenraths, Collegiums oder Convents, und aller Kirchenbeamten, und alles diesem Aehnliche, so wie die Sorge für die zur Gemeinde gehörigen Armen, für die Beerdigungen derjenigen, die weder Vermögen, noch Verwandte hinterlassen, gehören zu den Pflichten der Kirchenräthe, Collegien oder Convente. Diese Verwaltungen (Kirchenräthe, Collegien oder Convente) verfahren überhaupt als Bevollmächtigte der Gemeinde; indeß haben sie in wichtigen Fällen das Recht von der Gemeinde, in möglichst voller Versammlung, besondere Vollmachten zu fordern u. s. w. Auf die H. H. Depu-

des Kirchenraths, auf eine der jetzigen Gemeindeverfassung, wie sie durch das Allerhöchst verordnete Kirchengesetz ins Leben getreten, entsprechende Weise zu organisiren. Die Deputirten glauben daher die allgemeine Ansicht der Gemeinde auszusprechen, indem sie im Namen derselben E. Hochl. Kirchenrath ersuchen, bald möglichst eine Plenarsitzung des Kirchenraths und der Deputirten zu berufen, damit durch Stimmenmehrheit ein Comité gewählt werde, um die früheren Reglements des Schul-Directoriums zu revidiren und ein neues, bei seit Umwandlung des Allerhöchst bestätigten Kirchengesetzes bestehenden Gemeindeverfassung und den gegenwärtigen Bedürfnissen entsprechendes Reglement zu entwerfen, welches alsdann vom Kirchenrathe und den Deputirten gemeinschaftlich geprüft, debattirt und nach Gutbefinden bestätigt werden solle."

22*

lirten aber, ist in der hier zur Frage stehenden Beziehung, abgesehen von dem ganz speciellen Falle, dessen § 467 des Kirchengesetzes gedenkt, aus demselben nur § 481 anzuwenden, woselbst es heißt: Nach Verlauf des Jahres müssen die Kirchenräthe, Collegien oder Convente, vor der allgemeinen Versammlung der Gemeindeglieder, über alle ihre Anordnungen in der Verwaltung der ökonomischen Angelegenheiten der Kirche, besonders aber über den Zustand ihrer Casse, vollständige Rechenschaft ablegen. Zur Revision der Rechnungen und Inventare, so wie zur Besichtigung der Kirchengebäude, kann die Gemeinde besondere Bevollmächtigte ernennen, denen die Glieder des Kirchenraths, Collegiums oder Convents, verpflichtet sind, alle von ihnen verlangte Auskunft zu geben.

Folglich kommen die H. H. Deputirten hier nur als Rechnungs-Controleure in Betracht, oder nach den eigenen Worten des Gesetzes, als besondere Bevollmächtigte der Gemeinde, denn, als deren General-Bevollmächtigte, hat nach § 482 der Kirchenrath einzig und allein zu gelten. — Da dem aber also ist, so ergiebt sich auch von selbst und erkennet der Kirchenrath, wie folgt:

„ad 1. Daß die H. H. Deputirten ganz unzuständig und folglich vergeblich es sich erlauben, von Seiten des Kirchenraths unabweichliche Befolgung ihrer Vorschriften zu erwarten, und daß solches geschehen, belobend zu attestiren. Sie haben bloß, außer Besichtigung der Kirchengebäude, die vorgelegten Rechnungen und Casse zu revidiren und sich, zu diesem Behufe, die nöthigen Nachweisungen geben zu lassen.

„Ebenso ungehörig ist:

„ad 2 und 5. Das, was die H. H. Deputirten zu Colorirung ihrer, ihnen ebenfalls nicht zustehenden Einmischung in das Schulwesen der St. Petri-Kirche beibringen. Die Schul- und Waisenanstalten besagter Kirche — dermalen von der Verfassung derselben unzertrennlich — gehören zu der unbeschränkten Verwaltung des Kirchenraths, für deren Gedeihen und Fortbildung derselbe die gewissenhafteste Sorge trägt, weshalb er denn auch keine anderweitige Einmischung gestatten kann; und wenn der Kirchenrath bis hiezu die H. H. Deputirten an den Berathungen der Schul- und Waisenangelegenheiten sehr gerne Theil nehmen lassen, so muß er, da solche von ihnen, jetzt ohne alle Berechtigung gefordert wird, jede dergleichen Forderung, als seine Rechte beeinträchtigend, förmlich ablehnen, und kann er ihnen auch keineswegs das Recht, Schul- und

Waisenanstalten, in officieller Beziehung zu besuchen, solche zu inspiciren, oder Anordnungen zu treffen, gestatten.

„Nicht minder unzulässig ist:

„ad 3. Das, was die H. H. Deputirten, wegen künftiger Ausgleichung der Bilanz zwischen Einnahme und Ausgabe, in Erinnerung bringen zu müssen glauben; einerseits, weil solche nur durch Capitalbauten und sonstige, wesentliche Einrichtungen und einmalige, große Ausgaben, die jetzt aufgehört haben, entstanden sind, andererseits aber, der Kirchenrath seiner Pflicht vollkommen eingedenk ist, und dießfallsige Erinnerungen lediglich nur von dem Generalconsistorium, als seiner Oberbehörde entgegen zu nehmen hat; während die H. H. Deputirten, ihrerseits, sich auf die Revision der Rechnungen und Casse zu beschränken, und alles dessen was darüber ist, sich nach dem Kirchengesetz zu enthalten haben.

„ad 4. Kann der Kirchenrath nicht gestatten, daß die H. H. Deputirten sich willkührliche Verfügungen über seinen Secretair erlauben und denselben zu Dienstleistungen verpflichten wollen, zu welchen er, in Beziehung auf sie, die Deputirten, nicht etwa sich gutwillig verstehen mag, denn er ist sein angestellter Beamter, und hat nur im Einverständniß mit ihm, dem Kirchenrathe amtsthätig zu sein. Nach dergestalt gepflogener Berathung und Erkennung wurde beschlossen, solches Alles zu verschreiben, von diesem Protocolle aber den H. H. Deputirten zu künftiger Feststellung der gegenseitigen Verhältnisse, abschriftliche Mittheilung mit dem Hinzufügen zu machen, daß der Kirchenrath, nach wie vor, den H. H. Deputirten bereitwillig, in Allem entgegen kommen werde, was ihrem Revisionsgeschäfte förderlich sein, und zur Erleichterung ihrer Mühwaltung gereichen kann."

Um sich gegen diese Vorwürfe zu rechtfertigen, hielten die Deputirten am 18. Juni 1841 eine Sitzung und schickten eine Abschrift des bei derselben geführten Protocolls am 11. Juli dem Kirchenrath zu. Am 28. Juli beschloß der Kirchenrath, daß dieses Actenstück, welches 76 Folioseiten stark war, bei den Mitgliedern circuliren solle. Als der Kirchenrath die Deputirten 14. März 1842 zu einer außerordentlichen Versammlung Behufs der Vorlegung der Jahresabrechnung für 1841 einlud, lehnten sie jede Zusammenkunft mit dem Kirchenrath ab, bis der Principienstreit entschieden und die Meinungsverschiedenheit über die Auslegung einiger Paragraphen des Kirchengesetzes, betreffend die Stellung der Deputirten zum Kirchenrath beigelegt sei, zu dessen freundschaftlicher Ausgleichung sie übrigens der

Mehrzahl nach gerne die Hand bieten wollten. Auch der Kirchenrath ging freudig auf diesen Vorschlag ein und ersuchte 17. März auf Antrag des Herrn Gütschow Se. Exc. den Herrn v. Lerche, als welcher den Geist des Kirchengesetzes am genauesten kenne, „auf Grund desselben einen Entwurf auszuarbeiten, nach welchem das Verhältniß des Kirchenrathes zu den Herrn Gemeinde-Deputirten, so wie das Verhältniß dieser zu ersterem genau ermittelt, von beiden Theilen berathen, und solches durch gegenseitige Unterschrift des darüber aufzunehmenden Protocolls als feste Norm für die Zukunft anerkannt werde."

Die von Herrn von Lerche ausgearbeiteten, von Sr. Hoh. dem Prinzen von Oldenburg und von dem ganzen Kirchenrath am 1. April 1842 unterschriebenen Punkte dieser Vereinbarung lauten folgendermaaßen:

„1. Der Kirchenrath der St. Petri-Pauls-Gemeinde ist, laut dem sehr deutlich ausgesprochenen 477 § des Kirchengesetzes, der **unmittelbare** (d. i. ohne Dazwischenkunft eines Andern) Verwalter des Eigenthums dieser Kirche, und die Deputirten haben daher kein Recht, sich in die Verwaltung zu mischen.

„2. Laut dem § 484 des Kirchengesetzes muß der Kirchenrath jährlich vor der allgemeinen Versammlung der Gemeindeglieder, über alle seine Anordnungen in der Verwaltung der **ökonomischen** Angelegenheiten der Kirche, besonders aber über den Zustand seiner Casse vollständige Rechenschaft ablegen. Ferner kann laut demselben Paragraph des Kirchengesetzes, die Gemeinde, zur Revision der Rechnungen und Inventare, so wie zur Besichtigung der Kirchengebäude, besondere Bevollmächtigte ernennen, denen der Kirchenrath **verpflichtet ist**, alle von ihnen verlangte Auskunft zu geben.

Da nun keine jährliche Versammlung der Gemeindeglieder der St. Petri-Pauls-Kirche stattfindet, und solche bei der Größe der Gemeinde auch nicht zweckmäßig sein würde, so wählt selbige auf drei Jahre ihre Bevollmächtigten (bei der Petri-Pauls Kirche unter dem Namen: Deputirte) woraus hervorgeht, daß die Gemeindeglieder ihren Bevollmächtigten, sowohl die Entgegennahme des Kirchenrathsberichts (Отчет) über alle seine Anordnungen in der Verwaltung der ökonomischen Angelegenheiten der Kirche, als auch die Revision der Rechnungen ꝛc. übertragen; — es sind also die beiden Abschnitte des § 484 des Kirchengesetzes, als sich auf die Deputirten beziehend, zu verstehen, und der Kirchenrath hat demnach jährlich den Deputirten über alle seine Anordnungen in der Verwaltung der ökonomischen Angelegenheiten der Kirche, so wie über den Instand seiner Casse eine vollständige Uebersicht zu ertheilen, sämmtliche Bücher und Rechnungen zur Revision vorzulegen, und alle dazu von ihnen zu verlangende Auskunft zu geben.

„3. Laut dem § 467 des Kirchengesetzes, kann der Kirchenrath keine Ausgaben über 500 R. B. machen, ohne dazu die Zustimmung der Deputirten zu haben. Diese Zustimmung kann nur auf außergewöhnliche Ausgaben Bezug haben, und um sich gegenseitig die Sache zu erleichtern, wird der Ausweg getroffen, den Anschlag der Jahreseinnahme und Ausgabe, und die vorauszusehenden, 500 R. B. übersteigenden extraordinairen Ausgaben, in einer mit den Deputirten zu haltenden Sitzung jährlich vorzulegen, um ihre Zustimmung oder Verweigerung in Erfahrung zu bringen.

„4. Ueber ihre Revision und Inspicirung nehmen die Deputirten ein Protocoll auf, welches im Kirchenarchiv registrirt und verwahrt wird. Es versteht sich von selbst, daß dieses Protocoll nur Gegenstände, welche sich auf die Revision der Rechnungen, Casse, Inventare und Kirchengebäude beziehen, berühren darf.

„5. Finden die Deputirten Ausstellungen gegen die Rechnungen oder gegen die Anwendung und Behandlung des beweglichen und unbeweglichen Vermögens zu machen, und können solche nicht durch eine gemeinsame Berathung mit dem Kirchenrathe beseitigt werden, so ist der Kirchenrath verbunden, nach Umständen und Natur der Sache, solchen Differenz oder Ausstellungen entweder zur Kenntniß der Gemeinde oder des Generalconsistoriums zu bringen, widrigenfalls es den Deputirten offen steht, sich bei dem Generalconsistorium zu beschweren.

„6. Der Kirchenrath hat nicht das Recht, rücksichtlich der Besoldung der Prediger oder der Kirchenbeamten Aenderungen zu treffen, ohne vorher die Zustimmung der Deputirten eingeholt zu haben.

„7. Bei einer Predigerwahl hat jeder Deputirte eine Stimme, gleich einem Mitgliede des Kirchenraths.

„8. Andere Befugnisse, außer den in den vorstehenden Punkten erwähnten, legt das Gesetz den Deputirten nicht bei.

„9. Damit gegen diese vorerwähnten Beschlüsse und Auslegungen auch für spätere Zeiten, sowohl von Seiten des Kirchenraths, als der Deputirten, keine Einwendungen gemacht werden können, so soll bei der jedesmaligen Wahl, sowohl der Kirchenrathsmitglieder als der Deputirten, vor der Gemeindeversammlung beantragt werden, daß die Wahlen auf Grundlage dieser Beschlüsse geschehen."

Am 4. April unterschrieben 5 Deputirte: der Oberberghauptmann v. Kämmerer, die Kaufleute C. Clementz und C. E. Tunder, der Juwelier J. W. Keibel und der Wagenbauer Busse diese Vereinbarung, nur der erste Deputirte des Adels, Wirkl. Staatsr. von Götze, protestirte gegen dieselbe. Da nach § 483 des Kirchengesetzes alle Beschlüsse nach Mehrheit der Stimmen gefaßt werden, so war demnach diese Vereinbarung angenommen.

Am 7. April und 1. Mai legten die dazu ernannten Mitglieder des Kirchenrathes, die Herren Gütschow, Heyse und Kralau, den Deputirten die Abrechnung über das Jahr 1841 vor. Dieselbe ward vollkommen richtig gefunden und die Deputirten stellten dem Kirchenrath 1. Mai die General-Quittung für 1841 aus.

Für die am Ende des Jahres 1842 abzuhaltende Gemeindeversammlung war von Seiten des Gen.-Gouverneurs der Geh. Rath v. Pesarovius zum Delegirten der Regierung zur Aufrechthaltung der Ordnung ernannt. Der Wirkl. Staatsr. von Lerche hatte auf Bitten des Kirchenraths versprochen, in derselben den Vorsitz statt des durch Krankheit verhinderten Präsidenten v. Adelung zu übernehmen.

Das Protocoll der 27. Dec. 1842 im Schulsaal gehaltenen Gemeindeversammlung enthält folgende Punkte:

„Nachdem der Herr Pastor Dr. Frommann ein kurzes Gebet gesprochen hatte, nahm das Kirchenraths-Mitglied, Hr. W. St. von Lerche das Wort und theilte der Versammlung mit, daß er von Sr. Exc., dem Hrn. Kirchenraths-Vorsitzer v. Adelung, der durch Unpäßlichkeit verhindert sei, dieser Versammlung beizuwohnen, ersucht worden sei, das Präsidium in derselben an seiner Stelle zu übernehmen."

„Hierauf hielt Se. Exc. Herr von Lerche eine kurze Rede, in welcher er den Zweck der Versammlung, nämlich die neuen Wahlen der Kirchenraths-Mitglieder und der Gemeinde-Deputirten für die nächstfolgenden 3 Jahre auseinandersetzte und in einer gedrängten Uebersicht auf die Wirksamkeit der Kirchenverwaltung in den verflossenen 3 Jahren überhaupt und auf das ökonomische Wesen insbesondere die Anwesenden aufmerksam machte. Bei dieser Gelegenheit wurde eine von dem Casse führenden Mitgliede Hrn. Gütschow angefertigte lithographirte Uebersicht der Rechnungs-Ablegung für die verflossenen Jahre 1839, 1840 und 1841 unter die Anwesenden vertheilt [1]).

---

[1]) Seitdem wird bei jeder Rechnungsablegung nach Ablauf des Trienniums eine solche lithogr. Uebersicht vertheilt.

„Alsdann wurde laut Protocoll-Beschluß vom 1. Apr. d. J. die an demselben Tage stattgefundene, von Sr. Durchl. dem Kirchenpatron und sämmtlichen Kirchenraths-Mitgliedern, wie auch von 5 Hrn. Gemeinde-Deputirten berathene und beschlossene Feststellung der Verhältnisse des Kirchenraths zu den Deputirten und umgekehrt, zur Kenntniß der Gemeinde gebracht¹), und zugleich beantragt, zu der vorzunehmenden Wahl nunmehr zu schreiten.

„Hierauf erklärte Hr. von Götze, daß er dagegen ein Votum vorzutragen habe. Da die Stimmen der Gemeinde in dieser Hinsicht getheilt waren, so wurde vorgeschlagen, durch Stimmzettel zu bestimmen, ob dieser Vortrag gehalten werden solle oder nicht. Durch die Mehrheit der Stimmen — 91 gegen 32 — wurde der Vortrag verweigert und der ganze Gegenstand als eine abgemachte, keiner weitern Erörterung unterliegende Sache erklärt."

Gewählt wurden:

Zum Vorsitzer des Kirchenraths:
    Hr. Wirkl. Staatsr. von Adelung.

Zu Mitgliedern des Kirchenraths:
    Vom Adel:
    Herr Geh. Rath A. v. Block.
    Herr Wirkl. Staatsr. G. von Lerche.
    Herr Hofrath Baron K. v. Küster.
    Von der Kaufmannschaft:
    Herr Seb. Cramer.   Herr Ludw. Heyse.
    Herr Ant. Gütschow.   Herr Friedr. Krohn.
    Von den Gewerken:
    Herr Tittmar.   Herr Barbe.
    Herr Breitfuß.   Herr Krakau.

Zu Deputirten der Gemeinde:
    Vom Adel:
    Herr Geh. Rath v. Pesarovius.
    Herr Oberberghauptmann v. Kämmerer.
    Von der Kaufmannschaft:
    Herr Clementz.   Herr Tunder.

---

¹) Seitdem wird dieses Document in jeder Gemeindeversammlung vorgelesen, wie es vom Kirchenrath und den Gemeinde-Deputirten 1. Apr. 1842 beschlossen war.

Von den Gewerken:
Herr Keibel. Herr Busse.

Zu temporären Deputirten:
Vom Adel:
Herr Staatsr. v. Heyne.
Herr Dr. von Lorenz¹). Herr Collegienr. v. Bruun¹).
Von der Kaufmannschaft:
Herr A. Thal Herr Van Sassen. Herr Voigt.
Von den Gewerken:
Herr Poehl jun. Herr Ehlers. Herr Fröbelius.

Da der Vorsitzer des Kirchenraths, Wirkl. Staatsr. v. Adelung, 18. Jan. 1843 und bald darauf auch Hr. Barbe gestorben waren, da ferner der Baron v. Küster plötzlich aus dem Kirchenrath getreten war und der Staatsr. v. Heyne die Wahl zum temporären Deputirten nicht annahm, so wurde, um diese erledigten Stellen zu besetzen, 14. Febr. 1843 wiederum eine Gemeindeversammlung gehalten, welcher der Wirkl. Staatsr., Staatssecretär v. Hoffmann, als Delegirter der Regierung beiwohnte. Gewählt wurden zum Vorsitzer der Wirkl. Staatsr. Gustav von Lerche, zu Kirchenräthen der Wirkl. Staatsr. von Hoffmann, der Wirkl. Staatsr. von Aller und Herr Keibel, zum Deputirten Hr. Ebert, zum temporären Deputirten der Senateur, Wirkl. Geh. Rath Graf von Sievers.

In der Gemeindeversammlung 22. Dec. 1857 wurden erwählt:
1. zu Mitgliedern des Kirchenraths:

a. vom Adel:
Herr Geh. Rath v. Hoffmann.
" Wirkl. Staatsr. v. Lerche.
" Wirkl. Staatsr. Baron v. Stackelberg.
" Geh. Rath v. Götze²).

b. von der Kaufmannschaft:
Herr C. Oesterreich³). Herr J. Voigt³).
" Friedr. Krohn. " A. F. Junker³).

¹) Diese beiden wurden temporäre Deputirten, da sie die meisten Stimmen nach dem Staatsr. v. Weisse und dem Wirkl. Staatsr. von Götze hatten, welche die Wahl nicht annahmen.
²) An die Stelle des wegen Kränklichkeit und vieler Amtsgeschäfte zurücktretenden Geh. Raths v. d. Osten Sacken.
³) An die Stelle des 2. Nov. 1856 verstorbenen Herrn A. Bälschow und der zurücktretenden Herrn Heyse und Salthof.

c. von den Gewerken:

Herr Spörhase. Herr Ebert¹).
„ Blissmer¹). „ Reibel.

2. Zum Vorsitzer im Kirchenrath:
Herr Wirkl. Staatsrath v. Lerche.

3. Zu ordentlichen Gemeinde-Deputirten:

a. vom Adel:
Herr Gen. und Gen.-Adj. v. Grünwald.
„ Oberberghauptmann A. v. Kämmerer.

b. von der Kaufmannschaft:
Herr L. Heyse²). Herr Helmbürger²).

c. von den Gewerken:
Herr Jürgens³). Herr Poehl³).

4. Zu temporären oder außerordentlichen Gemeinde-Deputirten:

a. vom Adel:
Herr Flügel-Adj. und Obrist v. Weymarn⁴).
„ Hofrath v. Witte⁴).
„ Staatsr. v. Bruun.

b. von der Kaufmannschaft:
Herr G. Brandt. Herr A. Thal²). Herr B. Müller²).

c. von den Gewerken:
Herr De la Porte. Herr Schwarz⁶). Herr Strach⁶).

In der ersten Sitzung, welche der neugewählte Kirchenrath 6. Jan. 1858 hielt, besprach man die Vertheilung der laufenden Geschäfte.

Der Wirkl. Staatsr., Baron von Stackelberg, bezeigte sich will-

---

¹) An die Stelle der zurückgetretenen Herren Dittmar und Werle. Eigentlich war Hr. Jürgens erwählt. Da dieser aber die Stelle eines ordentlichen Deputirten annahm, so trat Hr. Blissmer, der nach ihm die meisten Stimmen hatte, statt seiner in den Kirchenrath.

²) An die Stelle des zurücktretenden Herrn van Saßen und des zum außerordentlichen Deputirten erwählten Herrn Thal.

³) An die Stelle des in den Kirchenrath gewählten Herrn Ebert und des zurücktretenden Herrn Fröbelius.

⁴) An die Stelle des zurücktretenden Wirkl. Staatsr. Barons v. Driesen und des abwesenden Gen. Grafen v. Berg.

⁵) An die Stelle des in den Kirchenrath gewählten Herrn Veigt und des zum ordentlichen Deputirten gewählten Herrn Helmbürger.

⁶) An die Stelle der zu ordentlichen Deputirten gewählten Herren Jürgens und Poehl.

fährig, auch noch ferner den Vorsitz im Oekonomie-Comité zu übernehmen, in welchem die Herren Oesterreich, Krohn, Voigt, Junker, Spörhase und Keibel saßen. Herr Oesterreich trat in das Schuldirectorium, Herr Junker in das Waisendirectorium, an welchem auch Herr Spörhase Theil nahm, Herr Voigt übernahm die Buchführung und die Casse. Herr Ebert und Herr Blissner übernahmen die Aufsicht bei den Becken und Collecten an den Kirchenthüren nach dem öffentlichen Gottesdienst. Herr Spörhase und Herr Blissner unterzogen sich der Armenpflege in dem Armenverein abseiten des Kirchenraths zur Unterstützung der Herrn Prediger. Herr Keibel übernahm die Oberaufsicht über den Kirchhof und die dahin einschlagenden Geschäfte.

In der Sitzung des Kirchenraths 11. Febr. 1859 machte der Vorsitzer, Wirkl. Staatsr. Dr. von Lerche, die Mitglieder darauf aufmerksam, wie sich durch die lange Dauer der Sitzungen die Nothwendigkeit herausgestellt, eine Ordnung für den Geschäftsgang in denselben zu beschließen und machte folgenden Vorschlag:

„§ 1. Nach Vortrag haben die Mitglieder das Wort der Reihe nach, — vom ältesten an bis zum jüngsten.

„§ 2. Keiner darf den andern unterbrechen.

„§ 3. Nachdem alle gesprochen, resumirt der Präsident.

„§ 4. Dann kann wieder jeder nach Belieben das Wort verlangen, und wenn mehrere solches verlangen, geht es wieder vom ältesten ab.

„§ 5. Dann resumirt Präses den Beschluß oder stellt die Frage.

„§ 6. Die Abstimmung beginnt von unten herauf.

„§ 7. Der Secretair notirt die Stimmen und erklärt das Resultat, welches dann als Beschluß zum Protocoll geht.

„§ 8. Wird jemand in seinem Vortrage zu sehr unterbrochen oder durch lautes Gespräch die Ruhe gestört, so rührt Präses die Glocke und fährt damit nöthigenfalls so laut und so lange fort, bis Schweigen und Stille eintritt.

„§ 9. Ist's irgend möglich, so wird das Protocoll wenigstens im Schwarzen, oder die bloßen Beschlüsse enthaltend, in der Sitzung selbst angefertigt, am Schlusse derselben vorgelesen und unterzeichnet.

„§ 10. Glaubt jemand dem Beschlusse der Mehrheit sich nicht unterwerfen zu können, so steht's ihm frei, dieses zu erklären und dann zu dem Artikel binnen drei Tagen a dato der Vorlegung des Protocolls ein dissentirendes Votum an den Präses einzuschicken, —

nicht aber solches ohne dessen Vorwissen dem Protocolle beizulegen und dasselbe sammt voto weiter herumgehen zu lassen.

„§ 11. Ein solches Votum hat Präses in der nächsten, oder nach Umständen und seinem Ermessen in einer gleich zu berufenden, Sitzung vorlesen zu lassen.

„§ 12. Der Beschluß der Mehrheit wird durch ein oder einige Separat-Vota in der Ausführung nicht aufgehalten.

„§ 13. Dieselbe Geschäftsordnung wird auch in der Plenarsitzung beobachtet.

„Die vorgeschlagene Geschäftsordnung wurde approbirt und als zweckmäßig angenommen, mit dem Hinzufügen, daß, wenn sich künftig Zusatz-Artikel als nothwendig ergeben werden, dieselben nachgetragen werden sollen."

„Da die 18. Oct. 1858 vollzogene Wahl des Dr. Elleren zum dritten Prediger vom Gen.-Consistorium wegen mangelnder Vollzähligkeit des Wahlkörpers annullirt war, machte der Vorsitzer, Wirkl. Staatsrath Dr. von Lerche, in der Plenarsitzung des Kirchenraths 18. März 1859 folgenden Vorschlag, welcher die Ergänzung des Kirchenraths und der Deputirten bei eintretenden Vacanzen betraf, und welcher, wenn er von der Plenarsitzung angenommen und vom Patron der Kirche genehmigt sei, der Gemeinde zur Bestätigung vorgelegt werden solle.

„In der Gemeindeversammlung 27. Dec. 1839 wurde der vom Kirchenrath angefertigte Entwurf einer Ordnung, betreffend den Bestand und die Wahl des Kirchenrathes und der Deputirten der St. Petri-Gemeinde vorgelegt, damals jedoch nur die §§ 10 und 12¹) des Entwurfs genehmigt, welche die Deputirten betreffen.

„Die Bestimmung des letzten § ist die Hauptveranlassung gewesen, weshalb die 18. Oct. vorigen Jahres vom Kirchenrath und den Deputirten vorgenommene Wahl des Nachmittagspredigers vom General-Consistorio annullirt worden ist, indem im Februar 1858 der ordentliche Deputirte Herr Wirkl. Staats. von Kämmerer mit Tode abgegangen, und obgleich der älteste temporäre Deputirte in seine Stelle eingerückt war, dadurch wieder ein temporärer Deputirter fehlte. Es fehlte bei jener Wahl ferner auch ein Mitglied des Kirchenraths, Herr Friedrich Krohn, welcher bei seiner Abreise ins Ausland im Mai 1858 seine Dimission genommen hatte.

¹) Vergl. S. 328. 329.

„Ueber Completirung der Stelle eines fehlenden Kirchenrathsmitgliedes finden sich im Gesetz und in unsern Kirchenreglements gar keine Bestimmungen. Da nun bei einem Wahlkörper von 15 Gliedern des Kirchenraths, 6 ordentlichen und 9 temporären Deputirten, wozu noch 3 extraordinäre Deputirte hinzukommen, also bei einem Wahlkörper von 33 Personen, durch vielerlei Umstände sehr leicht eine Lücke eintreten kann, eine Zusammenberufung der ganzen Gemeinde zur Wiederbesetzung der Stelle aber mit vielen Schwierigkeiten und Zeitverlust verknüpft ist, und jede Predigerwahl dadurch ungebührlich in die Länge gezogen werden könnte, so hat der Kirchenrath im Verein mit den ordentlichen und außerordentlichen Deputirten geglaubt, durch folgende Fassung und Vervollständigung des Reglements künftigen Ungewißheiten und Verzögerungen möglichst abzuhelfen, und beehrt sich, dasselbe der Gemeinde vorzustellen.

„§ 1. Die St. Petri-Gemeinde wählt nach Anleitung der §§ 479 und 480 des Allerhöchst bestätigten Kirchengesetzes (§§ 625 und 626 des XI. Bandes des Reichsgesetzbuchs, Ausgabe 1857) zwölf Mitglieder des Kirchenraths, nämlich vier aus dem Stande des Adels, vier aus dem Stande der Kaufmannschaft und der Fabrikanten und vier aus dem Stande der Gewerke in derselben Art, wie solches bisher geschehen, also dergestalt, daß dabei die erschienenen stimmfähigen Glieder aller drei Stände mitstimmen.

„§ 2. Auf gleiche Weise wird eines der Mitglieder des Kirchenraths zum Präsidenten erwählt.

„§ 3. Sollte jemand genöthigt sein, die Versammlung vor Einsammlung der Stimmzettel zu verlassen, so kann er seine Stimmzettel zu allen denjenigen Aemtern, über welche die Ablesung der Stimmzettel noch nicht begonnen hat, in die zu jedem Amte bereit stehenden Urnen einlegen, wobei jedoch seine Stimme effectlos bleibt, rücksichtlich der Wahl des Präsidenten, im Fall der von ihm Gewählte nicht Mitglied des Kirchenraths geworden ist, und rücksichtlich anderer Aemter, im Fall der von ihm Gewählte schon zu einem anderen Amte gewählt worden ist.

„§ 4. Die Glieder eines jeden der drei Stände wählen in derselben Gemeindeversammlung zwei ordentliche, drei temporäre und einen extraordinären oder Predigerwahl-Deputirten aus Gliedern ihres Standes.

„§ 5. Lehnt jemand in der Wahlversammlung das ihm übertragene Amt ab, so wird sofort zu einer neuen Wahl geschritten.

„§ 6. Erfolgt die Ablehnung, Austritt oder Abgang nach geschlossener Wahlversammlung im Laufe des Trienniums, so kann der Kirchenrath wenn es ein Mitglied des Kirchenraths betrifft, zur Wiederbesetzung entweder die Gemeinde zusammenberufen oder aber die ordentlichen und temporären Deputirten ersuchen, gemeinschaftlich mit dem Kirchenrathe jemanden interimistisch bis zu der nächsten Gemeindeversammlung in den Kirchenrath auf die vacante Stelle zu erwählen.

„§ 7. Tritt die Vacanz unter den ordentlichen Deputirten ein, so rückt der älteste temporäre Deputirte des betreffenden Standes in dieselbe ein.

„§ 8. Tritt hierdurch oder überhaupt die Vacanz unter den temporären Deputirten ein, so rückt der außerordentliche oder sogenannte Predigerwahl-Deputirte als jüngster temporärer Deputirter in dieselbe ein, und träte sie hiedurch oder überhaupt unter den drei extraordinären Deputirten ein, so erwählen die Kirchenrathsmitglieder des betreffenden Standes und die ordentlichen und temporären Deputirten des betreffenden Standes jemanden aus ihrem Stande interimistisch bis zu der nächsten Gemeindeversammlung auf die vacante Stelle.'

„§ 9. Auf diese Weise werden bei der St. Petri-Gemeinde alle verfassungsmäßigen Collegia, und auch zu einer Predigerwahl der ganze Wahlkörper jederzeit ohne sofortige Zusammenberufung der ganzen Gemeinde vollständig sein."

Der Kirchenrath, die ordentlichen und temporären Deputirten billigten ohne Ausnahme diesen Vorschlag und bezeugten dies durch ihre Unterschrift. Darauf ward derselbe dem Durchlauchtigsten Patron der Kirche vorgelegt, welcher ihn mit folgenden Worten 8. April bestätigte: „Ist der Gemeindeversammlung zur Bestätigung vorzulegen. Der Patron Peter Prinz von Oldenburg."

Die Gemeindeversammlung ward 26. April 1859 gehalten. „Der Herr Vorsitzer trug vor, — daß es sich um die Complettirung des Wahlkörpers der St. Petri-Gemeinde handle und zu diesem Behufe geschritten werden müsse zur Wahl eines Kirchenrathsmitgliedes aus der Kaufmannschaft an Stelle des abgegangenen Herrn Friedr. Krohn, eines ordentlichen Deputirten vom Adel an Stelle des verstorbenen Wirkl. Staatsr. v. Kämmerer und dann noch, nur zur bevorstehenden Predigerwahl, dreier extraordinairer Deputirter, nämlich eines vom

Adel, eines von der Kaufmannschaft und eines von den Gewerken¹).
Bevor jedoch zu den Wahlen geschritten, wurde der Versammlung
auf Beschluß der Plenarsitzung des Kirchenraths im Verein mit den
ordentlichen und temporären Deputirten die von selbiger Plenarsitzung
18. März a. c. entworfene und angenommene und von Sr. Kais.
Hoheit, dem Durchlauchtigsten Patron dieser Kirche, unter Vorbehalt
der Bestätigung der Gemeinde, genehmigte Ordnung über Besetzung
der im Kirchenrathe und unter den Herrn Deputirten innerhalb des
Triennium etwa vorkommenden Vacanzen, vorgelegt und nach Vortrag derselben ersuchte Herr Vorsitzer des Kirchenraths die Versammlung, durch ja oder nein abzustimmen, ob diese obige Ordnung genehmige oder nicht. Nach erfolgter Abstimmung wurde das Reglement angenommen, indem von den noch gegenwärtigen Gemeindegliedern 77 das Reglement gleich annahmen und 96 dagegen wünschten, daß die Angelegenheit noch einmal berathen werde, zu den 77 Gemeindegliedern aber die Mitglieder des Kirchenraths und die Deputirten, welche das Reglement bereits angenommen haben, hinzugezählt werden müssen, d. h. 29 Stimmen, so daß das Reglement mit 106 Stimmen gegen 96 sofort angenommen und bestätigt worden. Schließlich wurde der Gemeinde versprochen, daß das Reglement lithographirt und vertheilt werden wird.

„Sodann machte Herr Vorsitzer der Gemeinde bekannt, daß 23. April der ordentliche Deputirte vom Adel Gen.-Adj. von Grünwaldt wegen seiner neuen Dienststellung aus diesem Amte ausgetreten sei. Da aber diese Vacanz schon vor Bestätigung des Reglements da gewesen, so wird dieselbe in einer etwa auf den 17. oder 24. Mai anzuberaumenden Gemeindeversammlung, auf welcher nur der Adel, die Militair- und Civilbeamten und Literaten zu erscheinen und zu wählen haben werden, besetzt werden."

Gewählt wurden:

Herr Friedr. Leop. Schüneman zum Mitglied des Kirchenraths,
  „ Gen. Peter von Rossi zum ordentlichen Deputirten,
  „ Wirkl. Staatsr. Thomas von Hartmann ⎫
  „ Andr. Berg   ⎬ zu extraordinären Deputirten.
  „ E. Mield   ⎭

Am 17. Mai 1859 ward in einer Gemeindeversammlung, in welcher nur die Mitglieder des Adelsstandes ihre Stimmen abgaben,

---

¹) Nach dem Gesetz vom 4. Jan. 1840. Vergleiche S. 316.

der Geh. Rath Baron R. von der Osten-Sacken zum ordentlichen Deputirten anstatt des abgegangenen Herrn Gen.-Adj. von Grünwaldt erwählt.

Als der temporäre Deputirte des Gewerkstandes, Herr C. Strach, 14. Okt. 1859 seine Dimission eingab, rückte der extraordinäre Deputirte des Gewerkstandes, Herr Mieck an seine Stelle. Am 2. Dec. 1859 ward durch die zum Gewerkstande gehörenden Mitglieder des Kirchenraths, ordentlichen und temporären Deputirten Herr Harloff zum extraordinären Deputirten des Gewerkstandes an Herrn Miecks Stelle erwählt.

Die Hauptbeschäftigung des Kirchenraths und der Deputirten in dieser Zeit war die Besetzung der dritten Predigerstelle. In der Plenarsitzung 20. Mai 1859, zu welcher auch die extraordinären Deputirten zum ersten Male hinzugezogen waren, berathschlagte man über einen von dem Vorsitzer, Wirkl. Staatsr. von Lerche, abgefaßten Entwurf, welcher die bei der Besetzung dieser Stelle zu beobachtende Ordnung feststellen sollte. Dieselbe ward in folgender Form angenommen.

„§ 1. Jedes Mitglied des Kirchenraths, jeder ordentliche, temporäre und extraordinäre Deputirte der Gemeinde hat das Recht, zu der zu besetzenden Predigerstelle denjenigen Mann, den er nach Ueberzeugung und Gewissen dazu am geeignetsten und wenigstens muthmaßlich für erlangbar hält, in der dazu anberaumten Plenarsitzung des Kirchenraths mündlich oder schriftlich in Vorschlag zu bringen. Die mündlich Vorgeschlagenen und die Namen der Vorschlagenden werden vom Präses und Secretair notirt. Bei denjenigen Mitgliedern, welche keinen mündlichen Vorschlag gemacht haben, circulirt die Urne, damit jeder, der einen Mann schriftlich vorschlagen will, auf einem erhaltenen Stimmzettel, — wer aber keinen vorschlagen will, den leeren Stimmzettel einlege. — Sollten sich Zettel mit mehreren Namen vorfinden, so wird nur der erste Name abgelesen und als gültig notirt. Jeder Zusatz zu dem Namen und Titel bleibt unvorgelesen und wird nachher mit dem Zettel vernichtet.

„§ 2. Die Ablesung der Vorschlagszettel geschieht durch das älteste Kirchenrathsglied und den ältesten Deputirten gemeinschaftlich, und werden die Zettel von ihnen, sobald die Ablesung beendigt und controlirt ist, vernichtet. Das jüngste Kirchenrathsglied aber und der jüngste temporäre Deputirte notiren die vorgelesenen Namen, unterzeichnen und proklamiren das Resultat und der Secretair des

Kirchenraths contrasignirt es. Sind mündliche Vorschläge gemacht worden, so werden sie hinzugefügt und hinzugezählt, und erst dann das Resultat proklamirt. Auf die also formirte große oder vorläufige Liste sind auch diejenigen Männer zu stellen, welche sich selbst schriftlich bei dem Kirchenrathe zu der Predigerstelle gemeldet haben.

„§ 3. Sobald auf diese Weise die vorläufige Liste formirt worden ist, wird, je nachdem es gleich anfangs bestimmt worden, in derselben Sitzung, oder in der auf einen bald nachfolgenden Tag angesetzten Sitzung — eine engere Liste von drei Candidaten formirt, und zwar dergestalt, daß jeder anwesende Wahlherr aus der Liste der Vorgeschlagenen zu dreien Malen einen Namen auf den Stimmzettel setzt. Derjenige, der die meisten Stimmen erhalten hat, wenn auch nicht die absolute Majorität, kommt als erster Candidat auf die engere Wahlliste. Auf gleiche Weise wird noch zweimal abgestimmt, um den 2. und 3. Candidaten zu ermitteln. — Auszählung, Notirung, Proklamirung geschehen in derselben Ordnung, wie in § 2 verordnet worden.

„§ 4. Diejenigen drei Männer, welche auf diese Weise zu Candidaten erwählt worden sind, werden auf die engere Liste gebracht, welche dann ohne fernere Completirung unwiderruflich für geschlossen gilt, — es sei denn, daß einer der drei Candidaten vor Beginn der Probepredigten zurücktrete, in welchem Falle die Liste, wenn die absolute Mehrheit des Wahlkörpers es wünschen sollte, durch Nachwahl completirt, sonst aber die Wahl des Predigers aus den zwei verbliebenen Candidaten bewerkstelligt werden kann.

„§ 5. Wenn bei der Abstimmung zur Erwählung des ersten Candidaten alle, oder fast alle Stimmen auf eine und dieselbe Person fallen sollten, so soll dies dennoch nicht als Wahl zum Amte gelten, sondern nur als Erwählung zum Candidaten, welche erst durch die zweite oder definitive Abstimmung, unter Zuziehung eines Consistorial-Delegirten (Kirchengesetz § 162) die Kraft einer wirklichen Wahl zum Amte erhält. Es versteht sich aber, daß bei totaler Einstimmigkeit kein zweiter oder dritter Candidat, und wenn nur zwei Personen vorgeschlagen sein sollten, kein dritter Candidat gewählt zu werden braucht.

„§ 6. Die auf die engere Liste gebrachten 3 Candidaten müssen wo möglich, und wenn sie auch schon durch eine oder einige früher gehaltene Predigten der Gemeinde bekannt wären, in baldigster vom Kirchenrathe mit ihnen zu verabredenden Frist, eine sogenannte Probe-

oder Wahlpredigt halten, von welcher die Gemeinde durch Abverkündigung von der Kanzel und durch die Zeitungen, die Mitglieder des Kirchenvorstandes aber noch besonders vermittelst Circulares benachrichtigt werden. Die Reihenfolge in welcher sie diese Predigten zu halten haben, richtet sich nach ihrer Erwählung zu Candidaten dergestalt, daß der zuletzt gewählte die erste, der zweiterwählte die zweite und der ersterwählte die letzte Probepredigt zu halten hat. Aus dringenden Gründen kann jedoch der Kirchenrath eine Aenderung in dieser Reihenfolge gestatten.

„§ 7. Entfernt wohnenden Männern, die zur Probepredigt anreisen, vergütet der Kirchenrath die Kosten der Her- und Hinreise.

„§ 8. Fiele die Wahl zum Candidaten durch ⅔ sämmtlicher Stimmen auf eine geistliche Notabilität des Inlandes oder Auslandes und würde dieselbe durch ebenfalls ⅔ der Stimmen von einer Probepredigt dispensirt, so kann, nach gehaltener Probepredigt der oder des andern Candidaten, zur definitiven Wahl geschritten werden, und erhielte auch dann der erstgenannte Candidat, welcher keine Probepredigt gehalten hat, die wirkliche und absolute Majorität der Stimmen, so kann derselbe zum Prediger an St. Petri berufen werden.

„§ 9. Zu dem Tage, welcher zur definitiven Wahl bestimmt worden ist, wird in Gemäßheit des § 162 des Kirchengesetzes, — jetzt § 295 des XI. Bandes des Swod —, ein Delegirter des Consistoriums erbeten, und die Wahl in dessen Gegenwart durch schriftliche Abstimmung vollzogen. Diese Abstimmung geschieht dergestalt, daß, wenn drei Candidaten vorhanden sind, jeder anwesende Wahlherr zuerst zwei der drei Namen auf den Stimmzettel setzt. Es bleiben dann, nach Eröffnung des scrutiniums, als Candidaten nur diejenigen zwei, welche die meisten Stimmen erhielten. Hierauf wird zur abermaligen Abstimmung geschritten durch Aufzeichnung nur eines der beiden Candidaten auf dem Stimmzettel. Wer von den beiden die meisten Stimmen erhalten hat, ist der Erwählte, und wären die Stimmen zwischen den zweien ganz gleich getheilt und der Kirchenpatron nicht gegenwärtig, so erklärt der Präses des Kirchenraths, anstatt seiner eigenen doppelten Stimme, im Auftrage des abwesenden Patrons dessen Stimme zu Gunsten des einen der beiden Candidaten. Ist aber der Patron anwesend, so giebt bei Gleichheit der Stimmen, die des Patrons den Ausschlag.

„Anmerkung. Auf diese Weise wird nicht bloß dem § 163 des Kirchengesetzes, welcher unter mehreren Candidaten denjenigen für erwählt erkennt, der die meisten Stimmen erhalten hat, sondern auch der vom hochwürdigen General-Consistorio in der Resolution vom 26. Januar d. J. ausgesprochenen Ansicht genügt, nach welcher eine absolute Majorität der Stimmen verlangt wird; — denn bei einer Abstimmung zwischen nur zwei Personen, muß die eine entweder von selbst, oder vermittelst der Doppelstimme des Patrons oder Vorsitzers, die absolute Mehrheit der Stimmen haben.

„§ 10. Nachdem die Wahl des Predigers durch den Kirchenrath und die sämmtlichen Deputirten der Gemeinde bewerkstelligt worden, bleiben alle Schritte zur Ausführung und Aufrechthaltung derselben dem Kirchenrathe überlassen."

Auf den Antrag des Vorsitzers, Wirkl. Staatsr. Dr. von Lerche, bestimmte der Kirchenrath 23. Nov. 1860 folgende Ordnung bei der nächstens zu haltenden Gemeindeversammlung. „Beim Eintritt wird vom Küster und Oekonomen der Name jedes Eintretenden verzeichnet und derselbe erhält dann die Stimmzettel. Jedes Mitglied der Gemeinde hat bei Aufzeichnung seines Namens am Eingange 6 Stimmzettel zu bekommen und zwar:

„a) zur Wahl von 4 Gliedern des Kirchenraths aus dem Stande des Adels und der Gelehrten . . 1 weißen,
„b) = = der Kaufmannschaft . . . . 1 blauen,
„c) = = der Gewerke . . . . . 1 rothen,
„d) = = des Präsidenten aus den Gliedern des Kirchenraths . . 1 gelben,
„Dann folgen die Ständewahlen:
„e) jedes Mitglied des Adelstandes zur Wahl von 2 ordentlichen Deputirten . . . 1 weißen,
= = = Kaufmannsstandes . . . 1 blauen,
= = = Gewerkstandes . . . . 1 rothen.
„f) jedes Mitglied des Adelstandes zur Wahl von 3 temporären und 1 außerordentlichen Deputirten 1 weißen,
= = = Kaufmannsstandes . . . 1 blauen,
= = = Gewerkstandes . . . . 1 rothen.

„Jedes Mitglied in summa 6 Wahlzettel, auf welchen es die respectiven 4. 4 und 4. 1. 2 und 4 Namen anzuschreiben und sie in die respectiven 10 Urnen von der Farbe des Stimmzettels und des auf demselben bemerkten Amtes einzulegen hat. Die Urnen — im Ganzen 10 Stück — stehen auf dem Tische des Kirchenvorstandes.

„Nach beendigtem Vortrage des Präsidiums Vertheilung der lithographirten Uebersicht des finanziellen Zustandes der Kirche, Vorlesung der Vereinbarung vom 1. April 1842 zwischen dem Kirchenrathe und den Deputirten und nach beendigter Abgabe der Stimmzettel zu den Aemtern der Kirchenrathsglieder begeben sich auf Einladung des Präsidenten ein Kirchenrathsglied, ein Deputirter und etwa 8 Glieder der Gemeinde vom Handelsstande mit der ersten blauen Urne, und ebenso ein Kirchenrathsglied, ein Deputirter und etwa 8 Glieder vom Gewerkstande mit der ersten rothen Urne, erstere ins rechte, letztere ins linke Zimmer und zählen dort, gleich wie es vom Präsidio im Versammlungssaal mit der weißen Urne geschieht, die Stimmzettel aus, lesen sie ab, notiren sie, lassen das Resultat von den mitgegangenen circa 8 Gemeindegliedern contrasigniren und, auf ihre Plätze zurückgekommen, proclamiren sie es mit Ueberreichung des Notirbogens ans Präsidium. Sobald daselbst die Stimmen für die Glieder des Kirchenraths vom Adelstande auf gleiche Weise notirt worden sind, werden die Stimmen für die gewählten 12 Kirchenrathsmitglieder aller drei Stände durch das Präsidium proclamirt.

„Aus den 4 permanenten[1]) und den 12 neugewählten Gliedern des Kirchenraths wird denn durch Abgabe Eines Stimmzettels aller Gemeindeglieder der Präsident des Kirchenraths erwählt. Die Auszählung, Ablesung und Notirung der Stimmzettel geschieht im Saal.

„Hierauf folgen die Ständewahlen, wobei nur die Glieder des betreffenden Standes stimmen und nur Männer aus ihrem Stande erwählen, nämlich Wahl:

„a) zweier ordentlicher Deputirten vom Adelstande,
„b)   *   *   *   * Kaufmannsstande,
„c)   *   *   *   * Gewerkstande.

„Die Auszählung, Ablesung und Notirung geschieht, wie bei den Gliedern des Kirchenraths, im Saal und den zwei Seitensälen.

„Zuletzt die Wahl
„a) zweier temporären und eines außerordentlichen Deputirten vom Adelstande,
„b)   *   *   *   * Kaufmannsstande,
„c)   *   *   *   * Gewerkstande.

„Die Auszählung u. s. w. wie bei den ordentlichen Deputirten.

---

[1]) Die drei Prediger und der Director.

„Welcher von den 4 auf diesem Stimmzettel aufgezeichneten Namen die wenigsten Stimmen hat, ist der außerordentliche Deputirte. — Wird es nicht einfacher und besser sein, wie es auch häufig geschehen ist, den Namen temporärer Deputirten, der eigentlich keinen Sinn hat, und sogar einen sachlichen Widerspruch in sich schließt, ganz fallen zu lassen und die drei jetzigen temporären Deputirten gleich dem jetzigen einen außerordentlichen Deputirten künftig alle 4 zu nennen: außerordentliche Deputirte im Gegensatz zu den 2 ordentlichen?

„Da die bisherigen 3 temporären Deputirten jeden Standes ganz dieselben Functionen haben, wie der im April 1859 hinzugekommene außerordentliche Deputirte, d. h. reglementsmäßig nur zu der Predigerwahl hinzugezogen werden müssen und da, wo der Kirchenrath es sonst für nothwendig hält, durch die Praxis aber sowohl jene als auch dieser außerdem zur Mitberathung über alle besonders wichtige Angelegenheiten aufgefordert worden sind, so erklärte sich die Versammlung einstimmig dafür, die genannten 4 Deputirten jeden Standes, im Gegensatz zu den je 2 ordentlichen, außerordentliche Deputirte zu nennen."

Die Gemeindeversammlung 28. Dec. 1860, welche dreimal von der Kanzel abgekündigt und dreimal durch die Zeitungen angezeigt war, wurde, wie gewöhnlich, im Schulsaal gehalten. Als Delegirte Seitens der Regierung waren erschienen von Seiten des Herrn General-Gouverneurs der Herr Obrist von Hattenberger und von Seiten des Herrn Oberpolizeimeisters der Hr. Obrist von Stenger. Nach einem Gebet des Herrn Pastors Taubenheim zeigte der Vorsitzer des Kirchenraths, Herr Wirkl. Staatsr. Dr. von Lerche, der Versammlung den Zweck ihrer Zusammenberufung an, daß sie nämlich die Kirchenrathsmitglieder, den Vorsitzer, die ordentlichen und außerordentlichen Deputirten für das Triennium 1861, 1862 und 1863 zu wählen habe. Hierauf gab der Herr Vorsitzer eine kurze Uebersicht über die Wirksamkeit der Kirchenverwaltung in dem verflossenen Triennium. Das Kirchenvermögen hatte sich in dieser Zeit um 10,740. 24 R. S. vermehrt. „Als besonders wichtige Erwerbungen zu dem Kirchenvermögen hob der Herr Vorsitzer hervor: 1) Die im Herbst dieses Jahres beendigten beiden vierstöckigen Kirchenhäuser in der großen und kleinen Stallhofstraße, deren Bau, von einem vom Kirchenvorstande erwählten Bau-Comité geleitet, ein in jeder Beziehung wohlgelungener genannt werden muß, woburch die Glieder des gedachten Comités¹) sich um die St. Petri-Kirche und Gemeinde verdient gemacht haben, und sprach in Folge dessen Hr. Vorsitzer denselben wie auch dem den Bau ausgeführt habenden Architekten, Akademiker Poehl den gebührenden Dank öffentlich aus, und 2) den Ankauf von 11,145 O. F. Landes zu dem Bretfeldschen Gottesacker." Der verstorbene Kaufmann und Ehrenbürger Abraham van Sassen, der eine Zeit lang Deputirter gewesen war, hatte dem Waisenhause 10000 R. und der Schule, in der er seine Erziehung genossen hatte, 1000 R. vermacht. Nachdem die Vereinbarung zwischen dem Kirchenrath und den Deputirten vom 1. April 1842 und das 26. Apr. 1859 bestätigte Wahl- und Ersatz-Reglement vorgelesen waren, schritt man zur Wahl. Gewählt wurden:

I. Zu Mitgliedern des Kirchenraths:

   a) Vom Adel:

Herr Wirkl. Staatsr. Dr. G. von Lerche.
 „ Staats-Secretair A. von Hoffmann.
 „ Wirkl. Staatsr. Baron B. von Stackelberg.
 „ Gen. Maj. O. de Rossi.

   b) Von der Kaufmannschaft:

 Herr Ad. Friedr. Junker.
  „ Jak. Fried. Voigt.
  „ Friedr. Leop. Schünemann.
  „ Const. Oesterreich.

   c) Von den Gewerken:

 Herr J. Eberl.
  „ Friedr. Spörhase.
  „ Wilh. Keibel.
  „ Gust. Jürgens.

II. Zum Vorsitzer im Kirchenrath:

Herr Wirkl. Staatsr. Dr. von Lerche.

---

¹) Die Mitglieder dieses Bau-Comités waren die Herrn Gen. Major de Rossi als Präsident, Gen. Maj. P. von Rennenkampf, A. F. Junker, H. D. Gütschow, G. Jürgens und Akademiker, Architekt A. Poehl.

III. Zu ordentlichen Deputirten:
    a) Vom Adel:
Herr Geh. Rath Baron von der Osten=Sacken.
 » Gen. Maj. Graf Eugen von Sievers.
    b) Von der Kaufmannschaft:
    Herr Consul L. Heyse.
     » Ric. Helmbürger.
    c) Von den Gewerken:
    Herr W. Poehl.
     » Akademiker Schwartz.

IV. Zu außerordentlichen Deputirten:
    a) Vom Adel:
Herr Staatsr. A. von Bruun.
 » Hofrath H. von Witte.
 » Wirkl. Staatsr. Th. von Hartmann.
 » Gen. Maj. von Krüdener.
    b) Von der Kaufmannschaft:
    Herr Georg Brandt.
     » B. Müller.
     » Alex. Thal.
     » Andreas Berg.
    c) Von den Gewerken:
    Herr E. Wield.
     » De la Porte.
     » Harloff.
     » Zwerner.

Druckfehler.

Da die weite Entfernung des Druckortes es dem Verfasser unmöglich machte, die Correctur selbst zu besorgen, haben sich einige Druckfehler eingeschlichen. Er wünscht hier nur diejenigen zu verbessern, welche den Sinn entstellen. Besonders aufmerksam muß er auf die zahlreichen Documente machen, welche in Schreibart und Interpunction genau nach den Originalen abgedruckt sind.

S. 2, J. 18 lies Innere st. innern.
- 2, - 2 von unten lies welches st. welche.
- 8, - 6 lies den st. dem.
- 9, - 11 ; st. ,
- 13, - 11 v. u. lies Munt. st. Munk.
- 16, - 5 v. u. lies ihrer st. ihre.
- 18, - 2 lies Snegirew st. Snegirow.
- 19, - 9 v. u. lies außer st. aus.
- 21, - 10 v. u. lies einen st. einem.
- 22, - 8 lies welche st. welcher.
- 23, - 8 v. u. lies zu treiben st. treiben.
- 28, - 1 , st. .
- 28, - 9 lies Reiwolfaari st. Reiwousaari.
- 33, - 13 lies denjenigen st. denjeigen.
- 42, - 11 lies Wirthshaus st. Miethshaus.
- 50, - 1 lies und st. um.
- 52, - 20 lies wolle st. wolle.
- 59, - 18 lies Staatsraths st. Staatsrath.
- 60, - 3 lies Geodäßten st. Geodäßinen.
- 60, - 5 lies fehlen st. fehlt.
- 60, - 8 lies der st. des.
- 85, - 22 lies welcher st. welche.
- 87, - 13 gebräuchlich,
- 96, - 3 lies dem st. den.
- 97, - 10 lies der Geh. Rath.
- 99, - 16 - daß st. das.

S. 103, J. 5 lies dieser st. diese.
- 105, - 7 ausgeführt wurde,"
- 121, - 10 lies einen Zug st. 2 Züge.
- 122, - 22 Quartal st. Quartal,
- 128, - 22 lies ansehnlichern und schönern st. ansehnlichem und schönern.
- 128, - 24 lies hinauf liegenden st. auf den.
- 130, - 20 u. 22 lies Umzäunung st. Umzäunung.
- 135, - 7 nichts, als.
- 135, - 11 v. u. lies denn st. den.
- 144, - 11 lies was st. was.
- 146, - 8 lies nur st. und.
- 148, - 13 v. u. lies sich aufhaltenden.
- 151, - 2 v. u. lies Großfürsch st. Kreglus.
- 152, - 22 lies welcher st. welchem.
- 158, - 12, lies mir st. wird.
- 164, - 7 v. u. lies Tornow st. Tarnow.
- 164, - 6 v. u. Diese st. „Diese.
- 165, - 2 weil.
- 170, - 6 v. u. lies welche st. welchen.
- 172, - 10 v. u. lies die st. der.
- 175, - 16 lies der von mir.
- 180, - 10 v. u. lies außier im.
- 184, - 10 lies bekannt."
- 185, - 4 lies ihn st. ihn.
- 185, - 15 lies Mann, ob.

S. 185, Z. 29 berufen hatte,
- 186, - 20 lies welcher st. welche.
- 187, - 11 lies Sache st. Sacht.
- 187, - 11 lies sämmtlichen st. sämmtliche.
- 187, - 13 gefällig.
- 187, - 13 Uhr,
- 188, - 9 v. u. lies welcher st. welche.
- 189, - 10 berufen, und zu versammeln,
- 189, - 21 lies wie wir st. wie wir.
- 191, - 6 lies an st. und.
- 191, - 7 gewinnen, und
- 193, - 10 anweisen."
- 193, - 11 Professor st. „Professor.
- 198, - 3 lies klägliche(n) st. Kläglichem.
- 200, - 13 1743 an.
- 203. Als der Verfasser das Manuscript abschickte, kannte er das vortreffliche Werk von Geffcken über die Kirchenbuchordnung und das Gesangbuch der Stadt Riga noch nicht. Dieses 1530 in niederdeutscher Mundart herausgegebene und in den Ostseeprovinzen und im nördlichen Deutschland weit verbreitete Gesangbuch erschien 1615 in hochdeutscher Mundart. Die spätern Auflagen wurden sehr verändert. Besonders gilt dies von der Ausgabe im J. 1664.
- S. 206, Z. 2 v. u. lies Hoteinins' st. Anappe'd.
- 207, - 4 lies vergifte st. verwende.
- S. 207, Z. 12 wenn alle bisher aus der Kirchenkasse bestrittene Bedürfnisse.
- 208, - 1 , st. :
- 208, - 9 lies begehrn st. begaben.
- 209, - 18 lies wurde st. wurden.
- 212, - 11 , st. ;
- 214, - 11 lies Diesen st. Diesem.
- 214, - 18 lies A. B. st. A. E.
- 222, - 14 lies den mittleren st. das mittlere.
- 227, - 19 lies und st. an.
- 236, - 15 , st. :
- 236, - 18 lies gern st. genau.
- 246, - 9 lies deren st. denen.
- 249, - 23 l. Ausdrücke st. Ausdrücken.
- 252, - 19 lies werden st. werde.
- 251, - 8 v. u. lies einem st. einen.
- 257, - 13 lies werden st. werde.
- 259, - 10 lies derselben st. desselben.
- 266, - 17 lies um st. und
- 267, Num. 178 st. st. 190.
- 275, Z. 2 v. u. lies Brutsfeld'schen st. Brodfeld'schen.
- 287, - 18 lies Kirche st. Schule.
- 313, - 2 v. u. 10 st. 11.
- 315, - 10 v. u. zu Branntragen."
- 325, - 3 lies unterschriebene st. unterschriebenem.
- 342, - 7 v. u. lies Отрѣть st. Отрѣть
- 319, - 16 Да st. .Да.

NB. Wo Sparkasse gedruckt ist, muß es Sparkasse heißen.

www.ingramcontent.com/pod-product-compliance
Lightning Source LLC
Chambersburg PA
CBHW032045220426
43664CB00008B/869